高等院校公共基础课特色教材系列

中学生心理健康与道德教育

魏凤英 主编

清华大学出版社

北 京

图书在版编目(CIP)数据

中学生心理健康与道德教育 / 魏凤英主编. -- 北京：清华大学出版社，2025.7.
(高等院校公共基础课特色教材系列). -- ISBN 978-7-302-69059-7

Ⅰ. G444；G631

中国国家版本馆 CIP 数据核字第 2025HH3648 号

责任编辑：王如月
装帧设计：常雪影
责任校对：王荣静
责任印制：沈　露

出版发行：清华大学出版社
　　网　　　址：https://www.tup.com.cn，https://www.wqxuetang.com
　　地　　　址：北京清华大学学研大厦 A 座　　　　　　邮　　编：100084
　　社 总 机：010-83470000　　　　　　　　　　　　邮　　购：010-62786544
　　投稿与读者服务：010-62776969，c-service@tup.tsinghua.edu.cn
　　质量反馈：010-62772015，zhiliang@tup.tsinghua.edu.cn
印 装 者：三河市科茂嘉荣印务有限公司
经　　销：全国新华书店
开　　本：185mm×260mm　　　　印　　张：19.75　　　字　　数：436 千字
版　　次：2025 年 7 月第 1 版　　　印　　次：2025 年 7 月第 1 次印刷
定　　价：69.00 元

产品编号：100302-01

主　编：魏凤英

编　委：（按姓氏笔画为序）

王利峰　卢　佳　田　密　左金山

关雅欣　李梓民　苏悦悦　吴婧怡

张静怡　郑昊婕　韩小萍　路依琳

魏凤英

序一

在中华民族伟大复兴和中国式现代化建设的历史大潮中,培养学生的全面发展与核心素养成为教育工作者的时代重任。其中,心理健康与道德教育作为教育内容的重要组成部分,对于培养具有健全人格和社会责任感的社会主义建设者具有不可替代的作用。青少年的心理健康与道德水平不仅关乎个人的成长与幸福,更关系到国家的未来与民族的希望。正是基于这样的认识,魏凤英老师编写了《中学生心理健康与道德教育》这本书,旨在为师范院校学生、教育工作者和家长提供一份全面、系统的指导,帮助其更好地理解和促进中学生的成长、成才。

中学生正处于身心发展的关键时期,在这一阶段,他们面临着诸多挑战与机遇。从生理角度看,中学生恰逢青春期,第二性征的出现和性激素的分泌促使身体快速发育,导致他们情绪波动较大。从心理角度看,中学生的自我意识逐渐增强,独立意识开始萌芽,促使他们开始重新审视自我与世界的关系。这一时期伴随着诸多困惑与矛盾,如对自我价值的迷茫、对人际关系的敏感、对未来的不确定感等,致使容易出现各种问题,如学习压力过大、情绪管理困难、人际关系紧张、行为偏差等。这些问题不仅影响到他们的学习和生活,还可能对其身心健康造成长期的负面影响。

在这样的背景下,心理健康教育就显得尤为重要。中学阶段的心理健康教育不仅要关注学生的心理健康状态,更应注重培养中学生应对压力、解决问题的能力,帮助他们建立积极的心态和健全的人格。通过科学的心理健康教育,中学生能够更好地认识自己,理解并接纳自己的情绪和行为,掌握有效的应对策略,从而在面对困难和挑战时能够保持冷静和理智,做出合理的决策。更重要的是,心理健康教育秉持"预防优于治疗"的理念,通过早期干预和教育引导,有效降低心理行为问题的发生率,为中学生的全面发展保驾护航。

道德教育同样是塑造健全人格的关键环节。在价值多元化的现代社会,青少年道德观念的形成面临着前所未有的复杂性。中学阶段作为道德认知发展的黄金时期,其教育成效直接影响着中学生未来的价值取向和行为选择。通过道德教育,中学生可以学习到基本的道德原则和行为规范,培养良好的道德品质,如诚实、守信、尊重、关爱、责任感等。这些道德品质不仅有助于他们在学校和社会中建立良好的人际关系,维护心理健康水平,还能够为其未来成为有责任感、有道德的社会公民奠定坚实的基础。

心理健康教育与道德教育二者之间存在着密切的联系和相互作用。一方面,良好的心理健康状态是道德行为的重要基础。一个心理健康的中学生更有可能遵循道德规范,做出符合道德要求的行为。另一方面,道德教育也可以促进心理健康的发展。通过学习道德知识和价值观,中学生可以更好地理解自己和他人的行为,增强自我认同感和社会归属感,从而有助于缓解心理压力,提高心理韧性。因此,将心理健康教育与道德教育相结合,不仅能够提高教育的效率和效果,还能够更好地满足中学生在成长过程中的需求,促进其全面发展。

在编写本书的过程中,编者充分考虑了中学生的心理特点和发展需求,力求使内容既具有科学性和系统性,又具有针对性和实用性。本书涵盖了中学生在成长过程中可能遇到的各种问题,如学习压力、情绪管理、人际关系、自我认知、道德发展等,并提供了相应的教育策略和方法。同时,编者注重理论与实践相结合,通过案例分析、案例干预等方式,引导读者将所学知识应用到实际教学和教育工作中,以提高教育的实效性。

对于师范院校学生而言,本书是很好的职前学习教材。通过学习本书,师范生能够系统地掌握中学生心理健康和道德教育的相关知识和技能,更好地理解全面育人和素质教育的标准,树立对未来职业的信心。对于广大教育工作者来说,本书也是一本很有价值的教学参考资料,它能够帮助教育工作者深入了解中学生的心理特点和行为规律,提高教育教学的针对性和实效性。同时,对于关心孩子成长的家长来说,本书也提供了科学的教育方法和指导,有助于家长更好地与孩子沟通,关注孩子的心理健康和道德发展。

"浇花浇根,育人育心",教育是润物无声、精心培育的过程,育人是一场漫长的静待花开的过程,这一过程需要每一位教育工作者付出爱心、耐心、细心和不懈的努力。期待本书能给师范生和家长带来些许启发,愿我们都能成为孩子成长过程中的良师益友,成为他们的充电站和温暖港湾。

北京师范大学心理学部心理学部党委书记,博士生导师
教育部全国学生心理健康工作咨询委员会秘书长
中国教育学会常务理事及学生发展指导分会理事长

序二

　　我国是人口大国,也是教育大国。在当今时代背景下,教育不仅关乎国家兴衰,更关乎人类命运。什么是教育?抛开冗长深邃的专业解释,最简单的答案就是:教育是一场漫长的静待花开的过程。为人师者,除了有渊博的知识,可以传道、授业、解惑;更要有博大的胸怀、慈母般的爱心与耐心。这样才可能用宽容之心包容学生的错误,用博爱之心真诚接纳每一个学生的不足,用仁爱之心关注学生一生的发展。"以学生为本"绝不是一句冰冷的口号,它应该成为每一位教育者奉行的职业准则。"以学生为本"就是要热爱学生、关心学生、走近学生、接纳学生,以了解学生成长中的困惑,理解他们成长中的苦恼,帮助他们分析成长中的迷惘,指引他们努力的方向,并及时给予鼓励、支持和共情。

　　中学时代的学生处于青春期,是人一生中最重要、最美好的时光之一,也是身体、心理、社会责任感和道德感快速发展和形成的时期。随着身体发育的急剧变化,中学生逐渐突破儿童的思考和行为模式,开始渴望感受一些新异的事物,对世界、人生和周围的事物有了自己的看法,试图摆脱父母和老师的控制,希望独立解决问题,喜欢标新立异,渴望被理解和尊重。但同时,由于他们身心发展并未完全成熟,并不能独立承担行为的后果,在自身成长的过程中会出现各种各样的苦恼、困惑。如果成长过程中的问题和困惑不能顺利、及时地解决,中学生的学习、生活就可能出现各种各样的问题。在现实生活中很多人会觉得心理健康问题和道德、品行问题,是截然不同的两类问题。但在成长发展中的中学生身上,这两类问题往往互为因果地交织在一起,很多中学生的道德、品行问题,甚至包括犯罪行为的出现,都或多或少地与其心理健康有关。不管是学习压力产生的情绪问题、内心孤独产生的交友问题,还是家庭原因产生的行为问题,都是中学生常见的心理健康问题,这些问题又都有可能引起中学生的过错行为,甚至导致品行不端的行为。所以,在中学生的教育问题中,很多时候心理健康问题引发的道德问题很容易因为已经上升到道德高度而忽视学生真正产生这些问题的原因——心理因素。从这个层面上来讲,在中学生的教育中,将心理健康教育与道德教育相融合是非常有必要的。

　　师范生掌握中学生心理健康相关知识,并在教育过程中将心理健康教育与道德教育相融合,既能关照学生的心理健康,又能关注学生的道德发展,也有利于师范生更好理解全面育人和素质教育的标准,树立对未来职业的信心,达到师范生入职的知识与能力标准。编写《中学生心理健康与道德教育》的目的是满足师范生的这种职前培养需要,帮助师范生更好地了解中学生身心发展的特点和常见问题,给出科学的诊断依据和标准,并在此基础上提出对常见问题的心理健康和道德教育策略和方法。

　　这本教材共分 13 章,包括了中学生认知发展、学习和情绪发展、意志发展、个性发展、问题行为、师生关系、亲子关系、同伴关系、生命意识发展等中学生成长中的重要问题。教材体系完整,在简单介绍专业背景知识的基础上,重点介绍这些问题的出现原因和教育策略,突出实践性,是一部针对中学生成长和发展中问题预防和解决的优秀教材。总结起来,这本教材主要有以下特点。

内容全面,突出时代性、应用性和可读性。内容中除了介绍经典理论,还引入了许多新的观点和发现,突出时代性;每章都以案例形式引出章节内容,以增强可读性;每一章都有问题分析和教育策略,以体现应用性。

结构安排合理、紧凑。每章开篇都以章节概要、案例导引引出章节内容;章节末都附有思考题和参考文献,以帮助学生扩展思考,增加授课过程中的互动环节;文中将一些知识拓展类内容以知识框的形式呈现,以扩展学生相关知识,增加学习的趣味性。

在对中学生常见问题的讲解过程中都配有相应的测试量表、问卷,方便学生量表的使用和分析,有助于对相应的教育方法与策略的理解和把握,有助于提升师范生的实际应用能力。

本教材在中学生心理健康教育和道德教育的实施方面,提出了可操作性较强的应对策略和促进措施,有助于工作中实践活动的展开,有助于中学生心理健康和道德教育效果的提升。

这本教材的读者人群比较广泛,除了主要作为师范院校学生公共课或专业课教材,也可以作为心理教师、德育教师和其他学科教育工作者的参考用书,还可以作为在职中学教师的培训用书。当然,对很多因为中学生教育问题而困扰的家长来说,自学这本教材也会受益匪浅。

教育无小事,教育大业需要一代代的教育者贡献自己的智慧、爱心和大义。愿这本教材能在中学生心理健康与道德健康方面,尽一份绵薄之力!

郝之武

陕西师范大学教育学部教授、博士生导师

2024.10

序三

　　"我身体里有一片海，波涛汹涌却沉默无声。"这是中学生们对青春的描述。身心发展的变化、自我意识的觉醒、情感的汹涌与波动以及对权威的质疑和批评等组成了他们纷繁交织的成长乐章。心理学研究表明，青少年的大脑前额叶尚未完全成熟，理性大脑与情绪大脑的平衡还没有充分建立，理性与感性常如拔河般拉扯；道德认知的发展也正经历从"他律"到"自律"的蜕变。这一时期的青少年处于人生巨变的拐点，也是他们的心理相对容易出问题的一个阶段。在这一阶段加强对青少年的心理健康教育与引导非常必要，广大教师和家长也需要有相应的书籍做指导。在这样的需求背景下，《中学生心理健康与道德教育》应运而生。

　　从知识体系上看，该书汲取了思想品德教育和教育心理学中前沿学术知识，如：对于心理健康内涵的新观点、道德教育的实践活动与指导思想、中学生个性发展相关理论等都做了比较好的阐述，尤其是通过知识链接的形式补充了很多前沿的，新的具有指导实践意义的知识点。该书的内容非常丰富，涉及到青少年认知的发展，人格的成长，人际关系尤其是家庭亲情与伦理关系的变化，性心理的发展，职业规划等多个方面，几乎概括了青少年成长中要面临的各个重大问题，准确把握了中学生阶段身心发展特征。

　　该书最大的亮点是把中学生心理发展的各个方面与他们的道德成长相结合。其实心理健康的一个重要内容就是道德行为的健康，中学生中的心理问题很大一部分就是表现为道德行为的问题。该书对这两者的关系进行了深入的阐述。对于心理健康教育的实施以及道德实践活动的开展以及这两者的一个交互作用都做了很好的阐述。这就使心理健康教育与道德品质的教育具有了新的内涵和新的行为样式。心理健康教育不再是简单的心理辅导和上心理健康教育课，而是和生动的道德实践整合在一起。心理健康教育已不再是少数老师做的事，而是全员参与的工作。

　　该书不仅重视新的研究成果的运用尤其重视实践层面的操作方法和技巧。这是一本应用型的教科书，该书中呈现的贴近中学生实际生活的生动案例极大的提高了该书的可读性和可实践性。相信该书的出版对于心理健康教育和德育的升华，对于青少年的健康成长都具有重要的实践意义。

教育部首批国培项目专家、四川师范大学心理学院教授

2025.4

前　　言

"中学生心理健康与道德教育"是根据教育部《教师教育课程标准(试行)》之"中学职前教师教育课程目标与课程设置学生必修或选修"之"教育知识与能力"中"具有理解学生的知识与技能"板块中的相关要求而开设的高等师范院校课程。师范生在职前学习心理健康与道德教育课程,能够帮助其了解中学生的常见心理问题、发展性障碍及诊断标准,能够知晓干预与辅导的方法和策略,能够理解中学生心理健康与道德教育的内涵与主要内容,以便具备面向中学生展开心理与道德教育的知识和技能。更重要的是,师范生能够借此更加了解全面育人和素质教育的标准,树立对未来职业的信心,达到入职标准;还能够了解中学生心理特点和常见心理问题的分析方式及辅助调试的基本技能,更好地履行教书育人的教育使命。

在长期的教学过程中,我们使用了多本中学生心理健康与道德教育教材,不同教材有不同的体系,内容繁多。在不断积累和总结教学经验的同时,我们编写了这本教材,试图全面结合教学实际,引导师范生掌握中学生心理发展的特点和常见的心理问题、道德偏差,使师范生正确理解这些问题的出现原因、影响因素和矫正方法,以更好地适应教师角色,践行好教书育人、传道授业的教育使命。本书配有电子课件,以适应多媒体教学的需要。本书也配有智慧树平台同名线上课程,该课程被评为青海省线上一流本科课程。

本书由魏凤英任主编,并负责拟定提纲、统稿、修改和定稿工作。全书共13章,均由魏凤英担纲编写,参与编写的有张静怡、关雅欣、郑昊婕、韩小萍、左金山、吴婧怡、田密、卢佳、苏悦悦、路依琳、李梓民、王利峰;负责修改和校对的有魏凤英、郑昊婕、左金山、吴婧怡、田密、卢佳、苏悦悦。

在本书的编写过程中,我们参考和吸收了国内外相关的教材和研究成果,在此向各位原作者表示最真挚的谢意。尽管我们在编写过程中付出了很大的努力,但由于水平有限,书中难免存在疏漏和不足,敬请各位读者不吝赐教,批评指正。

魏凤英

2024.10

目　　录

第一章　中学生心理健康教育与道德教育概述

【本章概述】

　　心理健康教育与道德教育都从属于素质教育体系,属于两个并列的基础教育范畴,在素质教育中都起着不可替代的作用。道德教育与心理健康教育相结合能切实提高教育的实效性,二者的结合是时代发展的要求,是全面提高未成年人素质的重要途径。

　　本章第一节首先介绍了心理健康的内涵与判断标准、中学生心理健康的判断标准、心理健康教育的内涵、方法与原则,其次介绍了中学生心理健康教育存在的问题。第二节首先阐述了道德教育的概念和内涵、内容与目标、理论基础,其次阐述了中学生道德教育的任务与途径、方法和原则,最后阐述了中学生道德教育的现状及存在的问题。第三节探讨心理健康教育与道德教育的联系与区别,二者融合的必要性及依据。

【关键词】

　　中学生　心理健康教育　道德教育

【案例导引】

　　某校重点班的一名高中生在一次全市模拟考试中携带了小抄,在考试过程中翻看,被监考老师发现,随后老师按流程上报了学校,该生面临被通报处分的结果,十分懊悔。她的班主任得知此事后十分诧异,认为该生学习成绩优异,平时表现也很出色,出现考试作弊的行为是没有预料到的。

第一节　中学生心理健康概述

　　大文豪莎士比亚曾经说过:"如果做好心理准备,一切准备都已经完成。"可见,好的心理准备对人生具有重要意义。好的心理准备的前提是拥有健康的心理状态。中学阶段处于儿童向成人的过渡时期,是生理、心理快速发育、发展的时期,也是学习知识和本领的黄金时期。中学生学习任务较为繁重、考试竞争相对激烈,面对来自家庭、学校、社会的多重压力,容易出现心理、行为问题。这些问题如果不能得到妥善解决,就有可能对学生学习成长和身心健康发展造成严重影响。了解中学生心理发展特点及心理健康状况,开展有针对性的心理健康教育,对于维护中学生心理健康,意义重大。

一、心理健康与心理健康教育

（一）心理健康的概念与判断标准

1. 心理健康的内涵

关于心理健康的概念，心理学界说法不一。

1946 年第三届国际心理卫生大会将心理健康定义为："在身体、智能及情感上与他人的心理健康不相矛盾的范围内，将个人的心境发展成最佳的状态。"

世界心理卫生联合会把心理健康定义为：身体、智力、情绪十分调和；适应环境，人际关系中彼此能谦让；有幸福感；在工作和职业中，能充分发挥自己的能力，过着有效率的生活。

英国《简明不列颠百科全书》中译本（1985）将心理健康解释为："心理健康是指个体心理在本身及环境条件许可范围内所能达到的最佳功能状态，但不是十全十美的绝对状态。"

美国健康与人力服务部发表心理健康报告（Mental Health：A Report of the Surgeon，1999）给心理健康的定义是：心理健康是心理功能的成功性表现，它带来富有成果的活动，完善人际关系，有能力适应环境变化和应对逆境。心理健康对于个人幸福、家庭、人际关系、社区和社会是必不可少的。

心理学不同学派对心理健康也有自己的不同看法。人格特质论的代表人物奥尔波特（G. W. Allport）认为，健康人是在理性和意识水平上活动的，他们的视线指向当前和未来，激励他们活动的力量是他们能够意识到的，是可以控制的。"成熟的人"能够把握自己的生活，并且对现在和未来充满理想，生活有目的性。

人本主义心理学家罗杰斯（C. Rogers）列举了机能完善者的五个特征：经验开放，时刻保持生活充实，对自身机体高度信任，有较强的自由感，有高度的创造性。

叶一舵（2001）认为，心理健康是指个体在与各种环境的相互作用中，在内外条件许可范围内，主体能不断调整自身心理结构，自觉保持心理上、社会上的正常或良好适应的一种持续而积极的心理功能状态。

林崇德、杨治良、黄希庭主编的《心理学大辞典》（2003）将心理健康定义为："心理健康是指个体的心理状态（如一般适应能力、人格的健全状况等）保持正常或良好水平，且自我内部（如自我意识、自我控制、自我体验等）以及自我与环境之间保持和谐一致的良好状态。"

对于心理健康的概念，虽然众说纷纭，但其内涵是一致的，都强调了情绪健康、社会适应良好、人际关系和谐。具体来讲，首先，要有健康的认知功能，包括智力正常、有充分的自我认知和现实的生活目标；其次，要有健康的情绪情感功能，具有表达情绪的能力、良好的情绪稳定性和控制力，有良好的心理调节机制和充分的安全感；最后，要有健康的意志和行为，愿意与环境接触并保持兴趣，人际关系良好，能与社会共融，能果断地做出决定并在社会规范允许范围内使个人需求得到满足并充分发挥个性。

2. 心理健康的判断标准

心理健康标准是心理健康概念的具体化和操作化。目前心理健康标准及其制定依据,主要有七种。第一是众数原则,以统计学上的常态分布作为标准;第二是社会规范,符合公认的行为规范为正常,反社会规范为异常;第三是生活适应,善于生活适应者为正常,生活适应困难者为异常;第四是主观感受,自觉幸福、满足视为健康,反之为不健康;第五是医学标准,有临床症状或病因者视为异常;第六是以心理成熟与发展水平为标准,身心两方面成熟和发展相当者为正常;第七是心理机能,以心理机能充分发挥为健康。由于学者对心理健康的理解不同,所以,对于心理健康的标准,心理学家从不同角度提出了各种观点。

黄希庭(1988)提出判断心理是否健康的 5 条标准:个人的心理特点是否符合相应的心理发展的年龄特征;能否坚持正常的学习和工作;有无和谐的人际关系;个人能否与社会协调一致;有没有完整的人格。

景怀斌(1999)以心理意义实在论为理论基础,提出了 5 条心理健康的标准:有健康的人生观;客观、准确地认识客观事物的心理中介机制。也就是说,心理健康的人对客观事物、环境中的事件等环境信息有准确的反应,既不缩小,也不夸大,从而准确地把握现实;适应、和谐、发展的行为习惯;自我感觉良好的身心状况;具有自我调整的能力。

叶一舵(2001)认为心理健康的标准就是个体适应正常或良好,提出心理健康标准的"二维适应论"。从个体横向适应的角度来看,心理健康标准分为心理适应(自我适应)标准和社会适应标准;从个体纵向适应的角度来看,心理健康标准分为生存适应标准和发展适应标准,这两个维度共同形成一个心理健康标准的二维结构。

俞国良(2005)认为心理健康的标准有 8 条:智力正常;人际关系和谐;心理与行为符合年龄特征;了解自我,悦纳自我;面对和接受现实;能协调与控制情绪,心境良好;人格完整独立;热爱生活,乐于工作。

邓云龙、戴吉(2010)立足于本民族文化,提出 4 条心理健康标准:知己知彼,反应适当,真实和谐,悦纳进取。"知己知彼"就是对自我、他人及人我关系有客观清醒的认识;"反应适当"是指在进行正确认知的基础上,表现出适当的情感反应和行为反应;"真实和谐"是心理健康更高层次上的要求,契合了中国文化追求"天人合一"的境界;"悦纳进取"亦为更高层次的心理健康要求,"悦纳"意味着愉快地接受事物本来的面目,"进取"是在悦纳的基础上进行的积极改变和超越。

中国心理卫生协会近年组织相关专家,开展了"中国人心理健康标准制定"的课题研究。通过文献调研、专家调查和专家讨论,研究制定符合中国国情和社会文化的心理健康标准,具体可从五个方面来衡量。

(1) 自我认识方面:能够客观全面地认识自我并接纳自我,有心理安全感;

(2) 独立性方面:具备基本的独立生活和学习能力,能够解决日常遇到的一些问题;

(3) 情绪方面:情绪基本稳定,心态比较积极,能够适当控制自己的情绪;

(4) 人际交往方面:能够建立和谐的人际关系,在社会交往中获得心理上的满足感;

(5) 环境适应方面:能够接受现实、承受挫折,并采取合理措施应对困难。

不管按何种依据制定心理健康标准,各类心理健康标准的内涵仍具有共通性,即主要从心理过程(知、情、意)、人格、社会适应等方面对心理健康的标准进行界定,并不可避免地渗透了本国文化倡导的主流人生观和价值观。心理健康标准是一种理想尺度,指明了提高心理健康水平的努力方向。

3. 中学生心理健康的判断标准

中学阶段跨越整个青春期,经历身心的巨变。对发展中的个体而言,心理健康的标准强调"心理特点符合年龄特征"。埃里克森(Erikson,1968)认为,青少年面临的主要发展危机是在接受、选择或者发现同一性与有关同一性选择方面的怀疑之间的冲突。同一性(identity)是指个体对自己的本质、信仰及一生价值取向的一种相当一致和比较完满的意识,是个体心理或人格成熟的标志。同一性的形成意味着在关于自我是什么、自我的角色、信仰、抱负、优点、弱点等方面,获得连续统一的概念。同一性危机的解决,是中学生保持心理健康的核心。对中学生的心理健康标准,需要强调以下几点:

(1) 恰当解决同一性危机,心理状态变得稳定。经过迷茫与摸索,个体最终能够明白自己是谁。比起那些没有很好解决同一性危机的个体,恰当解决同一性危机的个体更加独立自主,能更好地对压力做出反应,有更多的现实目标,并且保持更高的自尊水平;可以像成人一样接受社会、宗教、政治或者职业可供选择的角色,承担相应的责任。

(2) 恰当处理独立与依赖的需求,不盲目或过度反叛,和父母保持良好的关系。个体要长大成熟必须经历心理的分娩,即亮出自己的旗帜,在心理上感觉自己成为独立自主的人,降低对父母的依赖。这种需求在青春期往往以反叛权威的方式来体现,容易造成亲子关系的紧张。健康的中学生能迅速学习如何在自己的需要和父母师长的要求之间寻找平衡,并保持畅通的交流,以得到自己想要的帮助,既长大成熟,又保持和家庭与父母的亲密关系。

(3) 能从容面对自己的生理和身体变化,以正确的态度面对与异性的关系以及性的问题。中学生经历青春期,从儿童变为有性能力的成熟个体,身体发生急剧的改变,引发对性及异性的好奇,以及与异性发展亲密关系的渴慕。健康的中学生会接纳和欣赏自己的身体,以正确的方式了解和对待自己的身体和性,能平衡当前的学习任务和与异性交往之间的关系。

(4) 发展出抽象思维能力,更具逻辑性和推理性,并发展出元认知能力。健康的中学生能胜任学业要求,并对自己的未来有所设计。青春期会迎来认知能力的飞跃,比之儿童期有更完全的逻辑性、推论性、系统性,并发展出不断反省自己,对自己的认知行为做出控制和调节的元认知能力。知识迅速增加,也掌握更好的学习方法,胜任越来越繁重的学业压力,对自己将来要从事的职业有着实际的思考。

(5) 发展出恰当的道德水平,对如何做一个公民有所思考。中学生能发展出比儿童期更高的道德水平,逐渐从他律转为自律,内心建立起自己的原则和理想,道德判断顺从性减少,自主性增多。根据科尔伯格(Kohlberg)的道德发展理论,青少年的道德水平会从更关注群体反应、希望得到别人喜欢以及更多顺从的习俗水平,向更注重抽象的原则、伦理、社会契约的后习俗水平发展。健康的中学生对自己公民的角色有更多的认识,对社会问题有自己的思考和看法。

知识链接

正确理解和运用心理健康标准应注意的问题

1. 心理不健康与有不健康的心理和行为不能等同。心理不健康是指一种持续的不良状态。偶尔出现一些不健康的心理和行为并不等于心理不健康，更不等于已患心理疾病。因此，不能仅从一时一事而简单给自己或他人下心理不健康的结论。

2. 心理健康与不健康不是泾渭分明的对立面，而是一种连续状态。从良好的心理健康状态到严重的心理疾病之间有一个广阔的过渡带。在许多情况下，异常心理与正常心理、变态心理与常态心理之间没有绝对的界限，只是程度的差异。

3. 心理健康的状态不是固定不变的，而是动态变化的过程。随着人的成长、经验的积累、环境的改变，心理健康状况也会有所改变。

4. 心理健康标准是一种理想尺度，它不仅为我们提供了衡量是否健康的标准，而且为我们指明了提高心理健康水平的努力方向。每一个人在自己现在的基础上作不同程度的努力，都可以追求心理发展的更高层次，不断发挥自身的潜能。

5. 中学生心理健康的基本标准是能够有效进行学习和生活。如果正常的学习、生活难以维持，应该及时进行调整。

资料来源：樊富珉.大学生心理健康与发展[M].北京：清华大学出版社，2007.11.

（二）心理健康教育的概念和内涵

1. 心理健康教育的概念

心理健康教育的概念一直得到社会各界的关注和讨论，中共中央《关于改革和加强中小学德育工作的通知》（1988）就提出：心理健康教育是对学生德育情操、心理品质进行综合培养与训练的一种教育。

教育部（1999）颁布的《关于加强中小学心理健康教育的若干意见》中，将中小学心理健康教育定义为："根据中小学生生理、心理发展特点，运用有关心理健康教育方法和手段，培养学生良好的心理素质，促进学生身心全面和谐发展和素质全面提高的教育活动，是素质教育的重要组成部分。"

中国全民健心网首席专家肖汉仕教授（2000）认为：心理健康教育又称心理素质教育，简称为心理教育或心育。它是教育者运用心理学的方法，对教育对象心理的各层面施加积极的影响，以促进其心理发展与适应、维护其心理健康的教育实践活动。

叶一舵（2002）认为：心理健康教育是带有一定的目的性，通过心理学的理论和手段来帮助受教育者健康，同时包括干预有心理问题的受教育者。

冯忠良（2002）认为：心理健康教育，简而言之，即指提高心理健康水平的教育。依据我们所倡导的教育的系统观点，任何教育都是一种人际交往系统。心理健康教育是从提高学生的心理健康水平出发，通过有关心理健康经验的传递而确立的一种人际交往系统。

王焕良(2009)认为:心理健康教育可分为广义的心理健康教育和狭义的心理健康教育。广义的心理健康教育,是指一切有利于学生心理素质培养和人格健全的学校、家庭、社会的教育活动。而狭义的心理健康教育,是指在学校范围内的、以培养心理素质和健全人格为目的的专门教育。

慈建芳、刘视湘、郑日昌(2012)认为:心理健康教育是根据学生生理、心理发展特点,依托心理学基本原理与技术,运用有关心理教育的方法和手段,有目的、有计划地对学生施加直接或者间接影响,培养(自我培养)学生良好的心理素质,促进学生身心全面和谐发展和素质全面提高的教育活动。

针对心理健康教育的概念,不同学者、不同工作领域有着不同的描述,但在总体上是一致的,即心理健康教育是一种促进受教育者心理健康的教育活动。

2. 心理健康教育的内涵

与心理健康教育相近的概念有心理教育、心理素质教育、心理辅导、心理咨询等。这些概念相近又并非完全相同,各有侧重点,对心理健康教育的内涵各不相同,因此赋予了心理健康教育以丰富的内涵。

李莉(2010)将心理教育定义为:运用心理学基本原理和心理技术对学生发展实施教育,在传统的教育中加入心理元素,帮助学生全面成长和发展,培养个体良好的心理素质,形成和谐的人格,是一种张扬人性的教育、发展性教育和幸福教育。

心理素质教育是教育者从教育对象的心理需要出发,运用心理科学的理论与方法,对其心理各层面施加积极的影响,以优化其心理素质,维护心理健康,促进社会适应的教育实践。

心理辅导(guidance)是根据学生心理发展的特征与规律,在一种建设性的人际关系中,有关专业人员运用心理学等专业知识技能,设计与组织各种教育性活动,以帮助学生形成良好的心理素质,充分发挥个人潜能,进一步提高心理健康水平的过程。

心理咨询(counseling)是指运用心理学的理论和技术,借助语言、文字等媒介,与咨询对象建立一定的人际关系,以进行信息交流,帮助咨询对象消除心理问题与障碍,增进心理健康,发挥自身潜能,有效适应社会环境的过程。

目前有关心理健康教育内涵的代表性观点,本书是以"教育"为核心词汇进行梳理的。

(1) 教育目的论,它强调心理健康教育的最终目的性,即良好心理品质、健全人格。预防和解决心理问题是心理健康教育的重要目标。

(2) 教育活动论,把心理健康教育内涵的落脚点归结于一种教育活动,具有和其他教育活动相同的过程,强调教育活动开展、运用的途径和方法。

(3) 教育系统论,把心理健康教育看作是一个系统工程,把教育目的、教育途径、教育方法融合为一个整体,心理潜能、个性发展、学习效果、生活质量等各方面内容涵盖其中。

"心理健康教育"一词与心理教育、心理素质教育、心理辅导以及心理咨询在教育目的、活动等方面各不相同,同时又在一定程度上相互联系。

二、心理健康教育的目的、任务和内容

(一)心理健康教育的目的

心理健康教育是实施教育部《面向21世纪教育振兴行动计划》,落实国家《跨世纪素质教育工程》,培养跨世纪高质量人才的重要环节。

心理健康教育的总目标是:提高全体学生的心理素质,培养他们积极乐观、健康向上的心理品质,充分开发他们的心理潜能,促进学生身心和谐可持续发展,为他们健康成长和幸福生活奠定基础。

心理健康教育的具体目标是:使学生学会学习和生活,正确认识自我,提高自主自助和自我教育能力,增强调控情绪、承受挫折、适应环境的能力;培养学生健全的人格和良好的个性心理品质;对有心理困扰或心理问题的学生,进行科学有效的心理辅导,及时给予必要的危机干预,提高其心理健康水平。

(二)心理健康教育的任务

心理健康教育的任务是心理健康教育目的的具体化,主要包括:全面推进素质教育,增强学校德育工作的针对性、实效性和吸引力;开发学生心理潜能,提高学生心理健康水平,促进学生形成健康的心理素质,减少和避免各种不利因素对学生心理健康的影响;培养身心健康,具有社会责任感、创新精神和实践能力的德智体美全面发展的社会主义建设者和接班人。

(三)心理健康教育的内容

心理健康教育的主要内容是针对全体学生进行心理健康维护,对具有心理行为问题的学生进行行为矫正。心理健康教育的具体教育内容随不同年龄阶段学生的身心发展特点而发生变化,内容的设置是一个循序渐进的过程。主要包括以下内容。

1. 学生心理健康维护

这是以面向全体学生为主,通过常规的教育训练来培养学生心理品质、提高学生基本素质的教育内容。具体包括智能训练、学习心理指导、情感教育、人际关系指导、健全人格的培养、自我认识能力培养、性心理教育、生涯发展教育等8个方面。

智能训练是帮助学生对智力的本质建立科学认识,了解智力的不同成分,如注意力、观察力、记忆力等,了解自己的认知规律并开展相应训练活动等。

学习心理指导是帮助学生对学习活动的本质建立科学认识,了解自己的学习特点,培养学生形成健康积极的学习态度,激发学习动机,培养学习习惯,提高学习兴趣,掌握学习方法,讲究学习策略,明确学习目标;调整考试心态,克服学习困难,优化学习环境,增强学习效能,培养创新精神;使学生在学习过程中体验满足感和成就感,获得成长与发展。

情感教育是教学生学会体察他人和表达自己的情绪情感,提高情商,学会表达和调控情绪,保持良好心境,增强挫折承受能力,锻炼意志品质;学会有效控制、调节和合理宣泄消极情感,并进行相关技巧的训练,如敏感性训练、自我表达训练和放松训练等。

人际关系指导是围绕亲子、师生、同伴三大人际关系,指导学生正确认识各类关系的本质,并学会处理人际互动中各种问题的技巧与原则,包括冲突解决、合作与竞争、学会拒绝等互动技巧,以及尊重、支持等交往原则。

健全人格的培养是培养个体面对社会生存压力所应具备的,如独立性、进取心、耐挫折能力等健康人格品质。培养学生良好的生活习惯,提高自理能力,适应学校环境,增强生活适应性;乐于与他人交往,掌握沟通技巧,协调人际关系,培养合作意识,克服交往障碍,培养诚实守信、友善乐群的健康人格。生活方式健康,合理支配闲暇时间,运动娱乐并举,热爱生活,珍惜生命,追求人生意义,确立生活理想。

自我认识能力培养是帮助个体认识和了解自己,建立对自己科学的认识,并在自身的发展变化中始终能做到较好地悦纳自己,包括悦纳自己的优势和不足,以及自信培养、良好自我形象建立、恰当自我目标的确立等。

性心理教育是关于性生理和性心理知识的传授与分析,帮助学生建立正确的性别观念和对性别的认同,指导学生正确认识和掌握与异性交往的有关知识与技巧,包括异性同学交往指导、早恋心理及调适等。

生涯发展方面的心理健康教育是帮助学生学会面向未来的发展抉择,正确认识自己的个性、兴趣、能力;了解社会发展的需要,培养职业兴趣,提高自主抉择能力;明确升学和就业的人生意义,掌握择业技巧,学会承担责任,做好就业升学准备。

2. 学生心理行为问题矫正

这是面向少数具有心理、行为问题的学生开展心理咨询、行为矫正训练的教育内容,属于矫治范畴。其具体包括学习适应问题、情绪问题、行为问题、身心疾患、性行为问题5个方面。

学习适应问题,主要指围绕学习活动而产生的心理行为问题,包括考试焦虑、学习困难、注意力不集中、学校恐惧症、厌学等;情绪问题,主要指影响学生正常生活学习与健康成长的负性情绪问题,包括抑郁、恐惧、焦虑、紧张、忧虑等;行为问题,主要指中学生在生活、学习中表现出来的不良行为特征,包括多动、说谎、打架、胆怯等行为;身心疾患,主要指因心理困扰而形成的躯体症状与反应,包括神经衰弱、失眠、疑病症、神经性强迫症等,需要采取相应的治疗和矫正措施;性行为问题,主要指由于性心理障碍而产生的各种性变态行为等。

3. 学生心理潜能和创造力开发

人具有巨大的心理潜能,心理潜能开发和创造力培养也是学校心理健康教育的重要教育内容,主要包括通过特殊的教育训练活动对学生进行判断能力、推理能力、逻辑思维、直觉思维、发散性思维及创造性思维等各种能力的训练和培养。

三、中学生心理健康教育的途径、方法与原则

(一)中学生心理健康教育的途径

1. 有效开展心理健康教育课

心理健康课程教学计划的出发点要以中学生的实际需要为主,课程的形式应以活动

课为主。这种教学模式会极大地增加中学生的学习兴趣,在学生自身发展水平的基础上提高学生的认知水平。教学过程要充分结合学生的生活实际,帮助学生更好地掌握心理理论知识,让学生能够充分了解自身的心理变化特点,更好地认识自我和管理自我,正确对待心理转变的各个时期,并有效地激发学生的学习热情。

2. 把心理健康教育内容渗透到学科教学中

开展心理健康教育需要心理辅导老师。但要培养中学生良好的人格只靠心理辅导老师孤军奋战是不行的,它需要学校所有老师共同努力,在各科教学中渗透心理健康教育,使学生的心理素质在潜移默化中得到发展。学科教学是学校最主要、最基本的活动形式,课堂教学应该是心理健康教育的主渠道。在学科教学中渗透心理健康教育有着时间和空间上的优势,有助于心理健康教育在学校得以全方位地展开。从教学内容上看,各科内容具有很好的心理健康教育素材。例如,文科类的课程具有许多与社会生活相关的知识,可以帮助学生了解社会、培养良好的社会情感、陶冶心灵,很多课程内容直接与心理健康相关;理科类的课程可以培养学生严谨的学习态度、热爱大自然的情感。要做到这一点,每一位任课教师都要有一定的心理学知识和心理健康教育意识,根据中学生的心理发展规律来组织教学,在各科教学中有意识地向学生普及心理健康知识,尤其是与学习有关的心理学常识。

3. 发挥家庭教育功能

开展心理健康教育,仅仅依靠学校是不够的。学生的心理问题,学校只能在有限的时间和空间进行矫正与指导,家庭教育也尤为重要。良好的心理健康素质需要良好的家庭教育的培养,学校要与家庭紧密配合,教师与学生家长要加强沟通,时刻关注学生存在的心理问题,对家长给予适当的指导,对学生给予及时的疏导。注重对学生家长进行心理健康知识宣传,使家长能够重视学生的心理健康问题,为学生营造良好的家庭环境,使家长能够积极支持和配合学校工作,从而纠正或及早发现中学生的心理健康问题。

4. 发挥班主任的作用

班主任不仅是一个班级的组织者、管理者、教育者和各项活动的参与者,更是班级学生身心健康的维护者。班主任与学生相处的时间较多,对学生的性格、学习状况、家庭情况以及学生的优缺点都是最了解的,能够及时发现学生的心理需要、心理状态以及出现的问题,以便及时应对和解决问题。因此,在学校心理健康教育中,班主任发挥的重要作用,是其他途径所不可替代的。班主任可结合主题班会、集体课外活动、团队活动等开展心理辅导,还可以及时发现个别学生出现的反常行为,及时进行谈心和个别辅导。班主任还可以与家长沟通及配合,共同开展学生的心理健康教育。

5. 重视体育锻炼的作用

中学生学习任务普遍较重,又处于身体发育期,适当的体育锻炼不仅可以使学生拥有良好的身体素质,还可以帮助学生减轻压力。很多初中学校将体育课调成了文化课,导致学生缺乏体育锻炼。学校应重视体育锻炼对学生心理健康的作用,多鼓励学生进行体育锻炼,使学生能够保持良好的精神状态,培养学生的优良品质。

6. 营造良好的校园文化

校园文化是一种隐性教育。学校要积极发挥校园文化隐性教育的熏陶、凝聚、导向功能,全方位创设和优化校园文化。具体可以通过以下途径:

针对学生、家长群体开展心理健康教育系列讲座。学校的心理健康教育不应只针对少数有心理问题学生的防范性教育,还应针对全体学生的发展性教育。根据学生的不同发展阶段容易出现的心理问题开展针对性讲座,让青少年了解自己所处人生阶段的身心特点,可以很好地引导他们自我管理,也可以帮助学生学会并掌握维持心理健康的知识和技能,进行有效的心理疾病预防。家长的参与可以帮助他们更全面地了解自己的孩子,并学习一些家庭教育的科学方法,促进家庭教育的科学性和有效性。

组织心理健康教育主题班会。主题班会是丰富学生业余生活必不可少的活动,而以心理健康为主题的班会极少。心理健康教育主题班会结合学生一个阶段学习和生活中的重点、突出问题,以学生为班会的主体,在班会中,帮助中学生认识自己,协调人际关系,增强自信,更好地解决成长中的问题。

(二)中学生心理健康教育的方法

1. 学校必须开设心理健康教育课

课堂教学是教育的主渠道,同时也是开展中学生心理健康教育的主渠道。以课堂教学的形式,面向全体学生普及心理健康方面的知识,提高学生心理健康水平,同时预防心理问题产生。

2. 学校要建立中学生心理档案

学校心理健康教育工作者,应以科学的态度,慎重而科学地开展对学生的心理测试以及学习情况和心理健康状况的调查,并把测试和调查的结果收集起来,给每个学生建立心理档案,为促进每个学生健康发展服务。

3. 教师要在各学科授课中体现和渗透心理健康教育

在课堂教学中,教师可采取灵活多样的教学组织方式,积极创造条件对学生进行心理健康教育。

4. 教师要创造民主和谐的教育气氛

教师要摒弃师道尊严的旧观念,放下架子,深入学生,了解学生,多跟学生谈心,多对学生关心和理解,与学生建立起一种尊重、真诚、理解的关系,学会站在学生的立场上,体会、认识学生的观念和行为,鼓励学生独立思考、大胆质疑、标新立异,培养创新精神和实践能力。

5. 创造良好的集体氛围

组织生动活泼、有意义的课内外、校内外集体活动,让学生在集体活动中逐步形成良好的生活习惯与行为模式,消除不良品行。

6. 教师和家长要加强对中学生的理想教育,培养他们的社会责任感

引导中学生开阔视野、拓宽心胸,树立起崇高的生活理想和目标,把注意力集中在有意义、有价值的大事上,把眼光从狭隘的个人圈子里解放出来,从而摆脱依赖性,真正走向独立。

7. 建立学校、家庭、社会协同的整体教育网络

心理健康教育是一个系统工程，除了学校教育途径外，还应改善学生的生活环境，如家庭、社区等，创造健康的教育环境。这是因为中学生的有些心理问题与障碍源于家庭和社会，因此，光凭借学校的力量开展心理健康教育是不够的。应该取得家庭、社会的支持和帮助，建立一种以学校为中心，家庭、社会共同参与的大系统、大氛围的心理健康教育网络。

（三）中学生心理健康教育的原则

1. 整体协同原则

整体协同原则是指在进行中学生心理健康教育的过程中，一定要坚持用系统论的观点来指导具体的工作实践。开展中学生心理健康教育，应从个体心理的完整性、个体心理因素与外界环境的制约性与协调性出发，多层次多角度地协同培养学生的心理素质，不能孤立地进行。

2. 学生主体原则

在中学生心理健康教育过程中，必须充分认识并尊重学生的主体地位，必须认识到，心理健康教育的效率和成败很大程度上是以学生主体的积极主动参与为基础的。在教育过程中，既要充分调动全体教育工作者的教育主动性、积极性和创造性，又要调动学生主体的积极能动性和创造性，使其学会通过不断地重复参与各种训练和练习活动等方法，自我培养，自我优化自己的心理素质，自我调控各种心理活动。

3. 平等尊重原则

平等尊重原则是指在心理健康教育过程中，教师要时刻把学生放在与自己完全平等的位置，尊重学生的人格，相信学生，热爱学生，与学生建立起一种平等对话、友好信赖的朋友式关系。平等尊重原则要求教师树立现代教育观念，把学生当作教育教学活动的主体，并与之建立平等、双向、互动的新型师生关系。这是搞好当代中学生心理健康教育的重要条件。实践证明，心理健康教育只有在愉快活泼、乐观向上的心理氛围中才能有效进行。

4. 教育引导原则

教育引导原则是指在开展心理健康教育过程中，要始终注意培养学生积极进取的精神，帮助他们树立正确的世界观、人生观和价值观。贯彻教育引导原则，要求广大教师必须具有较高的思想政治素质和理论水平，在教育工作中始终坚持正确的方向。心理健康教育具有很强的示范性，教师高尚的师德、优良的政治素质和健康的心理素质，对学生永远都会产生潜移默化的影响。因此，教师努力加强自身的修养，是切实贯彻教育引导原则的前提条件。

5. 因材施教原则

因材施教原则是指在心理健康教育中，教师既要注意学生的心理年龄特征和心理活动的一般规律，遵循心理健康教育的一般特点和规律，又要重视学生的个别差异，因人而异，有的放矢，努力使教育的内容、方法、时间、地点等适合每一个学生。因材施教原则是教育个性化的必然要求，也是提高教育实效的重要方面。中学阶段的学生正处于青少年

期,这一时期是从童年的不成熟走向相对成熟的转折时期,是人生极为重要的关键时期。由于学生来自不同的家庭环境,不同的社会背景,具有不同的能力、不同的需要、不同的兴趣、不同的经验、不同的价值观,他们无论是在心理过程还是在个性心理方面,都表现出不同的特点和鲜明的差异。开展中学生心理健康教育不是要消除学生间的心理差异,而是要充分认识、尊重这些差异,灵活运用各种教育策略,因人、因事、因地制宜,培养学生鲜明的个性,促进学生健康发展。

四、中学生心理健康教育存在的问题

(一)社会层面:相关部门扶持力度不足

素质教育的普及,是一个漫长的过程。我国各地区的教育水平存在较大差距,一些地区的师资力量和教育观念相对落后,误将心理健康教育与思想政治教育、德育混为一谈,对心理健康教育并未给予足够的重视。因此,并未设立专项心理健康教育资金,也没有专门的扶持政策,导致学校在开展心理健康教育时,受缚于传统的教学工具和手段,设计的教学活动难以顺利开展;学生所能学到的心理健康知识有限,无法形成系统、全面的认知,也无法在丰富、多元的实践活动中充分掌握和熟练运用所学知识。

(二)学校层面:重视程度有限、师资紧缺、专业性不强

1. 观念落后导致学校重视程度不足

一方面,由于社会的迅速发展、升学竞争压力的不断增强,很多学校认为学生必须花更多时间学习知识才能更好适应社会、顺应时代发展潮流,所以把学习学科知识作为学生的首要任务;而另一方面,处在身体急剧发育变化和学业压力不断增大阶段的中学生心理健康问题频发,很多学生的心理健康问题很难得到及时、有效的解决。此外,由于教育发展的不平衡,有些地区教育理念落后,将心理健康教育课上成了思想政治教育课或道德教育课,无法充分关注学生的心理需求和心理健康。

2. 缺乏专业教师导致心理健康教育专业性不强

中学生心理健康教育在我国尚处于发展初期,很多中学的心理健康教师配备不足,甚至由其他学科教师兼任。有的教师缺乏专业背景知识和心理健康教育授课能力,有的没有受过心理咨询与辅导的相关培训,有的缺乏对学生应有的尊重和理解;有的兼职教师深受本职学科教学背景的影响,陷入自身学科教学模式,缺乏对学生心理问题的关注度和敏感度,在教学过程中更多关注全体学生的学习效果,忽视个别学生的心理变化状态;教师不能正确理解学生的问题,不能科学掌握和分析学生的心理,甚至不会主动有效地与学生沟通,对学生提供心理问题的科学指导和支持,致使虽然在做心理健康教育工作,却难以产生心理健康教育的真正实效。从学校层面来看,开展的心理健康教育活动不够专业,也不够丰富全面,这也使心理健康教育流于形式,无法真正发挥作用。

3. 教育方法不当导致陷入学科教学模式

心理健康教育课程属于一种体验式为主的课程,但是在实际的教学过程中,很多教师仍旧遵循传统教育模式,把它视作同语文、数学、英语、政治等学科一样进行教学,采用相同的教学模式,强调学生学习心理健康教育知识的重要性,忽视学生的主观感受和情

感体验,教师的教学目标是让学生学习到更多的心理健康书面知识,只注重学生的学习成绩和学校的升学率,忽视了学生的心理健康状况。在课堂教学中,照本宣科,一味地讲授课本上的基础理论概念,教学过于程序化和模式化。心理健康教育教学过程设置了明确而统一的参考模板,教师严格按照模板执行,从而导致教学形式单一、效率低下、质量没有保障。学生自主学习、思考及互动的机会很少,只能通过死记硬背的方式对心理健康知识进行浅显解读,不能将其恰当运用到实际生活和社会实践中。由于教师对心理健康教育的课程性质没有明确的认识,致使心理健康教育陷入一种学科教学模式。

(三)家庭层面:家长的认识偏差

家庭是中学生重要的情感支持系统,在心理健康教育方面,家长有着不可替代的辅助作用。然而,许多家长受应试教育的影响,一味追求分数,只注重学生的学习状况和身体健康状况,缺乏对学生的心理健康状况的足够重视,对学校的心理健康课程及其作用认识模糊。由于很多家长对心理健康问题没有系统科学的认识,知识储备不足,当中学生出现成长中的心理、行为问题时,家长无法根据学生所处的学习环境、人文环境等做出正确的分析和判断;当孩子的问题比较严重时,有些家长还认为心理问题会被人误解为"精神不正常",不愿意带孩子去医院接受专业的心理辅导和治疗。这些错误认识都十分不利于中学生的健康成长和全面发展。

第二节　中学生道德教育概述

一、道德教育的概念和内涵

(一)道德教育与中学生道德教育的概念

道德是社会意识形态之一,是一定社会调节人与人、人与社会、人与自然之间的行为规范和行为准则的总和。在我国古代典籍中,"道"和"德"原本是分开使用的。道,是万物万法之源,是创造一切的力量;德,是在不与自然界相背离的前提下改造自然和社会、完善自我的实践活动。在西方古代文化中,"道德(morality)"一词起源于拉丁语"mo-res",意为风俗和习惯。道德作为反映一定经济、政治、文化的社会意识形态,是人类社会所特有的。人类的道德观念是受到后天一定的生产关系和社会环境的影响而逐渐形成的。在不同的时代,不同的阶级往往具有不同的道德观念。不同的文化中,所重视的道德元素及其优先性、所持的道德标准也常常有所差异。道德往往代表着社会的正面价值取向,起判断行为正当与否的作用。

道德教育即德育。德育是培养学生品德的教育。关于道德教育的含义,传统的理解是:生活于各种现实社会关系中的有道德知识和经验的人(亦可称为道德上的先觉者),依据一定的道德准则和要求,对其他人有组织有计划地施加系统影响的一种活动。"德育"的概念一般有狭义和广义之分。狭义德育是道德教育的简称。这是从伦理学体系上界定的。广义德育是从教育学上界定的,德育是相对于智育和美育来划分的,它的范围很广,包括培养学生的思想品质、政治品质和道德品质。它是教育者根据一定社会或阶级的要求,有目的、有计划、有组织地对受教育者施加系统的影响,把一定的社会思想和道德转化为个体思想意识和道德品质的教育。可见,道德教育是培养主体、塑造灵魂的社会实践活动。道德教育是伦理道德规范和基础文明的养成教育,其功能主要是通过掌握道德标准和原则,教人如何做人和评价他人。

中学生道德教育是由学校教育工作者对中学生进行道德层面的教育,主要通过对中学生进行社会公德、家庭美德、个人品德和职业道德教育,培养中学生形成良好的道德品质,养成良好的道德行为习惯,适应中国特色社会主义国家对人才的需要。中学生道德教育的目标也就是为了帮助青少年养成良好的道德行为,自觉按照社会道德要求做人做事,明辨生活中的是非善恶美丑,做出正确的价值判断。教育者在开展中学生道德教育的过程中要以身作则,充分发挥主导作用,并积极调动中学生的主观能动性,使中学生自觉接受道德教育。

(二) 道德教育的内涵

1. 道德教育即道德规范教育

因为道德属于规范范畴,道德亦即道德规范,道德、道德规范、道德价值规范三者乃是同一概念,所以我们可以推出道德教育即道德规范教育。事实上,古今中外的绝大多数道德教育活动就是道德规范教育活动。

2. 道德教育即德性教育

这里的"德性"是狭义的,指人的道德种子、道德潜能、道德天赋,或者说就是人性中的"善性"。"道德教育即德性教育"是"内发论"教育思想推论到道德教育领域的逻辑结果。这种认识以孟子为典型代表,在今天依然有发展前景。朱小蔓、檀传宝等在这方面有深入的研究。朱小蔓认为,道德是人的一种文化性的创造。檀传宝认为,德育即培养品德,旨在形成受教育者一定思想的教育。在我国是指思想教育、政治教育和道德教育。

3. 道德教育即品德(美德、品格、人格、德行等)教育

由于道德品质往往简称"品德"或"道德",因此,道德教育往往就被认为是品德教育。如班华和檀传宝的定义。班华在我国传统道德教育基础上,提出了心理—道德教育思想;檀传宝认为,德育是由教育工作者营造适合德育对象品德成长的价值环境,以促进他们在道德价值的理解和实践能力等方面不断建构和提升的教育活动。人类历史上的许多道德教育活动实际上就是品德教育活动。

4. 道德教育即道德理性教育

主张道德教育要诉诸人的理性,这是现当代西方道德教育理论与实践的主流之一。如柯尔伯格和霍尔、戴维斯的定义。柯尔伯格认为:"我们把道德教育看成是对道德发展的促进,而不是直接传授一些既定的道德准则。""促进道德发展是以促进儿童的思维和解决问题能力为基础的。"霍尔、戴维斯也认为:"道德教育并不是对于做正当事情的教育,而是指道德思维的性质和做出决定的技巧和能力方面的教育。"威尔逊提出的"道德思维的直接教学"也属于道德理性教育,他指出,道德教育与科学教育或古典教育相似,"都是在某一待定的思维方式上或生活领域中的教育"。而"在道德上受到的教育"与"在

科学上受到的教育是同一回事"。实际上,道德教育的价值澄清模式也属于道德理性教育的范畴。

5. 道德教育即道德情感教育

道德情感是道德品质中的基础性、核心性部分,因此,即便不在理论上,至少也应在道德教育实践中、在对待儿童道德心理发展的过程中,优先考虑和对待道德情感领域。人类历史与现实中爱的教育、仁爱教育等道德情感教育活动、经验以及相关思想都很多、很丰富,值得深刻总结。

6. 道德教育即生命道德教育

从人的生活、生命的角度来研究道德教育,是当今德育学界乃至教育学界的一种新动向。鲁洁认为,道德教育的本质在于造就一个人,并实现人的自我超越。她反思知识论道德教育传统,提出了生活德育论。生活德育是基于生活,为生活的德育。道德教育的根本作为就是引导儿童生活的建构。刘慧对生命道德教育进行过专门而系统的理论与实证/实验研究。檀传宝、刘次林等关于幸福教育的研究也属于此范围,而幸福教育的实践活动也正在我国逐步展开。

7. 道德教育即道德生活

这是根据杜威的"教育即生活"与陶行知的"生活即教育"的思想理论与实践活动,而概括出来的一种道德教育含义。当今我国一些学者如唐汉卫、冯建军、高德胜等也对生活道德教育进行过专门的研究。高德胜认为:"生活的品性与生活中人的品性基本上是正相关关系。"或者说"有道德的生活"对人的德性生成正面作用,"不道德的生活"则对人的德性生成负面作用。唐汉卫认为,我国学校道德教育脱离了生活,主要表现为道德教育的科学化、理想化。另外还表现为成人化和泛政治化等,使德育从本质上脱离了现实的人际关系,脱离了活生生的生活世界,进入了另一个物化的、现实中不存在的世界。冯建军认为,我国学校道德教育的误区就是只关注普遍的道德原则、规范,忽视或无视学生复杂多变、丰富多彩的现实生活,忽视现实生活带给学生的生动真切的体验,并没有真正触及学生的真实生活。

8. 道德教育即道德训练

道德训练在人类历史和现实中都不同程度地存在。后来,行为主义心理学成了其理论的基础。

9. 道德教育即道德引导(或道德传授)

从逻辑上讲,可以根据"教育即引导""教育即传授"而推论出该定义。事实上,在人类的历史和现实中,道德引导与道德传授活动也大量存在。

二、道德教育的内容与目标

(一)道德教育的内容

道德教育是通过对学生进行社会主义道德原则和道德规范的教育,以及进行个人品德、家庭美德、社会公德、环境道德教育,来培养他们具有正确的道德认识、高尚的道德情感、坚强的道德意志和良好的道德行为习惯。

1. 个人品德教育

个人品德是个人在道德行为中表现出来的自我完善、自觉的和稳定的倾向。个人品德不是政治观点,不同背景的人群对个人品德容易产生共同的理解,不易产生明显的分歧。这部分内容也是古人"修身"的内容。

个人品德教育,应包括现代文明社会道德原则和规范的教育,也应包括诸如正直、善良、诚实、宽容等中华传统美德的教育,还应包括对勤奋学习、热爱工作、珍惜时间、有责任感、有毅力、有自制力、坚持不懈等优良品质培养的教育。这类品质更多地突出了道德行为主体的自我约束、自我规范能力,其特点是不易通过短时间的道德行为表现出来,甚至没有特定的道德行为作为载体。这方面的品质体现出学生对于个人行为和个人欲望的控制能力,是内在的。

2. 家庭美德教育

家庭,是人生的第一所学校,也是中学生美德养成的重要场所。家庭美德教育的内容是对学生进行珍爱家庭、孝敬父母、勤劳俭朴、文明礼貌的教育。人的生活从家庭开始。中学生要参加家务劳动,培养劳动观点和劳动习惯,珍惜劳动成果。教育学生爱自己的家,爱自己的家人,尊敬、关心父母,听从他们的教导和指点;教育中学生在生活上节俭朴素,不追求奢侈享受,家庭成员要互相谦让,互相照顾,这样家庭才能安宁幸福。

3. 社会公德教育

社会公德是人们在长期的共同生活中形成的行为规范和良好风尚,内容广泛,涉及人们生活的各个方面。要教育中学生注重仪表,维护尊严,追求内在心灵美与外在仪表美的统一;还要教育学生懂得人格和国格的关系,自觉维护国家、民族和自己的尊严。遵守公德,严于律己。这是社会生活和公共场所的基本行为要求,是社会生活中最起码的文明行为规范,要从小抓起,常抓不懈,使学生养成良好的行为习惯。要提高中学生的文化水平,增强中学生的文明意识和社会责任感;帮助中学生在社会实践中自觉地遵守社会公德,做社会的主人。真诚友爱,礼貌待人,这是人际交往中的文明礼貌要求。要使学生懂得真诚友爱是一种崇高的道德情感,礼貌是人际交往中相互友好、相互尊重的桥梁。要教育学生心中有他人,在日常生活中养成礼貌的言谈、举止和态度。

4. 环境道德教育

环境道德,指人们为维护人类生存和可持续发展所必须正确处理的人与环境关系的行为准则和规范,是全人类的社会公德。当前世界范围内人口膨胀、环境污染、生态破坏、资源浪费,环境道德水平高低,直接关系到能否可持续发展,甚至关系到人类的存亡和兴衰。环境道德超越制度、国家、民族、宗教、信仰之不同,跨越时间、地域之差异。过去长时期只重视调节和规范人与人、人与社会关系的道德教育,而忽视了调节和规范人与自然关系的环境道德教育。

通过环境道德教育,使学生了解、认识环境,掌握一定环境知识,产生热爱环境情感;学会保护环境的技能,恪守保护环境的规范、准则,以使人类共同生存发展。环境比较复杂,涉及很多方面。环境道德教育的内容也很多。它既包括人类生存的自然环境领域,又包括社会意识形态领域和环境道德修养。环境道德是人类公德,是人类根本长远利益所在。任何国家的、民族的、团体的、个人的局部利益、眼前利益,都必须服从人类最高公德——环境道德,体现了人类最伟大的人道主义思想。

5. 心理健康教育

心理健康的个体,其内心世界能够保持一种动态的平衡与和谐状态,表现为能经常保持愉快的心境,适应外界环境能力强,自我评价客观,善于交往,富有爱心,并能客观地进行自我评价。中学生正处于人生观和价值观形成的关键时期,很容易受到外在环境和他人的影响,可能出现一些心理健康方面的困扰,自我调节能力的培养对中学生具有重要意义。良好的自我调节能力,能增强学生的抗压能力;自我调节能力较差的学生,一般心理承受能力也较弱。社会的发展、生活节奏的加快,学习任务的繁重,都会在一定程度上加重中学生的心理负担,心理健康教育的重要性也就凸显出来了。加强中学生心理健康教育,能够为他们更好地适应社会的发展和为学校的学习、生活奠定坚实的基础。

(二) 道德教育的目标

教育是培养人、造就人的社会实践活动。它的产生依赖于一定的社会需要,它与一定社会的生产力发展水平、生产关系等都有着密切的关系。确立目标是开展思想道德教育活动的基本前提,是提高教育者和受教育者参与教育活动的关键,是检验思想道德教育效果的重要依据,也是选择好思想道德教育内容和明确教育任务的基本前提。中学生道德教育应确立以下目标。

1. 根本目标

将中学生培养成具有与我国经济社会发展相适应的思想政治觉悟和优秀道德品质的社会公民,使其能顺利成长为中国特色社会主义事业的合格建设者和可靠接班人。

2. 宏观目标

引导广大青少年学生认同并自觉践行社会主义核心价值体系,牢固树立中国特色社会主义共同理想,养成正确的思想观念、科学的思想方法、求真求善求美的思想情感、高尚的道德情操。

3. 微观目标

引导中学生养成乐观向上的人生态度、优秀的个性品质、健康的心理素质、文明的行为习惯。

三、道德教育的理论基础

(一) 道德哲学

道德哲学又叫伦理学,是研究善与恶、对与错、职权与义务等概念的哲学分支。道德哲学是对人类道德生活进行系统思考和研究的学科。它试图从理论层面建构一种指导行为的法则体系,即"我们应该怎样处理此类处境""我们为什么这样处理又依据什么这样处理",并且对其进行严格的评判。

道德哲学或伦理学通过善恶、良知、权利、义务、行为准则、人生理想和人生价值等范畴及概念体系,来表现人类社会生活和实践活动的目的,是人类用来改善自己和使自己完美的科学之一。其探讨的主要问题有:道德的本源及发展、道德的最高原则、道德的范畴和道德的规范、道德的选择和道德的评价、人生的观点和道德的理想、道德教育和道德修养等。在伦理学的发展中,从体系结构的特征和研究方法上看,大致可以分为三类:描述伦理学、分析伦理学、规范伦理学。

（二）道德心理学

道德心理学是研究人类道德的心理结构及其活动规律的学科。道德心理结构即道德与心理相互作用的联系方式,包括道德产生、形成和发展的心理基础,道德活动和道德行为的心理机制、心理过程和心理状态,道德对心理活动所起的作用等。它着重于研究由道德意识和道德活动所引起的心理应答规律,揭示道德的社会心理因素。内容包括:道德对人们心理失衡、障碍和偏差的调节和克服;道德教育和道德修养的心理因素和心理过程;道德行为的心理驱动,以及消除人们对道德抵触的心理障碍的方法等。研究道德心理学对于正确分析和阐述各种道德现象,正确认识和理解道德意识、道德情感和道德意志产生和发展变化的规律,科学地掌握道德教育和道德修养的方法,自觉地培养高尚的道德品质,有着重要的意义。

（三）道德社会学

道德社会学是研究道德与社会的关系、道德的社会性质及社会功能的一门社会学分支学科。道德社会学研究的内容非常广泛,主要有:道德产生、发展的社会因素;道德对人们的社会生活、社会行为的调适、控制作用;各种社会群体道德的特征及其发挥作用的社会过程;异常道德研究;道德分层研究;道德的制度化问题;等等。

知识链接

关于伦理学

描述伦理学是对道德现象做描述和经验证明之伦理学说,研究实际存在的风俗、习尚、社会纪律的形式,对于人的行为既不做价值判断,也不建立原则与标准,而只做现象描述。所以,即使在社会中发现违反道德的生活事实,也不加以指导和纠正。

分析伦理学是分析和探讨各种伦理学的理论、概念、论证方法等的学说,并不涉及"说谎是错误的"这类实际的道德判断,而是在分析和阐明这类判断中的善恶、正义、责任、价值、标准等概念的意义。分析伦理学试图从逻辑学和语义学方面,对道德概念进行分析和解释,既不主张以历史的或经验的方法去研究伦理学,也不把伦理学看作一门规范科学。

规范伦理学,就狭义而言是一种侧重研究道德规范体系的学说,旨在探讨人类行为的本质,并且把解释和论证道德原则和道德规范作为主要任务,呈现了伦理学作为一门规范科学的基本特征。就广义而言,凡是运用理论研究及论证人的行为和相互关系应当如何、不应当如何,而提出行为的基本原则的伦理学说,都属于规范伦理学。正是在这两种意义上,自古希腊哲人亚里士多德开始,许多思想家都把伦理学视作一门规范科学。简言之,规范伦理学涉及道德上是非、善恶标准的证明和应用,非常注意道德规范和道德判断,这些规范和判断对人类的行为、气质、品格和生活方式都有直接的影响。

资料来源:朱贻庭,万俊人,于树贵.伦理学大辞典[M].上海:上海辞书出版社,2011.

四、中学生道德教育的任务

道德教育的任务是指通过教育活动,使个体在思想品德发展的质量和规格方面达到应有的基本要求。根据国家有关学校德育任务的要求,以及依照中学生身心发展的规律和品德形成的规律,中学生道德教育的任务具体可划分为以下四个方面。

(一)逐步提高学生的道德修养,形成社会主义道德观

科学世界观和人生观的形成是一个长期的、艰苦的锻炼过程,道德教育为其奠定了一定的基础。中学生道德教育,是初步的科学思想方法的教育,要使学生逐步形成以集体主义为导向的人生观和价值观,养成实事求是的科学态度和作风。有目的、有计划地引导学生掌握社会主义的理论和道德规范,自觉身体力行,在社会生活的实践中不断积累经验,逐步提高按道德规范调节行为的能力,逐步形成基本的社会主义道德观点、信念,为培养正确的人生观和科学世界观打下基础。

(二)培养学生正确的政治方向,初步形成科学世界观

引导学生在道德认识和实践活动中,激发出道德需要,形成正确的道德价值观,培养爱憎分明的政治态度、坚定的政治立场和高尚的道德情操,使他们对履行和捍卫社会主义道德富有责任感、义务感、使命感。

(三)培养学生道德评价和自我教育能力,养成良好的行为习惯

注意对学生进行道德理论灌输和教育,指导学生进行正确的道德评价,使学生分清行为的是非、荣辱、美丑、善恶的界限,提高学生的认识水平。教师应为学生做出道德评价榜样,引导学生进行实际的道德锻炼和规范行为的训练,不仅要使他们能自觉地运用社会主义道德规范调节自己的行为,而且要使他们的道德行为在反复的实践活动中,达到自觉化的程度,即形成道德的行为习惯,成为个人的品德。

(四)培养学生正确的理想和信念

首先,要坚持优良传统教育与时代精神教育相结合。从实际出发,将弘扬民族优秀文化传统与培育改革创新的时代精神相结合。既要弘扬中华民族优良的人文传统和革命传统,又要吸收、借鉴人类发展的一切文明成果,以发展的眼光开展中华民族精神教育。

其次,坚持认知教育与实践体验相结合。要抓好课堂教学的认知教育,针对学生的困惑和思想实际,善于用正确的方法论剖析问题的症结。引导学生形成批判性的思维,能够辨别是非、善恶,并运用正确的立场、观点和方法,分析、解决学习和发展过程中遇到的各种问题。同时要以体验教育为重要途径,让学生在实践中真切感受民族精神的丰富内涵,达到知行统一。

中学生道德教育任务的四个方面是密切联系、相辅相成的。应注意发挥四方面的整体功能,不可忽视任何一个方面。只有这样,才能培养和发展学生的高尚品德。

五、中学生道德教育的途径、方法和原则

(一)中学生道德教育的途径

中学生道德教育问题是一个关乎家庭、学校、社会的综合性问题,所以需要多方努力,共同协作。

1. 家庭层面

家长和学生需要建立一个有效的沟通模式,及时解决问题。家长应该摒弃只注重分数的观念,在关注成绩的同时更应该关注孩子的心理变化情况,多沟通、多了解、多给予鼓励性的话语,给孩子营造良好的家庭氛围。同时家长还应增加与学校的沟通,及时了解孩子的情况,有效参与孩子的成长过程,不做学生道德教育的旁观者。

2. 学校层面

学校是道德教育的主战场,必须坚持"以人为本"的教育方向,综合考量实施道德教育的条件,坚持一切为了学生,制订并有序实施道德教育计划。具体来说,(1)学校要端正并不断强化对道德教育的认识,明确德育的重要性,营造良好的教学氛围和教学环境。(2)有序开展各类教学活动,进一步明确思想政治教育课程在中学生道德教育中的重要地位。引导教师不断更新教育观念,加强教育的针对性和方向性。在教学过程中采用灵活多样的教学方法和手段,以培养"四有"公民为目标,充分培养学生的主动性和创造性,教会学生做出"选择"。鼓励学生多多参与社会实践,做到理论与实践相结合。着重培养学生的道德认知,将书本上的知识内化为自己的道德观念,外化到以后的生活实践当中。注重榜样的力量。榜样对学生来说具有指示、引导、调节的作用,不仅要注重社会典型榜样,也要强调家长和老师的榜样作用。(3)学校的各项活动既要常规化,也要具有创新性,既注重内容创新也注重形式创新,不断为教育教学注入活力,提供保障。

3. 社会层面

当今社会一个最明显的特征莫过于互联网的飞速发展,互联网对教育发展有巨大的促进作用,同时对当代中学生道德教育问题带来很大困扰。国家需要建立完善互联网的相关法律法规,不断提高网络违法的成本。政府要加强对网络信息的监督与管理,一方面采用技术手段抵制低俗、不健康、封建迷信信息;另一方面采用法律手段来规范和管理网络运营主体,营造健康向上的网络环境。全社会应加强社会主义核心价值观的引导。

(二)中学生道德教育的方法

1. 充分利用思想品德课

思想品德课是有系统、有计划、有步骤,并结合中学生的年龄特征和身心发展规律进行德育教育的有效手段。要充分利用思想品德课,把思想品德教育作为重中之重。必须先要塑造青少年美好的心灵,使他们懂得如何做人,并形成良好的思想品德。要对学生进行爱国主义教育、社会主义的道德理想信念教育,集体主义观念的情感行为教育。从整体出发,从点滴做起,把思想品德教育真正落到实处,只有这样才会收到良好的效果。

2. 思想疏导,培养学生的健康心理和健全人格

每个学生都有各自的特点,他们的性格也各不相同。即使对同一件事、同一个问题,

看法也会存在差异。教师首先要把学生放在平等的地位上,公平、公正地去对待每一个学生。要做到熟悉每一个学生,因材施教,具体问题具体分析,把握学生的思想脉搏,对症下药,切切实实地做好学生的思想道德教育工作。对于那些学习和心理素质不是很好、存在着这样或那样问题的学生,要时刻关注和关心他们,用爱打开他们的心扉,发现他们身上的闪光点并及时表扬,以促使他们进步。在教育过程中要遵循青少年心理成长规律,注重心理辅导,通过教育、疏导、启示,使他们的思想问题得到解决。

3. 道德教育必须坚持集体主义的价值取向

充分发挥个体的主体性,重视人的个性发展,并将集体发展的诉求与个人发展的需要有机结合起来,这是一个国家和民族兴旺发达的基础和条件。陶行知认为:"集体生活是儿童之自我向社会化道路发展的重要推动力,为儿童心理正常发展的必需。"马克思主义认为:"人的自由全面发展是社会发展的最终指向。"学生主体意识的发展主要是通过各种集体活动来实现的。有些学生集体意识较为淡薄,总是以自我为中心,不会欣赏别人的优点和长处,缺乏与他人合作的精神,这也说明对中学生加强集体主义教育非常必要。在集体活动中,应充分调动学生对集体事情的主动参与意识,引导学生从自身特点出发,积极为集体出力,培养学生的集体主人翁意识,主动关心集体的事情和活动;还可以定期召开一些主题班会,要求学生共同讨论班会的内容、活动方式以及自己参与的形式,让学生通过参与集体活动产生对集体的责任感,培养集体主义精神,让学生自觉意识到作为集体成员的尊严和荣耀,从而激发集体荣誉感,促使他们更加热爱集体、积极向上。

4. 以课堂教学作为道德教育的主渠道

学校开设的包括德育课程在内的所有教育课程,都是对学生进行思想道德教育的有效渠道。要取得良好的德育效果,必须在其他课程中渗透德育内容。比如,语文课、综合实践课等,可以在讲授描写祖国大好河山的课文时结合爱国主义教育内容,也可以通过讲解描写英雄人物的文章,以榜样的光辉来引导学生提高自身素养。要使道德教育渗透到教育的各个方面,使其无处不有,无时不在。教师要不断改进教学形式和方法,使学校的德育课程成为学生喜爱的课程,真正成为学生学知识、学文化,不断提高思想觉悟的主渠道。

5. 以丰富多彩的课余活动作为道德教育的主要抓手

要充分利用学生的课余时间,加强思想道德教育。学校平时要注重开展各种丰富多彩的课余活动,教师要积极引导学生参加力所能及的社会实践和社区公益活动,参加生产劳动实践。显然,日常生活的教育是所有教育途径中最基本、最重要的教育。

6. 教师要以高尚的品行和人格魅力教育和影响学生

教师是学生的楷模,学生是教师的镜子。作为思想道德教育工作者的教师,其一言一行都会对学生产生影响。教师必须注重培养自己良好的品德,加强自身的修养,要公道、正派、清正、廉洁,要有严于律己、以身作则的精神,用自己的表率作用去影响和带动学生,努力把学生的思想道德建设工作提高到新水平。教师要提高情感素质,必须对学生有热爱之心,并明确没有爱便没有教育,爱是教育的基础。

（三）中学生道德教育的原则

1. 导向性原则

进行德育时要以社会主义核心价值观为导向，指导学生向正确的方向发展。

2. 疏导原则

进行德育要循循善诱，以理服人，从提高学生的认识入手，调动学生的主动性，使他们积极向上。

3. 尊重信赖与严格要求相结合原则

进行德育要把对学生个人的尊重和信赖与对他们的思想和行为的严格要求结合起来，使教育者对学生的影响与要求易于转化为学生的品德。

4. 一致性与连贯性原则

进行德育应当有目的、有计划地把来自各方面对学生的教育影响加以组织、调节，使其相互配合，协调一致，前后连贯地进行，以保障学生的品德能按教育目的的要求发展。

5. 因材施教原则

进行德育要从学生的思想认识和品德发展的实际出发，根据他们的年龄特征和个性差异进行不同的教育，使每个学生的品德都能得到最好的发展。

6. 依靠积极因素克服消极因素原则

教育者要依靠、发扬学生自身的积极因素，调动学生自我教育的积极因素，克服消极因素。

7. 正面教育与纪律约束相结合原则

教育者要正面引导学生，启发自觉，调动学生接受教育的内在动力，建立健全学校规章制度和集体组织的公约、守则等，严格管理，认真执行。

8. 知行统一原则

要重视思想道德理论教育，重视学生参加实践，让学生做到言行一致、表里如一。

总之，德育工作既要正面引导、说服教育、启发自觉，调动学生接受教育的内在动力，又要辅之以必要的纪律约束，并使两者有机结合起来。

六、中学生道德教育的现状及存在的问题

目前我国的思想道德教育并无一套明确而具体的理论体系将道德思想根植到国民潜意识中，道德教育在培养民族精神、弘扬中华优秀传统道德思想等方面的作用没有得到充分发挥。加之大众媒体所传达的多为大众文化内容、现代科技知识、经济题材或当前社会政治状况的内容，中学生系统学习和接受中华优秀传统道德思想熏陶的机会少之又少，致使中学生不太了解甚至漠视民族优秀文化传统。部分中学生表现出对以享乐为主的西方生活方式的欣赏和崇拜，一些中学生不同程度地存在国家意识、民族意识、中华民族的归属感不强，诚信意识淡薄，和谐相处能力较差的问题。

（一）学校道德教育存在的问题

1. 道德教育系统性与针对性相分离

教育是一个系统工程，必须坚持各方面齐抓共管。中学生德育工作作为其中的重要

一环,却出现了系统性与针对性相分离的问题。我国当前存在重知识教育而忽视道德教育的倾向。同时,由于教育工作者在个性、心理、道德水平等方面具有不同的心理特点和道德困惑,我国中学生思想道德教育大多局限于课堂,教师进行满堂灌,以传统的教育方法讲授和传播,重在把理论强制式地灌输给学生而不考虑学生的主体性,重传播,轻实践,把思想道德教育教条化了。这些都是由于没能正确认识和有效处理好中学生道德教育的系统性与针对性引起的。

2. 道德教育理论与实际相分离

一些学生在上完德育课后常说:"老师讲得很好,就是跟现实对不上号。"随着当今世界经济全球化、改革的不断深化,人们的生活方式、学习方式、生活环境等都发生了巨大的变化,思想道德方面也随之出现了新的问题和矛盾。中学生道德教育理论与实践相脱节,并出现了滞后现象,这使道德教育出现教条化。所谓教条化,是指所教内容严重地脱离学生的生活实际,所学的理论和知识无法解决实际问题,也难以解释现实情况。例如,城乡之间本就存在区别,但有些德育教师在授课时并没有将不符合所教学生实际的例子替换为生活中常见的例子,脱离了大部分学生的生活实际,以致思想道德教育的实效性降低。

在道德教育的方式方面,我国目前的道德教育大多仍采用传统的线性教育模式,教师教、学生学。在现实的教学中,只注重对象的接收,而没有考虑到教学方式是否满足学生的精神需求,学生是否能以一种积极能动的态度接受道德教育,从而内化为自己的思想理论和行为准则。

3. 传统道德继承和发展与西方道德借鉴和创新相分离

有些中学生对于中国传统文化知之甚少,又由于家庭经济生活水平的提高和物质生活条件的极大改善,加上父母的宠溺,一些中学生缺乏中国传统的吃苦耐劳、勤劳勇敢、艰苦奋斗等优良的传统品质。经济的全球化使各国之间的经济、文化联系日益紧密,西方一些如个人主义、拜金主义、享乐主义等思潮传入我国,侵蚀了中学生的心灵,中华传统文化的继承与发展面临着巨大挑战。青少年正处于道德品质形成的关键期,可塑性大,但也具有不稳定性,判断是非、独立思考的能力还比较低下,更容易受到一些不良思想的侵蚀。生活中经常会出现片面强调个人利益、浪费、不尊重教师、不孝顺父母的行为,尤其在一些公共场所更加不注意自己的言行,有的甚至走上了犯罪的道路。

(二)家庭道德教育存在的问题

1. 传统的家庭教育方法实效性不强

家长虽然知道道德教育的重要性,但教育方法欠缺,传统的家庭教育方法不具科学性,实效性不强。部分家庭传统的家长制作风严重,动不动就批评孩子,认为孩子做什么事都不对。把孩子看作是被管束的对象,把德育看作是简单粗暴地管制孩子,不允许孩子犯错误,对孩子过于严厉。

2. 家长不信任自己的孩子

有时候孩子犯了错误并说清了犯错的原因,但有些家长不会采用安慰孩子,指导孩子等正确处理问题的方法,而是一味批评指责,抓住错误不放,无限放大孩子缺点,使孩子感到不被理解，产生内疚、绝望等负性情绪，反而错过了教育的最佳时机；有的家长面对孩子的进步，不是鼓励和赞赏，而是不断怀疑孩子，使孩子感到不被父母信任，自尊心会受到打击；有的家长不相信孩子处理问题的能力，凡事大包大揽、包办代替，使孩子独立思考和独立解决问题的能力受阻。

3. 过分溺爱导致父母对孩子的道德教育缺位

很多家庭把孩子视如掌上明珠，不忍心纠正孩子的道德认知偏差和行为问题，一味包容迁就，甚至纵容，导致家庭道德教育缺失。有的家长不能容忍教师或其他人教育自己孩子的道德问题，对孩子的恶习不但不加以制止反而助长，久而久之，孩子容易出现道德认知偏差，成为不良少年。

4. 部分家长对孩子重物质满足、轻精神培养

有些家长只注重在技能及智力方面对孩子的培养，看重物质方面的教育投资，而忽视对孩子在精神、思想素质、德育方面的培养，不重视家庭道德教育，忽视了道德教育在家庭教育中的地位。

（三）社会道德教育存在的问题

1. 大众传媒的误导

大众传媒对我们的生活影响较大，具有极强的导向作用。这种导向也会影响到中学生的世界观、人生观和价值观。近年来，部分大众传媒的价值导向出现了偏差，出现了混乱和误导现象。为了适应市场竞争、获取巨额经济利润，有些大众传媒违背职业道德规则，使一些有害信息严重影响着青少年的身心健康，有些甚至严重误导了青少年的价值观念。

2. 社会消极现象的影响

在社会环境多元化的背景下，有些不良社会风气不仅侵害了青少年的身心健康，而且影响着青少年的价值观、人生观的形成。青少年处于成长阶段，鉴别是非的能力较弱，理智发展尚不完善，容易经不住诱惑而误入歧途。

3. 中学生所处的社会环境逐渐发生变化

随着我国社会环境的不断变化，教育机制、用人机制的改变对学生的影响是直接的，特别是对他们的世界观、人生观、价值观以及个性品质的影响尤为突出。我国进入了一个科技高度发达的社会，我们现在的道德教育内容将比传统的道德教育内容更加宽泛，中学生需要学会适应。我们必须重视培养中学生分辨和吸收信息的能力，不能让他们轻易被信息所俘虏，成为信息的奴隶。

第三节　中学生心理健康教育与道德教育的融合

一、心理健康教育与道德教育的关系

心理健康教育的目的是完善人的心理品质；道德教育的根本目的是培养人的思想道德品质。心理健康教育为德育奠定了必要的心理基础，德育在心理健康教育的基础上，

发展和升华学生的个性。一个学生要形成良好的道德品质,就必须正确地认识自己,与他人正常交往,恰当地表现与控制自己。一个心理健康的人,更具有亲和力,更能悦纳自己和他人;相反,一个心理不健康的人,不信任他人,遇到挫折就怨天尤人,这样就失去了接受道德教育的心理基础。

道德教育和心理健康教育是中学阶段全面发展教育的重要组成部分,它们对于中学生的"成人"和"成才"具有重要作用。二者之间既有区别,又有联系。从理论上探讨它们的关系,用于指导中学教育教学实践,才能促进中学生道德素质和心理素质的全面优化。

（一）心理健康教育与道德教育的联系

1. 有共同的教育目的

德育与心理健康教育的对象都是学生,基本职能都是育人,目的都在于提高人的生存质量。两者都是通过知、情、意、行四个层次帮助学生解决人生发展中的问题,都是为学生的长远发展做准备,并提升学生综合素质,培养全面发展的四有新人。

2. 关注的问题密不可分

德育关注的思想问题从实质上说属于心理现象范畴,学生的思想观点、政治立场和道德品质等都是外部影响与学生内部心理因素相互作用的结果。学生的心理问题往往通过思想问题的形式表现出来,某些思想问题要通过心理教育的方式来解决,而某些心理问题也要借助人生观、世界观和价值观的教育来解决。

3. 教育途径相似

德育和心理健康教育都要通过课程、学科渗透、班主任工作、课外实践活动、校园文化、家校配合等实施。

4. 遵循共同的教育规律

无论道德教育还是心理健康教育,都必须遵循由浅入深、由易到难的认识规律,都要按照先进的教育理念、新型的师生关系、尊重人的价值、重视个性发展、正面教育为主等教育规律,对学生晓之以理,动之以情,导之以行。

（二）心理健康教育与道德教育的区别

1. 理论基础不同

心理健康教育以心理学、社会学、精神医学和行为科学为理论基础;道德教育主要以马克思主义哲学、伦理学和教育学的基本原理为理论基础。

2. 教育目标侧重点不同

心理健康教育关注个人合理的心理需求和健康发展,重在提高个人的价值感和成就感;以塑造个人完善的人格为目标,来解决学生在当前学习生活及日后工作发展中可能遇到的问题,激发学生的潜能;其教育核心问题是个性的自我完善。道德教育从社会关系的角度出发,培养学生的社会责任感,帮助学生明确自己所处的社会地位;重视社会取向,按社会要求规范个人行为,重在提高个人对国家与社会的归属感和自豪感,以塑造个人完善的道德品质为目标;其教育核心问题是人生观问题。

3. 教育内容不同

心理健康教育强调个体的自然属性,注重学生的内在需求与本能发展,主要面向独立的个体,通过各种各样符合心理特点的方式、方法来实现和维护个体的心理健康,使个人的潜能得以充分发挥。心理健康教育的内容主要包括:学习适应辅导、人际关系辅导、情绪情感问题辅导、行为协调辅导、人格辅导、择业辅导等。道德教育则是以促进社会安定与进步为目的,具有社会取向的特征,使每个人都按特定时期社会的要求发展,有助于推动整个社会向着同一目标前进。道德教育的基本内容包括:爱国主义教育、集体主义教育、社会主义思想道德规范教育、劳动观念教育、社会主义民主与法治教育、社会公德教育、职业道德和家庭美德教育、价值观教育、健康人格教育等。

4. 教育方法不同

心理健康教育运用的是心理学的方法,不做是与非、对与错的价值判断,注重同理心,强调理解、倾听与沟通。道德教育注重"教""化","教"即是通过正规教育,由教育者向学生进行思想道德观念的灌输,以强化他们的思想道德意识和修养;"化"即是通过社会舆论,对学生的思想道德意识和行为修养产生潜移默化的影响。道德教育重视言传身教,不但不能避开价值判断,而且要以价值判断作为基础、方向和核心。

二、心理健康教育与道德教育的融合

(一)心理健康教育与道德教育融合的必要性

心理健康教育解决学生的心理问题,道德教育解决学生的思想问题。在实际生活中,心理问题和思想问题往往交叉共存,学生的某些心理问题也需要通过人生观、世界观和价值观的渗透去解决,而一些成功的思想教育往往又是通过心理健康教育的方式进行的。因此,心理健康教育与德育的结合是必要的,也是可行的。二者融合的必要性主要体现在以下方面。

1. 心理健康教育有利于提高道德教育的针对性

在中学生道德教育过程中,由于部分教育者缺乏对青少年学生心理特点的准确把握和心理规律的深刻认识,常把学生身心发展成长过程中表现出来的一些认识偏差、情感失调、过失行为一概归结为道德品质问题,甚至思想政治问题。这种德育工作简单化、成人化的倾向,不但给学生带来了"成长的烦恼",而且给道德教育工作的名誉与实效造成了不良影响。把心理教育引入学校道德教育工作中,有利于避免这些不良倾向及影响的发生。心理教育正是在这一点上使德育工作更加切合青少年学生的实际。

2. 心理健康教育有利于提高道德教育的科学性

心理教育依据心理学科学的方法和技术,遵循平等、真诚、无条件积极关注等原则,教育者能与学生建立心心相印的良好关系,从而能够更好地体察学生内心,倾听学生在"心灵不设防"时的诉说,并且运用心理学的知识分析研究学生在道德认识、道德情感、道德意志、道德行为等心理品质上的发展水平及存在的心理问题,从而能够为学校德育工作提供可靠的依据。道德教育要与心理健康教育紧密结合,以实现教育的最佳效果。

3. 心理健康教育有利于提高道德教育的实效性

道德教育工作实效性的高低,关键在于学生能否把德育的要求内化为自己的信念与情感。学生几乎都不可避免地受到现实生活中假、恶、丑的干扰,这些干扰有可能造成学生的心理矛盾、心理问题,甚至心理障碍,进而削弱甚至抵消德育工作的效能。心理健康教育着重于个体认识、情感、意志、气质、性格的培养与发展,能排除不良心理干扰与障碍,提高学生整体心理素质,及时、有效地解除不良的情绪与心理问题,是保证道德教育工作顺利开展并产生效能的必要环节之一。

4. 心理健康教育是道德教育的重要基础和重要保障

在道德品质中,道德认知、道德情感、道德意志、道德行为的产生,往往都与个体的心理素质有关。个体的意识倾向会影响个体道德判断与行为的发展,个体的个性心理特征也制约着道德行为的表现。许多道德问题往往与心理问题,尤其是与个性及其发展的阶段性心理问题联系在一起。如果没有心理素质的调整、心理机制的调节、心理潜能的开发,心理问题将在很大程度上影响道德价值观的建立与完善。好的心理调适对个体道德价值观的发展起着促进作用。有研究表明,学生接受教育时的心理状态将影响到他接受教育的效果。一个学生要形成良好的道德品质,首先必须有健康的心态,能够正确地认识自己,悦纳自己,对自己及他人有责任感。

学生是道德教育的主体,在对学生展开道德教育的过程中,一定要遵循学生的成长发展规律,了解学生的心理发展特点,这样才能取得良好的教育效果。心理健康教育能够为学校道德教育注入新鲜的生命力。心理健康教材将人文精神和德育内容有机结合,有助于培养学生健康的心理品质和健全人格,促进学生的健康成长。教师应该转变传统的道德教育方式,将心理教育充分融入其中,这样不仅能够有效弥补道德教育工作中存在的不足,同时还能激发学生对学习德育知识的兴趣,学生在接受道德教育的过程中还能接受良好的心理教育。

(二)心理健康教育与道德教育融合的依据

教育是培养人的一种社会实践活动,而人是一个整体,自身的"心理发展"与"道德发展"并非彼此分离的关系。以促进心理发展为核心的心理教育和以促进道德发展为核心的道德教育,自然是一体的两面,将其划分成两种不同的教育形式,只是教育实践的需要,是为了增强教育的针对性和有效性。既然人的"心理发展"与"道德发展"无法分离,那么道德教育与心理教育当然需要融合。

1. 二者教学目标基本相同

中学生道德教育工作与心理健康教育具有基本一致的工作目标,教育对象一致,最终的目的是促进学生全面发展,无论是从政治规范、思想道德层面出发,还是从心理层面出发,都是为了提高学生的基本素质,教育初衷基本统一。

2. 二者教育途径基本相同

教育者在落实心理健康教育与道德教育工作时,都需要在课堂上对学生进行相应的教育渗透,使学生具有良好的行为规范。因此,从教育工作的本质来看,道德教育从心理健康教育中可以获取前提保障,实施道德教育工作也对心理健康教育进行了升华,只有将二者紧密融合在一起,才能使学生健康成长。

3. 二者教学内容有交叉性

两种教育在内容层面有较强的关联,心理品质教育是德育内容的重要组成部分;心理健康教育和道德教育都是为了培养人健康的心理状态和品质素养,加强个人修养和提升个人品质。心理健康教育是在心理方面与人进行沟通,及时矫正不良的行为和想法,而道德教育是为了增强学生的道德观念和提高学生的道德品质。

心理教师在帮助学生面对与解决一些心理层面的问题时,可以借助正确的价值观以及人生观开展必要的引导,进而帮助学生处理心理层面的困扰。教师在进行道德教学工作时,也需要对中学生思想问题进行梳理,提供必要的心理健康疏导。

【教学案例回顾与干预】

1. 问题描述

考试舞弊行为与诚实正直的品德是对立的,也是中学道德教育与学生管理工作所面临的一大顽疾。中学生发生作弊行为的直接原因是对自己没信心,或考试准备不充分。而为了在班上排名上升,保持心理平衡或应付教师、免受家长批评和惩罚,这是学生考试作弊的深层动机所在。在通常情况下,深层动机才是影响行为发生的决定性因素,前面的直接原因都是基于深层动机。

2. 原因分析

学生作弊最重要的原因在于害怕外部压力和惩罚。学生考试作弊的动机也反映学生学习和考试动机发生了偏向,因此调整学生考试动机,实现由外部动机向内部动机的转化是非常关键的。中学生考试作弊行为不仅是个人品德问题,更多的是个人心理问题,所以深入地分析学生考试作弊的动机是很有必要的。

3. 干预措施

针对考试作弊行为,应加强对学生考前的心理辅导和作弊学生考试后的疏导教育工作。一般学校会进行常规道德教育,向学生宣传为人诚实的传统美德,使其认识作弊的虚伪性和危害性。考试后会加强对作弊行为的惩处和批评教育,这固然必要,但忽视了对学生考试作弊动机和心理的关注。一般考试作弊学生考前都会感到信心不足,这是一种很正常的心理。大部分考生考前都有准备不充分的感觉,存在程度不等的焦虑,尤其在大型考试前。教师应注意对学生考试心理的分析与辅导,帮助学生掌握正确的复习方法,统筹安排复习时间,调整心态,减轻焦虑水平。这样一方面可以使学生"轻装上阵",正常发挥;另一方面可以使学生增强信心,从而减少作弊行为。此外,对于考试作弊学生的处理,不能仅停留在通报处分和不问原因的批评教育上,而应引导学生分析作弊的具体原因,找出问题的症结,在尊重学生人格的基础上,激发其进行自我教育,从而防止作弊行为的再次发生。

思考题

1. 什么是心理健康?中学生心理健康的判断标准有哪些?

2. 什么是心理健康教育？心理健康教育的目的、任务与内容是什么？

3. 中学生心理健康教育的途径、方法与原则有哪些？

4. 中学生心理健康教育存在的问题有哪些？

5. 道德教育的内涵、内容与目标分别是什么？

6. 心理健康教育与道德教育的关系是什么？

7. 心理健康教育与道德教育融合的必要性体现在哪里？

8. 心理健康教育与道德教育融合的依据是什么？

【参考文献】

[1] 刘嵋,张先宗,秦玉学,等.心理健康教育[M].北京:清华大学出版社,2019.

[2] 柳海民.教育学概论[M].北京:北京师范大学出版社,2015.

[3] 朱贻庭,万俊人,于树贵.伦理学大辞典[M].上海:上海辞书出版社,2011.

[4] 伍新春.中学生心理辅导[M].北京:高等教育出版社,2010.

[5] 林婉青.中学心理健康教育课存在的问题及对策[J].中小学心理健康教育,2021(19):41-43.

第二章　中学生认知发展与道德教育

【本章概述】

　　认知是个体获得或运用知识的过程，或可视为个体对信息进行加工的过程，包含感知、记忆、想象、思维、言语等成分，是个体心理的重要组成部分，其发展水平与自身成长密切相关。具体而言，良好的认知能力不仅有助于自身发展，更有助于个人道德行为的塑造和培养。青少年是国家的希望、民族的未来，而中学阶段更是青少年身心发育和成熟的关键时期，因此把握此阶段中学生群体的认知发展趋势具有一定的意义和价值。

　　本章共包含三节内容，第一节主要介绍中学生认知发展的概念、影响因素以及特点；第二节主要阐述中学生认知偏差及道德行为发展的常见问题、中学生认知发展与道德发展的评估方法；第三节主要探讨中学生认知发展与道德教育的促进措施。

【关键词】

　　中学生　认知发展　道德教育　培养措施

【案例导引】

　　小王是家里独子，家庭条件较为优越，现为省内一所重点中学的高一学生。小王父亲常年在外经商，母亲原为中学教师，后为专心照顾小王的学业和生活起居辞职在家。在日常生活中，小王父母对其较为严厉，尤其关心他的学习成绩，在交友方面也对其进行诸多限制，所以小王常独自一人、朋友较少，也没有什么特别的兴趣爱好。小王在学习方面十分努力，高中之前成绩一直名列前茅，是班内的尖子生，因此他一直是父母的骄傲和老师眼中的好学生，同学们也常向他请教问题，彼此间关系融洽。然而在中考时，因为2分之差而未能如愿进入重点高中，小王因此觉得自己很失败，其后他以自费方式进入该校就读。中考后的暑假小王仍一直学习，且未参加同学聚会等社交活动。

　　在高中阶段的第一次摸底考试中，小王的成绩较为优异，这使他对高中学习充满了信心。但期中考试时小王成绩下滑，之后老师找了许多班内同学进行谈话，但其中并不包括小王，他以为老师认为他潜力不足，因此心情低落。为提升自身成绩并争取更多的学习时间，小王在期中考试后搬出学校独自居住。但在之后的期末考试中，其成绩更加不如意，小王因此更加烦闷。此外，在与同学的交往中，小王时常觉得其他人有意躲避自己，他想与他人建立良好关系却不得其法，也曾阅读人际交往类书籍，但在实践中收效甚微。小王变得越来越担心成绩和人际关系，上课下课总想着这些事，无法专心听讲和学习，夜晚时常无法入睡，感觉十分烦恼和紧张。

第一节　中学生认知发展概述

一、中学生认知发展的概念及相关理论

(一)认知的概念

认知(cognition)是人类最为基本的心理过程,指个体获得或运用知识的过程,或可视为个体对信息进行加工的过程,包含感知、记忆、想象、思维、言语等成分。具体而言,外界信息被人脑所接收,在头脑中经过加工处理后转换为个体内在的心理活动,该活动进一步支配个体行为,此过程即信息加工过程,也就是认知过程。认知是多类重要心理活动的集合,对个体成长的意义深远。

中学生是国家的希望、民族的未来,其良好的身心发育状况不仅关乎个体健康,也与国家未来发展密切相关。而认知作为影响个体发展的主要因素之一,有必要对其加以重视,并深刻了解和探讨其对中学生的作用。

(二)道德认知的概念及相关理论

与基本认知相比,表现于个体道德层面的认知即为道德认知。它是指个体对现实道德关系和道德规范的认识,包括道德印象的获得、道德概念的形成和道德思维能力的发展等。在道德认知领域的相关研究中,皮亚杰(Jean Piaget)和科尔伯格(Lawrence Kohlberg)的道德认知发展理论影响较广。

皮亚杰对 4~12 岁儿童进行研究,认为童年期的道德认知发展可划分为前道德阶段、他律道德阶段和自律道德阶段三个阶段。具体而言,皮亚杰认为 3 岁以前的儿童处于前道德阶段,其思维处于前运算时期。他们常以自我为中心的方式对问题进行考虑,表现为不顾规则、易冲动、感情泛化。这个阶段儿童的道德认知不守恒,不能正确理解规则的内涵,无法分清和辨别公正、义务与服从,他们的行为既不是道德的,也不是非道德的。3~7 岁的儿童处于他律道德阶段,这是一种低级的道德思维阶段,处于这一阶段的儿童尊重权威,以行为造成的后果而非自身的主观动机来判断行为的好坏,且常以绝对化的倾向看待问题,按照行为符合法律的程度去对行为进行评定。儿童认为受惩罚的行为本身就说明是坏的,还把道德法则与自然规律相混淆,认为不端的行为会受到自然力量的惩罚。7~12 岁的儿童处于自律道德阶段,能够意识到规则是由人们根据相互之间的协作创造的,因而可以依照人们的愿望对规则加以改变。这一阶段的儿童能在综合考虑行为后果和个体动机这两类因素后,再对行为加以判断,而且判断不再趋向绝对化。他们能够清楚规则、明白自己与他人的立场,做到与他人相互尊重地制定规则并严格遵守。

柯尔伯格在皮亚杰道德认知理论的基础上进行修正和完善,并逐渐形成了道德发展的"三水平六阶段"理论。该理论指出个体的道德认知发展分为前习俗、习俗和后习俗三个水平,每个水平包含两个道德阶段。处于前习俗水平的个体通过行为后果和自身利害关系判断是非,无内在道德标准。前习俗水平包含惩罚和服从的定向阶段(以免去惩罚和服从权威为依据进行道德判断)与相对功利定向阶段(以自己的需要或利益是否满足

为依据进行道德判断）。处于习俗水平的个体能理解、维护自己的家庭、集体或国家的期望的重要性，而不理会那些直接的和表面的后果。儿童的态度不只是遵从个人的期望和社会的要求，而且是忠于这种要求，积极地维护和支持这种要求，并为它辩护，对与这种要求有关的个人和集体也一视同仁。习俗水平包含寻求认可阶段（以行为是否受别人喜爱、取悦于人为依据进行道德判断）与遵守法规定向阶段（以社会规范和法律为依据进行道德判断）。后习俗水平的个体力求对正当而合适的道德价值和道德原则做出自己的解释，而不管当局或有威信的人如何支持这些原则，也不管自己与这些集体的关系。后习俗水平包含社会契约定向阶段（认为法律和道德规范是大家共同约定的一种社会契约，个体认同法律的效力，但也表明法律和契约并非绝对、可以更改）与普遍伦理定向阶段（以自己选定的基本伦理和良心为依据进行道德判断）。

二、中学生认知发展的影响因素

整合已有文献发现，成熟因素、环境因素以及个体因素可被视为影响中学生认知发展的主要因素。

（一）成熟因素

成熟是每个个体长大成人的必经之路。具体而言，成熟一般指个体的成长，尤其指个体生理机能中内分泌系统与神经系统的成熟，它为个人的心理发育提供可能性，也是支持心理成长的必要条件。认知是心理过程的重要组成部分，故认为成熟在促进中学生认知发展方面意义重大，它能够促进新型思维模式、记忆方式等的形成，并为其发展提供条件。例如，一般认为前额叶在情景记忆、工作记忆、空间记忆、时间顺序记忆以及记忆的编码、存储和提取过程中都起着重要的作用；神经元和突触结构的改变是短时记忆向长时记忆过渡的生理机制。然而，在成熟促进认知的同时，仍需要练习或习得经验的助力才能最大限度地增强或发挥成熟在其中的作用。

（二）环境因素

每个个体都生长、生活于社会中，是一个社会人，社会环境在个体认知塑造的过程中势必会起到一定作用。社会环境对认知的影响主要体现在社会互动和社会传递过程中，即通过人与人之间的交互作用以及社会文化、价值体系等内容的传递促进个人认知的转变和提升。个体在与环境互动过程中所习得的社会经验，会在一定程度上加快或减慢自身认知图式的形成和发展，而自身主动性是能否获得社会经验的关键性前提。以学校教育为例，中学生在学校学习过程中，其所处的受教育环境、同伴关系、榜样个人、教师的授课及教育形式等都可能在一定程度上影响个人的认知水平并进而影响个人的学习行为和学习结果，这种影响基于个体所处环境的不同而具有好坏之分，而学生在学习方面的主动性意愿对学习结果又起关键性作用。

在探讨环境是如何对个体认知产生作用的相关研究中，常认为家庭和学校是极为重要的影响性因素，二者对青少年认知的影响既相互独立，又相辅相成，应深刻把握这两类因素的关键性作用，以期促进个体的认知提升。在家庭环境方面，认为积极的家庭教养方式(一般认为民主型教养方式较好)、良好的亲子关系、和谐的家庭氛围、较为可观的家庭经济基础等都是益于个体认知发展的有利因素;在学校环境方面,教师类型、教学方式、校园文化、同伴关系等也会对个体的认知发展产生影响。

(三)个体因素

自身认知、情感、意志、行为等方面的主体是个体本身,认知的发展和提升与自我密切相关。个体具有自我意识以及自我调节的能力,自我意识能帮助个体更清醒地觉察自我,并有意识地发挥主观能动性以促进认知的转变和提高;而自我调节能起到平衡的作用,去调节自身成熟与环境间的关系,并促使新型认知图式得以构建。此外,个体的积极品质,如积极心理资本、心理弹性等也能在促进认知发展的过程中发挥一定作用。

通常认为,具有清晰自我意识、良好自我调节能力、高自我效能感(即常认为自己能够成功完成某任务)或高心理弹性(即遇到挫折时能及时调整状态使身心恢复至正常水平)的个体,能够更积极地看待各类事件并理性处理问题,具备良好的认知水平和归因能力。例如,当中学生自我效能感较强时,他们常富有雄心壮志、认为自己具有成功解决问题和克服困难的能力。在这种状态下的中学生面临困境时,往往会进行积极思考,合理地总结失败原因并进行反思,这一过程对其良性认知的促进大有裨益。

三、中学生认知发展的特点

(一)初中生认知发展的特点

1. 感知觉发展特点

初中生在生活、学习能力等方面与小学生相比进步很大,中学阶段个体的感知觉会随着成熟和社会化等原因得到变化和发展,初中生的感受性和知觉能力总体提升。

在视觉感受性方面,初中生的感知能力不断提升,他们具有更强的颜色辨别能力和对色度的精准判断。相较于小学一年级个体,初中生辨别色度的准确性约提升60%以上。在听觉感受性方面,初中生对音高和音阶的辨别力会不断提高且具有一定的准确性。有研究者认为,15岁左右初中生的视听敏感度甚至可超越成年人。在运动觉感受性方面,基于初中生个体的生理成熟,其关节、骨骼、肌肉等高度发育,为运动、写字、绘画等技能的培育和发展提供了良好条件。在知觉感受性方面,初中生的目的性和有意性大幅提升,能够自主根据教学目标知觉事物。同时,初中生在知觉方面的精准性和概括性得到发展,逻辑性知觉出现。此外,初中生空间知觉的抽象性不断增强,能较为熟练地掌握三维空间关系,初中生远距离的空间知觉逐步发展和形成,可掌握各类地理空间关系并形成空间表象。在时间直觉方面,初中生能精确理解月、周、时等较短时间单位,但对世纪、年代等历史时间单位常常难以精确理解。

2. 记忆发展特点

初中生记忆的目的性进一步增强,有意注意(有目的、需要一定意志努力的注意)逐步发展。初一学生的无意识记忆(没有预定目的、不需要意志努力、不由自主地对一定事物所产生的注意)较为明显,常表现为对自己感兴趣的材料有较好的记忆效果,而对有难度材料的记忆效果则相反。随着学校教学要求的提升,初中生逐渐学会以任务和教材性质为依据进行记忆,有意记忆逐渐趋于主导地位。

在记忆方法方面,初中生意义记忆(指在对事物理解的基础上,依据事物的内在联系,运用有关的知识经验进行的记忆)不断增强,但由于对教材的不理解等原因,也有采用机械记忆的情况。所谓机械记忆是指学习材料本身缺乏意义联系,或者学习者不了解材料的意义、不理解其间的内在联系,单靠反复背诵达到的记忆。研究显示,初中一年级学生采用机械记忆的比重较大。

在记忆内容方面,初中生的形象记忆和抽象记忆都处于不断发展阶段,二者对人自身的身心发育均具有重要影响,并无好坏优劣之分。形象记忆指以感知过的事物形象为内容的记忆,如日常生活中对人物面貌、自然景色、音乐、绘画等各种形象的记忆都属于形象记忆。抽象记忆又称语词逻辑记忆,指以语词符号的形式,以思想、概念、规律、公式为内容的记忆,是人类特有的记忆,人们对自然、社会和思维的规律性的知识都是通过抽象记忆保存下来的。在学校学习的大部分知识是书本知识、间接知识,这些内容不可能都能用直接经验或直观形象材料加以理解和说明,只能靠语词的表达和逻辑思想作为记忆的对象和内容,所以抽象记忆在学习活动中不可缺少。研究显示,个体的抽象记忆自初中一年级起便快速发展,而形象记忆虽也处于发展中,但在初中三年级后发展水平略有下降。

3. 思维发展特点

中学生在思维发展的过程中,其抽象逻辑思维在总体水平上居于优势地位,但具体形象思维仍发挥重要作用。所谓抽象逻辑思维,指以抽象的概念、判断、推理的形式,来反映客观事物的本质特征和内在联系的思维;而具体形象思维,则指以直观形象和表象为支柱的思维过程,例如作家塑造一个典型的文学人物形象或画家创作一幅图画,都要在头脑里先构思出这个人物或这幅图画的画面,这种构思的过程是以人或物的形象为素材的,所以叫具体形象思维。一般认为,在初中生的学习过程中,图形、绘画等内容的学习锻炼个体的具体形象思维,而数学、哲学等学科的学习则锻炼个体的抽象逻辑思维。

若将抽象逻辑思维进行划分,又可分为经验型抽象思维和理论型抽象思维两类。经验型抽象思维阶段指凭借主体经验的抽象阶段,而理论型抽象思维阶段则指具有明确形式逻辑特征的抽象阶段。具体而言,初中生的抽象逻辑思维在较大程度上属于经验型,即它的形成和发展仍需要感性经验的支撑,具体形象性思维方式所发挥的作用明显。初中二年级是个体思维发展的关键时期,这一阶段学生的抽象逻辑思维逐渐从经验型向理论型过渡,且该转换在高中二年级初步完成。

若从形式上将抽象逻辑思维进行划分,可分为形式逻辑思维和辩证逻辑思维两类。前者是抽象思维的初级形式,它要求人们在思考问题时,遵循同一律、矛盾律和排中律;后者是抽象思维的高级形式,强调人们的思维应反映事物的内部矛盾,符合事物的对立统一原理、量变和质变原理以及辩证否定的原理。一般认为,形式逻辑思维在初中一年级学生的抽象逻辑思维发展中已开始占据优势,而初中二年级和初中三年级学生能够对抽象概念的本质属性进行理解。在辩证逻辑思维发展进程中,初中一年级学生能够掌握这种思维的各类形式,但掌握程度不高。而在初中三年级,个体的辩证逻辑思维迅速发展并处于该类思维发展的转折期,但这一阶段辩证逻辑思维并未居于优势地位。

此外,初中生的思维品质也会发生一定变化,其思维的独立性与批判性得到较大程度的发展和提升,但在发展过程中容易出现片面性和表面性两类不足。

(二)高中生认知发展的特点

1. 感知觉发展特点

高中生的知觉能力和观察水平不断提升,且更具目的性与系统性。他们在感知事物时较从前更为全面和深刻。高中生群体在感知过程中能够发现观察对象的重要细节和事物的本质特征,观察的持久性和稳定性与初中时期相比大幅提高。然而,高中生阶段个体的感知觉发育并非尽善尽美,仍存在诸多不足,如观察的程序或方法不当、观察不够精准易出现错误、轻易产生观察结论等。

2. 记忆发展特点

高中时期是个体记忆发展的最佳时期,一般认为高中时期个体的记忆能力可达到崭新的发展阶段。处于高中阶段的学生能够依据特有的学业目的来支配个体的行为和记忆活动,且在16岁前后,高中生的记忆能力已经趋近成熟。在记忆方法选取方面,高中生较多采用意义记忆的方式记忆材料内容,机械记忆方式的选用逐渐减少。具体而言,高中生在记忆材料过程中会在着重领悟材料间的内在关联后再进行记忆,而非简单的机械性识记。

3. 思维发展特点

高中时期个体的思维发展水平达到新高度,在思维特点方面,具有更佳的抽象概括性、监控性以及反省性。高中生能够主动借助理论指导综合分析各类材料,并以此为依托逐步加深对事物发展进程和发展规律的认识。高中阶段个体的抽象逻辑思维逐步向理论型趋近,在高中二年级此种思维发展形式趋向成熟、基本定型。高中生群体的辩证逻辑思维发展迅速而且趋近于优势地位,但发展程度并非十分完美,形式逻辑思维也依然存在。在思维品质的发展方面,高中生具有更明显的组织性、深刻性、批判性以及反省性。他们喜好探索事物的本质,一般不会盲从,勇于发表独到见解,时常怀疑和争论,有时易出现片面性和主观性,具有肯定一切事物或否定一切事物的倾向。

第二节 中学生常见的认知发展问题

一、中学生认知偏差及道德行为发展的常见问题

(一)极端思维

极端思维即指掺杂个体情绪的一种非黑即白的思维方式,又可称为两极思维。具体而言,中学生群体常以"全或无"的思维方式看待问题、看待自己或看待他人,多从事件的两个对立面出发去考虑问题。例如,在他们的思维方式中,会认为如果某人没有时刻向自己表示爱意,那么他就是不爱自己;如果事情并未如预期一样发展,那就不算成功;自己或者其他人要么十分好,要么十分坏。

极端思维的出现容易导致个体的认知偏差,这种思维方式的个体不能够全面地看待

问题和分析问题,容易出现片面性、主观性等错误的认知现象。认知在一定程度上影响个体行为,而具有极端思维的个体由于其认知偏差,难以实事求是地全面看待事态发展、理解和领悟事件或他人行为的本质,因此容易产生偏激性行为,如挑衅、斗殴、叛逆等。这些不良行为在个体的成长过程中极易演变为道德性问题,应该引起重视,要从认知层面转变个体思想,从而帮助个体塑造良好的行为方式。

(二)理想化思维

上文提到,抽象逻辑思维逐渐在中学生群体的思维方式中占据优势地位,但个体的批判性思维和独立性思维仍有待发展,容易出现思维的表面性和片面性等特点。因此,中学生常以理想化的倾向看待问题,热衷于在言行上体现"应该""必须"这样的词汇,他们会认为"我必须成功、我应该优秀、别人必须待我很好"等。如果现实与他们的设想不符,他们会难以接受。此外,有学者指出,理想化的思维倾向与中学生的完美主义倾向存在一定关联。

由上述理想化思维产生的认知偏见或不合理认知,易导致问题行为的产生。中学生可能会因其存在的理想化思维而过度追求完美,要求所有的事态都如自己的预期般发展,一旦结果差强人意,个体可能会出于维护固有思维或意愿等原因而做出不当的补偿性行为,如撒谎、叛逆、产生强迫性行为等。上述不良行为的产生会严重损害个体的社会化发展和自身成长,因此,应注重中学生的思维培养,从源头纠正他们的错误认知,以减少具有威胁性的道德行为的发生。

(三)反抗心理

反抗性是青少年较为普遍且常见的特性,我们既可将其视为一种认知上的偏差,又可理解为一种个性心理特征。反抗心理产生的原因主要集中于自我意识突然高涨、中枢神经系统兴奋性过强以及独立意识这三个方面。个体产生反抗倾向的一般表现为态度强硬、举止粗暴,漠不关心、冷漠相对以及反抗迁移。

青少年群体正值生长发育的青春期,他们往往希望得到成人的尊重并想表现自己的独立性。但如果他们的想法未得到理解,由于青少年的不够成熟,他们就有可能产生偏激、反抗等心理特征,并以不良的思想、行为等内隐或外显的形式表现出来。

过度的反抗倾向十分不利于青少年的身心发育,而且与之相伴的思想及行为举止也容易导致他们误入歧途。应该关注青少年群体的身心发展,要能够对其反抗心理及时觉察并加以矫正,以防进一步产生更为严重的认知错误或道德问题。

(四)主观臆想

有学者认为,主观臆想是随着中学生群体思维发展而衍生出的一种思维方式。在抽象逻辑思维占据主导地位的同时,中学生思维的片面性与表面性问题仍旧存在,某些时刻他们可能会毫无依据地进行争论、推论或得出结论,有时也可能偏激或固执己见,这在一定程度上源于自身辩证性思维发展得不够完善或知识性经验的缺乏。上述不当行为常与个体的不良情绪相伴而生,而情绪化是中学生群体存在的普遍性问题。情绪化的个体可能会产生诸多臆想,进而导致认知偏差。

存在主观臆想这类认知偏差的个体，可能会由于自身的偏激、固执、争论等原因表现出道德问题，例如，在极度冲动等情绪性问题或负性认知的作用下进行打斗、寻衅等偏激性行为。

二、中学生认知发展与道德发展的评估方法

目前，对青少年的认知能力和道德水平进行检验，通常使用信效度良好、结构完整的量表或测验，例如：

（一）蒙特利尔认知评估量表

蒙特利尔认知评估量表由加拿大纳斯尔丁（Ziad Nasreddine）等人根据临床经验并参考 MMSE（简明精神状态检查）的认知项目和评分制定，是一个用来对认知功能异常进行快速筛查的评定工具。量表包括视觉空间与执行功能、命名、记忆、注意、语言、抽象、延迟回忆和定向 8 个认知领域的检查项目。其总分为 30 分，26 分以上为正常。该量表敏感性高，覆盖重要的认知领域，测试时间短，适合临床运用，且对于轻度认知功能障碍（Mild Cognitive Impairment，MCI）的筛查更具敏感性。

（二）道德推脱量表（MDS）（见附录一）

道德推脱量表由班杜拉（Albert Bandura）等人于 1996 年编制，包含 32 个题项，其中 4 个题目构成一个分量表。后杨继平和王兴超对该量表进行中文版修订，中文版的道德推脱量表具有较好的信效度，共包括 8 个分量表，代表 8 个心理机制，即道德辩护、委婉标签、有利比较、责任转移、责任分散、扭曲结果、责备归因和非人性化。条目采用李克特5 点量表评分，1＝非常不同意，5＝非常同意。在既往研究中，该量表具有较高的内部一致性和良好的结构效度，可用于测评中学生的道德推脱状况。

第三节　中学生认知发展与道德教育的促进措施

对青少年群体而言，家庭和学校对个体的影响最为广泛且深远，所以本节主要从家庭教育和学校教育两方面来介绍其在促进中学生认知发展和道德教育过程中的可行性措施。

一、家庭教育方面

家庭是孩子的第一所学校、父母是孩子的第一任老师，家庭教育在个体成长过程中始终发挥着举足轻重的作用。家庭教育对个体认知的促进和道德行为的培养，主要有家庭教养方式、亲子关系以及积极关注三个方面。

（一）选用恰当的家庭教养方式

家庭教养方式指父母或家庭中其他年长者在对孩子的教养问题上表现出来的、具有一定的内部一致性和稳定性的看法、态度和方式，分为民主型、专制型、溺爱型和忽视型四类，是在家庭教育领域发挥作用的关键性变量。采用不同家庭教养方式的家庭培育的孩子也具有不同的表现。民主型家长常以民主、平等、尊重的方式对待孩子，并给予他们

自由的发展空间,这种方式下成长的个体常具有较强的主动性,更加乐观、自信且富有创造性;专制型家长常以强制且严厉的态度对待孩子,要求孩子服从与顺从,这种方式下成长的个体常常表现出被动、压抑、怯懦的个性和行为特征;溺爱型家长较少约束孩子的行为,常对孩子表现出毫无理智的爱意,这种方式下成长的个体经常表现出无拘无束、任性妄为的个性和行为特征;忽视型家长则较少关注孩子的成长及需要,缺乏对孩子的关爱和关注,这种方式下成长的个体常常表现出冷漠和疏离的个性和行为特征。总的来说,与专制型、溺爱型和忽视型相比,民主型家庭教养方式更有利于青少年个体的成长和成才。

青少年正值青春期这一关键性生长发育阶段,在这个阶段青少年的思维、感知、记忆等认知能力快速发展,但也可能存在极端思维、反抗心理、主观臆想等认知性偏差。家庭作为与个体关联最为紧密的社会环境之一,在认知塑造过程中的影响重大。家长选取良好的家庭教养方式,能够在一定程度上帮助个体阻绝或转变认知偏差,从源头上促进认知向积极方向发展;而专制型等不当的教养方式则可能适得其反,进一步促使或加剧个体认知上的偏差或不良行为方式的形成和出现。

（二）建立良好的亲子关系

家庭核心成员一般由父母和孩子组成,成员间的核心关系就是亲子关系,亲子关系可以被视为影响家庭作用的因素之一。良好的亲子关系在孩子健康成长的过程中起重要作用,联系紧密的亲子关系能够使青少年个体产生更强的归属感和安全感,当青少年面临困难时会想到寻求父母的帮助。在父母正确指引下成长的个体可能具有更完备的心理应对机制和解决问题的能力,从而能够较好地解决青春期可能会出现的问题,并减少不良认知以及不当行为的发生。

（三）给予孩子适度的积极关注

父母的积极关注有益于青少年的身心健康发育。研究发现,在具有良好亲子关系的家庭中,父母常对孩子表现出更多的积极关注,而积极关注本身对青少年个体及其父母都具有一定的意义。对青少年个体而言,青春期的孩子渴望受到重视、期盼得到尊重、时常想表现出独立性,父母的积极关注能够满足他们的基本心理需要,也能促使个人幸福感、满意度及其他积极情绪情感的产生;而对父母而言,良好的积极关注能帮助他们及时掌握自己孩子的发展动态,了解孩子真实的想法和基本的需求,当孩子认知或行为存在偏差时能迅速反应并及时矫正,防止问题思想或不良行为进一步恶化,帮助孩子更健康地成长,避免其误入歧途。

综上,恰当的家庭教养方式的选取、良好亲子关系的建立以及适度的积极关注,在青少年群体认知发展的促进、道德品质的培养以及道德行为的塑造方面具有积极作用。因此,建议在家庭层面对中学生进行教育时,应恰当把握上述三方面内容,并以此助力中学生身心的健康发展。

二、学校教育方面

学校是人才培养的摇篮,是中学生在家庭之外度过时间最长的场所,中学生在学校环境中逐渐发展和成熟。所以要合理把握这一重要因素,利用学校这一平台有效引导中学生的认知向积极方向发展。

（一）充分发挥教师及教学作用

教师是教育教学的主导，在青少年的认知发展过程中，他们常将教师视为"权威人物"，教师的言传身教在青少年的认知发展过程中是较为重要的影响因素。教师在教书育人过程中，需要牢记育人使命，起到表率作用，积极关注每个学生，关心学生身心健康，深刻挖掘每个学生的闪光之处并利用它帮助学生全面发展。同时，在教学过程中，教师不能因为成绩排名等原因区别对待任何学生，要因材施教，使教学内容及相关进度安排符合青少年的认知发展水平和趋势，将教育教学理论同学生实际和教书育人实践相结合。

良好的教师作风、师德表率以及恰当的教学方式都将有益于青少年个体的认知发展趋势与心理健康，这对青少年群体正确认知的塑造、积极品质的养成以及良好行为方式的培养都大有裨益。

（二）课程设置合理化、丰富化

党和国家高度重视教育发展，并大力提倡"减负"和"教育改革"，各级各类学校应积极响应，妥善安排课程建设并合理开展教学活动。学校在课程设置时应关注到学生的最近发展区，保证教学内容与学生的认知发展水平相接近，确保课程的合理性、有效性。此外，课程设计和课后作业等内容的安排应充分考虑学生实际状况，一切以育人为目的，尽量避免过重学业负担对青少年造成的精神压力和心理压力，过度的学业负担和累积的身心压力都不利于个体的身心健康发展，甚至可能在青少年正常认知发展中形成阻碍。中学生在生长发育过程中本就容易出现主观臆想、极端思维等认知偏差，而过度的课业压力可能促使或加剧其非理性认知，并进一步导致不当行为的发生。

当代教育体系强调关注学生的心理健康，且提倡对学生开展素质教育以促进其全面发展。基于青少年可能出现的认知问题，学校可以适度开展相关心理健康教育课程，借助专业知识及时发现、排查学生可能存在的认知偏差或不良行为，并进行正规、合理的干预，以帮助个体健康成长。

（三）促进良好同伴关系的培养和建立

在学校中，可以将同伴关系视为相对亲密的成员关系。学校是青少年社会化的主要场所之一，青少年可以在与同伴交往和互动的过程中得到成长，可以学习到团结、关爱等积极素养。同时，同伴间的沟通、交流、游戏等也可以在一定程度上促进青少年大脑中的神经元活动，进一步加速脑间神经系统的发育，促使个体认知水平的提升。此外，积极且亲密的同伴关系能够满足青少年成长中所需的归属与爱的需要，使青少年获得归属感、安全感和融入感，而这些良好的情绪体验能促使个体在向上的氛围下成长，并有助于乐观、助人、自信、富有创造力等正向品质和健康思维方式的养成。

与健康同伴关系相比，不良的同伴关系则可能导致个体产生抑郁、烦闷等消极情绪体验或冷漠、攻击性强等人格特征，这些的负性情绪体验和人格特征容易导致个体产生非理性思维、反抗心理等认知偏差，并有可能进一步表现为打架、斗殴等外显的不良品行。另外，青少年具有较强的社会学习能力，如果他们与具有危险性的同辈群体交往过密，青少年极易习得不良思维方式和不当行为方式，这将严重危害他们自身的成长，危害青少年心理健康及良好道德、品行的培养。

因此,学校应充分发挥同伴关系在青少年发展中的重要作用和青少年自身的主观能动性,使青少年能够有意识地向积极同辈群体靠拢,塑造并培养良好的同伴关系,在与同伴的良性互动中提升自身的认知能力并塑造正确的处事方式。具体而言,学校可通过开展丰富的课外活动和在教学过程中凸显团队协作的重要性等形式,增强并促进中学生良好同伴关系的培养和建立。

总之,要充分考虑教师与教学、课程设置以及同伴关系在学校教育中,对青少年认知提升和道德行为塑造的影响,建议在学校层面对中学生进行教育时,应恰当把握上述三方面内容以期帮助中学生健康成长。

知识链接

心理健康教育和道德教育相融合的干预策略
(教师教学用)

1. 质疑法

本方法直接对学生的认知错误进行发问,其意义在于启发和激励学生,使其辩证看待当前面临的问题并自发认识到自身的认知偏差。

2. 夸张法

本方法以夸张的形式向学生呈现其自身认知,促使其意识到自己的认知错误。

3. 澄清法

本方法旨在促使学生的夸张认知或偏离认知回归常态,对事实进行澄清。

4. 类比法

本方法中教师借用自身或他人的真实案例引导学生以改变其错误认知,一般而言,教师的亲身经历可能更具有效果。

5. 满灌法

本方法让学生将自己最为担心和害怕的想法或想象成为现实并直面它们,去设想最坏的结果会是什么,最终使学生感觉原先所恐惧的不过如此。

6. 超越法

本方法脱离当下情境、超越时空,引导学生设想自己在几年后已参加工作时,再来回首今日的情境,是否会有不同的看法。

7. 换角度法

本方法引导学生转换角度、从事物的不同方面去思考问题。

8. 优点介入法

本方法要求教师能够关注到学生的优点,必要时借助其优点对不良认知或情绪进行干预。

9. 将心比心法

本方法引导学生学会将心比心,以共情或同理心的视角去看待问题、解决问题。

资料来源:徐光兴.学生心理辅导咨询案例集[M].沈阳:辽宁教育出版社,2012.

【教学案例回顾与干预】

1. 现存问题

（1）小王存在极端思维、理想化思维，小王中考失利就认为自己很失败；考试成绩下降但老师未找他谈话，他就将原因归结为老师认为他缺乏潜力；他认为自己应该一直成绩优异……

（2）来自家庭的压力和约束过多，父母极其在意小王的成绩，限制他的交友。

（3）出现了焦虑、抑郁情绪。

2. 主要成因

（1）自身原因。小王自小受到父母的过度保护，因此抗挫折能力较差、自我发展缓慢，不能独立面对问题、解决问题，他对自身具有较高的要求，存在一定的极端思维和理想化思维，思维发展不够成熟，难以辩证地多层面理解事件的本质，存在一定的认知偏差。同时，他缺乏兴趣爱好，这可能是导致他的自信心不足的原因。此外，他很少参与社交活动，较少进行人与人之间的交往、接触，导致他不具备良好的同伴关系，不懂得同伴关系的建立和维护的方法、技巧。

（2）家庭原因。父母对小王管教较严且限制交友，这在一定程度上限制了小王的社会交往、自我管理、解决问题等能力的培养和发展，而这些能力恰恰是个体独自面对社会时应具备的基本能力，同时，父母过于关心小王的成绩却疏于对其心理、认知、情绪等方面的关注，未能在出现问题时及时发现并帮助小王共同解决。

（3）学校原因。教师未能积极关注到小王的成绩下降并对这一事件引起足够的重视。虽然老师不找小王谈话可能是源于他认为小王基础较好，能够依靠自身的努力取得进步，但教师不言明的处事方式可能在一定程度上加重了小王的不自信和焦虑情绪。此外，同学由于与小王接触时间不长，鲜少与其交往，这进一步恶化小王的不良同伴关系状况。

3. 干预措施

（1）采用认知行为疗法转变小王的错误认知，使其逐渐理解事件的本质，学会正确的归因方式，慢慢找回自信并调整情绪状态。让小王在诊疗过程中发现、领悟新认知，并将其运用至生活中。

（2）在家庭教育方面，父母应采用更为民主的家庭教养方式，充分尊重小王的意愿并与其多沟通。同时，应有意识地建立良好的亲子关系，给予小王更多的积极关注，了解其真实想法和基本需要，随时关注他的情绪、思想以及行为转变，对不当之处及时纠正并陪伴他更好地成长。

（3）在学校教育方面，教师应能够及时关注到包括小王在内的每位学生的情绪变化、思想动态以及处事方式，积极关注学生的身心健康。对小王这种高一新生而言，高中知识较以往会有一定难度，为缓解学业压力对个体产生的影响，学校应合理设置课程及考试难度，并安排心理健康课程以帮助学生快速适应环境和课业的改变。在同伴关系建立方面，学校和教师也应该促进班内学生的和谐交往，借助团体心理辅导或课外活动等形式增进同学间的交流，以此促进良好同伴关系的塑造和培养。

4. 疗效评价

在认知行为疗法以及家庭和学校的联合助力下,小王的状况得到明显改善,他不再困于过去或某一次失利,逐渐学会正确的归因方法并能直面自身的不足进而积极改正,学习成绩明显提高。父母的陪伴和老师的引导使小王深切感知到关心和重视,并从中汲取到信心和力量,他变得开朗、阳光,与同伴间交往也更加密切,收获了更为深厚的同窗情谊。

思考题

1. 中学生的认知发展特点是什么?
2. 影响中学生认知发展的相关因素有哪些?
3. 中学生认知发展与道德教育的促进措施有哪些?

【参考文献】

[1] 彭聃龄.普通心理学[M].北京:北京师范大学出版社,2010.

[2] 林崇德.发展心理学[M].北京:人民教育出版社,2009.

[3] [美]David R. Shaffer. 发展心理学[M].北京:中国轻工业出版社,2005.

[4] 王振宏.中学生品德发展与道德教育[M].北京:高等教育出版社,2016.

[5] 杨继平,王兴超.道德推脱对青少年攻击行为的影响:有调节的中介效应[J].心理学报,2012,44(08):1075-1085.

第三章　中学生学习与道德教育

【本章概述】

中学阶段是学生身心发展的关键时期,生理、心理快速成长,身体协调能力、思维反应能力、接受新事物的能力都处在人生成长过程中的"黄金期"。进入中学后,学生开始面临学习时间增长、学习任务加重、学习科目增多、家长和老师对学习的要求增高等情况,这些也是导致中学生学习压力激增的主要原因。本章力求帮助中学教师和即将成为中学教师的本科生了解中学生学习的特点与中学生出现学习问题时的解决策略。

本章第一节首先介绍了学习的概念、学习的分类;其次从学习自觉性、成绩的波动、学习动机、学习方式、学习的独立性这几方面介绍了中学生学习的特点;再次从家庭、学校、自身几个方面介绍了中学生学习的影响因素。第二节具体阐述了厌学、考试焦虑、学习困难这三个中学生常见的学习问题的表现、影响因素及问题的评估方法。第三节探讨了厌学、考试焦虑、学习困难这三个中学生常见的学习问题的解决策略。

【关键词】

学习　考试焦虑　厌学　学习困难

【案例导引】

甲同学,男,初一,智力正常,小升初时学习成绩排在班里第2名,是班里的文体委员,平时经常组织一些文娱体育活动,学习很用功,但自从上中学后学习成绩却逐渐下滑。班主任反映甲同学上课不能认真听讲,学习没有自觉性;作业能按时完成,只是正确率不是很高。家长反映甲同学平时在家花费很多时间学习,期末考试前更加努力,每天都开夜车,还会失眠。同学反映甲同学的父母对其管教极为严格,较少允许他参加同学的活动,甲同学也常会出现情绪低落的情况。初一第二学期期末甲同学的考试成绩仍然不是很好,下滑到班级第32名,家长和老师都很头疼。该同学也开始怀疑自己的能力,更加努力用功,后来出现了考试焦虑的情况,平时能做出来的题目,在考试时却都做不出来了,成绩越来越差,到初二下学期的期末考试时已经下滑到班级第45名。甲同学、老师、家长都不知道应该如何解决这个难题。

第一节　中学生学习发展概述

中学阶段是学生身心发展的关键时期,生理、心理快速成长,身体的协调能力、思维的反应能力、接受新事物的能力都处在人生成长过程中的"黄金期"。进入中学后,中学生开始面临学习时间增长、学习任务加重、学习科目增多、家长和老师对学习的要求增高等情况,同时这些也是导致中学生学习压力激增的主要原因。中学阶段的学习任务对中学生的认知水平、智力发展、意志水平都提出了更高的要求。在中学阶段,学生的很多心理问题追根溯源都与学习有关,因此,关注中学生的学习状况,对预防中学生出现心理问题十分必要。

一、学习概述

(一) 什么是学习

学习(Learning)一词在最初是分开的两个字:"学""习"。《论语》中就有这样一句话:"学而时习之,不亦说乎。"这当中"学"译为模仿、仿照、复述,即目前俗称的学习,"习"则译为实际的练习、演习、感悟或实践。古文中所提到的"学""习"或"学习"大抵都是这个意思。总之当时的学习更多的是练习、记忆的意思。

津巴多(Philip George Zimbardo)教授将学习定义为基于经验而使行为或行为潜能发生相对一致变化的过程。查尼亚克(Chanyak)提出学习就是使有组织的知识变得更有组织的过程。霍华德(Howard Gardner)简单地将学习认为是知识或技能的获得。

本书采用彭聃龄教授对学习的定义:学习是指个体在一定情境下由于经验而产生的行为,或行为潜能的比较持久的变化。

(二) 学习的分类

学习是一个极其复杂的过程,要想对其有更加深入的了解,进行分类梳理是必不可少的。学习的内容是多种多样的,学习的形式更是丰富多彩的。因此对于学习的分类并没有统一的标准。我们将通过以下标准对学习进行分类。

1. 按照学习的复杂程度划分

根据学习过程的复杂程度,按照从简单到复杂的程度,学习可以分成系列学习(Chaining Learning)、辨别学习(Diserimination Learning)、概念学习(Concept Learning)、原理学习(Prineiple Learning)和问题解决学习(Problem Solving Learning)。系列学习比较简单,是指将一系列刺激反应按一定的系列联合起来。例如,打羽毛球就是把握好球拍—看到球—挥拍—拍球等一系列刺激反应联系起来。辨别学习指有机体学会对特定的刺激做出特定的反应或对表面相似而实质不同的刺激做出识别反应,比如说可以区分出苹果和香蕉。概念学习就是学习把具有共同属性的事物集合在一起并冠以一个名称,把不具有此类属性的事物排除出去。原理学习是对概念之间联系和关系的学习。解决问题学习是学习的高级形式,它是在已具有的知识经验技能或概念的基础上,根据问题的要求对其进行重新改组或组合,形成一个适应问题要求的方案。

2. 按照学习的结果划分

根据学习的结果划分,学习可以分成动作技能学习(Motor Skills Learning)、态度学习(Attitude Learning)、言语信息学习(Verbal Information Learning)、认知策略学习(Cognitive Strategy Learning)和智慧技能学习(Intellectual Skills Learning)(如运用三段论推理对问题做出结论或从事实概括出原理或原则等)。动作技能学习是一种依赖于重复练习的学习,例如,学习骑自行车、游泳等。态度学习是指个体获得对人、对己和对环境较持久的肯定或否定的内部反应倾向的过程,例如,喜欢某一种花、倾向于和某一个类型的人交朋友。言语信息学习是日常中最普遍的学习方式,例如,课堂上的学习、书本内容的学习、文字的学习。认知策略学习是一种关于学习策略的学习,例如,如何进行记忆某个内容、应该怎么学习某个知识等。

3. 按照学习材料与学习者原有知识结构的关系划分

根据学习材料与学习者原有知识结构的关系,学习可以分成意义学习(Meaningful Learning)与机械学习(Rote Learning)。其中,意义学习指通过符号、文字使学习者在头脑中获得相应的认知内容,或建立某种内在的、必然的关系,而不是任意的、人为的关系。例如,学习过10以内加减法以后,再学习超过10的加减法时,在大脑中自动地构建了相关的关系,建立了联系。在机械学习中,学习者没有理解学习符号的真实含义,只是在学习内容与已有的知识结构之间建立一种非本质的、人为的联系。机械学习就包括我们熟悉的死记硬背,不管学习内容的意义与前后逻辑。一些记忆技巧如编顺口溜也属于机械学习。

4. 按照学习的方式划分

根据学习的方式,学习可以分成接受学习(Reception Learning)与发现学习(Discovery Learning)。接受学习是讲授者将学习的内容以定论的形式传授给学生,学生和老师是"接受"和"传授"的关系,在这种关系中学生是被动的,不需要主动发现和探索。发现学习是讲授者不直接把学习内容教给学生,而是让学生自己去发现这些内容。学生的主要工作不再是简单的接受,而需要他们去探索和发现。知识是通过自己主动探索研究得到的。

5. 按照学习的内容划分

根据学习的内容,学习可以分成认知学习(Cognitive Learning)和动作技能学习(Motor Skills Learning)。其中认知学习是指以认知加工过程为对象的学习。认知学习是以文字、语言为主要媒介的学习,具体包括语言学习、问题解决、思维训练等。动作技能学习是指以动作方式为对象的学习,例如走路、骑自行车、游泳等。

二、中学生学习发展特点

中学生是指年龄处于12~18岁、正在读初中和高中的学生。中学生正处在学习的关键期,同时学习也是中学阶段学生最主要的任务。中学阶段的学习与小学阶段的学习是有很大区别的,学习难度、学习动机、父母老师的态度、学习中遇到的困惑都不尽相同。

(一)学习动机

中学阶段,学生的学习动机和小学阶段相比发生了很大的变化。升学、自我实现等动机逐渐代替了小学时期老师、家长给予的表扬、奖励等外部动机。中学阶段是人生很特别的一个阶段,升学成了学生的主要目标。相较于小学阶段,中学阶段的学生对学习的压力开始从家长的督促逐渐变成自身内部的压力,进而出现了自我提升、自我实现、证明自己能力等一系列的学习动机。在取得好的结果后即使没有家长、老师的鼓励强化也可以自我强化未来的学习行为。

随着学习的难度越来越高，内容越来越深入，学生对知识本身的探索欲望与好奇心也越来越强烈。先前的研究也发现，中学阶段学生的内部动机即对知识本身的兴趣与探索精神是很强的，成功掌握了某一种知识后获得的满足感将提供其继续学习的动力。

埃里克森认为中学阶段是青少年自我同一性建立的关键阶段。自我同一性是指青少年的需要、情感、能力、目标、价值观等特质整合为统一的人格框架，即具有自我一致的情感与态度，自我贯通的需要和能力，自我恒定的目标和信仰。在这个阶段青少年开始思考未来、思考自己，在此基础上形成了属于自己的独特的学习动机。所以在这个阶段，老师应该更多地去帮助学生确立正向的积极的学习动机，在学生产生未来职业困惑的时候，给学生提供及时的指导。

中学阶段包含了青春期这个特别的阶段。青春期是个体由儿童向成年人过渡的时期，青少年在这个时期常对生活采取消极反抗的态度，往往敏感且脆弱。很多成年人看来很细微的问题，在青春期的孩子眼中就是非常严重的问题，这个问题的出现可能直接导致其学习动机降低、提升或彻底改变。青春期还有一个特点就是不愿意交流，这需要家长、老师提高敏感度，及时发现孩子出现的问题，同时试着站在他们的角度去思考问题，及时干预、引导。

总之，及时关注中学生的学习动机能够帮助我们抓住中学生学习问题的本质；引导中学生建立正向的、积极的学习动机，帮助中学生在学习中找到目标与兴趣。

（二）学习方式

每个人的学习方法都是不同的，同一个人学习不同科目时的方法也不完全相同。本节将着重分析中学生学习方式的共性和中学生在中学阶段与小学阶段学习方式的区别。

首先，中学生开始掌握更多的学习策略，这些学习策略是其通过日常的学习间接掌握或者吸收其他人成功的学习策略后内化而成的独特策略，这个过程可以帮助他们适应越来越复杂的学习内容。其次，学习方法偏向于自我探索，随着中学生的认知发展与目前教育提倡自主学习等诸多因素的影响，中学生拥有了更多可以自己支配的时间，多采用自主学习的方式，如课前预习、课中在老师的指导下自主探索、课后深入思考。当然并不是每个中学生都可以很快找到适合自己的学习方式，这就有可能会导致有些中学生学习成绩不理想、学习很累、做很多无用功，这个时候就需要老师及时发现并及时做出相关指导。

（三）学习自觉性

学习自觉性是指个体自觉自愿地执行学习目标并愿意为此牺牲一些眼前的利益与快乐。随着年龄的增长，中学生的神经系统逐渐发展完善，尤其是抑制系统发育逐渐完善，能够更好地控制自己的行为，更好地体验延迟满足；注意的稳定性提升，能够长时间专注于学习。同时先前我们也谈到中学生学习动机开始逐渐转变为内部动机，对知识有了兴趣与探索的欲望。自我强化成为对学习行为促进的主要强化途径，通过自觉学习产生了较好的学习成果，先前产生的学习成果能够强化之后的学习行为，从而形成良性循环。中学生已经可以自己确立学习目标、制订学习计划、长时间学习、控制自己向好的方向发展。中学生也已经有了自己的判断能力，能够独立做出决策，拒绝与自己目标不符的人与活动。能够理智地选择学习和游戏，选择朋友。只要给予正确的指导，他们就可以集中精力学习，对学习有很高的自觉性。

当然，不是所有的学生都能具备学习自觉性，中学生的学习自觉性与很多因素都有关系，如果一个学生没有形成良好的习惯、没有明确的目标，就很容易被环境影响从而不具备学习的自觉性。

（四）成绩的波动

中学生会有成绩波动幅度较大的情况，这种情况在阶段性考试或升学考试中都有可能出现。影响中学生学业成绩的因素是多种多样的，家庭、老师、同学、学习内容、异性交往、情绪状况等都会对其学习成绩产生影响，尤其是在青少年情绪起伏较大的青春期。造成学生成绩波动的原因很多，例如，和父母因为某些事情产生严重的争吵；老师由于某一件小事批评了这个学生；老师因为某一个问题的回答表扬了某个学生；最近的学习内容不够有趣；这个内容开始学的时候没有跟上老师的节奏；最近和某个同学产生了矛盾；最近最好的朋友交了新朋友；最近有一个喜欢的异性同学；最近喜欢的男孩子喜欢别的女生了；最近情绪很低落等，这些都会对中学生的成绩产生影响。同时为了证明自己已经长大，中学生容易固执己见，不愿意听取父母老师和同学的建议；还会出现逆反心理，与父母老师对着干，从而做了很多错误的选择。此外，中学阶段的学习难度加大，学习需要投入很多精力，这时候意志力不坚定的学生就会出现三天打鱼两天晒网的行为。当然也会有一些同学的成绩是非常稳定的，比如天赋很高或是不容易被环境影响的同学。

（五）学习的独立性

独立性是指人的意志不易受他人的影响，有较强的独立提出行为和实施行为以达到预定目的的能力，主要体现在遇事有主见，有成就动机，不依赖他人就能独立处理事情，积极主动地完成各项实际工作的心理品质。学习的独立性主要就是自己的学习目标、学习态度等意志不易受他人的影响，有较强的独立提出和实施学习目的的能力，不会人云亦云。

研究发现学习独立性高的人会更加自信、专注、敢于探索、不怕困难。随着中学生认知系统发展完善，独立处理问题、思考问题的能力都在提升；学会了面对、适应各种情境；拥有了透过现象看本质的能力。随着对未来有了明确的目标、接触到更多的知识、探索到更大的现实世界，中学生对父母、同学、老师的依赖程度不断降低，学习的独立性增强。随着中学生年龄的增长，自己独立处理问题、解决难题的次数在不断增加，自我效能感也不断提升。面对多项选择的情况时，更容易相信自己的选择。中学生已经开始对未来有了目标，无论是短期还是长期的目标，这些目标都会激励他们更坚定地向自己确定的方向努力，不会盲从。

中学生开始对权威有了新的认识，不再认为老师和父母说的都是正确的，开始有了辩证的思维、独立思考的能力、探索钻研的精神。在中学经常会出现几个学生对一个题目各执己见,相互之间不能妥协,甚至老师加入后依然不能妥协的现象,这其实就是中学生学习独立性的另一种形式的表现。他们对于知识有了独立深入探索的欲望与需要,这种探索思考的过程本身就会带给他们学习的满足感。

但是,这种情况并不代表全体中学生,有些中学生很容易被别人影响,尤其是被关系要好的朋友影响。还有些中学生会出现自我认识不清晰的情况,在被夸奖后就骄傲自满,被批评后又会否定自己的全部想法。

三、中学生学习的影响因素

中学阶段学生的学习内容复杂、学习任务繁重、学习时间增长、学习压力变大;人际交往变得宽泛、与同学交往的时间变长;与老师的交流接触增多;与家长的矛盾也有可能增多;在班级教室和学校的时间变长;兴趣丰富;自身个性特点对学习的影响加重,这些都会影响到中学生的学习状况。

(一)家庭因素

家庭对于每个人的成长和发展都有至关重要的作用。对中学生来说,其所有的行为表现、个性特质甚至是交友选择背后都能看到家庭的影子。阿德勒曾说过,幸运的人用童年治愈一生,不幸的人用一生治愈童年。家庭的影响是持续一生的,它隐藏在个体未来生活的方方面面。家庭环境是指子女及其父母或其他监护人生活中所处的并随其一起成长和发展的生活环境的总和,包括物质环境和心理环境。物质环境主要是个体生活的家庭的物质条件,例如居住环境、生活水平等;心理环境是指家庭成员之间的关系、沟通等方面的情况。

1. 家庭教育

家庭教育主要是指父母及其他家庭成员对儿童教育的过程。这个过程会受到家长受教育水平、性格气质特质等各方面的影响。一般来说,受教育程度越高的父母,能提供给孩子学习方面的帮助就越多,家庭的文化学习氛围也会更好;如果父母在家里闲时都看书,那么孩子自然就会更爱看书。家庭教养方式大致可以分为四类,分别是民主型、专制型、溺爱型与忽视型。父母的教养方式会在很大程度上影响到中学生学习的积极性、主动性与自觉性。

2. 家庭氛围

家庭氛围指的是家庭成员之间的关系,家庭成员之间的关系对中学生的学习活动也会产生一定的影响。家庭成员关系和谐能够促进中学生的身心健康发展,避免与学习无关的情绪内耗与焦虑,能让中学生更加专注于学习。同时,在一个友爱的家庭中长大的孩子心理能量充足,也会更加自信、积极、乐观,更加敢于面对困难和挫折,拥有更多迎难而上的勇气。

3. 家庭社会经济地位

家庭的社会经济地位也会对中学生的学习活动产生一定的影响,经济条件相对更好的家庭对孩子的学习一般会更加关注,同时孩子会获得更多的机会与条件去提高学习能力,更有可能去学习更多东西。

除上述影响因素外,还有很多家庭因素也会对中学生的学习活动产生影响。人的生活环境复杂多变,所有的影响因素都不可能对中学生的学习活动产生绝对的因果关系。有些生涯规划清晰、意志坚定的中学生就有可能克服家庭因素带来的负面影响,在逆境中不断激励自己成才。家庭因素带来的负面影响有时也有可能因为同伴带来的温暖而带给中学生更多的激励,最终呈现出一个好的结果。

（二）学校因素

1. 教师

在教育过程中,教师起主导作用,他们是学生身心发展过程的教育者、领导者、组织者。教师工作质量的好坏关系到我国年青一代身心发展的水平和民族素质提高的程度。与小学阶段相比,中学生与教师相处的时间更长;与家长相比,学生对教师的敬畏感与权威感会更重,也就是说,比起家长,学生会更愿意听教师的话。

（1）教师的授课水平与学生的学习水平息息相关。一位经验丰富或教学方法好的教师,他的讲授会更容易让学生接受。

（2）教师是激发学生学习兴趣的重要推动力。我们都有这样的经验,当我们很喜欢一位老师的时候,就会对这位老师教授的科目更感兴趣,教师的人格魅力和课程的魅力一样重要。虽然随着学生年龄的增加,对课程本身的兴趣会占更大的比例,但不可否认的是,教师依然是影响学生学习兴趣的重要因素。研究发现,教师对学生不偏不倚、公平公正的处事风格会让学生的学习态度更加积极。

（3）教师的人格特性与情绪的稳定性直接影响学生的学习表现。如果教师面对生活是积极乐观的,那么这种积极乐观也会传递给学生,拥有这种心态的学生的学习效率也会更高。如果教师每天都表现得消沉,学生自然会受到负面情绪的影响。一个情绪稳定的教师会更加井井有条,但一个情绪不稳定的教师就很可能影响学生情绪的稳定性,让学生在日常学习中战战兢兢。教师作为家长以外和学生接触最多的成年人,一言一行都会对学生产生很大的影响。

2. 班级环境

班级环境是一个很大的概念,我们常常听到这样的描述,这个班级的环境很好,那究竟是什么比较好,其实并没有一个具体的指代。班级环境又可以称为"班级气氛"或者"班级社会环境"。班级是学校的基本单位,也是学生学习与生活的重要环境。上学以后,班级就和家庭一样成为对学生有很大影响的环境因素。班级环境是教师和学生共同组成的社会心理环境,包括师生关系、同学关系、秩序纪律、竞争、学习负担五个维度。

班级环境中很重要的就是师生关系,师生关系的好坏直接决定一个班的学习氛围,决定班级同学学习的积极性。师生关系良好的班级的学生会更有归属感,对学习更积极,从而对学习成绩会有更加正向的影响。同学关系对于班级同学的学习也会有很大影响。一个团结友爱的班级里的同学会有更高的凝聚力,学习的积极性会更高,一个好的班主任老师会通过各种方式提高班级的凝聚力,从而提高班级学生学习的积极性。班级秩序、良性竞争与合理的学习负担同样也是非常重要的。

3. 同伴关系

中学阶段,比起父母,同学成了中学生更加强烈的情感寄托,人际关系对中学生来说是非常重要的。一项研究通过同伴提名法,将学生在学校的同伴地位分为四种:受欢迎的、被拒斥的、一般的、被忽视的,后续的研究发现被拒斥与被忽视的学生的学习成绩一般都比较差。人际关系是中学生很重要的社会关系之一,如果人际关系出现问题,对中学生的学习和生活来说就是很大的打击。

(三) 自身因素

老子说:"大道之行,不责于人。"无论是家庭还是学校其实都是外部环境的影响,学习是学生自己的事情,是他们自己的选择。所以无论外部环境是怎样的,决定学习最终结果的还是其自身。

1. 缺乏学习兴趣与动力

进入中学后,家长和老师对学生的督促,对其学习动机的激发效果有所减弱。这就需要中学生自己有为自己提供学习兴趣与动力的能力,这样才会拥有学习的自觉性与独立性。如果一个学生对某个学科的兴趣缺乏,那么他的学习积极性就不高甚至会出现厌学的情况,这个学科的成绩就不可能很好。中学阶段对学习的要求是自觉,这一阶段如果学生没有建立起学习的动机与兴趣,就很容易陷入迷茫与不知所措,人云亦云,也就没有了学习的自觉性,很容易出现学习困难的情况,形成恶性循环。

2. 缺少有效的学习方法

有的中学生在进入中学后能够快速适应新的学习难度与学习方式,形成自身独特且适合的学习方法;但是也有很多人并不能很好地适应中学阶段学习难度和方式的变化,也没有及时地找到行之有效的学习方法,这样学习成绩就很有可能会落后,甚至有可能一直追不上班级同学的进度。这就需要中学老师及时结合学生学习的实际情况,帮助学生找到适合自己的学习方法。

3. 懒散没有恒心

中学阶段的学习不再是简单的机械记忆与模仿,要想完全掌握知识,除了跟着老师的讲解外还需要独立思考。学习的懒散有两种,一种是行为上的懒散,另一种是思想上的懒散。行为上的懒散表现为不愿意去花时间学习、不愿意完成作业等;思想上的懒散就是有些同学,平时看着很努力但考试成绩却常常很不理想,这种情况很有可能就是思想上的懒散造成的,这些同学只是按部就班地完成了作业,但是缺乏自己对所学知识的思考总结。中学阶段的学习内容有很大一部分是需要踏实学习的基础部分。也有部分同学由于懒散,不愿意花时间巩固基础知识,没有打好地基,很容易搭建起知识的危楼。

4. 情绪波动大

如前所述,中学阶段正处在青春期。青春期的青少年由于身体的快速成长发育和体内激素的分泌旺盛,情绪波动大,容易敏感且脆弱,容易陷入压抑、焦虑的情绪中。这些负面情绪都会对学习产生巨大的消极影响,教育心理学研究也发现,情绪会在很大程度上影响个体学习和工作的效率。

第二节　中学生常见的学习问题

在中学阶段,有些学生会出现学业不良等问题。这些问题总的来说可以概括为厌学、学习与考试焦虑以及学习困难。只有深入地了解这些问题,在日后教学活动中才能及时发现问题,并游刃有余地解决问题。

一、厌学心理

厌学(Aversion to Learning)是一种较为突出且普遍存在的中学生学习心理问题。虽然我国的教育制度体系在不断改革,但中学生巨大的升学压力还是普遍存在的。在这种巨大的压力影响下,学生抗压能力较弱、对外诱惑抵抗能力较低再加上自身思想不够成熟,积攒的压力无法缓解的话,很容易丧失学习兴趣,对待学习的态度消极,从而产生厌学的情绪。

厌学与学习相伴而生,厌学心理在学生中比较普遍。中学生的厌学问题会导致两大危害,一方面不利于中学生更好地获取知识,另一方面由厌学心理导致的辍学问题损害了义务教育的普及程度。

(一)厌学的概念及分类

厌学是一个具有中国特色的学术用语,国外更多地将其称为"逃学""辍学""学习倦怠""拒学"等。《教育大辞典》对厌学的解释是"厌倦、厌烦学习,是学生对待学习时的一种消极的心理状态。"厌学的个体的情绪态度整体是低落的,对学习打不起精神,消极的情绪自然会产生消极的后果,甚至出现暴力反抗。本书将厌学界定为:由于各种原因导致学生在行为和心理上对学习产生厌恶情绪并且选择抵抗或放弃学习的行为。

厌学是一个普遍现象,但同样是厌学,其程度、表现与原因可能都是不同的。刘国昭等人将厌学学生分为四类,分别是学习兴趣不浓型、自暴自弃型、眼前实惠型、意志薄弱型。

学习兴趣不浓型:这类学生一般学习动机很低,对未来没有目标,属于常说的"推一推就动一动,不推就不动"的学生。他们学习缺少自觉性,在学习中找不到乐趣,一般会持有学习无用论。

自暴自弃型:这类学生一般是因为不能适应中学的高强度学习或不能承受学习的压力,某次努力无果或自信心不足后放弃学习、自暴自弃。

眼前实惠型:这类学生通常只顾眼前的利益,不能看到长远的利益。而学习的收益周期一般是很长的,所以出现厌学心理。

意志薄弱型:这类学生一般来自物质条件优越的家庭或受到家人的过度溺爱,家人的过度保护与优越的成长环境使这类学生缺乏克服困难的决心与意志,一遇到困难就想退缩。同时因过分依赖周围的人,不会自己做决定和独立思考。进入中学阶段,伴随着学业难度的提升和学习压力的增大,这类学生容易因为意志薄弱而产生厌学心理。

（二）中学生厌学的原因

中学生厌学的原因是多种多样的，主要可以归结为四个方面：社会、学校、家庭、个人。

1. 社会原因

随着经济的飞速发展，物质主义、实用主义的观念开始不断蔓延。读书作为一个回报周期很长的活动，被持读书无用观点的人所诟病。社会发展使中学生有更多的途径和机会接触到这些理论，很容易被这些信息影响，开始认同读书无用，认为赚钱才是快速提高社会地位的方法。还有中学生受到知识不断贬值观点的影响，开始失去学习动机，想要去赚钱，认为现阶段的学习阻碍了赚钱。"寒门再难出贵子"的错误言论，让很多农村家庭出来的孩子不愿意去花时间学习，出现了"怎么都是养猪，不如现在养猪"的言论。

2. 学校原因

学校是中学生学习的主要场所，中学生厌学行为在很大程度上可能是源于学校。如果学校管理模式过于严格、课程设置过于死板、升学考试压力过大、学校的生活过于单一、学校的教学设备过差等因素都会导致学生出现厌学。下面我们就这些因素逐一讲解。

首先，学校管理过于严格。学校的规章制度如果对学生从发型、着装、食物到每个时间点应该做的事情、食堂的男女分界线等都做了详细的要求。那么很容易会适得其反，让学生对于学校好感度降低，产生厌恶，从而泛化到学习，产生厌学。

其次，学校课程设置死板。如果学校没有将学生作为学习的主体，使学生从主动学习的主体变成了被动接纳的客体，学生就会逐渐丧失进取心，失去对学习的热爱，因而产生厌学情绪。学校应该明确，对于知识的探索与研究应该成为学生的学习动力，学生学习的满足感应该来自好奇心被满足。另外，如果教材过于陈旧，内容不吸引人，教材中的例子过于古老，与现在生活相差甚远，就会导致学生不容易将自己代入其中，缺少主动的思考，对所学内容很难提起兴趣，从而产生厌恶的情绪。

再次，过大的升学与学业考试压力。适当的压力可以提高学习的效率，但过度的压力很容易压垮中学阶段的学生，多数中学生还不能够正确应对与舒缓压力，容易出现彻底放弃的念头，也就是自暴自弃。过重的学习负担也会导致学生睡眠不足，出现严重的考试焦虑等连锁问题，这些问题都会导致中学生的学习陷入恶性循环。

最后，部分教师对学生的态度不积极，师生关系恶劣也可能导致中学生出现厌学心理。很多时候学生不喜欢某个学科甚至不喜欢学校，很有可能就是因为与某位任课老师的关系紧张，因为讨厌老师而讨厌学习。从这个层面上讲，教师的人格特质和教师群体的专业性都非常重要。

3. 家庭原因

家庭对学生厌学行为也有很大的影响，家长的职业、社会经济地位、文化程度、家长对子女的态度与期望、家庭结构等因素，都与学生的厌学行为有关。

作为青少年职业教育的第一课，父母的职业对青少年职业的选择有着至关重要的作用。父母如果对其工作的评价很高或对某一个职业有很高的评价，青少年也会潜移默化地对相关职业感兴趣。而对某一职业的看法会直接影响青少年的学习观、知识观。

社会经济地位高的家庭会给青少年提供更好的机会和平台,他们会有更加广阔的视野和格局,不会只拘泥于眼前的利益,也会对自己有更高的追求;他们会更自信,更相信自己的能力,但也有可能会因为从小没有经历过风雨而很难做到艰苦奋斗直面难关。家庭社会经济地位低的青少年很有可能很早就被现实经济问题拖累,他们不怕困难但由于过分地关注钱的问题,导致其因为没有耐心等待学习的超长回报周期而放弃学习,有时会执着于眼前的蝇头小利。

家长对待青少年学习的负面态度会给青少年带来打击,导致其厌学行为的出现。如果家长以积极的态度对待中学生的学习,当其成绩很好或进步时,父母会表扬夸奖;当学习成绩不理想时,父母会分析问题同时给予肯定和鼓励;对中学生学习的结果一直是积极乐观的态度,那么中学生对学习的态度也会更加积极主动。但如果父母对其学习的态度是消极的,孩子考了 98 分,会一直盯着 2 分的问题;只要一次考试失败就马上否定其全部的努力甚至冷漠对待,这些行为会导致中学生产生厌学的情绪。研究发现,比起一直否定孩子的家长,忽视孩子的家长带给孩子的伤害更大。

家长期望过高会给学生带来很大的压力,导致中学生给自己的压力也非常大,双向的压力很容易压垮心智还不是完全成熟的中学生,当不能正确化解这些压力的时候就非常容易产生厌学的问题;家长的期望过低也会影响到中学生,期望过低会使青少年的成就动机减弱,导致对学习不感兴趣,没有确切的目标与对未来的期望。

4. 个人因素

中学生产生厌学的原因还有很大的可能性是源于自身。其中最重要的两个原因分别是基础薄弱与学习兴趣低。

在学习过程中基础非常重要,基础不牢固很容易搭出知识的危楼,随时都会坍塌。很多学生在刚进入中学时学业成绩还不错,但随着时间的推移,成绩却越来越差,直到最后跟不上进度,这很有可能是基础不牢固的原因。相较于小学阶段,中学阶段对知识的考查不再是简单模仿,中学阶段的知识开始相互交织,需要融会贯通,基础薄弱的学生就容易出现学习吃力的情况,持续的失败后中学生就容易对学习产生厌恶的情绪,直至彻底放弃。而遇到这种情况,中学生常常会进行错误的归因,这对其自信心也造成了较大的打击。

缺乏学习兴趣也是中学生产生厌学的主要问题之一,当个体对学习这件事本身没有了兴趣,就很难从学习中获得快乐和满足感。所以,学习兴趣的建立是解决厌学问题非常重要的一步。当学生出现厌学情绪后,教师和家长首先要做的就是帮助学生分析厌学的原因,帮助学生重新找到学习的乐趣。

厌学问题的出现涉及学生日常的方方面面,厌学问题的存在除了会影响学生的学习外,还会对其心理健康造成很严重的影响。当每天都要做的事情是一件让人很厌恶的事情的时候,学生很容易会觉得生活也很讨厌。

二、考试焦虑

考试是评价学业和选拔人才的重要手段。当人们需要测度、甄别人的知识和才能的差异,"选贤与能"的时候,便产生了考试。自古以来,中国就很重视人才的选拔,但是考试越是被强调,考试成绩越可能成为衡量考生价值的唯一尺度。考试也引发了诸多中学生的问题。其中,考试焦虑是最为普遍、最受关注的问题。受到应试教育的影响,学校对学生的培养往往以考试为中心,以高分为目的。尤其是在学生进入中学之后,学校开始强调升学率,越来越重视分数的价值,各种形式的考试接踵而至,使中学生的考试焦虑问题变得突出。严重的考试焦虑不仅直接影响学生的考试成绩、升学以及择业,还会影响到青少年的身心健康水平。

(一)考试焦虑的定义及分类

郑日昌教授认为,考试焦虑(Test Anxiety)是在一定的认知情境激发下,受个体认知评价能力、人格倾向与其他身心因素所制约,以担忧为基本特征,以防御或逃避为行为方式,通过不同程度的情绪性反应所表现出来的一种心理状态。本书选用了郑日昌教授对考试焦虑的定义。

适度的考试焦虑可能会使个体注意力更集中,效率更高,但过度的考试焦虑会严重影响学生正常的学习和生活,甚至形成恶性循环。按照不同的标准,考试焦虑分为不同的种类。

1. 特质考试焦虑与状态考试焦虑

特质考试焦虑(Trait Test Anxiety)是由于人格特质产生的,是个体在面对考试的时候产生的一种稳定的情绪反应,表现为只要有考试无论大小与难易,都会产生焦虑的情绪反应。状态考试焦虑(State Test Anxiety)是面对不同考试,会根据考试的具体情况出现具体的反应,这种焦虑是短暂的、可以意识到的,通过使用一些方法是可以避免的。

2. 轻度、中度以及高度考试焦虑

可以根据考试焦虑量表测验的得分,将考试焦虑按焦虑的程度分为轻度考试焦虑、中度考试焦虑和高度考试焦虑。

3. 认知、情绪和生理反应型考试焦虑

根据考试焦虑者的综合表现可以将考试焦虑分成三类,分别是认知反应型(Cognitive Reactive Type)、情绪反应型(Emotional Response Type)、生理反应型(Physiological Rresponse Type)。认知反应型的主要表现为过度思虑,大脑中充满关于考试的各类想法。比如,考试考什么;考试的时候笔会坏掉吧;监考老师会不会一直来我这……这种没完没了的思虑很容易导致失眠或注意力难以集中,从而出现考试结果不理想的情况,而后陷入恶性循环。情绪反应型的学生会由于真实或假想的考试情境的出现,不由自主地产生恐惧、不安、紧张、烦躁等消极情绪反应。生理反应型学生一般是考试焦虑程度较高的学生,主要反映在生理上,如失眠、头痛、胃痛、肠胃炎等。

4. 考前、考时和考后焦虑

根据考试焦虑产生影响的时间段,可以将考试焦虑分为考前焦虑(Pre Exam Anxiety)、考时焦虑(Test Time Anxiety)以及考后焦虑(Post Exam Anxiety)。考前焦虑是指从听说考试后一直到参加考试前,只要一听到、一想到考试就会产生焦虑的情绪,这种情绪甚至会对正常的学习生活产生影响,如睡不着觉、行为过激等。考时焦虑是指从开始参加

考试到考试结束这一段时间里的紧张焦虑情绪。考时焦虑往往会影响个体在考试中的正常水平的发挥。考后焦虑是指考试结束之后开始担心考试结果,由此引起的一系列消极情绪。这三类考试焦虑很多时候是同时存在,并且相互影响的。

(二)考试焦虑的表现

考试焦虑的种类有很多种,不同的人会有不同的情况与表现。但可以根据相似性总结关于考试焦虑的表现。考试焦虑会出现考试前、考试中、考试后三个阶段,有的人会有生理上的反应,例如心跳加速、呼吸加快、腹痛、频繁出现上厕所的念头、坐立难安、难以入睡、失眠等,更严重者还可能伴随并发症呕吐、呼吸困难甚至休克。和一般的焦虑一样,考试焦虑是与自主神经系统相关联的特定的情绪反应。考试焦虑的学生会有三种典型的行为表现:逃避参加测试,通过装病、迟到等各种方式逃避考试;延迟行为,希望通过做其他事情的拖延从而拖延考试的到来;回避结果,在考试之后拒绝看成绩,不承认考试的结果。

(三)考试焦虑的影响因素

中学生产生考试焦虑的原因很多,一般都是各种不同的原因杂糅在一起。对某一个学生考试焦虑的原因进行分析时,一定要注意结合各方面的因素进行综合分析。

1. 内部原因

(1)遗传。考试焦虑也属于焦虑的一种,易焦虑的人格特质是可以遗传的。父母患有焦虑症的个体患焦虑症的概率高达50%,考试焦虑也不例外。一般父母、兄弟姐妹存在相关情况的个体更容易出现考试焦虑。

(2)成熟水平。个体的年龄也会对考试焦虑产生影响,个体的年纪越小,面对考试就越容易产生焦虑。个体的年龄越小,神经活跃度相对越高,受环境影响越大。研究发现,不管考试结果怎样,学生初中阶段考试焦虑得分高于高中阶段。随着年龄的增长,中学生生理和心理逐渐发育成熟,而且经历的考试越来越多,会出现逐渐克服考试焦虑的情况。

(3)自我认知。自我认知是指个体对自己的洞察和理解,包括自我观察和自我评价。自我观察是指对自己的感知、思维和意向等方面的觉察;自我评价是指对自己的想法、期望、行为及人格特征的判断与评估。自我知觉能力水平越高的人,考试焦虑就越小。自我认知水平高的个体更能够理清自己的优势与劣势,在考试之前做到胸有成竹或是明确地知道这次考试的结果可能会不太理想,就不太容易出现考试焦虑。而自我认知水平低的个体由于对自己的水平、能力没有清晰的界定,容易陷入对未知的恐惧。个体的自我认知水平可以通过各种干预训练得到提高。

(4)人格特征。个体间的人格特征有很大的差别,有些人开朗外向,有些人敏感内向。开朗外向的个体面对能够引起考试焦虑的情境时,可能会通过良好的人际交往来获得帮助,也可能通过积极乐观的自我调节来化解;而内向性格的个体,不擅长与别人分享自己的问题、不擅长排解压力,容易压抑情绪,容易出现持续的精神低落,更容易产生考试焦虑。

（5）对考试的态度。中学生对考试的态度会对考试焦虑水平产生影响。如果一个学生认为考试只是一件小事，那么他对考试的态度就会放松很多。如果一个学生认为考试是一件非常重大的事情、关乎自己的能力能否得到证明、关乎父母的态度、关乎别人的评价，那么他就会非常重视考试，也就更容易产生考试焦虑。

2. 外部原因

（1）家庭环境。父母的教育方式、对待考试的态度、对考试的重视程度等方面都会潜移默化地影响到青少年对待考试的态度。

上文中已经讲过，现有研究将父母的教养方式分为四种，分别是专制型、忽视型、民主型、溺爱型。专制型的父母对孩子通常要求很高，这类中学生产生考试焦虑的原因一般是害怕家长的责备或是害怕让父母失望。忽视型家庭中孩子受到的伤害是最大的，这种类型的家庭中长大的孩子敏感脆弱，很在意别人的眼光和评价。考试焦虑一般来源于想要表现自己的需要，容易产生只要自己考不好就会被全世界抛弃的想法。而溺爱型的家庭的主要特点是低要求、高反应。父母对孩子不讲条件的溺爱使孩子不能经历挫折。这种类型的家庭中长大的孩子的考试焦虑一般来源于对失败的焦虑。民主型家庭也是常说的智慧型父母和理想家庭。这类家庭中长大的孩子会积极乐观自信，产生考试焦虑的情况相对会比较少。

父母对待考试的态度与对考试的重视程度也会对中学生的考试焦虑产生很大影响。如果父母认为考试决定了孩子是否优秀甚至是否有能力，这种观点就会潜移默化地影响孩子，当孩子也持有这种态度时就会对考试过度重视，过于在意考试成绩，从而更容易出现考试焦虑。如果每次考试之前父母都将考试看得过于重要，生活饮食和对孩子的关心程度都不同于平时，同时不断地强调考试的重要性，这就很有可能给学生带来很强的心理暗示与心理压力。

（2）学校环境。尽管国家大力提倡素质教育，但严峻的竞争和升学压力仍然导致学校把学习成绩的提高作为首要任务；社会对学校的评价仍以升学率为主要依据；学校对教师的考核仍以学生的考试成绩为基础要求；很多教师对学生的所有期望都集中在成绩，这就导致成绩成为决定一个学生优秀与否的唯一标准。青少年成长在这样的环境中，容易将成绩是否优异看作能力高低的体现。同时，同学之间的相互竞争也会给对方非常大的压力，因对比而造成很多焦虑，导致学生对考试过度重视，出现考试焦虑。

（3）社会环境。无论是目前社会的主流导向还是社会的就业现状，都给中学生传递了一种分数就是一切的价值观，唯分数论已经深入人心。同时就业现状也决定了学历就是门槛，学生的能力是通过各科成绩与学历证书体现的。这些都带给了中学生及其家长极大的考试压力，也造成了他们的考试焦虑。

三、学习困难

现实生活中，由于过重的学习压力、家庭环境、社会影响和教师的教育方法失当等原因，部分中学生出现学习困难或学习障碍等问题。虽然国家一直在出台相关政策试图从根源上解决学习负担过重的问题，但有关调查资料显示，学习困难现象在中学生中仍普遍存在,学习困难会对中学生的身心健康发展产生不利影响。

（一）学习困难的定义及分类

学习困难(Learning Difficulties)是一个比较常见但不容易解释的词。本书认为学习困难是指感官和智力发展水平正常,与同年龄的大部分学生相比在学习上明显吃力,学习效果低下,在测试中总是处于班级末位而且多门功课不及格,且学习结果远未达到教学目标要求的学生,即这个学生本身智力正常,但学习效果低下,达不到国家教学大纲要求的现象。

综合学习困难的概念界定,可以对学习困难进行具体的细化分类,从而针对不同类型的学习困难学生采用因材施教的教学和干预,能够更好地帮助学习困难的中学生解决这一类的问题。

1. 发展性（非学业性）和学业性学习困难

发展性学习困难(Developmental Learning Difficulties)是指原始性缺陷和衍生性缺陷,原始性缺陷包括注意力缺陷、记忆力缺陷、知觉运动缺陷及知觉缺陷;衍生性缺陷包括思维异常缺陷和语言异常缺陷。学业性学习困难(Academic Learning Difficulties)是指通过学校学习获得的能力缺失,包括阅读缺陷、书写（拼写）缺陷、算术缺陷。

2. 暂时型和稳定型学习困难

暂时型学习困难(Temporary Learning Difficulties)是指困难程度较轻,能力没有偏差,观察水平和个性特征指标均处于中上水平的学生,经过有效及时的干预会转化为正常学生。如果未对这一类型学生的学习困难进行及时有效干预,可能就会转化为稳定型学习困难。稳定型学习困难(Stable Learning Difficulties)是指一般情况下,加以外界的干预不太容易转化为正常学生的状况。

3. 相对学业和绝对学业不良、成绩不足

相对学业不良(Relative Academic Disability)是指特定群体的平均成绩明显低于平均水平。绝对学业不良(Absolute Academic Disability)是以规定的教学目标作为评价的参照标准,达不到教学目标者为绝对学业不良。这里的目标是指各年级、各门学科领域可以期待学生达到的水平。成绩不足(Underachievement)是以个人的能力水平为评价的参照标准。如果学生实际的学业成绩,明显低于其能力应达到的水平,这种现象称为成绩不足。这种分类是贴合目前状况的一种新观点,即所有类型的学生都会出现学习困难。

（二）学习困难的表现

学习困难学生在学习过程中,碰到各方面的疑难不能获得及时的帮助和干预,一段时间后,他们的学习成绩就会越来越差,最终成为班里的倒数,有的甚至成为流失生。这些学生不仅在学习方面成绩差,而且还带有一些问题行为。例如违纪行为,包括攻击、不听管教、说谎、不守纪律、欺侮同学、恶作剧、不讲理、打架、偷窃、不正当性行为等。还会出现情绪问题,也称神经症问题,表现在情感、性格方面,如焦虑、恐惧、抑郁、狂妄自大、任性撒娇、自卑、孤僻、暴躁、厌学、多疑、嫉妒、强迫、懒惰。

（三）学习困难的影响因素

学习困难的影响因素是多方面的,主要可以分为内部因素与外部因素。内部因素又可以分为认知因素、元认知因素、社会适应问题、注意力缺损、不良学习习惯、意志、动机、情感;外部因素又可以分为教育制度、学校环境、家庭环境、社会环境。

1. 内部因素

（1）认知因素。随着认知心理学的发展,越来越多的关于学习困难的研究从认知的方向展开。学习困难学生的智商是没有问题的,与没有学习困难的学生相比,差距一般表现在个体知觉、思维、推理、理解、解决问题和记忆等认知活动中。认知方式的差异在一定程度上会受到先天遗传的影响,也与个体后天的学习与发展有着很大的关系。学习困难学生的言语、数理、思维、注意过程都存在突出的问题,这些问题会直接影响他们信息加工的效果、记忆编码提取的速度等,从而影响到其解决问题的能力,这可能就是导致学习困难学生成绩落后的一个重要原因。同时研究还发现,学习困难学生更容易被环境影响。

（2）元认知因素。元认知又称反省认知,即关于认知的认知,是个体对自己思维过程的意识监控。其实质是个体对自己认识活动的自我意识和自我监控。通过元认知学生可以及时地了解和控制信息加工的过程,研究发现学习困难学生在元认知整体水平上均低于一般学生。在中学阶段,学习科目较多,学习任务繁重,这就很需要学生对自己的学习活动有清晰的把控,有合适的计划和安排,并根据自己学习活动的状况及时对学习计划与活动内容进行调整,采取适当的学习策略的同时不断根据学习的结果调整学习策略。由于学习困难的学生元认知能力相对较差,较难把控和调整自己的学习进程。

（3）社会适应问题。社会适应是指个体逐渐地接受现有社会的道德规范与行为准则,对于环境中的社会刺激能够在规范允许的范围内做出反应的过程。社会适应对个体有着重要意义。如果一个人不能与社会取得一致,就会对所处环境中的一切产生格格不入的心理状态。学习困难学生在社会适应方面比较迟缓,他们往往表现出焦虑、退缩或不知所措的状态。

（4）注意力缺陷。表现在个体难以集中注意力做一件事情,也可以理解为做事情效率很低。学习困难的学生在上课或是学习时,注意力不集中,易分神,爱交头接耳等。由于学习困难学生的注意力极易分散,常人一目了然的东西,他们要花较多的时间,一个一个地进行感知,即使这样,也不一定能理解,而且他们注意到和看到的东西要比注意力集中的学生少得多。

（5）不良学习习惯。学习困难的学生一般都会存在不良学习习惯,比如熬夜写作业,上课睡觉;边做作业边看电视;做作业时不会的题目马上就去查答案,不愿意自己钻研;没有做计划的习惯;不懂得预习复习;没有自己总结知识点的习惯等。这些不良习惯会导致学生学习成绩越来越差,最终演变成学习问题。

（6）意志。意志是指学生在智力活动中克服内部和外部困难的自觉程度和坚持性水平。随着年级的升高,学习的过程本身会存在很多困难,需要学生有较强的意志去克服困难、不断坚持。但学习困难学生普遍缺乏良好的意志坚持性,遇到困难阻碍很容易打退堂鼓。

（7）动机。关于学习动机的问题之前做过详细介绍，就不再重复。总之，学习困难的学生一般都存在学习动机不够充分或者没有学习动机的状况。

（8）情感。情感因素在教育教学活动中越来越得到重视，对一个课程的喜欢或者对课任教师的喜欢会促进学生对这个课程的学习。同时，情感因素也可以影响学习的效率。有部分学生凭个人的爱好学习，会出现偏科的现象。还有一些学生因不喜欢任课教师，上课有逆反心理，不愿意花时间和精力学习这位教师教授的课程。有些学生甚至为了报复教师或家长的某些行为而故意不学习，这种逆反心理带来的抵抗行为的结果往往导致中学生成绩不良。可见情感因素对学生至关重要，它甚至会直接加重学习困难。

2. 外部因素

（1）高考导向。我国学校教育以高考为导向是不争的事实，虽然近年来普及素质教育，国家又出台了"双减"政策，但唯分数论的观念依然深入人心。过度重视分数、升学率、学位，导致学生生活在强大的学习压力之下。抗压能力差的学生就会逐渐失去学习的兴趣，出现心理紧张，产生反感、抵抗情绪，导致学习困难。

（2）学校环境。学校是一个小社会，各式各样的人和事都有可能成为学生学习困难的诱因。教师是学生学习路上最重要的人，教师的教学风格、对学生的态度、班级管理的方式、本身的人格魅力等都会对学生产生巨大影响。学校的校风校纪、规章制度等也会对学生的学习产生很大的影响。学校过分强调分数是衡量学生是否优秀的唯一标准，只注重对学业成绩优秀学生的指导，对于一些学习成绩低下，学习上有困难的学生，任其自由发展，或者一味地严厉训斥，这样会使学习困难的学生更加困难。学校的规章制度过于严格也会导致学生对学习的排斥和逆反，从而出现学习困难。中学阶段，同学逐渐成为个体成长中的亲密伙伴。中学生的言行等极易受其同伴的影响，如果同伴有恶习，个体也会在无形之中染上这些恶习，从而影响学业，成为学习困难学生。

（3）家庭环境。家庭对中学生学习的影响也是很大的。来自家庭的很多不良因素都会造成孩子的学习困难。例如，生活在一个父母天天吵架的家庭里，孩子会有很大的生存压力与心理负担，很显然这会对其学习产生严重的影响，从而成为学习困难的学生。

（4）社会环境。随着科技的不断进步，中学生通过各种电子设备可以轻易接触外面的复杂社会以及各种各样的观点。中学生的认知与辩证思维的发展还不够完善，封建迷信活动、拜金主义、物质主义等不良风气严重影响着当今中学生的心理，导致中学生对学习产生很多错误的认识，这些认识很可能影响他们做出错误的选择，而成为学习困难者。

四、中学生学习问题的评估方法

（一）中学生考试心理和行为问题症状自评量表（EMP）（见附录二）

学习作为中学生活的主要内容，考试作为持久的压力源，不可避免地要影响中学生的心理状态。考试心理问题就是指个体在考试应激情境下，在具体的考试活动过程中产生的个体意识到或意识不到的主观恐惧状态及身心行为障碍。大量研究证明，考试心理问题与个体心理健康状况有明显关系。中学生考试心理和行为问题症状自评量表由江琦与张大均于 2006 年编制,该量表以公认的成熟量表的同类心理问题的题目为基础进行编制。这些问卷包括:调查考试心理健康的自编问卷、考试成败归因问卷以及生活事件等量表;调查考试焦虑的量表;调查考试心理健康水平的问卷(主要是 SCL-90 心理症状自评量表);调查考试与学生人格特征的问卷(卡特尔 16PF 人格量表、YG-WR 中学生人格量表)等。

(二)所罗门学习风格量表(ILS)(见附录三)

学习风格对学习质量、学习效率有很大的影响。不同学生,由于家庭环境、学习环境等不同,学习风格也大相径庭。所罗门学习风格量表可以详细测试学生的学习风格,包括活跃型与沉思型、感悟型与直觉型、视觉型与言语型、序列型与综合型。

(1)活跃型学习者倾向于通过积极的讨论来掌握信息。沉思型学习者更喜欢安静地思考问题。

(2)感悟型学习者喜欢学习事实,而直觉型学习者倾向于发现某种可能性和事物之间的关系。感悟型学习者不喜欢复杂情况和突发情况,而直觉型学习者喜欢革新不喜欢重复。

(3)视觉型学习者很擅长记住他们所看到的东西,如图片、流程图、音像、影片和演示中的内容;言语型学习者更擅长从文字的和口头的解释中获取信息。

(4)序列型学习者习惯按线性步骤理解问题,每一步都合乎逻辑地紧跟前一步,习惯按部就班地寻找答案;综合型学习者习惯大步学习,吸收没有任何联系的材料,思维跳跃,没有固定的逻辑顺序,综合型学习者或许能更快地解决复杂问题,他们一旦抓住了问题的主要部分就可以更快地解决问题,但他们却很难解释清楚自己是如何思考的。

(三)学习障碍筛查量表(PRS)(见附录四)

由于学生学习困难的成因和表现均比较复杂,在教育实践工作中,常常采用主观自陈、他人评定以及量表等多种方法综合筛查。国内常用的是学习障碍筛查量表(PRS)测验。该量表主要通过教师或医生的评定计分,借以筛查出疑似学习困难的儿童,并将其划分为言语和非言语两个类型的 5 个领域:听觉理解和记忆、会话用语、时间空间知觉、运动能力以及社会行为。5 个领域共包括 24 个项目。

第三节　中学生常见学习问题的解决策略

一、厌学心理的改善措施

当中学生出现厌学的问题时老师应该如何解决?

(一)和学生共同找到厌学的原因

在发现中学生出现一些学习方面的问题后,作为教师理应首先通过学生表现出的细微行为敏锐地判断该问题是否为厌学问题,及时与学生进行沟通并合理探究问题发生的原因。例如,最近王同学出现不交作业、上课走神、经常迟到等情况,不能简单地认定是他过于懒散、学习态度不端正造成的,而需要根据该同学的具体情况进行分析。在与问题学生进行沟通和交流时,可以从学习状况、家庭、教师、学校、同伴几个方面展开提问。例如,"你最近发生了什么特别的事情吗""最近和同学相处得好吗,有没有发生一些不太愉快的事情"等问题。与学生共同探讨厌学成因,不仅能够从认知层面改善其不合理归因方式,帮助其正确归因、树立自尊与自信心,而且能够从行为层面帮助中学生更好地解决问题、缓解厌学情绪,最终达到消除不良状况、重塑学习信念的目的。

(二)帮助学生激发兴趣和建立目标

当教师明了学生厌学的原因后,可以针对原因进一步帮助学生激发学习兴趣,建立学习目标。激发学习兴趣和建立学习目标能够帮助中学生打破先前的恶性循环,重塑学习的良性循环。每个学生的个人情况都是不同的,作为教师需要对学生的家庭状况、人格特质、课堂表现等诸多方面进行更加深入的了解。首先,激发学习兴趣要做到投其所好,根据对学生的全面了解,把握学生感兴趣的方向并加以引导、明晰学生的薄弱之处并加以改进,可以使学生发挥长处、弥补短处,全面发展。其次,激发学习兴趣、建立学习目标不是一蹴而就的,这个过程需要教师有足够的耐心,根据学生情况不断调整教育方式,参照三级目标体系辅助学生自行拟定科学的长期、中期和短期目标,逐步引导学生将外部动机转化为内部动机,从而建立终生学习的理想信念。

(三)促进家校联动

家庭对孩子的影响举足轻重,学生的厌学问题很可能是家庭因素造成的。当学生出现厌学情绪或行为后,教师应及时与家长进行沟通交流,掌握学生家庭基本情况,以便了解学生的最新动态。教师与家长进行沟通有助于全方位、多角度了解学生当下的境况、知晓学生的学习状态。家校联动工作实施过程主要以教师教学为主,家长配合为辅的方式进行,学校与家庭双方相互配合、协同工作、携手努力,为促成学生全面、健康发展保驾护航。需要注意的是,家校联动工作应在充分尊重学生意愿的情况下进行,家校双方应了解中学生生理、心理发展特征,为学生拟订有针对性的计划,在双方沟通基础上留给学生足够的个人空间,避免给孩子造成过大的心理压力。

(四)开展更加丰富的课堂活动

教师除了要给予学生有针对性的指导与帮助外,更应该重视课堂本身对学生的影响。增强课堂的趣味性和吸引力、增设多感官协同配合环节、及时给予正向强化及奖励、让学生成为课堂的主体,这样才能最大限度地调动学生积极性、激发学生学习兴趣、增加学生课堂参与度,进而使学生进入乐学、好学的良性循环中。这就要求教师更加认真地准备课程,将课程内容与当前时事或学生感兴趣的内容融合在一起,激发学生的好奇心;在课堂中设置更多学生自主参与的环节,调动他们的积极性;接受学习和发现学习相结合,在课堂中加入一些学生主动探索的项目,为学生保留主动获取知识的空间,使学生体验到探索式学习的乐趣。更加丰富多彩的课堂能够带给学生更加生动的体验与好奇心的满足,从根源上减少厌学问题的发生,也可以使已经出现厌学倾向的学生重新找到学习的乐趣。此外,教师还可以结合课程内容设计一些活动,如辩论赛、演讲比赛、情景剧表演等,让学生在学习知识、锻炼能力的同时,更加真切地体会到学校和课堂的魅力。

(五)帮助学生建立友好的同伴关系

健康的同伴关系可以在很大程度上带给中学生情感支持与安全感,使厌学学生减轻对校园环境和学习活动的抗拒心理。良好的同伴关系可以看作是学生与厌学间的一个缓冲区,具有相似经历的同伴可能比教师甚至家长更能理解青少年的想法与困惑,也更能从思想和行动上影响对方。教师和家长应鼓励学生建立积极的同伴关系,促使其相互接纳、取长补短,一同朝着更好的方向发展。教师也可以通过组织集体活动提高班级凝聚力,让学生在集体活动中增进接触、建立友谊,增进学生间的理解与包容。值得注意的是,不良的同伴关系很可能使中学生产生厌恶学习、适应障碍等问题。因此,家长和教师应关注孩子的交友情况、定期沟通,一旦发现异常情况就给予正向的引导。

(六)普及相关知识展开辅导

学校应定期开展关于厌学问题的普及课程,让学生全面、系统地认识厌学问题,提升厌学情绪的发现意识,帮助学生更充分地了解、分析自己的情况,学习正确归因方式,争取做到早发现、早求助。设置针对厌学问题的团体辅导课程,借助科学正规的团体,帮助学生调节压力、解决问题、激发动力、树立信心。团体辅导课程的形式可以是多种多样的:既可以采用班级辅导技术,从"学习态度、学习策略、学习动机"三个方面切入,分层次、分阶段地对学生进行干预;也可以通过戏剧、绘画、讨论分享、课外作业等方法展开班级团体辅导。

(七)为学生寻求专业帮助

当学生的厌学问题已经发展到较为严重时,单一的非正式干预手段就不能解决学生的问题了,这时需要教师与家长及时带领学生寻求更加专业的帮助。专业心理治疗中的沙盘疗法、系统脱敏疗法、团体疗法等对中学生厌学问题均有较好的疗效。进行专业心理治疗的同时可以甄别学生是否患有抑郁症、恐惧症等神经心理问题,以便对症下药。

二、考试焦虑问题的改善措施

考试焦虑问题在中学生群体中比较普遍。严重的考试焦虑会对中学生考试体验及成绩造成不良影响,进而降低学生对学习的热情。可以结合前文中介绍的影响因素对考试焦虑进行具体干预。

(一)了解考试焦虑的原因

解决学生考试焦虑的问题,首先应该了解其产生的根源。教师可以给学生发放专业的考试焦虑问卷,根据问卷的测查结果筛选出已经或可能出现考试焦虑的学生,并对其进行一对一访谈,旨在寻找学生考试焦虑的影响因素。对于普遍存在的影响因素,教师应在年级或班级范围内加强关注度,进行总体性改善;对于影响一部分学生的因素,教师则应针对学生不同的情况进行特殊引导。

考试焦虑的形成原因是多方面的,不能做以偏概全的判断,也不能简单地叠加,而应对学生的情况进行全面了解后进行综合的判定。所以在探究的过程中,教师要注意理论与实际相结合,因人而异的同时把控全局状况。

(二)做好家校沟通工作

当发现学生存在考试焦虑时,教师应该做到和家长信息互通,并交流制定一些解决措施。当学生的考试焦虑来源于除家庭之外的其他情境时,家庭就应成为学生放松的港湾,帮助学生缓解压力,给予他们情感安慰与支持;而当考试焦虑直接来源于家庭时,教师应及时与家长沟通交流,改变家长的不良思维方式,引导家长适度、科学地看待孩子的考试成绩,家校协同助力中学生快乐学习、健康成长。总而言之,家庭在中学阶段是学生很重要的外部环境。教师在帮助学生解决考试焦虑的时候,可以从家庭入手,双管齐下达到更加理想的效果。

(三)开设缓解考试焦虑的专题课程

中学生的元认知能力与信息加工能力已经呈现出较完善的发展水平。开设相关的课程,帮助学生了解考试焦虑,让他们对考试焦虑有正确、科学的认识。考试焦虑是一个正常且普遍的现象,在中学阶段每个人都会有不同程度的考试焦虑,轻度考试焦虑可以使学生在考场上拥有更出色的状态,而严重的考试焦虑会使学生降低学习效率、发挥失常,甚至出现失眠、心慌等躯体化问题,影响中学生的正常生活。开设考试焦虑的相关课程可以让学生更加深刻地理解在当时情境下自己的行为表现、学习一些简单有效的方法缓解焦虑时出现的生理性反应、帮助他们自己改变对考试的原有的错误认知。

(四)缓解考试焦虑的简单方法

在专门的心理健康课上可以教授学生一些简单有效缓解考试焦虑的方法。例如,深呼吸、眺望远方、听音乐、幻想、慢跑、倾诉、阅读、绘画等。

(1)深呼吸:首先用鼻子吸气并数 4 秒,在心里默念 1~4;其次屏住呼吸 7 秒,不要吸气也不要呼气,这个时间可以看着手表;最后用 8 秒的时间将刚刚吸入的气排出。确保呼气的时间是吸气的 2 倍,这是深呼吸的最佳比率。重复多次,直到自己冷静下来。

(2)眺望远方:最好可以眺望远处美景,如有绿化、有湖水的地方。在眺望的同时放空自己,脑子里什么都不要想。可以与深呼吸法搭配使用。

(3)听音乐:焦虑的时候可以选择听轻音乐、慢节奏的音乐或者自己喜欢的音乐。让自己完全投入到音乐中去,也是一种让自己放松的有效方法。

(4)幻想:幻想自己在海边,躺在躺椅上,听着海浪、海鸥、海风的声音,看着一望无际的大海与天相连,不远处还漂着小船,慢慢地让自己沉浸在这个氛围里。或者幻想自己在森林的木屋里、在雪山山顶等场景。幻想前可以先看看相关的视频,给自己提供一些想象的素材。

(5)慢跑:可以在慢跑的时候听音乐、幻想,或边跑边听人群的闲谈。再或者什么都不去思考,用心感受慢跑带来的感觉。

（6）倾诉：找一个让自己有倾诉欲、有安全感的朋友、长辈或陌生人说说心里话，在倾诉与交谈中缓解焦虑感受。

（7）阅读：可以选择一本自己感兴趣的书，快速地融入书中，代入主人公的角色，体验主人公的喜怒哀乐，可以让自己暂时从现实的焦虑中脱离开来。

（8）绘画：可以选择一些简单的画作进行模仿，或拟定主题任意发挥，将自己的注意力集中在画画这件事情上。

以上这些简单方法或许并不能从根源上解决考试焦虑的问题，但可以让学生从消极状态或负面生理反应中快速平静下来，能够更加理智地思考。也可以使学生在考试之前，缓解紧张焦虑的心情，帮助其更好地发挥。

（五）为学生寻找更专业的帮助

当教师发现某位学生的考试焦虑已经发展到十分严重的地步时，最需要做的就是在与家长沟通之后带领学生寻求更为专业的帮助。专业的心理工作者可以帮助学生更科学有效地缓解考试焦虑问题。教师需要帮助学生及其家长认识、尝试、接受心理治疗。

三、学习困难问题的改善措施

学习困难是中学生中较为常见的现象。在解决学生学习困难的问题时，首先要了解学习困难产生的原因，结合问卷调查与测查结果、课堂表现等方面综合判断学生的学习困难程度；其次是根据学习困难的原因开展一对一针对性的帮助与辅导。

面对学习困难的问题，教师首先要做到的就是耐心。学习困难不是一朝一夕形成的，同样也不是在短时间内就可以解决的，这就需要教师有足够的耐心了解学生状况、教授学生知识。同时还要了解学习困难的特征，特别是在进行了一段时间的干预后，学生情况会出现反复波动的现象，这个时候就更加需要教师耐心地接纳与坚持。大多数学习困难的学生十分渴望外界的帮助与支持，这需要教师常怀助人之心，保持积极的态度，耐心给予关怀与鼓励。

学生的学习状态、学习困难的程度和学习困难影响因素并不是一成不变的，而是处在不断变化之中，因此对学习困难的干预方案也要及时调整。干预可以从以下几个方面入手：帮助学生构建学习目标、改善学习方法、激发新的学习兴趣。与上文谈到的厌学与考试焦虑相比，学习困难是一个更加综合的概念，其成因与干预都需要进行全盘考虑。

不放弃每一个学生是教师的责任和义务。一位教师一生会有许多学生，但每一个学生的人生只有一次机会。教师要平等对待每一个学生，给每一个处在困难、迷茫中的学生提供力所能及的帮助。可以肯定的是，教师对学生产生的影响是巨大的，我们常常探讨什么是好教师、如何做好一名优秀的人民教师，给学生以积极向上的影响、竭尽全力去帮助每一个学生变得更好，哪怕每天只进步一点点的教师，就是我们说的好教师。

【教学案例回顾与干预】

1. 现存问题

甲同学的问题属于考试焦虑以及学习困难。表现为缺乏学习兴趣、目标缺失、学习方式不当、懒散、失眠、焦虑、缺乏自信等一系列问题。

2. 主要成因分析

（1）自身方面可以分为三点：第一，甲同学缺乏学习兴趣与目标，所以学习缺乏动力与自觉性。第二，学习方法错误，晚上开夜车学习，白天犯困影响学校的正常学习。第三，过分重视考试成绩，将考试失败的原因归结为自己能力差，逐渐丧失自信。

（2）家庭方面表现在甲同学的父母过分注重甲同学的学习成绩，对甲同学的管理太过严格，间接导致了甲同学对学习丧失兴趣；也使甲同学出现了严重的考试焦虑。

（3）学校方面主要是老师缺乏对学生学习兴趣、信念等非智力因素的关注和培养。

3. 干预对策

针对甲同学的具体情况，可用以下方法对其进行干预。

（1）家校联动。甲同学当前的学习问题需要与家长及时沟通，心理老师需要帮助家长认识到甲同学当前问题的根源，减少家庭给甲同学带来的考试与学习的压力。同时，要与家长共同商定甲同学学习问题的解决方案，并请家长配合执行方案。

（2）建立学习目标与学习兴趣。甲同学出现当前问题的一个重要原因是学习没有目标且缺乏兴趣。教师可以与甲同学进行深入交流，结合甲同学学习、生活、交友等具体情况，通过建立三级目标的方式，与甲同学共同构建新的学习目标。找到学习目标后，再结合目标，帮助甲同学培养学习兴趣。

（3）掌握新学习方法。根据父母、教师和同学们反映的甲同学的学习现状，推测甲同学很可能是学习方法存在问题。教师可以根据甲同学当前的学习情况与课程安排帮助甲同学调整学习方式，不断尝试找到最适合他的学习方法。

（4）改善考试焦虑。通过改变对考试的认知的方式，尝试从根源上改善考试焦虑。教师可以在某次考试之后，带领甲同学与家长共同分析考试结果，引导他们不再将考试失败的原因归结到能力方面，而是归结为努力、学习方法等可以改善的方面，将考试结果看作学习的过程而不是学习的结果，用积极的眼光与态度看待考试。

与此同时，考试认知的改变通常需要很长时间，在此期间教师还可以教甲同学一些简单方法，例如，深呼吸、眺望远方、幻想等，在考试前或考试中，当甲同学出现焦虑的生理性反应或注意力难以集中的状况时使用。

（5）重拾自信。甲同学出现当前学习问题还有一个原因是缺乏自信。老师和家长都应该做到，在甲同学学习出现困难时，多鼓励、支持；当甲同学在某一方面有进步时，不吝啬表扬与赞美，以帮助甲同学重拾学习的信心。

4. 疗效评价

经过老师的心理健康干预，甲同学制订了新的学习计划，也改变了原来的学习方法，学习成绩有了明显提升。根据老师的观察评估，甲同学父母及其本人的反馈信息，甲同学对学习的热情明显增加，学习态度有了明显的好转，学习效率显著提升；考试焦虑情况明显好转,个人更加有自信。

知识链接

团体豁达放松治疗

团体豁达放松治疗包含 8 个环节:破冰行动、温故知新、焦虑同行、合理归因、放松训练、情绪控制、策略指导、分享祝福。团体治疗每周可以安排 1 次,时间约为 60 分钟,干预周期 3 个月。治疗师每次应记录被试者在团体游戏治疗中的感受与需求,并进行积极回应,共情与点拨,引导被试者之间的互动与鼓励,营造促进个体成长的团体氛围。在"放松训练"环节指导被试者进行松弛训练。治疗结束后,请被试者每天安排 30 分钟,进行复习和自我训练。在反复刻意的强化训练中,豁达进取的认知信念逐渐深入潜意识,使被试者情绪平和、身体放松、心情愉悦。

资料来源:杨润涛,黄雪薇,丁惠卿.团体豁达放松治疗对中学生考试焦虑干预研究[J].现代预防医学,2022,49(14):2570-2573.

思考题

1. 当学生遇到学习相关问题时,老师应该如何及时有效地与家长沟通?
2. 学生开始厌学时,班主任老师要如何解决?
3. 作为老师,怎样确保班上同学出现学习问题时能够及时向你求救?

【参考文献】

[1] 彭聃龄.普通心理学[M].北京:北京师范大学出版社,2019.

[2] 李红.论学习活动的本质[J].心理学探新,1999(01):36-43.

[3] 陈琦,刘儒德.当代教育心理学[M].北京:北京师范大学出版社,2007.

[4] 蔡丹,李其维,邓赐平.数学学习困难初中生的记忆广度特点[J].心理科学,2011,34(05):1085-1089.

第四章　中学生情绪发展与道德教育

【本章概述】

　　情绪的产生和体验给我们塑造了一个多姿多彩的心路历程。情绪是对一系列主观认知经验的通称，是以个体愿望和需要为中介的一种心理活动。一般认为，情绪是人对客观事物的态度体验以及相应的行为反应。青少年时期是人成长中的一个过渡阶段，他们满腔热忱地对待生活，风华正茂，挥斥方遒，但情绪波动极大。青少年情感最突出的特点就是两极性的表现。取得好成绩时欣喜若狂，一旦成绩不如意就闷闷不乐。中学生情绪的好坏不但对学生的身体健康有直接的影响，还与学生的心理健康和学习生活一脉相通。

　　本章第一节主要是中学生情绪发展概述，包括情绪概述、影响因素及情绪发展特点。第二节主要探究中学生常见的情绪发展问题及其导致的道德问题和评估方法。第三节从心理健康教育和道德教育相互融合的视角，探讨中学生情绪发展与道德教育的促进措施。

【关键词】

　　抑郁　恐惧　孤独　愤怒　促进措施

【案例导引】

　　小媛，女，13 岁，独生女，在一家私立学校读初中一年级。

　　小媛主诉：从小学五年级开始就不时用尺子、小刀等在自己手臂、手背上划出口子，看到出血了就觉得很爽，然后再自己舔掉。最近两个月经常出现头痛、肚子痛等各种不舒服问题。坦言讨厌比自己学习成绩好的同学，认为他们老是压自己一头；也讨厌学习成绩不好的同学，觉得那些人的习惯不好；还讨厌老师，尤其是数学老师，自己的数学成绩不好，不仅数学老师还有别的老师都会劈头盖脸地骂。对父母也不亲近，甚至有敌对情绪。最近也不愿意和父母交流沟通，经常因为一些小事和母亲争论不休，还把自己一个人关在卧室里谁也不理。觉得父母都不能理解自己，而且因为妈妈是教师，总是喜欢教育自己，对自己管头管脚，希望母亲离自己越远越好。父亲是一家公司的高管，工作繁忙，经常到外地出差，两三个月才能回家几天。现在和父亲没有交心谈话，也不希望父亲回家。自己对自己有严格的要求，要把别人都踩在脚下，在一个演讲比赛中得到了市级二等奖的荣誉也没有很满意，认为二等奖没啥用，只有第一名才能被人记得。

　　小媛母亲说，小媛从小就比较优秀，在钢琴、绘画、英语演讲、象棋、书法、跆拳道等方面获得了较高的水平，还经常在重要场合演出。但是女儿最近半年的状态都不好，成绩下滑，时不时感觉身体不舒服，对自己和她父亲也有明显的抗拒，甚至偶尔会有一些消极意念,让自己担惊受怕、忧心忡忡。因为她父亲长期在外地工作,孩子的教育基本上由自己负责。自己由于职业的原因,对孩子有很高的要求,也难免会有忽略孩子的情况。孩子从小学五年级开始就有了划伤自己手臂的行为,但是自己却一直疏忽,没有察觉。在孩子表达自己情绪时,也会否定、指责她。自己发现孩子身体受到伤害时,心里感到恐慌、焦虑和自责。

第一节　中学生情绪发展概述

人有喜、怒、哀、惧等心理体验,这种体验是人对客观事物态度的一种反映。当我们为某些事情高兴、悲伤、难过、忧愁时,情绪就由此产生,每种情绪都代表着我们的需求。如果我们想要管理自己的情绪,需要通过了解情绪,去思考自己的需求。做情绪的主人,先要认识情绪。

一、情绪概述

(一)情绪的内涵

自20世纪70年代开始,情绪的研究在量和质两方面都迅速增长。来自社会心理学、发展心理学及神经科学领域的研究者开始关注并且研究情绪,新研究方法与新技术推动心理学家测量情绪。

学者孟昭兰将情绪(Emotions)定义为,情绪是一种多成分组成、多维量结构、多水平整合,并为了有机体的生存适应和人际交往而同认知交互作用的心理活动过程和心理动机力量。情绪产生的重要基础是需要,根据需要是否获得满足,情绪具有积极、肯定和消极、否定的性质。所有能满足已产生的需要或者能够促使需要得到满足的事物,就能引起积极、肯定的情绪,如愉快、喜爱等;反之,所有不能满足已产生的需要或者可能阻碍需要得到满足的事物,就会引起消极、否定的情绪,如伤心、厌恶等。情绪和情感是人对客观事物的态度体验及相应的行为反应。情绪是以个体的愿望和需要为中介的一种心理活动。情绪具有独特的主观体验、外部表现和生理唤醒三种成分:首先,每种情绪都有不同的主观体验,代表了人们不同的感受;其次,主观体验和外部表现之间是相互联系的;最后,情绪产生时,不同的情绪状态唤醒的生理反应是不一样的。

(二)情绪的功能

每个人都有过各种各样情绪体验,比如愉快、伤心、恐惧、焦虑等。情绪不仅是人类基本生存适应的需要,而且是人类社会群体生活的需要。

1. 适应功能

人类在生存和发展的过程中,有多种适应方式。情绪是有机体适应生存和发展的一种重要方式。由于神经系统的发育,相比于体态结构的进化,人类的心理功能成了更有效的适应生存方式。面部表情的发展和分化,同语言器官的发展和分化相类似,是情绪"器官"的发展和分化。各种情绪在人的主观方面所产生的体验,有着不同的适应作用,成为人类生存和协调生活的心理工具。

在青少年的学习生活中,情绪可以直接地反映他们的生活状况,是他们心理活动的一面镜子。比如,小敏在一次比赛中获得了冠军,表现出异乎寻常的激动和喜悦之情;小宇在课堂中受到了老师的批评,显得十分羞愧和闷闷不乐。青少年还可以通过情绪适应社会。比如,小沐在和朋友谈话时留意对方的神情和动作,以此来选择令人舒服的谈话内容和谈话技巧。

2. 动机功能

人们为了满足需要而为之行动的动机,不仅因为生理本能,还因为心理功能。情绪动机系统的一个基本功能,能够激励人们的活动,提高人们的活动效率。适度的情绪兴奋可以将身心处于最佳状态,从而帮助人们更有效地完成工作。人类感情上的感受会附着到内驱力上,并放大内驱力。人类高级日的行为中包含着情绪因素。实现任何目标的行动是人的认知、决策、感情和动机的整合。认知和情绪的相互作用,使人们在必要时能坚定不移地克服困难。

青少年学习过程中,求知欲、学习兴趣等促使他们积极主动地学习,这些需求源于个体的内驱力。学业情绪是学生在学校情境中体验到的成就情绪,它不仅包括与成功或失败有关的情绪,也包括与教学或学习过程有关的各种情绪。积极的学业情绪有助于深层学习动机的发展,消极的学业情绪会阻碍青少年的学习兴趣,影响学习动机。社会、学校和家庭应该营造良好的学习氛围,关注学生的心理状态,帮助学生形成正确的自我认知和归因方式,培养积极的学习情绪的发展,激发深层的学习动机。

3. 组织功能

情绪是一个独立的心理过程,有自己发生、发展的过程。情绪可以驾驭行为,支配有机体同环境相协调,使有机体对环境信息做最佳处理。同时,认知加工对信息的评价通过神经激活而诱导情绪。情绪对其他心理过程的影响有组织功能和破坏功能,正性情绪起协调、组织的作用,而负性情绪起破坏、瓦解或阻断的作用。唤醒水平是指心理、生理不同层面的活动水平,包括感觉兴奋水平、腺和激素的水平,以及肌肉的准备。唤醒水平要适宜,过高和过低都不利于机体完成各项任务。过低或过高的唤醒水平不如适中的唤醒水平能够导致最优的操作效果。当人们处在积极、乐观的情绪状态时,容易注意事物美好的一面,愿意接纳外界事物。而当人们处在消极的情绪状态时,容易失望、悲观,有时甚至产生攻击性行为。

4. 信号功能

情绪传递信息和沟通思想是通过情绪的外部表现实现的。人们在情绪反应和感情交往中,通过表情实现信息传递,以达到相互了解的目的。其中面部表情比姿态表情和语调表情所呈现的情绪信息更具有代表性,诸如喜、怒、悲、惧、惊、厌等基本情绪。手势、语调可以更明确言语信息表达的内容。情绪不但能促进人们的思想交流,而且还可以引起对方的感情反响和共鸣,相互受到感染,产生共情和移情。

表情是思想的信号,在很多场合,可以通过表情来传递信息。比如,小康在遇到同学和老师的时候主动微笑打招呼,他们接收到情绪的表达后以同样微笑点头的方式回应小康;在课堂上小新背诵课文,背诵中有不确定的段落时看向老师,老师对其点头示意表示肯定,小新就继续往下背诵。

二、中学生情绪影响因素

中学生情绪的产生和发展与其身心发展密切相关。中学时代是人生发展的关键期,学生生理和心理都得到飞速发展。在生理上,第二性征的出现带来了性的觉醒,身体出现了巨大的变化;在心理上,自我感和独立意识逐渐增强。中学生的身心发展正从儿童期向成年期过渡,这一阶段既具有儿童的某些特征,又具有成人的某些特征;童年的模式被打破,而成人的模式尚未建立起来。影响和制约青少年情绪发展的因素主要包括外部和自身两个方面。

(一)外部因素

1. 环境

学校是青少年走向社会的实验基地,学校不仅传授青少年各种知识和技能,同时还向他们传递着各种意识形态,帮助他们形成正确的人生观、价值观和世界观。教师的个性、能力等自身特点及教学风格等都对青少年情绪的发展影响极大。一般来说,教师情绪稳定、和蔼可亲,学生多从容不迫,井然有序;教师偏见与傲慢,学生猜疑、自负或自卑。优美和谐的校园环境有助于青少年情绪的健康发展。校园环境、教室的布置以及教学设备等物质环境对青少年学习技能、专长发挥与情绪发展有积极影响。

青少年情绪的发展不仅有学校的影响,还有传播媒介的影响,其中,影响最大的就是网络。学生阅读积极健康的网络消息,开阔了他们的视野,增长了知识,培养了阅读技能,也促进学生发展积极情绪;相反那些不健康的、恐怖的、消极的网络消息只会阻碍青少年积极情绪的发展。净化网络环境和内容,才能更好地促进青少年情绪的健康发展。

任何一个社会成员都会受到它特定的文化或生活方式的影响。父母、学校对青少年情绪发展的影响是特定社会文化的反映。多种价值观、复杂的社会关系等构成的社会文化环境,在促进青少年充分发展的同时,也促使一些青少年的情绪发生变化并导致心理和社会问题。整个社会都应注重对青少年的正确引导与教育,以促进青少年情绪积极健康地发展,适应快速变化的社会。

2. 家庭

家庭是青少年生存、成长和发展的重要场所之一。在家庭中,青少年习得各种行为模式。家庭从各个方面影响着青少年情绪的发展。和谐友爱的亲子关系对中学生情绪有着良好的作用,而分裂对立的亲子关系则会阻碍情绪的正常发展。不同的亲子关系会对中学生情绪产生不同影响。

孩子的发展取决于父母的发展。父母善于运用正确的教育方式,营造出和谐友爱的家庭氛围,孩子更可能彬彬有礼、温文尔雅。父母的行为端正庄重,孩子就会信任父母、热爱父母,同时还会仿效父母,形成大方得体的积极情绪。相反则不利于青少年情绪的发展。在和兄弟姊妹的生活相处中,青少年习得忠诚、助人、合作等行为,也习得如何处理冲突和竞争。这些行为模式是青少年情绪发展的重要基础。家庭生活环境如家庭结构、家庭经济状况、家庭生活方式和家庭情绪气氛等方面,都对青少年心理的发展起着重要影响。在整日吵吵闹闹、情绪紧张的家庭中,青少年的情绪发展常会受到消极影响。

专制型的教养方式对中学生情绪发展的影响:父母对孩子通常要求很高,但是对孩子的需求却是低反应的。在这样的环境中,男孩子易怒且伴随攻击性,女孩子会焦虑、恐惧。正处青春期的青少年叛逆的可能性非常大。由于成长环境较为压抑,这些孩子每天都需要压抑自己的情绪。他们也可能会获得较好的成绩,但是情绪的表达和正常的社交会出现问题。

忽视型的教养方式对中学生情绪发展的影响:父母对孩子通常要求很低甚至没要求,当然对孩子的需求也看不见。所有的教养方式中,忽视型家庭中孩子受到的伤害最大。正处青春期的青少年更多表现得冷漠、孤僻。由于自己没有被爱、被关心过,也很难做到关心别人和爱别人,甚至当别人表达出对他的爱和关心的时候,他也会有所怀疑,不能相信爱的存在,这对青少年情绪发展会造成很大的困扰。

溺爱型的教养方式对中学生情绪发展的影响:父母对孩子通常要求很低,但是对孩子的需求却是高度反应,这样的结果就是溺爱。溺爱是父母情绪和情感的自我放任。在这样的环境中,孩子容易冲动、叛逆,也很难做到控制情绪,特别容易生气、暴躁和冲动。正处青春期的青少年更多表现得歇斯底里、一事无成。

民主型的教养方式对中学生情绪发展的影响:父母对孩子通常要求很高,对孩子的需求也是高度反应。爱和规则一个都不能少。这也是常说的智慧型父母和理想家庭。父母与子女在认知、情感、行为上基本协调一致。在这样的环境中,孩子能够有高水平的自尊,也能合理、正确地表达自己的情感。青少年自信乐观,同理心强,积极向上,人际关系和谐。这种家庭教养方式有利于青少年情绪的健康发展。

(二) 自身因素

1. 生理

个体一生有两次生理发育的高峰期。人体生长发育的第一个高峰期是婴儿期。此时各系统器官的生长发育虽然也在持续进行,但是不够成熟完善。与第一高峰期相比,青春期时的个体除了在形态和生理上的发育与变化之外,在心理上也有很大的发展,人生观、世界观和其他心理素质都主要是在这个阶段形成的。个体进入青春期后,由于神经系统和内分泌的影响,生理发育十分迅速,身高、体重等身体指标迅速接近成年人。中枢神经系统的发育成熟使他们的认知、调节和控制能力逐渐接近成年人。青少年期以性成熟的开始作为标志,此时个体性器官和性机能的发展都非常迅速,特别是性腺的发育和成熟,对中学生情绪情感有着重大的影响。

2. 认知

随着社会接触面以及社会交往的日益拓宽,与认知发展有关的心理成分进一步发展成熟,种种主客观条件的变化,不仅为青少年的认知发展创造了更有利的条件,也对青少年的认知发展提出了更高的要求。中学生的思维能力迅速提升,其对主客观世界的认识与理解远远超过小学生,极大地促进了情绪中认知成分的发展。

3. 自我

随着身心的迅速发展,中学生自我意识也相应提高,独立性意向十分明显,企图在心理上与对父母的依赖决裂、与儿童时期的自己决裂。青少年正处于独立性与依赖性交杂、充满矛盾的时期。于是出现了所有形式的自我肯定,如虚荣心、自信等,同时又怀疑自己的能力,害怕自尊心受到伤害,伴随而来的是相应情绪的产生。

4. 社会化

中学生生理、认知和心理等的发展变化,决定着这一时期他们的社会性发展。从初中起,他们就产生强烈的自立愿望,开始疏远父母,而更乐于与同龄人交往,社会文化等方面的知识引起了他们的兴趣,他们开始逐步形成合适的处事作风。由于自我意识的发展,价值观和道德的基本成熟,中学生初步掌握了社会所要求的行为方式,社会性情感越来越趋向丰富和稳定。中学生进入了爱慕异性的时期。

三、中学生情绪发展特点

人的情感是复杂多样的,它具有两极性,有多种表现。首先表现出来的是情感的肯定和否定,比如,喜爱和厌恶等。其次表现为积极的和消极的行为,比如,喜爱的情绪促使人们积极主动地行动,厌恶的情绪阻碍人们积极主动地行动。再次表现为紧张和轻松的状态,如行动之前的紧张心理和行动结束后的轻松感觉。从次表现为激动和平静,如激动是由一些重要的事件引起,而平静是人们正常生活、学习的基本情绪状态。最后表现在强度上,如从愉快到狂喜。青少年时期是情感发展十分丰富且复杂的时期,其情感的发展既有成熟稳定的一面,又有相对幼稚的一面,表现出矛盾不定、错综复杂的特点。

(一)外部表现

中学生的情绪有时表现得强烈、狂暴,有时又表现得温和、细腻。时而激动、时而平静;时而肯定、时而否定;时而积极、时而消极,情绪变化比较激烈。比如,当他们在考试中取得好成绩时,表现得欣喜若狂、唯我独尊;如果在考试中落后或成绩下降时,又陷入闷闷不乐、自我否定中。

(二)情绪状态

情绪状态是指在某种事件或情境的影响下,在一定时间内所产生的某种情绪,其中较典型的情绪状态有心境、激情和应激等三种。

1. 心境

心境(State of Mind)是指人比较平静而持久的情绪状态。心境具有弥漫性,它不是关于某一事物的特定体验,而是以同样的态度体验、对待一切事物。心境的持续时间与引起心境的客观刺激的性质相关,如失去亲人往往使人产生较长时间的郁闷心境。考试成绩优秀,在接下来一段时间内会使人处于积极、愉快的心境中。人格特征也会影响心境的持续时间,同一事件对某些人的心境影响较小,而对另一些人的心境影响则较大。性格开朗的人往往不拘小节,而性格内向的人则容易念念不忘。

中学生心境产生的原因是多方面的。学习中的进步与落后,生活中的成功与失败,同学、师生等人际关系是否融洽,个人的健康状况等,都可能引起心境的变化。心境对中学生的生活、学习、健康有很大的影响。积极乐观的心境,可以提高学生的学习生活效率,使他们对未来充满希望,有益于健康;相反,消极悲观的心境,会降低学习生活效率,使其丧失信心和希望,陷入焦虑、抑郁状态,有害健康。

2. 激情

激情(Intense Emotion)是一种强烈的、爆发性的、为时短促的情绪状态。这种情绪状态产生原因通常是对个人有重大意义的事件。重大成功之后的喜出望外、惨遭失败后的郁郁寡欢、突如其来的危险所带来的害怕惶恐等,都是激情状态。激情状态下的人往往出现"意识狭窄"现象,即认知范围缩小,理性受到抑制,自我控制能力减弱,进而使人的行为失去控制,甚至做出一些鲁莽的行为。

3. 应激

应激(Stress)是指人对某种意外的环境刺激所做出的适应性反应。人们面临某种突发事件时,集中智慧和经验,动员力量,迅速做出选择,采取有效行动,此时人的身心处于高度紧张状态,即为应激状态。例如,在马路上行驶的汽车看到前方有障碍物时,司机紧急刹车等。应激状态的产生与人面临的情景及人对自己能力的估计有关。当人们面临事件而无法应对时,就会处于应激状态。人在应激状态下,会引起有机体的一系列生理反应,如血压、心率、呼吸以及腺体活动都会出现明显的变化。这些变化有助于有机体适应急剧变化的环境刺激,维护其功能的完整性。

中学生在面临重大考试时,生理应激体现在:因为恐惧焦虑导致入睡困难、易惊醒等睡眠问题;出现食欲不振、消化不良等情况;还可能表现出头晕、胸闷等。心理应激体现在注意力、记忆力下降,学习兴趣减弱;积极情绪减少而消极情绪增加,比平时更易激惹、焦虑、抑郁等;表现出放任自我、拒绝复习等行为。

(三)中学生的情绪特点

1. 情绪的两极性

中学生情绪反应强烈,情感体验丰富,其中情绪最突出的特点是两极性的表现。主要有两个原因:其一,他们正处于身心各方面迅速发展的时期,不断增长的个体需要的满足与否是他们复杂多样情绪的主要来源。其二,青春期性腺功能的发育和性激素的分泌是其情绪两极性的生理原因。他们对事件极度敏感,高兴时欢呼雀跃,失败时则大失所望。在面对父母时的矛盾情感,如孝顺和顶撞;伙伴关系中的亲密和孤独。他们在情感上能够体会别人的情绪,从而改变自己的情绪。

2. 反抗情绪

中学生正处于青春期,伴随着身体心理的迅速成熟,中学生往往产生如不愉快、不安、郁闷等现象,言语行为粗鲁,并产生一些反抗、攻击等行为。中学生极力要求独立、自立,但是对父母来说,尚未做好思想准备,仍以以前的方式对待他们。中学生的自主性被忽略,认为自己不被父母认可,父母阻碍自己独立,只关心自己的学业成绩,而不关心甚至限制自己的社交活动,并且逼迫自己接受父母的观点。这些原因都会导致中学生的反抗情绪和行为。

3. 心态的不平衡性

青少年时期是动摇起伏的不稳定时期,中学生一半成熟一半幼稚,渴望独立又需要依赖。中学生的情绪由两极性向稳定性发展,由心态不平衡向平衡发展。初中生对于自己情绪的控制能力相对较差,不能很好地在合适的场合表现合适的情绪。高中生随着知识和智力的发展,相比初中生,能够更稳定、擅长控制和调节情绪,但是高中生的激情在一定场合仍不能很好控制。初中生相比小学生能够掩饰自己部分情感,但是这种能力是有限的,在激动的情况下,情绪表现明显且外露。高中生则可以根据当前的情景控制自己的情绪,外在表现不同于内在体验。

第二节　中学生常见的情绪发展问题

中学生生理发育、心理发育和社会活动决定了情绪的发展,中学生情绪发展迅速但又不够稳定,初中生更多的是幼稚,高中生则多了些成熟。总体中学生的情绪是逐渐稳定,情感热烈丰富,但是又常常缺乏控制。基于自身的知识技能、社会经验和自制力,在面对无法解决的问题时,就会经历复杂的情感冲突,引发一些情绪发展问题。因此,中学生需要教师、家长和社会上成年人对其关怀和教育,促进其情绪发展逐渐成熟。中学生的情绪发展问题主要包括:忧郁、焦虑、恐惧、孤独、愤怒、自卑和嫉妒七个方面。有关焦虑的内容详见本书第三章,有关自卑、嫉妒等内容详见本书第六章,本章不再展开。

一、情绪与道德行为发展的常见问题

(一)情绪发展的常见问题

1. 抑郁

抑郁(Depression)情绪是中学生常见的情绪发展问题之一。相比于其他群体,中学生抑郁情绪的发生发展较为隐晦,并且是一个长期缓慢的过程。抑郁情绪多数是与去甲肾上腺素、多巴胺等神经递质的紊乱有关,导致大脑总是传递一些不愉快的信息,而生活中他们经历了无法解决的问题,成为抑郁情绪爆发的导火索,让他们已经紧绷的精神不堪重负。这时候家长和老师需要敏锐地发现学生情绪问题的产生,给予他们足够的理解和支持,有时需要心理咨询师的帮助,正确排解他们的困扰,使他们不至于在压力面前崩溃。中学生的抑郁情绪会直接导致成绩下降、自我评价降低、负性情绪增加和社会交往障碍,也会伴随一些危害健康的行为及自伤、自残和自杀的风险,有时甚至会危及生命。抑郁是对丧失或不幸遭遇的一种正常反应。从正常的抑郁情绪到病理性抑郁存在不同的认识。一种观点认为从正常的抑郁过渡到病理性抑郁是一个连续的进程,是从量变到质变的过程;另一种观点认为正常的抑郁和病理性抑郁是两种不同的情绪状态。

抑郁情绪是所有消极情绪里面危害最大的一种情绪。有抑郁情绪的人往往不能准确表达自己的情绪问题,而觉得身体不适:头痛、头昏、呼吸困难、胸口发闷等,这些症状反复出现但是在医学上查不出器质性的改变。中学生经历抑郁情绪时,由注意力不集中导致的成绩突然下降,对学习和生活失去兴趣,对以前感兴趣的事物变得不热衷;自我评价降低,总是说自己不好、自己很差劲的话;他们觉得目前的环境不好,找理由想改变环境,但是换到新环境中,状态也没有好转;父母随口的一句话都能引起他们情绪的强烈变化,更严重者可能会表现出逃课违纪、离家出走等行为。

小峰,男,是一名 17 岁的初三学生。自述最近一年有莫名其妙的压抑痛苦,对一切无兴趣,情绪极度低落。小峰的家境还算不错,母亲经营着一间饰品店,父亲在外地做生意。小学的时候,小峰是家里的好孩子,学校的好学生。然而从初一下学期开始,小峰觉得自己慢慢变得内向、不合群、不喜欢与人说话。渐渐地,小峰开始嫌自己个子矮小,不会打篮球;经常不满别人的一些做法,比如同学的书堆放得乱七八糟,老师懒散、不负责任的行为等细小事情。家人发现他慢慢地发生变化,常常闷闷不乐,情绪变得越来越低落,成天唉声叹气,行动迟缓,话也很少,甚至出现精神恍惚。初三上学期的时候离家出走过一次,6 天后,又自己回了家。他感觉前途渺茫,感觉自己是世界上最不幸的人。每当情绪低落的时候,总感到浑身不舒服,头昏昏沉沉的,虽然小峰极力去控制,但还是觉得浑身没劲,对什么都提不起兴趣。在家里也总和父母唱反调,容不得父母责备自己,常常沉默以表示愤慨和抗议,虽然有时也理解爸妈的苦心,但控制不了了自己,经常伤害他们。

案例中小峰抑郁情绪的产生是由于自己的不合理认知,是他的信念引起了情绪和行为的后果。面对种种挫折,小峰的心理遭受到缓慢创伤,他把一切责任都归因于外部环境,因而心境就变得极其沮丧和低落。由于他并没能得到及时的心理调节,就开始选择逃避。小峰认为自己以前是有能力的人,自尊心强,面对自己现在不足的方面,如个子矮等,自尊顷刻间瓦解,抑郁情绪愈演愈烈。

2. 恐惧

恐惧(Fear)既是有害的情绪,但又同样具有生存价值。一方面,强烈的恐惧所产生的心理能量会威胁人的生命。在遭遇巨大的自然灾害事件时,一部分人生命的丧失不是由于身体上的创伤,而是由于情绪承受力的崩溃。另一方面,在危险环境中,恐惧会加快我们的反应速度,也使我们的注意力变得敏锐。

生理刺激和心理刺激都会诱发恐惧。如在一定的时间和空间内,突然发生某种未知事件,产生的恐惧情绪;学生害怕如期而来的重大考试而产生的恐惧情绪等。恐惧情绪产生时伴随一系列的生理变化,如心跳加速、呼吸紧张、血压升高、四肢无力等,这些紊乱生理现象就可能影响躯体健康。恐惧也会影响人的知觉、记忆和思维,使人无法客观冷静地分析当前环境,导致人无法控制自己的行为。

中学生对各种事物都可能会产生强烈的好奇,在接触的过程中经历不良刺激,就容易产生恐惧情绪,更严重者甚至发展为恐惧症。中学生常见的恐惧情绪有社交恐惧。有社交恐惧的学生在与人交往的时候产生很强烈的恐惧、焦虑和不安。社交恐惧表现为害怕在小团体中被他人审视,一旦发现别人注意自己就不自然,不敢抬头、不敢与人对视,甚至觉得无地自容,不敢在公共场合演讲,集会时不敢坐在前面,回避社交。常见的恐惧对象是严厉的老师。伴随着自我评价降低,还有脸红、手抖等症状。

小邓,男,是一名 14 岁的初二学生。单亲家庭,父亲在外打工,多年来他跟随祖父生活,家境贫寒。小邓从小身体健康,但性格内向且较为软弱。多年来,在人数相对较多的场合不敢说话,不敢直视对方,说话时脸发烧、心跳加快、手不断搓衣角,表现出焦虑、紧张不安的情绪。明知这种反应不合理,却难以控制并且反复出现,严重影响了日常学习和生活。小邓希望可以像别人那样,有丰富的语言、有很多的朋友、有良好的交际能力。可是,每当想与人讲话的时候,脸就发烧,低头盯住脚尖,心怦怦跳,肌肉起鸡皮疙瘩,好像全身都在发抖,那种不由自主的紧张、不安、焦虑就不受控制地发生了。班里的同学讥讽嘲笑他的家庭,小邓不愿意和他们交流,以致后来越来越怕和人交流。他不参加集体活动,没有一个可以互相倾诉的朋友和伙伴。成绩不好,怕被老师抽中回答问题,时常处于紧张之中。

案例中的小邓的社交恐惧情绪的产生是因为:从小缺少家庭关怀,与父亲之间没有情感交流;在成长过程中同学对他的嘲笑,使其逐渐形成自卑、敏感、恐惧的情绪,加剧了他害怕交往的心理。从小养成的不良情绪,以至于他在升学后面对陌生的学习环境与生活环境,也没有改变,甚至进一步加剧了他的内向性格和恐惧心理。小邓心理健康水平较低,自我调整能力较差,所以很难适应人际交往中的复杂关系。

3. 孤独

孤独(Lonely)涉及人对与社会相互作用的数量和质量的感觉。当一个人社会关系网比预期的更小时,孤独就会出现。孤独感是人在社会交往中无法满足需要,使内心世界孤单寂寞的心理状态。个体可以与别人有很少的接触,但只要自己对此满意,个体就不会感到孤独。相反,个体已经有很多朋友,但自己仍然感到需要更多更深刻的友谊,这时就会觉得孤独。一般而言,短暂的或偶尔的孤独不会造成心理行为紊乱,但长期或严重的孤独感可引发某些情绪障碍,降低人的心理健康水平。孤独感还会增加与他人和社会的隔膜与疏离,影响人的正常社会交往。

对中学生来说,以亲密和真诚的方式与周围的人相处但没有得到同等的对待,这使他们产生强烈的孤独感。中学生由于知识和经验的不足,自我认识往往会出现过低或过高的偏差。由此产生了自卑或者自负心理,进而产生了与他人难以沟通和了解的感受,觉得十分孤独。处于如下情况经常导致孤独,如搬到一个新的城市或进入新的学校。学生之间经常会被友好而自信的人吸引,缺乏社交技巧的他们,无法与人们发展成亲密的朋友关系。

小平,男,是一名16岁的高一学生。小平的妈妈是养花专业户,平日里忙于整理花、送花和卖花。小平的爸爸经常出差,与孩子的相处时间很短,一家人很少有团团圆圆的时间,也没有机会能够坐在一起交流谈话。小平在家就很少叫妈妈这个称呼,在学校也没有要好的朋友和同学,从来没有带同学或者朋友到家里玩过。升入高中后,一个人独来独往。回到家中,就把自己锁在房间里玩游戏,宁愿在网络中交朋友也不愿意在现实中交朋友。在很多人的印象中,小平是一个很不爱说话、性格相当孤僻的孩子,在学校他很少和老师说话,同学们和他说话时,他也很少与人交谈,这对同学们和他之间的沟通产生了很大的影响。

案例中小平孤独情绪的产生是因为家庭环境因素和缺乏社交技巧。由于小平的父母平时都忙于工作,疏忽了对小平的教育,也很少与孩子沟通交流,使小平没有感受到家庭的温暖。得不到家长的关爱等原因导致其产生自卑心理,不善于与人交往,缺少朋友,使他产生孤独感。小平因为没有掌握交往技巧而不愿意与人交往,也使自己在别人眼中没有良好的形象。由于早期的成长经历中,小平和父母很少沟通,久而久之导致他缺乏与人交往的能力,这使小平现在的人际关系紧张,产生了孤独感。

4. 愤怒

愤怒(Indignation)情绪是一种常见的负性情绪。这种情绪常与搏斗和攻击行为相联系。对有机体来说,需求的限制导致愤怒的产生。对于没有急切需求的限制所引起的愤怒可以隐藏较长时间,但是压制需求就会引发愤怒。持续性的愤怒会损害健康。不良的人际关系往往导致愤怒的产生。被欺骗、遭遇挫折、被强迫去做自己不愿做的事,都能造成愤怒情绪。情绪本身也能成为愤怒的原因,例如持续的痛苦能转化为愤怒。愤怒的生存价值在于激发人以最大的潜能和力量去打击和防范未知来犯者。

愤怒强度要远远高于其他类型的负性情绪,能够通过生理变化、情绪体验、认知改变和外部行为表现出来。对中学生来说,愤怒很常见,它通常由挫折引发,也在期望落空或遭遇不公平对待等事件时产生。比如,父母答应自己的旅行计划没有原因就取消了,孩子就会感到被欺骗,此时父母不仅没有解释,反而一味地压制孩子的需求,就会引发孩子的愤怒情绪。

小张,男,是一名18岁的高三学生。小张自述,最近总是做噩梦,梦到初中的班主任王老师对自己训话,反复的噩梦也影响了睡眠。虽然自己初中成绩不差,也没有调皮捣蛋,但是王老师似乎总在针对自己。由于害怕王老师,自己平时在班里表现得很乖,但这并没有换来王老师对自己的改观,王老师仍对自己有偏见,不是讽刺就是挖苦。王老师对自己伤害最深的一次是在楼道里扇了自己一个嘴巴。起因是在放学之后,在门口等好朋友,认为没有干扰别人。结果班里有同学就去找了王老师,王老师没等自己解释就一个巴掌直接扇了上来。现在的班主任对自己不错,可在自己的心里与班主任总是有种隔阂,难以处理好与现任班主任的关系,从来不敢回答班主任提出的问题。每次回想起过去的事,就一直想回去报复,恨不得与初中的班主任同归于尽。

案例中小张愤怒情绪的产生是因为:初中班主任王老师给他的内心留下了创伤。那时候面对班主任,更多的是恐惧、克制和压抑,不敢表达自己的愤怒。虽然当时克制住了愤怒,但是小张一直生活在阴影之中,从不相信周围的老师,扩大到他对老师这个群体的看法。小张的内心逐渐成熟,虽然极力想要处理问题,但由于当年的创伤太重,愤怒总是与理智发生冲突,最终被压抑。理智虽然表面更加强大,但愤怒的情绪却持续影响着小张外在的行为,使他难以适应当下的学习生活。

(二) 情绪导致的道德问题

中学生的道德问题是指那些中学生经常违反社会的道德准则或犯有较严重的道德过错,甚至危害社会治安。道德问题和违法犯罪之间并没有一个绝对的界限,并且前者是后者的警示灯。13~15岁是道德问题行为发生的高峰年龄,主要处于中学阶段。由于中学生知识技能和社会经验的不足,对于道德行为的认识比较肤浅、片面,更有可能被社会中不良信息误导。比如,他们会把敢于与老师顶撞的不尊重行为认为是勇敢的行为,把固执当作是坚强意志的表现。不正确的认知以及他们爱模仿、标新立异的特点,一旦有情绪的诱发,就会产生不良的道德问题。及早发现有道德问题的学生,重视对中学生道德问题产生的矫正工作,不仅关系到这些孩子的前途,而且对整个社会风气也有不可忽视的影响。矫正道德问题学生,教师首先要了解中学生道德问题产生的原因,并掌握他们的心理矛盾和转化他们的教育规律与方法。

　　一些道德问题的产生可能包含着某些情绪因素,如嫉妒、憎恨、戏谑、愤怒和恐惧等都会导致中学生的道德问题,或者影响他们对自己行为的正确认知。道德问题可能会出现在已有负性情绪的人身上,也可能会出现在外界环境的诱发下引出了负性情绪的人身上,因为嫉妒、愤怒和恐惧等导致不良道德行为。例如,因为学生的物质或者精神的需求得不到满足,自尊受到伤害,以恨为中介引起道德问题的产生。又如,因为个体太敏感,使其过强的自尊需求无法得到满足转化为自卑感,或者是他人的负强化,使个体正常的自尊需求无法得到满足而形成了自卑感,自卑感转化为挫折感导致道德问题的产生。再如,在挫折状态下,个体产生烦恼、愤怒和不满等消极情绪,这些消极情绪无法正常和及时地排解、疏导,由此引发的紧张、焦虑使个体出现道德问题。还有因他人的才能、地位超过自己,自我表现的需求得不到满足,发展为憎恨、厌恶等负性情绪,由此导致道德问题的产生。在强烈的情绪支配下,个体的意识狭窄,往往无法做出正确的、理智的行动。消极的心境使人长期处于压抑、忧愁和不满的心理状态,在某种外界的刺激下,长期积累的负性情绪可能会爆发,出现短暂的情绪高涨,从而导致道德问题的产生。

二、中学生常见情绪问题的评估方法

　　目前我国有较多的评估中学生情绪情感发展状况的量表,这里主要介绍简单、易操作的抑郁自评量表、焦虑自评量表、惧怕否定恐惧量表、孤独量表、汉密尔顿抑郁量表和汉密尔顿焦虑量表。此外,SCL-90量表在教学实践中也经常被用于评估学生情绪情感的发展状况。

(一) 自评量表

1. 抑郁自评量表(SDS)(见附录五)

SDS(Self-Rating Depression Scale),抑郁自评量表。广泛应用于心理门诊病人的粗筛、情绪状态评定以及调查、科研等,不能用于诊断。该评定量表共有20个题目。自评者在评定之前,一定要把整个量表的填写方法及每个问题的含义都弄明白,然后做出独立的、不受他人影响的自我评定。必须仔细阅读每一条目,然后根据最近一星期内自评者的实际感受,在题后写上相应的字母。A表示没有该项症状,B表示小部分时间有该项症状,C表示相当多的时间有该项症状,D表示绝大部分时间或全部时间有该项症状。自评者不需要有所顾忌,应该根据自己的真实体验和实际情况来回答,不要花费太多的时间去思考,应顺其自然,根据第一印象做出判断。注意:测验中的每一个问题都要回答,不要遗漏,避免影响测验结果的准确性。

2. 焦虑自评量表（SAS）（见附录六）

SAS（Self-Rating Anxiety Scale），焦虑自评量表。一种焦虑评定的标准，用于测量焦虑状态轻重程度及其在治疗过程中变化情况的心理量表。主要用于疗效评估，不能用于诊断。自评者在评定以前，一定要把整个量表的填写方法及每个问题的含义都弄明白，然后做出独立的、不受任何人影响的自我评定。SAS 采用 4 级评分，主要评定项目所定义的症状出现的频度，其标准为："1"没有或偶尔；"2"有时；"3"经常；"4"总是如此（其中"1""2""3""4"均指计分分数）。该表有 20 条文字（括号中为症状名称），需要自评者仔细阅读每一条，然后根据最近一星期的实际情况，写上相应的数字。

3. 惧怕否定恐惧量表（FNE）（见附录七）

FNE（Fear of Negative Evaluation Scale），惧怕否定恐惧量表。惧怕否定评价是指对他人的评价感到担忧，为别人的否定评价感到苦恼，以及预期自己会遭到他人的否定评价。整个量表共 30 条目，其中正、反面评分的条目基本保持数目相等。基于许多研究数据都有力地支持 FNE 量表可作为一个测量人际评价焦虑的有用工具，因此也可将该量表当作社交焦虑症状的一个指标。其标准如下：1. 与我完全不符；2. 与我有些不相符；3. 不确定；4. 与我非常相符；5. 与我极其相符。

4. 孤独量表（UCLA）（见附录八）

UCLA（Loneliness Scale，University of California at Los Angels），孤独量表。该量表为自评量表，主要评价由对社会交往的渴望与实际水平的差距而产生的孤独感。依据孤独的一维性设计，"孤独"一词未见于任何条目中，有助于减少回答的有偏性。全量表共有 20 个条目，每个条目采用 4 级评分，1. 从不；2. 很少；3. 有时；4. 一直。

（二）他评量表

1. 汉密尔顿抑郁量表（HAMD）（见附录九）

汉密尔顿抑郁量表（Hamilton Depression Scale，HAMD）由汉密尔顿（Hamilton）于1960 年编制，是临床上评定抑郁状态时应用得最为普遍的量表。该量表有 17 项、21 项和 24 项等 3 种版本。这项量表由经过培训的两名评定者对患者进行 HAMD 联合检查，一般采用交谈与观察的方式，检查结束后，两名评定者分别独立评分；在治疗前后进行评分，可以评价病情的严重程度及治疗效果。汉密尔顿抑郁量表在临床上方便实用，HAMD 评定方法简便，标准明确，便于掌握，可用于抑郁症、躁郁症、神经症等多种疾病的抑郁症状评定，尤其适用于抑郁症。做一次评定需 15～20 分钟。这主要取决于患者病情的严重程度及其合作情况，如患者严重阻滞时，则所需时间将更长。然而，该量表对于抑郁症与焦虑症，却不能较好地进行鉴别，因为两者的总分都有类似的增高。

2. 汉密尔顿焦虑量表（HAMA）（见附录十）

汉密尔顿焦虑量表（Hamilton Anxiety Scale，HAMA）由汉密尔顿（Hamilton）于1959 年编制。最早是精神科临床中常用的量表之一，包括 14 个项目。主要用于评定神经症及其他病人的焦虑症状的严重程度，但不大适宜于估计各种精神病时的焦虑状态。同时，与 HAMD 相比较，有些重复的项目，如抑郁心境、躯体性焦虑、胃肠道症状及失眠等,故对于焦虑症与抑郁症也不能很好地进行鉴别。HAMA 应由经过训练的两名评定员进行联合检查,一般采用交谈和观察的方法,待检查结束后,两名评定员独立评分。在评估心理或药物干预前后焦虑症状的改善情况时,首先在入组时评定当时或入组前一周的情况,其次干预 2~6 周后再次评定,来比较焦虑症状的严重程度和症状谱的变化。HAMA 所有项目采用 0~4 分的 5 级评分法,各级的标准如下。0 分:无症状;1 分:轻;2分:中等;3 分:重;4 分:极重。

第三节　中学生情绪发展与道德教育的促进措施

对中学生情绪管理能力的培养与教育是当前学校德育课程改革的突出特点。不仅体现在“课程标准”的基本理念和分类目标上,而且蕴含于“实施建议”的指导思想和具体要求中。情绪是对事物与人自身关系的反映,情绪所反映的不是事物本身的客观意义,而是事物对人所具有的主观意义。因而,德育课程是否与学生的学习生活和社交需要相联系,是否能够帮助他们解决现实生活中的道德问题,直接影响学生对德育课程的接受程度。学生对于德育课程更多的是从教学内容与自身关系的角度思考、决定自己的学习动机和学习行为。

在道德知识的学习过程中,只有当学生产生了相应的情感体验,他们才能理解、领悟和应用这些知识,并将之内化为自己的行为准则。学生对道德知识的掌握必然首先以自己的道德准则为参照,随之会产生相应的道德情感体验。这些都直接影响学生对教材内容的认同。道德教育的目的,就是要使认知和行动在教育过程中相互联系,最终转化为个人意愿。

情绪发展问题在中学生群体中较为常见。中学阶段是个体从幼稚走向成熟的过渡阶段,这一过渡的本质特性必然使中学生的心理发展充满了矛盾。知识技能和社会经验的欠缺,导致情绪发展问题,进而造成道德问题和心理问题。情绪在发生时总是处于心理活动的前沿,因而学生对道德教育的必要性与自身关系的认识总是受到相应情绪体验的制约。综上所述,情绪在道德教育中的作用,突出地表现在其对“知”与“行”的内化调节上。只有通过这种内化调节作用,才能促使对道德知识的掌握和道德行为的自律。因此心理健康教师和德育工作者需要认识到情绪发展对中学生的学习、生活和社交发展带来的重要影响,并结合道德教育对其进行促进。有关焦虑和道德教育的促进措施的内容详见本书第三章,有关自卑、嫉妒和道德教育的促进措施的内容详见本书第六章,本章不再展开。

一、中学生抑郁情绪的改善与道德教育的促进

人人都期望成功,负面情绪会使成功之路变得漫长和艰难,抑郁则会使个体的成功之路变得遥不可及。改善和克服抑郁情绪是一个庞大且艰巨的任务,它需要彻底改变认知、态度、性格和观念等方面。学生如果被抑郁情绪困扰,即便有成功的机会,也不能顺利达到终点。因为成功带给他的没有喜悦的感情,不能让他为之努力,他只会沉浸在自

己的消极情绪中无法自拔。这时候的他就像置身于一个封闭的城堡,别人进不去,他也出不来,背负着的情绪足够压倒他所有的信念和能力。

(一)习得积极的态度

情绪是一种态度体验,积极的态度对情绪的改变有很大作用。一个积极乐观的人,往往会有更多积极健康的表现。比如学习,如果认识到学习的重要性,理解学习的意义,就会愿意学习,并端正对学习的态度。持积极态度的人会以学为乐,行动自觉,表现为学习踏实认真;相反持消极态度的人则满足于一知半解。在生活、学习中,我们可以通过习得自己积极的态度来转变自己的抑郁情绪。

(二)微笑驱散烦恼

行动会引起情绪,身体四肢的动作往往会决定我们对各种事物的不同感受,因而产生不同的做法和想法,最终便影响了情绪的产生。我们每一种感觉或情绪都紧连着一种固定的表情,这些表情包括姿势、面部表情、语调和动作等。当个体想改变某种情绪时,可以借着表情的改变,得到想要的情绪。当人在微笑的时候,就会感觉到开心;当人嘴角向下、走路拖沓的时候,就会感觉到自己很沮丧。表情会导致情绪的改变,相应的情绪也会产生表情,循环往复,开心的人更加开心,沮丧的人更加沮丧。在生活、学习中,我们可以通过保持微笑来改变自己的抑郁情绪。

(三)转变注意点

中学生都必然经历一些难过的事情,如果总是刻意去想这些事情,心中一直惦记着,很快地便会懊恼和沮丧起来。任何事物所带给你的感受、引发个体怎样的情绪,完全取决于这个个体的注意点,即对事物某一方面的认知。注意点会影响我们对于事实的认知,所以我们应该控制自己的注意点。改变注意力是改变情绪最有效且最简单的一种方法,能在极短时间内扭转我们人生的方向。比如,我们可以换个环境,去公园散步,或者找朋友聊天。

(四)提高挫折容忍力

中学生在追求成功的路上,需要付出艰辛的劳动,有时可能会经历失败。一个人要想成功,不能因一时的成绩而骄傲自大,也不能因暂时的受挫就一蹶不振。要鼓励受挫的中学生,尽快转移注意力,摒弃由挫折带来的负性情绪,保持积极乐观向上的态度,再接再厉,勇攀高峰。

(五)培养高度的理智感

中学生在学习生活活动中,在面对矛盾、遇到棘手的问题时,会产生疑虑、惊奇的情绪;当他们无法做出正确判断或解决不了问题时,会产生烦闷、焦躁的心态;一旦他们可以合理地解决问题,就会有豁然开朗的感觉。这些都属于理智感,探索新事物,认识到知识的价值和意义,感到获取知识的快乐。追求真理的过程中实现自我价值,就会产生愉快的情绪。学生越积极地参与生活学习中的活动,越能体会到愉快的情绪。

二、中学生恐惧情绪的克服与道德教育的促进

过分的担忧就可能会导致恐惧，恐惧使人学会回避、躲藏，而不是遇到问题迎面而上，不畏艰苦。对于某些事物的恐惧情绪可能来自自卑心理。一次失败或者不够完美的经历都会使人变得恐惧。恐惧的扩大会导致焦虑情绪，焦虑是更糟糕的情绪。

（一）学会信任

信任是社会生活的基础，也是人与人之间交往的关键纽带，一个能够自我实现的人绝不是有疑心病的人。对别人的弱点绝不要反应过度，反应过度会造成自身的紧张。要信任别人，即使信任被辜负，也要坚守信任的准则。缺乏对他人信任，表示自己个性软弱，因为这样其实是对自己的不信任。对自己没信心是不能达到自我实现的目的的，没有信心的人也是不可能有最佳积极心态的。

（二）正视恐惧

老式疗法是假定产生恐惧的刺激物和恐惧情绪根本不存在。但是恐惧情绪并不是幻想，而是真实存在的。在克服恐惧之前，必须承认它的产生，正视它的存在。恐惧会消耗精力，引发更多不良情绪的产生，破坏身体器官的机能，使人产生生理不适和心理问题。恐惧确实是一股强大的力量，它会用各种方式阻止人们从生命中获得他们想要的事物。

我们需要有正确的认知：自信心完全是训练出来的。那些能够克服恐惧、信心满满的人，都是锻炼出来的。任何人都会遇到许多尴尬的处境。有的学生会对此耿耿于怀，沉浸在这些不愉快的心境中，而那些充满信心的学生则以完全相反的方式来处理这些困境。当个体开始回想起这种处境时，要专注在美好的部分，同时把不好的部分忘掉。当个体拒绝去回忆那些消极的、自我否定的观念时，信心就会逐渐增加，中学生在克服恐惧方面也就迈进了一大步。

（三）采取行动

每一种恐惧都有对应的一套解决方法，当我们在生活中遇到问题时，必须行动才能解决。如学生担心随之而来的重大考试不及格，那他应该停止思考令自己恐惧的事情，把恐惧的时间和由此引发焦虑等不良情绪的时间都用来学习，并且是立即去学习。如果有学生害怕在活动课的时候没有人愿意和自己组队玩耍，想要邀请别人但是害怕被拒绝，那他应该大胆去做，运用合适的社交技巧，落落大方的处事方式，给同伴们留下一个好印象。我们能借着实际行动来改变我们的心态。比如，当我们抬头挺胸时，就会觉得自己很优秀。当我们伸出手来热切地握住对方的双手，正视对方的眼睛，说"我很高兴认识你"的时候，我们就会觉得自己很自信。

三、中学生孤独感的消除与道德教育的促进

无论是谁，有的时候或多或少都会感觉到孤独，大部分人的孤独感很快就随着另外一些事情的发生，或者自己内心的排解而烟消云散了，但有的人却总是沉浸在孤独感中

无法自拔。为了避免孤独，可以做很多改变。

（一）克服自卑

有些中学生因自卑而觉得自己不如别人，不敢与别人接触，从而导致孤独状态。不能克服自卑，就难以走出孤独。每个人都有长处和短处，都是独一无二的存在。一个人只要自信起来，就可以在一定程度上克服孤独。

（二）学会与他人交往

当个体觉得和周围的人格格不入时，与别人的相处就会让人感到孤独。有的学生在读书阶段换到一个新环境，没有建立起友谊，无法进行适当的交流，在其他同学热烈的讨论中会感到加倍的孤独。当中学生感到孤独时，可翻看以前同学的通讯录，看看自己的照片，还可以给许久没有联系的朋友发去问候。与朋友、家人或者其他同学的交往和联系，不仅可以在中学生感到孤独的时候，也可以在日常的生活中保持有规律的联系。让中学生认识到每个人在学习生活和社交活动中，都需要友谊。在与他人相处时，无论是在什么样的情境下，都要学会做到温暖别人也温暖自己。

（三）学着享受自然

生活中有许多充满乐趣的活动。当我们注意到这些时，也许就能够减少孤独感。如果考试没有考到理想成绩，心情烦闷，但又不愿与别人倾诉时，可以鼓励中学生去水边或空旷的田野，感受大自然的美丽，心情就会逐渐开朗起来。总之，改变孤独感要尽力改变原来那种让自己感到孤独的环境。

四、中学生愤怒情绪的转化与道德教育促进

愤怒使人失去理智思考的机会。如果不懂得控制愤怒的发生，会使我们失去解决问题的时机和能力，人们在愤怒的情绪下往往无法顾及别人，一时无法控制的愤怒造成的后果往往难以弥补。约束愤怒并不是压抑愤怒，而是把愤怒转换成另一种行动的动力。

（一）合理表达愤怒

处于愤怒情绪时，是因为我们懂得运用愤怒的情绪表达自己的不满，想要达到自己的目的。但事实上，愤怒不是达到目的的好方法。控制好自己的愤怒，不代表我们不可以愤怒，当我们愤怒时需要思考它的后果。我们需要正确看待愤怒，并合理表达自己的愤怒，在不冲动的情况下理智地解决问题。

（二）学会释放愤怒

学会采取行动排解自己心中的不满。当中学生发怒时，教会他不要只是坐着生闷气，要懂得学会和自己的情绪对话，了解自己愤怒的原因，可以用放声唱歌的方法缓解心中的不快；也可以试着写一篇愤怒笔记，以帮助自己更好地认识愤怒、理解愤怒。让中学生明白，如果自己的生活整天就是不顾一切地发泄愤怒情绪，不久自己就会发现生活变得一团糟。

（三）控制愤怒

不要让别人控制了自己的情绪。中学生在学习和生活中，如果遇到令人愤怒的事情，应该学会冷静分析所有使自己愤怒的原因，然后避免使自己暴露在那些痛苦之中。教会中学生正确看待愤怒：当人感受到正威胁自己、伤害自己的人或事，就会感到愤怒，那是一种保护性的情绪，在气愤当中个体会变得更有破坏力，就容易做出错误的判断和行为。所以我们要用理性的态度来面对愤怒，不要让愤怒情绪控制了中学生。

【教学案例回顾与干预】

1. 现存问题

抑郁情绪；躯体不适；对别人有明显的敌对态度；和家人关系疏远。

2. 主要成因

（1）严格要求导致的极端竞争意识。小媛的父母都是"事业型"家长，在孩子小的时候，陪伴孩子的时间非常少，但对孩子的要求却又很高。小媛从小就生活在家长的严格要求下，不仅成绩要出类拔萃，还要在业余时间学很多的课外知识和技能，并且对这些知识和技能的掌握也要达到比较高的水平，还要不断去参加各种演出、比赛等。而只有孩子获得好的名次，父母才会在一定程度上认可孩子的努力和成绩。这样一种严格要求，使孩子在学习生活中为了取悦父母才努力，进而培养出孩子特别强烈的竞争意识——只有成为第一名才能让父母开心，认可自己。小媛在之后的成长过程中错误地认为，自己必须站在金字塔的顶端，必须成为第一名才能被别人记住。但是这种想法也给她带来了巨大的压力，致使小媛很早就出现了自残等异常行为。

（2）竞争失败导致的自我挫败感与敌对。竞争意识极强的个体在竞争不利时，由于无法再依靠胜利和成功来维持自尊，很容易使自己失去平衡而出现心理障碍。在本案中，小媛升入初中后，学习任务的强度相比小学来说明显提高，可是小媛仍要求自己在各个方面都保持金字塔顶端的位置，必然会力不从心。她的成绩排名比过去退步，也无法通过保持在学生之间第一名的位置而获得优越感，竞争意识与受挫感混合在一起，成为对他人的强烈敌对态度。

（3）自我感受长期被忽视和被否定导致的对外防御不断强化。投射是人的一种基本防御方式。因为对对方有某种情绪，所以觉得对方也对自己有相同的感受。在本案例中，这种防御机制有丰富的运用。例如，因为老师过于严苛而感到气恼，但是却认为老师对自己生气了。当孩子表达自己的某些情绪、态度时，母亲常常会立即阻止、指正："你不应该这样想""不应该这样对待老师"，对小媛的自我情绪表达经常采取否定、压制的态度。长此以往，小媛自我内心表达的压抑势必带来外向防御的加强。

（4）对养育者的愤怒与依赖。本案例中，小媛从小学五年级开始就有割划自己手臂的行为，可是父母却一直疏忽没有察觉。内在原因可能是孩子幼年时太过于弱小，无力表达对父母的愤怒，最后反而逐渐倾向于合理化父母的疏忽；或者认同父母对其负面的信念，产生例如"因为我不是个好孩子，所以爸爸妈妈不喜欢我"，并使对父母的不满转变为对自我的不满，然后通过自残等形式来惩罚自己。当孩子的负面情绪无法对外宣泄时,不得不通过自残的方式来表达。小媛的自残行为是这种防御机制的生动表现。她甚至描述当看到自己血流出来的时候"有一种快感"。这种快感,其实是"惩罚自己就等于惩罚父母"和"替父母惩罚被认定为坏的自己"潜意识的集中体现。

(5)父亲的缺位与母亲的不满导致家庭体系失衡。父亲长期在外工作,孩子的教育基本由母亲一人承担,不利于夫妻双方形成制衡,使孩子在人格塑造过程中容易走极端。而且母亲因为长期与丈夫分隔两地,自身感情需求得不到满足,潜意识中会将对丈夫的不满和愤怒在对孩子的教养中投射出来。另外,母亲为了适应长期缺乏依靠的生活,会强化某些防御方式,然后被孩子习得。在这个案例中,"忽视"和"否认"自我需要以及自我感受的情况,在母女两人身上都显得非常突出。

3. 干预对策

(1)针对小媛的干预:心理辅导教师与小媛协商后制订了共计8次的不良情绪干预方案。

第一次干预。本次干预主要是摄入性会谈,采集小媛的信息并初步建立咨询师和来访者的关系。小媛对咨询师的戒备和抗拒十分强烈,很多话题不愿提及,对于自己情感体验的描述简短。心理辅导教师利用言语谈话技巧表达了对小媛的尊重、共情、积极关注等态度,与小媛建立了良好的咨询关系,形成了安全、信任的咨询氛围。

第二次干预。咨询师通过有限情感的自我暴露,一方面表达了对小媛的关心以增进咨访情感的联系;另一方面通过谈话,咨询师评估了小媛的情感反应。小媛表示自己较难与别人建立情感联系,但是愿意继续心理咨询。并提出了心理咨询的目标:希望能够让自己有好心情,在期中考试中获得不错的成绩,在一个月后的英语演讲比赛中取得好的成绩。她应该对自己的问题负责。

第三次至第七次干预,咨询师利用理性情绪疗法和沙盘疗法,使小媛意识到,负性情绪不会自己凭空消失,压抑的负性情绪可能会以更有破坏性的方式爆发。咨询师运用反移情技巧,通过咨询师这面镜子,让小媛可以观察自己的内心世界,给她足够的时间感受和处理这些不良关系和错误信念导致的负性情绪。咨询师鼓励小媛感受、表达自我的负面情感,同时给予充分抱持、接纳、理解,当小媛发现自我的负面情感体验并不总是带来惩罚的时候,也能逐渐抛弃既有的那种"由外至内"的曲折情感体验及表达方式。这几次的十预气氛比较融洽,小媛对咨询师和咨询效果深切认可。

第八次干预,咨询师给了小媛足够的保证,双方的关系不会随着心理咨询的结束而中断,在三个月、半年和一年的时候各有一次回访会谈。当小媛感到需要的时候,都可以联系咨询师会面。最后平稳地结束了心理咨询。

(2)针对小媛父母的干预:小媛父母与老师和咨询师进行沟通交流。老师和小媛父母共同分析自己的教育理念和方法上存在的问题,以及给小媛带来的不良影响。反思自己教育理念和方法的不当之处,练习体验正确的教育方法。咨询师在和小媛父母交流中,明确其父母对小媛心理咨询的期望。在父亲也在场时,向家长提示当孩子抱怨老师或同学时,如何照顾孩子的感受、体验,既表达对孩子的支持和理解,又不至于火上浇油,加剧孩子与他人的对立。在一次咨询中回顾了小媛心理行为异常的经历,对小媛母亲这段时间以来感受到的交流、无助及现在内心有所疏解的情绪予以共情、理解、支持和宽慰。

4. 疗效评价

经过咨询师和老师的双重干预，小媛的抑郁情绪有所改善。根据咨询师的观察评估、父母和本人的反馈，小媛的情绪、躯体、家庭关系和人际交往等多方面都获得了积极肯定的效果。小媛已经不再有自残行为，最近一个月已经很少有躯体不适症状，睡眠也明显有所改善，学习生活比较规律，与家人的紧张关系也有明显缓解，对他人的敌对态度也有所好转，找到了自己志同道合的朋友，成绩已经有了较大幅度的提高。小媛感受到自身的变化、父母的变化以及与咨询师关系的变化。能够清楚地感觉自己比以前的心态更加平和、大度，也越来越有自己的主见和立场，开始学习如何在不与他人发生激烈冲突的基础上，依然能够坚持自己的立场。与老师、同学的关系有了明显的改善。

知识链接

可爱侵略性（The Cute Aggression）

有的人看到可爱的东西会有一种想破坏、毁灭的冲动。比如，看到小狗、小猫特别可爱的样子，实际上喜欢得不得了，想要照顾它、保护它，却又忍不住想揉捏它、摆弄它；看到婴儿的脸、小孩子的小手就想捏一捏、握一握；喜极而泣又或者极度绝望时歇斯底里地大笑起来。

这种想法很常见的，甚至被认为是健康的。这种看似如此分裂对立的心理其实是大脑的平衡机制，是大脑调节情绪的一种自然反应。耶鲁大学的心理学专家奥里亚娜·阿拉贡（Oriana Aragon）说："这是因为当我们看到很小、很可爱的物体或者人的时候，我们的正向情绪会被大大激发，这时候我们大脑用来平衡这种正向情绪的机制，特别是当我们感到极度愉悦和开心的时候，我们需要一些负向情绪来抵消正向情绪，以此来达到情绪平衡。"这就是"情绪均衡"（emotional equilibrium）机制，是情绪的双向表达。是为了防止单一的情绪过于强烈，在发生时引发不可控的事情或结果，大脑会触动相反的情绪来达到平衡。通俗来讲，就是大脑为了防止我们被可爱死，从而产生了相反的情绪。所以要谨记一定要控制好自己的行为和情绪，不要被情绪所支配，而做出出格的行为。

资料来源：Aragón O R, Clark M S, Dyer R L, et al. Dimorphous expressions of positive emotion: Displays of both care and aggression in response to cute stimuli[J]. Psychological science, 2015, 26(3): 259 -273.

思考题

小婉，15岁，是一名初三学生。上初三的一个多月以来，情绪低落、忧伤、悲观；夜里难以入睡，白天头昏，精神难以集中；与同学关系越来越疏远。上课怕被老师提问，甚至为此逃离课堂。小婉初一、初二学习成绩在班里居中上水平，各科均衡发展尤喜物理。初三重新编班时，她意外地当上了班长。这是她万万没有想到的，觉得自己还不够资格，而平时比她优秀的同学却落选了,别人认为她得到了老师的偏爱。她心理压力大,更加努力。但被别人嘲笑的阴影挥之不去,特别是见到初一、初二的同学时,被嘲笑的感觉格外强烈,如影随形。她曾向老师要求不做班长,老师没有同意。时间长了,便出现了上述症状。因担心成绩下降而经常自责,故常开夜车或早起学习来补回白天的损失,结果造成恶性循环,上课常发呆,多次被老师提问而不能顺利作答。自认为作为班长应该懂得更多东西,因此情绪更加低落。到第三周时开始害怕老师提问,一听到老师要点名提问,心里总是说"完了完了",结果什么也想不起来,脑袋一片空白,接着脑海里就出现同学嘲笑的情景,于是手心出汗,脸热,不知所措。虽不愿与新同学多接触,较多独来独往,但又很想让别人了解自己。

思考题

如果小婉是你的学生,从心理健康与道德教育融合的角度出发,你会如何对她的问题进行干预?

【参考文献】

[1] 孟昭兰.情绪心理学[M].北京:北京大学出版社,2005.

[2] 黄河浪.情绪[M].海口:海南出版社,2001.

[3] 周宗奎.儿童青少年发展心理学[M].武汉:华中师范大学出版社,2011.

[4] 汪向东,王希林,马弘.心理卫生评定量表手册[M].北京:中国心理卫生杂志社,1999.

[5] 戴晓阳.常用心理评估量表手册[M].北京:人民军医出版社,2010.

[6] 乔建中.道德教育的情绪基础[M].南京:南京师范大学出版社,2006.

[7] 王伟.心理咨询与心理治疗案例分析[M].北京:人民卫生出版社,2016.

第五章　中学生意志发展与道德教育

【本章概述】

意志对于人们的活动具有极其重要的意义。我国古代文学家苏轼曾经说过:"古之立大事者,不唯有超世之才,必有坚忍不拔之志。"正所谓"人无志,非人也"。美国斯坦福大学心理学家推孟曾提出:"成功与不成功的人,最大的差别是多方面情感和社会适应能力及实现目标的内驱力。"可见,意志品质是决定人是否成功的关键。良好的意志品质对于中学生有着巨大的推动作用,具有良好意志品质的人能够克服不利因素的干扰,积极有效地利用时间学习和工作,并能持之以恒,循序渐进地实现目标;而意志薄弱的人得过且过,总是"等明天",浪费大好时光,做事朝秦暮楚,总是需要别人督促。人的意志品质不是与生俱来的,良好的意志品质是在后天生活中逐渐形成的。培养优秀的意志品质并不是一朝一夕的事,但是持之以恒的努力,终究可以培养出优秀的意志品质。中学生正处于青春期,是培养意志品质的关键时期,但由于社会、家庭及其自身因素使中学生在意志品质方面存在较多问题。

本章第一节主要介绍了意志的概念与内涵,中学生意志发展的影响因素和特点等内容。第二节主要包括中学生意志发展的常见问题、评估中学生意志发展状况具体方法。第三节主要阐述了中学生意志发展与道德教育融合的若干促进措施。

【关键词】

意志　意志品质　意志发展问题　道德教育

【案例导引】

小高,男,15岁,初中三年级学生,独生子,性格偏内向。父亲是公务员,工作比较忙碌。母亲是小学班主任,工作非常忙碌。父母二人对小高的学习要求非常严格,期望也很高,希望他将来能考入重点高中。在父母的严格要求和悉心培养下,小高的学习一直都很优秀,成绩在班级里名列前茅,因这所初中的升学率非常高,小高也对自己充满信心,相信自己一定能考上所向往的重点高中。

初三刚开学,他和班里的女同学小苏在一次座位调换中成了前后桌,两人从普通同学关系逐渐变成无话不谈的知心朋友,不到一个月的时间,他们就从朋友关系升为恋人关系。每天晚上他们通过 QQ 聊到很晚,因此小高每晚 10 点以后才开始写作业,很多时候学习到凌晨 1 点多才休息。这件事很快被小高的父母发现,父母经过对小高的询问和责备,知道他谈恋爱了,当即要求小高必须跟小苏分手,还通过班主任将他们的座位调开。整件事让小高非常生气,他不仅没有听从父母的安排,而且跟父母对着干,"你让我分手,我偏不!"本来非常自律的小高,晚上放学后不再准时回家,也不再是一进门就学习,开始了刷手机、打游戏、聊 QQ 的生活,每晚都是凌晨两三点才休息,导致睡眠严重不足,上课时精神不能集中、学习效率下降,经常与父母发生冲突。期中考试后,成绩排名掉到了班里 20 多名。成绩的波动让他更是不能接受,情绪极度不稳定,意志消沉。面对这样的状况,父母更是焦虑不安,最终带他来到了学校的心理咨询室。

第一节　中学生意志品质发展概述

在电影《中国合伙人》中有这样一句经典台词:梦想是什么? 梦想就是一种让你感到坚持就是幸福的东西。

意志品质的强弱对个体的成长、发展以及对未来成就的高低都起着非常重要的作用。意志是根据自身的需要确定行为目标,并克服阻碍和困难,通过行动完成目标的过程。意志品质是一个人在实践过程中所形成的相对稳定的意志特征,是衡量一个人意志力是否坚强的重要标准。

恩格斯说:"一切动物的一切有计划的行动,都不能在自然界上打下它们意志的印记。这一点只有人才能做到。"意志是意识的能动作用,只有人才有意志活动。意志活动表现在,人为了满足自己的需要,预先确定一定的目的,有计划地组织自己的行动来达到这一目的。

意志锻炼是一个古老的问题,我国历代学者都提倡品行、意志的陶冶。孟子说过:"天将降大任于是人也,必先苦其心志,劳其筋骨,饿其体肤,空乏其身,行拂乱其所为,所以动心忍性,曾益其所不能。"可见一个人是否有成就,除去客观条件之外,主要决定于自身修养。

一、中学生意志发展的内涵

(一)意志的内涵

1. 什么是意志

意志是人为实现预定目的,自觉地调节自己的行动并克服困难的心理过程。

2. 意志的特征

(1)意志行动是有目的的行动。具有明确的目的性,这是意志活动的前提。人不是消极被动地适应环境,而是积极能动地改造世界,成为现实的主人。人为了满足某种需要而预先确定目的,并有计划地组织行动来实现这一目的。人在从事活动之前,活动的结果已经把行动的目的以观念的形式存在于头脑中,并用这个观念来指导自己的行动。人的这种自觉的目的性还表现在能发动符合目的的行动,同时还能制止不符合目的的另一些行动。意志行动是人经过深思熟虑,对行动目的有了充分的认识之后所采取的行动,不是勉强的行动,也不是一时的冲动。离开了明确的目的,就无意志可言。

(2)意志行动总是与克服困难相联系。这是意志活动的核心。在实际生活中,并不是人的所有目的的行动都是意志的表现,有的行动虽然也有明确的目的,如果不与克服困难相联系,就不属于意志行动。所以,个体的行动需要克服的困难越大,意志的特征就显得越充分、越鲜明。人的意志行动总是与调动人的积极性去克服困难、排除障碍分不开,要克服这些困难,个体就必须充分发挥自我意识的积极能动作用,就必须对自己的活动和行为进行自觉的组织和调节。

(3)意志行动是以随意运动为基础。随意运动是指可以由人的主观意识控制的运动,主要是由支配躯体骨骼肌的神经控制躯干四肢的运动。意志行动是有目的的行动,这就决定了意志行动是受人的主观意识调节和控制的。行为调节功能,意志离开了人的行动就不能独立存在。意志对行为起着两种调节功能,即激励功能和抑制功能。激励功能是推动人去从事达到目的所必需的行为,抑制功能是制止不符合预定目的的行为。

(二)意志品质

意志品质是指个体在行动中具有明确的目的,不屈从于周围环境和他人的压力,按照自己的信念、知识和行为方式进行行动的品质。受意志支配的行动叫意志行动。意志品质是构成人的意志的诸因素的总和。主要包括独立性(自觉性)、果断性、自制性和坚持性(坚韧性)。人的意志品质不是与生俱来的,而是个体在后天成长过程中逐渐形成和发展起来的,因此人的意志品质存在着很大的个体差异,意志品质也是衡量个体意志坚强与否的尺度。另外,在理解意志品质时,要区别其中两种意志品质,即意志品质中的自觉性和自制性,自觉性指的是去做某些事,比如一放学回家就写作业;自制性指的是不去做某些事,比如放学回家后同学约打球,想去但是最终选择在家学习而不去打球。

1. 意志的自觉性(独立性)

自觉性,又称独立性。是指个体能够自觉、独立、深刻地认识到其行为的目的性以及行为的社会价值和意义,并且能够自觉主动地调节、支配自己的行动,使之符合其行动的目的。自觉性是衡量一个人意志水平的首要品质。具有良好自觉性的人能够自觉地、独立地调节自己的行为,排除外界的各种干扰和困难,坚持不懈地为实现自己的目标而努力。比如,学生会给自己规定每次完成某门学科作业的时间、每周阅读课外读物的时间、每天规定时间准时休息、起床。与自觉性意志品质相反的不良意志品质是受暗示性和独断性。受暗示性表现为一个人容易受他人影响,缺乏独立分析和批判的能力,其行动常常不是出于个人意愿和信念,而是受他人行为的影响或依赖他人,没有主见,很容易被环境和他人影响,缺乏坚定的信念和决心。独断性则表现为一个人在行动的过程中完全不听他人的任何劝告,一意孤行、固执己见。而独立性则是与理智的分析和吸取他人的合理意见相联系。具有独立性的人对于自己的决定和执行这些决定是经过深思熟虑的,无论是决定还是实行都不会违背社会准则和道德。

2. 意志的果断性

果断性是指个体在复杂的情形下,能保持冷静,理智思考,迅速而理性地做出决策并坚决地付诸行动。果断性是以意志的自觉性为前提的。表现为善于迅速地明辨是非,能及时坚决地做出决定和执行决定。果断不同于轻率,它是以充分的根据、经过周密的思考为前提的。果断的人对自己的行为目的、方法以及可能的后果,都有深刻的认识和清醒的估计,所以在紧要关头时,能当机立断、及时行动,毫不退缩。与果断性相反的不良意志品质是优柔寡断。优柔寡断者的显著特点是无休止的动机冲突,在做出决定时,迟疑不决,三心二意,甚至开始行动之后,依旧怀疑自己决定的正确性,缺乏勇气、主见,意志薄弱。

3. 意志的自制性

自制性是指个体能善于统治自己的能力。在行动的过程中,善于控制和调节自己的行为和情绪,能克制诱惑和干扰,迫使自己执行已经采取的决定,能坚持自己的初心,使自己的行为符合社会道德准则和社会价值标准。自制力是意志的抑制功能。与自制性相反的不良意品质是意气用事和无自律性。意气用事的人不能很好地调节和控制自己的行为,比较冲动;无自律性的人缺乏自控能力,做事拖延,不敢前行。有高度自制力的中学生在学习的时候能够做到集中精力执行决定,有良好稳定的情绪和精神状态,其组织性和纪律性也更强。

4. 意志的坚持性(坚韧性)

坚持性,又称坚韧性。是指个体在行动的过程中,相信能够凭借自己的努力达到目标,并能克服遇到的困难和挫折,解决干扰因素,百折不挠地执行自己的决定。比如,学生在练琴的过程中,能坚持每天练琴半小时,从不间断。与坚持性相反的不良意志品质是顽固执拗和见异思迁。顽固执拗的人对自己的行动不做理性评价,明知不可为而为之,或者执迷不悟。见异思迁者则是行为缺乏坚定性,容易发生动摇,随意更改目标和行动方向,刚开始行动时满怀热情,一旦遇到困难,就心灰意冷,怀疑自己,最终半途而废。

二、中学生意志品质发展的影响因素

意志和认知、情感三者同属于人类心理活动,它们在人类实践活动中具有重要作用。意志与情感作为非智力因素,对智力因素的发挥起着关键性作用,而认知活动本身也需要意志的努力以及情感的推动。

(一)本体因素

1. 生理因素

心理学研究已经证明,意志品质形成与发展的物质基础是一定的生理条件。美国心理学家埃里克森研究发现,个体在儿童期随着身体发育,大脑皮层的抑制功能逐步增强和完善,随之人对自己的控制调节能力也逐渐加强,可以控制自己去做或不做某些事。在此基础上才可能真正产生意志行动。中学生的生理快速发展趋近成熟,按照埃里克森的理论已经具备进行意志行动、形成一定意志力的生理基础。另据阿尔波特的研究结论:一个人的意志力一般情况下与其身体健康状况呈正相关。因为身体越强健,其对待事情的自信心就越强,也越有能力完成任务,获得成就感,所以又会增强自信心。而且,身体健康,精力充沛,就能斗志旺盛,处事更有毅力。虽然对这种观点可以找出很多的相反例子加以诘问与反驳,但不能全盘否定其合理性。如我们所熟知的张海迪、海伦·凯勒等许多身患残疾的人,之所以成为人们学习的榜样,是因为一般的残疾人难以像他们那样身残志不残,也难以像他们那样卓有成就。不难推论,越是身体不健康甚至有伤残的人越有坚强的意志力。纵然,意志是与克服困难相联系的,身有疾病或残疾会成为一种困难源,会对学习、生活和工作带来一定的困难,但意志的意义不在于困难本身,而在于克服困难的过程和从中做出的努力。相信残奥会的意义之一正是在生理条件受限的情况下,激发出个体强大的意志力。

2. 遗传因素

一般来讲,人的心理活动是不能遗传的。但是人作为身心兼备的整体,与遗传因素的关系又是十分密切的,特别是一个人的躯体、气质、智力、神经过程的活动特点等,受遗传因素的影响更为明显。意志品质中的坚韧性与个体耐受性有很大关联。艾森克在关于人格内外倾的生理基础研究中提到,外倾者的大脑皮质抑制过程强,其神经系统属于弱型,因而忍受刺激的能力强;而内倾者的兴奋过程强抑制过程弱,其神经系统属于强型,因而其忍受刺激的能力弱。很多学者认为,坚韧性是个体耐受能力的体现,即表现在个体对待外界刺激时的反应。外倾者由于忍受刺激能力强,更容易接受意志行动中出现的各种外界刺激,相对在坚韧性方面的表现与内倾者相比会有一定优势。巴甫洛夫的神经类型学说指出,神经过程的均衡性是兴奋和抑制两者的相对关系,他以神经过程中兴奋和抑制的不同强度关系将其分为四种类型:兴奋型、活泼型、安静型和抑制型。这四种神经类型对应的气质类型分别是:胆汁质(行为特点是攻击性强,易兴奋,不易约束,不可抑制)、多血质(活泼好动,反应灵活,好交际,耐心不足)、黏液质(安静,坚定,迟缓,有节制,不好交际)、抑郁质(胆小畏缩,消极防御,反应强)。通过比对不同气质类型的行为特点以及意志品质结构的四个维度,可以发现:胆汁质类型的个体在目标明确性方面可能略有优势;多血质类型个体在果断性品质上表现会比较突出;黏液质个体在坚韧性品质上会有好的表现;而抑郁质个体的意志品质就相对比较薄弱。当然,气质类型与意志品质之间的关系并不是绝对的,而且大多数个体都不是单一的气质类型,因此也是可以具备不同方面的意志品质。

（二）环境因素

1. 社会环境因素

个体生活在社会中,时刻受到社会大环境的影响。社会的整体风气,对于个体的价值取向以及对待事情的态度有很大的影响。随着社会经济的不断发展,物质生活水平的不断提高,有的人追求享受,不讲艰苦奋斗,讲报酬,不讲奉献,缺乏勇猛顽强和坚韧不拔的进取精神。这些不良风气导致个体在社会活动中对困难逃避或使用一些投机取巧的方式获得利益。由此,个体逐渐减少了在社会中面对困难的机会,更减少了在克服困难的过程中获得锻炼的机会。

2. 家庭环境因素

随着社会经济的大发展,家庭环境也得到了很大的改善。20世纪80年代初国家施行的计划生育政策,也使家庭结构发生了巨大的变化。家庭出现了"421"结构,4位老人,2位中年人,1位孩子。即大多数家庭是独生子女家庭,孩子成为家庭的"1",享受全家人的呵护与关爱。更重要的是,由于家庭结构的变化,父母将家庭生活中可能出现的困难情境全部规避或直接进行处理,使个体少有机会去接触以及处理困难。虽然国家在2016年和2021年分别放开了二胎和三胎生育政策,但对很多家庭来说,在实际生活中少有困难实践可言,个体也少有机会得到意志锻炼,这就使意志品质的家庭培养难以实施。

3. 学校环境因素

学校是个体接受教育完成成长的一个关键的场所。学校于个体而言,就是早期的社会体验。师生关系、同伴关系是学校关系中最重要的两个部分。由于教育观念的偏差,大多数学校重智育轻德育,即使现在大力提倡素质教育、挫折教育、励志教育等,但是由于升学压力的存在,实际上贯彻的学校很少。学校作为一个从事教育教学的地方,不仅承担着教授学生知识的重任,还同时兼具培养和锻炼学生全面能力的责任。由于教育体制以及社会和家庭带给学校的各种压力,导致学校无法在真正意义的素质教育中投入过多精力。中学生的主要实践活动是在学校进行的,而这些实践活动中以学习为主,如果学校没有为学生有意识地设置困难情境,对学生的意志进行锻炼,那么学校意志品质的培养工作将无法有效实施。

综上所述,意志品质的影响因素首先要考虑的就是具备需要克服困难的实践因素。个体的实践活动主要在社会、学校、家庭这三个大环境中进行,换言之,社会、学校、家庭是培养意志品质的重要场所,同时也是影响意志品质的三大因素。如果三大场所无法为个体提供或者设置困难情境,那么个体则无法进行意志的锻炼,更不能对意志品质的培养起到推动作用。关于意志品质的遗传学影响因素,主要体现在个体差异上,即个体气质类型及神经特质上。尤其在坚韧性方面,不同气质类型的人会有较大的差异。通过对意志品质的影响因素的阐述,可以为意志品质的培养提供举措和建议。针对不同个性特征的个体,设置不同的困难情境,在实践中锻造良好的意志品质。

三、中学生意志品质发展的特点

个体经历了小学阶段教育后,出现了比较复杂的意志行动。他们行动的目的性不断增强,克服困难的毅力逐步发展,并形成一定的意志品质。

到了中学阶段,由于学习活动复杂程度的提高,难度增加,需要中学生做出更大的意志努力;教师不像小学时期那样包办,中学生要通过自己的努力建立班集体,需要具有一定的组织性、自觉性和克服困难的毅力;青春期生理上的剧变、情绪情感的波动,需要中学生增强意志的控制能力。于是,客观的要求促使中学生产生发展意志与意志行动的需要,在小学生意志力的基础上,形成了中学生意志行动发展的新特点。

中学生正处于走向成年的过渡阶段,身心发展还伴有明显的半幼稚、半成熟的特点,尚未达到成年人的状态,其意志品质有如下特点。

(一)自觉性品质有所提高

到了中学阶段,中学生能够自觉控制自己,有自己的目标和目的,去完成自己要做的事情,意志行动的目的性不断提高。中学生随着年龄的增长、年级的升高,依赖性逐渐减少,根据目的而做出意志决定的水平不断提高。所谓意志决定,从产生到见诸行动,一般要经过四个阶段:①酝酿一定的目的,为这个目的的实现而准备做出意志努力;②按照目的,考虑是否有实现的可能性,即对此目的对于个人、集体及社会的价值加以考虑;③分析结果,对行动方式加以选择及决断;④做出实际的行动。中学生所做出的意志努力,其目的性存在着年级(年龄)差异。初中学生往往服从学校、家庭或成人的指令;高中学生却有了自己的"主意",即目的性,他们的行动常常摆脱外部的影响,他们所做出的意志行动的努力,既要看所完成任务的具体要求,又取决于兴趣。如果任务简单、工序重复,不需要复杂思考,高中生往往不感兴趣,他们完成任务的效果还不如初中生;而初中生由于纪律的要求、指令的约束,会尽自己的努力去行动。可见,中学生的意志行动是一个从盲从性向自觉性、选择性发展的过程。也就是说,意志行动的目的性,随着年级升高而发展。

(二)果断性品质有所发展

初中生的果断性水平较低、轻率,面对抉择有时可能因为冲动而做出一些选择,表现出的果断性还不是很好,而高中生的果断性品质趋于成熟。

(三)自制性品质有所增强

初中生自制力较差,更愿意关注自己比较感兴趣的事情;高中生自制性趋于成熟,在行动遇到一些诱惑或干扰时,能控制自己的行动。

(四)坚韧性品质逐渐形成

初中生的坚韧性发展还不是很好,对自己感兴趣的事情可能会坚持得久一点,但是责任心还并不强,面对困难就会容易退缩。高中生责任感稍强,面对困难相对来说更容易坚持下去。中学生克服困难的毅力不断增强,在意志行动过程中,必须克服一系列的内部的或外部的困难。例如,胆怯、懒惰、身体不好或对采取的正确决定产生怀疑等,会形成一种内部的困难与障碍;某种活动对有关知识、技能的要求太高,在行动中遇到各种外来的干扰时,就形成了外部的困难与障碍。要克服困难与障碍,就需要坚强的意志努力。

知识链接

坚韧性品质与集体的关系

在学习过程中,中学生克服困难、完成学习任务时的学习态度与意志行动是不一样的。林崇德等人在研究中学生的品德发展中,追踪了一个先进班集体,发现中学生克服困难的毅力随着年级的升高而增强。在一个良好的班集体中,中学生在克服各种内部(主体)的困难与障碍中,不断提高意志努力。研究表明,中学生克服困难的意志行动的差异在客观上取决于集体的性质,主观上决定于他们是否已经形成稳定的责任感。

资料来源:林崇德.中学生心理学[M].北京:中国轻工业出版社,2013.10.

第二节　中学生意志品质发展的常见问题及评估方法

拖延现象在中学生中非常常见,特别是疫情期间,拖延对于中学生的负面影响更加凸显:网课总是拖一拖再上,没有老师的督促,作业也总是堆积在一起熬夜完成。长期下来,学习效率越来越低、负面情绪越来越多,与家人的关系也因此而受到影响。从某市中学生线上咨询案例汇总中可以看出,关于中学生拖延现象在总咨询量中占1/3。因此,克服拖延能帮助我们提高学习效率,从而开启自律的人生。

一、中学生意志品质发展的常见问题

在意志行动过程中,个体由于缺乏某些方面的意志特征,经常表现出明显的意志发展问题。前面提到人的坚强意志不是凭空产生的,它必须结合实践,是生活磨炼的结果。好的意志品质必须从小开始培养,经过长期锤炼后才能在人的心理上稳定下来。

中学生的意志发展是在小学阶段的基础上起步的,虽然意志各方面发展相对于小学生而言,有了长足的进步,尤其是到了高中阶段意志发展发生了质的飞跃,并趋向成熟和稳定,但总的来说,中学生意志发展表现仍然不是很完善。在成长过程中,缺乏意志的现象普遍存在,尤其在独生子女群体中因意志发展问题而影响同伴关系、亲子沟通、学业,影响心理健康水平的大有人在。目前,中学生意志发展的常见问题有以下几个方面。

(一)过度依赖

1. 产生原因

中学生依赖的原因往往与他们的成长环境有关,尤其是与父母的过多管束有关。在家庭环境中,若家长对孩子的教育呈现出娇惯、事无巨细地包办代替、不能适时放手,久而久之孩子便习惯于这种依赖。若家长呈现出管束过严、限制太多,孩子往往不能自理。这样的孩子不了解外部世界,遇事懒于思考,不清楚自己的目标,也缺乏社会生活的基本技能,简言之,无法形成独立的人格。

2. 主要问题表现

中学生的依赖是相对于独立而言,过度依赖的中学生,总是希望他人将自己当作婴儿一样来爱抚,总是要求别人注意他、帮助他、称赞他,而不要求别人把他当作一个有思想和需要的不断成长的个体。他们表现出过分地依赖父母、家人及同伴,因而他们缺乏独立性,缺乏生活自理能力,更缺乏对事物的判断能力,做事无目的,在等待中糊里糊涂度过时光。即使想做什么事,也是优柔寡断、举棋不定,并且容易受人暗示,被人牵着鼻子走。

小叶,女,13岁,初中一年级学生。家境条件优越,是父母的掌上明珠,父母一心想让小叶具备各方面的能力。父亲做生意很忙,照顾不上家庭。她主要由母亲照料,母亲对她娇生惯养,平时除了学习,什么事都不让小叶沾手。她一直处于饭来张口、衣来伸手的状态,包括自己的东西放在哪里等都是母亲一手打理。如果没有母亲在家,她就会紧张、焦躁不安,不停地打电话催促母亲回家,到了没有母亲在身边就生活无法自理的地步。

(二)倔强固执

1. 产生原因

固执任性、倔脾气的产生可追溯到幼儿时期受到的影响,一岁以后的幼儿开始具有固执、任性的萌芽。父母不当的教育方式,过度的宠溺和迁就,让孩子习惯了享受,哪怕是不合理的要求,父母也会满足。所以孩子就变得以自我为中心,再加上缺乏集体生活的锻炼,久而久之就会形成固执任性这一特质。

2. 主要问题表现

倔强固执现象在中学生中是常见的。在学生中固执常常表现为倔脾气,劝说无用,一定要按自己的意志办事,不愿意听从别人的意见。对于中学生的倔强固执,教育者往往会采取两种不恰当的对待方式:"顺着来"或"鞭子打"。这两种都不是解决问题的根本方法,反而会造成中学生更加"反叛"。

小杨,男,15 岁,初中二年级学生,从小喜欢滑板运动,已经达到较高水准,对滑板运动非常痴迷。初一时能正常到学校上学,学习成绩在班级靠后,父母对其的管教方式简单粗暴,父亲性格暴躁。初二断断续续上了几天学后几乎不再来学校。他自认为可以通过滑板项目接一些代言广告来谋生,这样即使不上学也能养活自己。父母、班主任等劝说无果,遂被父母带至学校心理中心进行咨询。

(三) 易受诱惑

1. 产生原因

(1)中学生思维异常活跃,对很多事物充满好奇,喜欢模仿,面对周围世界的诱惑,缺乏辨别力和自控力,容易受好奇心驱使。

(2)中学生的性格尚未定型,是诸多矛盾的结合体。他们善于接受新鲜事物,既希望被关注,又自觉孤独,喜欢用快乐和"酷"来掩饰心理上的脆弱和孤独;渴望成熟又给自己预留私人空间,保持个性,加之成人感和独立性需要,使他们更容易接受外来诱惑。

(3)缺乏理想和抱负。受社会不良因素的影响,父母缺乏合理的教育方法,或者管理与引导的疏忽,加之沉重的课业负担,当出现诱惑或刺激时,中学生容易被侵蚀。

2. 主要问题表现

具有自觉性品质的人,是在对行动目的有较为深刻认识的基础上采取决定的,不屈服于外界压力,能够在经过理智的分析后,做出自己的决策。然而,中学生受外界暗示的情况屡见不鲜,会不由自主地受到他人的影响而做出某种行为。随着网络科技的发展,电脑、手机、游戏等对中学生构成了各种诱惑,看到周围同伴或家长沉迷电子产品,如果缺乏自觉性,就会从众,在不知不觉中随波逐流。目前,中学生网络成瘾、荒废学业基本都是这一原因。

小孙,男,14 岁,初中二年级学生。父母是国企职工,在新冠肺炎疫情期间,父母被隔离在公司,不能回家。小孙的饮食起居由奶奶照料,在上网课期间,小孙突然迷恋上网络玄幻小说。父母回到家发现小孙上网课时在偷看小说,这种现象已经持续了两周,严重影响了小孙的睡眠、学习。

(四) 耐挫力差

1. 产生原因

心理因素。孤僻不合群的学生,他们往往没有自己的倾诉对象,不喜欢参加集体活动,独来独往,经常沉浸在自己的世界里,不喜欢和别人交流。

家庭因素。当遇到压力和挫折时,家长的包办处理使他们失去了经受考验的机会,以致部分中学生,特别是独生子女经受不住压力和挫折。

社会因素。教育界在反思尊重学生的过程中,有些又走进了重表扬、轻批评的误区,甚至出现了所谓的"无批评教育"。

2. 主要问题表现

"温室里的花朵"意思是那些由于在家庭中被过度保护,而失去"自理"能力的孩子。他们有一种普遍表现:自尊心较强,好胜心强,好面子;怕困难,遇到一点问题就退缩,承受不了失败;受不了一点批评,一批评就不高兴,要求得不到满足时就乱发脾气,甚至哭闹等。现代社会的竞争压力日益增大,有竞争就会有失败,而中学生面对困难和挫折时,需要寻求父母或他人的帮助,否则就会选择放弃。甚至有一部分学生不能正确面对挫折和困难,一旦体验到强烈的挫败感,就会一蹶不振,失去对生活的勇气和信心,造成极端事件的发生。

小图,女,13岁,初中一年级学生。父母离异后,母亲带其重新建立家庭。她平时很胆小,在一次与同学在文具店买东西时,顺带拿了一支笔并悄悄装进自己的口袋里,在收银台被店员发现。这件事被父母得知后,对其进行了批评教育,之后全班同学也知晓了此事。她认为无脸再进这个班,也不配拥有爱,特别绝望,最终选择了轻生。

(五) 学习动力不足

1. 产生原因

自我评价不合理。很多中学生不了解自身的潜能和优势,自我评价过低或不客观。

目标不明确。很多中学生不知道学习的真正目的是什么,对自己未来的发展没有思路和方向,只是随大流。

情绪不稳定。消极情绪会严重干扰中学生实现既定目标的脚步,甚至还会对学习、生活造成重创。

2. 主要问题表现

往往会看到这样的中学生,因为学习基础落后成绩不理想,看不到自己有多大希望,表面在学,心中却在放弃的边缘。还有的学生,无法按自身条件制定可行的目标,而拥有明确可行的目标是个体成功的关键因素。中学阶段,学生开始制定自己的目标,目标过高,则会失去实现目标的信心;目标较低,则会失去实现目标的兴趣;目标适中,却又缺少实现目标的恒心与毅力,往往半途而废。或者目标执行力不足,无限期地拖延,当感到压力过大无法实现目标时,最终选择放弃。制定的目标不能长期坚持,经常虎头蛇尾,缺乏实现目标的毅力。这种问题集中表现在那些经常拖延、不能当下完成目标的学生身上。还有一类学生容易受周围环境、人际交往等因素影响从而无法安心学习。比如,常见的考试焦虑、失眠、注意力不集中、坚持性差、厌学、抑郁等,这些困扰过度地消耗了学生的心理资源,纵使潜能再好也得不到最大的发挥,最终目标难以实现。

小天,男,17岁,重点高中的高三学生。因中考发挥超常,被一所重点高中录取,自信心猛增,因此他将高考目标定为国内数一数二的名牌大学,但实际情况并不如意。他认为中考超常发挥,那么高考也没问题。然而,在高三第二学期时问题就慢慢呈现出来:学习状态好的时候能学习到夜里一两点,但如果小测验成绩稍有波动,情绪极度焦虑,有时上课走神、作业拖拉,还会失眠。照他的话说,状态时好时坏,成绩也如自己的情绪不稳定。越临近高考,内心的不坚定就越凸显,总觉得目标离实际情况差很远。

知识链接

习得性无助

"习得性无助"是美国心理学家赛利格曼1967年在研究动物时提出的。他用狗做了一项经典实验,起初把狗关在笼子里,只要蜂音器一响,就给以电击,狗关在笼子里逃避不了难受的电击。多次实验后,蜂音器一响,在给电击前,先把笼门打开,此时狗不但不逃而且不等电击出现就先倒地开始呻吟和颤抖,本来可以主动地逃避,却绝望地等待痛苦的来临。这就是习得性无助。

时下网络上有一个很火的词语"摆烂"。一时摆烂一时爽,但如果一直摆烂,这可能是一种习得性无助的表现,也是意志力最大的敌人。

习得性无助,是指个体经历了失败和挫折后,面对问题时产生的无能为力的心理状态和行为。心理学家随后证明了这种现象在人类身上也会发生。如果一个人觉察到自己的行为不可能达到特定的目标,或没有成功的可能性时,就会产生一种无能为力或自暴自弃的心理状态,具体表现为认知缺失、动机水平下降、情绪不适应等。

资料来源:吴美霖,尧丽,李永丰,等.习得性无助是习得的吗?对习得性无助理论及其反思的评述[J].心理科学,2021,44(2):7.

二、中学生意志发展状况的评估方法

目前,国内用于评估中学生意志品质发展状况的工具,主要有意志品质自测量表、耐挫折性测验量表、中学生意志力问卷及复原力量表。

(一)意志品质自测量表(见附录十一)

坚强的意志品质对一个人的成长和成才起着关键作用,意志力是人们为达到一定的目的而自觉行动、克服困难的过程。该测试量表是意志品质自测简易量表,共30题,主要测查意志力状况,分数越高表示意志力越强。

(二)耐挫折性测验量表(见附录十二)

挫折承受力是个体在遭遇挫折打击后,能够对挫折产生合理的认识和信念,进而能够承受挫折带来的消极情绪及负面心理状态的能力。每个人在学习、生活和工作中,都会遇到不同程度的挫折。面对同样的挫折,有的人弹性十足,有的人一蹶不振,而大多数人则介于两者之间。该量表主要测查个体的耐挫能力。

(三)中学生意志力问卷

《中学生意志力问卷》用于评估中学生的意志力状况,该量表具有良好的信度和效度。

中学生由于年龄和生活经历的限制，还不习惯于依靠自己的力量去克服困难，不习惯为达到一个目标而付出艰辛的努力。此量表可以很好地帮助学生、家长和教师了解学生的意志力状况，从而有意识地加以培养。该测验均为选择题，共34道题。

（四）复原力量表

复原力指中学生在遭遇挫折后心理功能恢复的能力，包括积极认知、自信、社会支持、自我调节四个维度。复原力的水平是中学生问题分析评估能力、问题解决能力、正确分析看待影响成败的因素能力、自我调节能力等多重能力的外在体现，也是自我效能感水平的衡量指标。该量表共18道题，每道题5个选项，按自己的实际情况选择一个选项即可。

第三节　中学生意志发展与道德教育的促进措施

自律训练、培养专注力、挫折教育、人生规划等，都是中学心理健康课程中的必要环节，只有循序渐进的意志力训练，才能成就强大意志力的个体。

"慎独"是儒家思想的一个重要概念，讲究个人道德水平的修养，看重个人品行的操守，是个人风范的最高境界。它是指一个人独自居处的时候也要谨慎地注意自己的内心和行为，防止有违背道德的观念或不符合道德要求的行为的产生。

意志磨炼要培养"慎独"的习惯。"慎独"是一种高度自觉的道德修养，中国传统文化历来有"慎独"的告诫："君子戒慎乎其所不睹，恐惧乎其所不闻。莫见乎隐，莫显乎微，故君子慎其独也。"慎独的修养传统培养了中华民族践行传统道德的自觉性与主动性，造就了许多具有高尚品质与坚定节操的仁人志士。因此，中学生要善于培养自己的"慎独"精神，通过"慎独"来加强个人修养。每个人要养成"吾日三省吾身"，静下心来思考的习惯，对自己的所作所为，经常地、反复地自我反省、自我剖析，这样，就能培养勤奋进取、严谨负责、积极自信、坚韧自制的良好的意志品质，克服懒惰、盲目、草率等不良的意志品质。

一、强化中学生意志发展与道德教育的认识

（一）强化道德教育

1. 培养健康积极的道德情感

健康积极的情感、良好的认知因素是培养坚强意志不可缺少的基础。任何意志行为首先需要通过认知这一中介环节来调节。对意志重要性认识得越清楚，锻炼、培养意志品质的自觉性、积极性越高。比如，在一个良好的班集体里，学生的自觉性、纪律性相对较高，他们的意志自控能力也较强；相反，在一个集体意识较薄弱的班级里，违反纪律的现象则十分普遍，明知故犯的现象也很严重。这就需要从认知层面加强学生的意识，以培养他们的道德情感。

2. 通过红色教育案例强化认知

以红色教育案例为指引，传承红色基因，赓续红色血脉，让理想信念成为中学生的自

觉追求。通过引人深思、形式多样的红色教育,让中学生增强克服困难的勇气,促进中学生意志品质发展。

3. 普及爱国主义教育知识

让中学生了解爱国先烈抛头颅、洒热血的事迹,深知安全稳定生活的来之不易,了解先辈们不惧生死的目标及他们内心的救国信念。以榜样的力量激发中学生攻坚克难的决心,促进中学生意志品质发展。

(二) 开足开齐道德教育内容

1. 提高中学生对意志品质的了解及认识

如果学生了解了什么是意志,什么是良好的意志品质,以及良好的意志品质对个人发展的重要意义,那么就能比较顺利地形成良好意志品质的意愿,就能主动迎接挑战,果断地抓住机会,勇敢地坚持立场,在困难面前顽强不屈、承受挫折等,从而助力一个人的成功。意志品质在竞争激烈的社会环境中显得尤为重要,一切竞争也是意志力的较量。

2. 通过形式多样的第二课堂加强教育

可以开展如国旗下讲话、主题教育班会、德育活动、思政小课堂、各类媒介宣传教育等活动。

(三) 学科教学渗透和融合中学生意志品质培养

中学教育教学中,任何学科都可以成为培养学生意志品质的载体,这就要求学科教师需了解本学科的特点及中学生的特点,有意识地进行中学生意志品质教育。

1. 教育行政部门加强对中学教师的培训

开展如中小学德育工作专题培训、中小学体育工作培训、心理健康教育教师培训等。学科教师需明确意志品质对中学生发展的重要性,所有教学活动最终的培养目标是培养人格健全、身心健康的人。

2. 融合学科教学培养意志品质

教师在课堂教学中融合学科特点及学科知识,加强中学生世界观和人生观教育,确立正确的行动目的。

3. 发挥教师和班集体的影响作用

当个体在一个集体中时,就需要必要的纪律约束,进行纪律性的培养。教师可以组织主题实践活动,加强意志锻炼,启发学生进行意志的自我锻炼。

二、加强体育锻炼,提升意志品质

(一) 体育锻炼是磨炼意志的有效手段

体育活动对人的身心健康有着重要影响,因为体育是"勇气"、是"乐趣",它能使人内心充满活力,发散思维。体育锻炼能培养顽强拼搏的意志品质。研究表明,球类运动可锻炼独立性,跑步可锻炼自制力等。坚韧、果断、自制、独立的意志品质需要自觉、经常、积极地参加体育锻炼,同时,健康的身体也使意志行动更易实现。

(二) 体育运动与道德教育的有效融合

体育运动可以培养学生的团结协作精神与集体主义观念;体育运动可培养学生的竞

争意识与全局观念;体育运动过程中可以培养学生的吃苦耐劳精神与坚强的意志品质;体育运动可以提升学生的综合素质。所以,体育运动对学生良好品德与意志品质的培养起着不可或缺的作用。体育运动不仅能增强学生的身体素质,促进学生的身心发展,而且还能使学生形成良好的体育能力及思想品德,最终成为符合现代发展需求的德智体美劳全面型人才。

三、加强实践环节,磨炼意志品质

(一)意志品质需在社会实践中形成

意志品质是人们在长期的社会实践与社会生活中形成的较为稳定的心理素质,它在个体调动自身力量去克服困难和挫折的实践中体现出来。其实,日常小事便是锻炼意志的基本途径,生活、学习、劳动、集体活动等都需要付出意志努力,个体意志的培养就蕴含其中。例如,学习是一项长期的艰苦的脑力劳动,要想完成学习任务,就必须同随时出现的小困难做斗争。如上课听课时走神,就要用专注力排除干扰专心听讲;知识点要反复练习直至熟练掌握,学习的每一步成功都与意志相伴。

(二)体验艰苦生活环境的考验和磨炼

艰苦生活环境的考验和磨炼,有利于良好意志品质的形成。在优越环境下成长起来的中学生,有些难以接受艰苦生活的挑战,有些很想有一番作为却不肯付出努力,还有些付出一点努力便觉得应有所回报,不愿持之以恒。

(三)加强家庭教育

要培养孩子的意志品质,第一,要欣赏孩子的梦想,引导孩子为梦想而奋斗,帮助他们培养实现梦想需具备的意志品质。第二,要坚决支持孩子去付出,成功地完成一项事务,这是建立信心的第一步。第三,表扬孩子的努力,只要孩子在努力学习,就应该对其赏识,正向扶持。第四,要鼓励孩子去冒险,只有敢于冒险的人才敢于迎接生活的挑战,也才会有创新。第五,家长作为学生的表率,如果意志坚强,做事具有不怕困难、百折不挠的意志力,那么孩子也会在耳濡目染、潜移默化的过程中逐步完善自己的意志品质。

四、经历挫折与困难

(一)经历挫折与困难对中学生成长的意义

挫折与困难是对一个人百折不挠、顽强拼搏意志品质的最好历练。多给学生一些锻炼和展示的机会,鼓励他们迎难而上、坚定自己的选择等,即使失败,那也是成长路上激励自己前行的阶梯。这种经历不仅有利于学生克服困难,而且也锻造了其坚韧性。可以多鼓励学生有意识地完成没有兴趣但有意义的活动,使学生在各种活动中做出更大的意志努力。

(二)引导中学生正确对待成功与失败

中学生在与同伴的交往及日常生活学习中,难免遭受失败。此时应当帮助中学生获得勇气,去做新的尝试,从而得到成功的体验,并有意识地增强竞争意识。要鼓励学生正确对待竞争中的失败及如何在失败中把握自己的心态,要正确认识人生中的胜利与挫折。虽然,成功和胜利是每个人都渴望得到的,但挫折与失败却是人生的另一种宝贵财富,这些财富能使中学生获得成长和成熟,关键是如何认识它们。而胜不骄、败不馁的精神,能让中学生正确地面对人生道路上大大小小的荣辱和成败。

五、学习科学的意志磨炼方法

意志磨炼作为一种修养方法,最早是孟子提出来的。他认为挫折和艰难困苦的生活,使人可以形成"德慧"和"求知"。在我国历史上流传着许多颂扬坚韧不拔精神的故事。如:"头悬梁,锥刺股""卧薪尝胆"等。从现代的视角来看,其精神固然可嘉,方法却有失科学。有的学生效仿古人,为了自己的学业,强迫自己超负荷学习;有的学生为了达到某一目标,过分强制自己去做超出自己身心现实的事情。例如,有些学生经常"开夜车"学习,长时间用脑,增加大脑的工作强度,引发身体不适,久而久之,有可能出现倦怠、精神涣散、厌恶、反应迟钝、情绪不安等现象。再如,某些学校为了提升学生的体育成绩,超强度训练,导致学生膝关节受损,得不偿失。这些意志锻炼方法违背了身心发展及运动规律,强行蛮干,反而使人身心疲惫、损害健康、影响学业。因此,意志的磨炼应建立在科学的方法上。

(一) 意志磨砺要循序渐进

"不积跬步,无以至千里"。在锻炼中学生意志的时候,要注意选择突破口,分阶段有步骤地进行。

(1) 要树立正确的世界观、人生观、价值观。

(2) 保持乐观向上的健康情绪。

(3) 具备克服困难、排除干扰的勇气。

(4) 做自己不感兴趣但有意义的事情。有意义的事情并非都是有趣的。做自己不感兴趣的事,更要靠意志力,这恰恰是考验和锻炼意志的好时机。

(5) 加强自我管理和约束。要磨炼坚强的意志,就要学会约束和管理自己。

磨砺意志不是一朝一夕的事,要从日常生活中的小事做起。从小事做起,还会增强磨砺意志的信心和决心。

(二) 依据个人条件制定可行目标

目标具体清晰且渐进式排列,一个目标完成了,对于个体是一种积极的反馈,能增加其自信,从而更积极地完成下一个目标,进入一个良性循环。

(三) 磨炼意志需要正向强化

达成某一目标时,通过多种方式进行奖励或激励,能提升个体积极向上的人格品质,从而更愿意从内心坚信自己能继续达成其他目标。这样,意志的行为逐步强化为意志习惯,再慢慢固化成一种意志品质。

(四) 有效的督促

当个体的目标和行动的步骤已经建立,在实施行动时,个体也会遇到干扰因素,此时家长和老师的督促就尤为重要。

知识链接

考上清华的江梦南

江梦南半岁时因药物导致失聪,通过读唇语学会了"听"和"说",凭借着多年的不懈努力,成为清华大学的一名博士生。无声世界里的 26 年,通过读唇语学会了讲话。一路披荆斩棘,闯过了一道道难关。从无声里突围,她的回答却是风轻云淡:"我没有觉得自己与别人有什么不同。"

靠着老师板书和自学,江梦南不仅高考时以 615 分的成绩考入吉林大学药学院,还多次获得奖学金,之后继续在吉林大学攻读完硕士学位,并且通过了清华大学生命科学学院的博士研究生面试。2018 年 9 月,江梦南正式进入清华大学开始她的博士生学业。

在采访时,她的父母告诉记者,"梦南说一个字,我们可能要教一万遍,还不包括她自己偷偷地练习。"

这不仅仅是一个励志故事,更是意志力的全面体现。她的人生的每一步都比普通人要艰难、花更多的精力,如果没有强大的意志力,是没有办法到达现在的巅峰的。

资料来源:江梦南,欧媚.江梦南:从未松开与命运抗争的手[J].中国民族教育,2019(10):33-35.

【教学案例回顾与干预】

1. 现存问题

小高的问题属于意志品质缺乏。表现为缺乏自制力,目标缺失,复原力低,与父母关系不和等,并造成学业成绩、亲子关系、情绪、睡眠等一系列问题。

2. 主要成因

首先,自身因素。小高缺乏自律性,因他的学习长期由父母安排、管理,导致在出现一些突发状况时,自己不知所措。另外,目标意识模糊,一味用成绩来评定自己,无法从成绩下滑这个事件中恢复。其次,家庭教育方面。小高的父母非常注重他的学习成绩,而很少注重非智力因素的培养,在客观上导致小高出现了意志力薄弱现象。最后,学校教育方面。由于受应试教育的影响,缺乏对学生学习动机、信念等非智力因素的培养。

3. 干预对策

针对小高的具体情况,可用以下方法对其进行意志品质的培养。

(1)目标导向法。帮助他明确生活目的,树立生活的理想,确立努力的方向,积极克服困难,争取实现目标。但是必须注意目标的设立是否恰当,不能太难,目标太难达不到就会打击信心;但也不能太易,太易则失去了意义。

(2)监督训练法。通过老师、家长的监督,帮助他培养自制力。每个人都会受到外界的诱惑或刺激,虽然小高一开始自信,学习成绩优异,但由于目标渐渐远离自己,又出现恋爱倾向,使最初的目标倒塌。鉴于小高的实际情况需重新设立目标,但是目标一旦设立,可能因为情绪等因素,往往不能很好地坚持,所以要有老师和家长的监督,才能帮助他克服自制力不强这一弱点。

(3)耐挫力训练法。挫折是人生中不可避免的,有的人跌倒了能爬起来,有人稍遇挫折便一蹶不振,这就是耐挫力的问题。可以通过培养耐挫力,提升他的意志力水平。生活中,可以多让他参与适当的家务劳动,激发家庭成员责任感,锻炼他吃苦耐劳的品质。学习中,鼓励他遇到问题不要马上向老师求助,应自己开动脑筋,养成独立思考的习惯。

(4)情感激励法。积极的情感可以成为意志行动的动力。首先,在遇到困难时,积极暗示自己,使自己拥有一种"想法",去激励自己的意志力。其次,理智感。当出现一些诱惑或刺激时,用理智的情感告诉自己"我可以战胜它"来战胜当前的行为。

(5)习惯的培养。习惯是一种经常化、自动化的行为方式。好习惯的培养和坏习惯的克服都需要意志力的参与。首先,习惯的养成不仅靠一些无意识的重复,还需要有意识地去培养。比如说早起跑步,不仅要坚持每天早起,不睡懒觉,而且严寒酷暑都会一如既往,风雨无阻。其次,战胜任何坏习惯都是意志和惰性较量的过程,若要建立一个新的习惯,就必须首先克服旧的习惯,这就需要付出更大的意志力。

(6)自我教育法。包括三方面。首先是自我提醒,针对自己的弱点,选择相关的座右铭来警诫和勉励自己,可以对学习起到促进作用。其次是自我约束,通过了解自己意志的薄弱点,针对性地制定一些要求来约束自己,如工作时间不看手机等。最后是自我反省,通过每天对生活的反思达到教育自我的目的。

当然,在本案例中,小高的问题除了意志品质问题外,还有亲子关系、学习问题等,都需要一一解决,可通过第三章及第九章的相关内容进行心理辅导。

4. 疗效评价

通过目标导向、挫折训练等方法,以及在学校和父母的协助下,小高的意志品质问题得到明显改观。首先,他开始正视自己的问题,并在与自己的女同学沟通后,不再沉迷于两人的情感问题。其次,通过与父母的深入交流,亲子关系逐渐缓和。最后,在父母、老师的合力监督下,他将注意力逐渐转移到了学习上,并设立目标,每天进行限时训练,学习效率大幅提高,并找回了自理能力且自信的自己。

思考题

1. 什么是意志及意志品质?
2. 中学生意志品质发展的常见问题主要包含哪些方面?
3. 中学生意志发展状况的评估方法有哪些?
4. 如何有效促进中学生意志发展与道德教育的融合?
5. 你知道磨炼意志品质的方法有哪些吗? 请具体说说。

【参考文献】

[1] 梁宁建.基础心理学[M].2版.北京:高等教育出版社,2011.

［2］黄希庭.心理学导论［M］.北京:人民教育出版社,2001.

［3］林崇德.心理学大辞典［M］.上海:上海教育出版社,2003.

［4］彭聃龄.普通心理学［M］.北京:北京师范大学出版,2007.

［5］黄希庭.人格心理学［M］.杭州:浙江教育出版社,2002.

第六章　中学生个性发展与道德教育

【本章概述】

中学时期是一个人心理发展的关键期,也是个性养成的重要阶段。由于生理和心理的发展、成熟,中学生在心理上产生了"成人感",独立意识的增强和自我意识的分化使他们希望自己在处事、社交方面能够像成人一样,并希望自己的做法得到成人的尊重。这一阶段,由于中学生的世界观、人生观、价值观都是初步形成,还不稳定,并且也缺乏一定的社会经验和信息过滤的能力,生活中的任何很多事件都可能会对他们的情绪、认知等造成一定的影响,性格、人格等方面在发展过程中可能出现与社会期望不相符的情况。在中学生的人际交往中,部分中学生与父母的关系逐渐疏远,但与同伴们的关系逐渐密切起来,无所不谈,能够与同伴相互理解和相互帮助。

本章第一节介绍中学生个性发展的内涵、特点和影响因素。第二节介绍中学生在成长中出现的一些问题以及常见的个性评估量表。第三节根据中学生个性发展中出现的问题,提出了相关对策。

【关键词】

个性　自卑　自负　嫉妒　逆反

【案例导引】

王伟,男,15岁,刚升入初中二年级,学习成绩中等。新学期伊始,很少与他人交流,更别提一起玩耍,上课总是低着头,学习积极性不高。生活习惯比较懒散,性格倔强,个性刚硬,自尊心强,经常和父母、老师发生冲突,有很强的抵触情绪。父母和老师越是反对的事情,他就越是要去做,喜欢和父母、老师对着干。在学校,他这种反抗行为十分明显,每当老师批评时,他眼睛直盯着老师,一副不服气的样子,甚至还和老师顶嘴。课堂上故意做小动作,课后不及时完成作业。在家里,父母和他交流,他总是显得极其厌烦,有时甚至大呼小叫。最近一段时间,王同学的学习成绩明显滑坡,竟然亮起了"红灯"。老师找他到办公室谈话,他也是"左耳朵进右耳朵出",回到教室一如往常。老师对他进行了家访,家长态度很好,表示愿与老师配合,但家访后他在学校仍然我行我素,并没有改变的意思。

第一节　中学生个性发展概述

著名哲学家莱布尼茨(Gottfried Wilhelm Leibniz)说过:"世界上没有两片完全相同的树叶,也没有两个性格完全相同的人。"也就是说,每个人都是独一无二的,有自己的风格和特点。个性作为一个人独特的、稳定的和本质的心理倾向与心理特征的总和,体现出了一个人整体的精神面貌。个性品质与一个人的成就有着密切的联系,良好的个性品质能够使个体更好地适应环境,拥有良好的人际关系、稳定的情绪和健康的心理品质。

中学阶段被称为人生发展的"黄金时期",是一个人个性形成的关键时期。中学生的智力水平、认知能力、情绪体验、自我意识、三观等方面都处在快速发展的阶段,随着他们的生理和心理的成熟发展,他们的情感体验和内心世界越来越丰富、复杂,并且在成长过程中,他们的人生经验也在积累。中学时期是个体发展的重要阶段,学校中的任何事都可能会对中学生的内心世界产生影响。学校不仅是学生学习的主阵地,还是学生汲取社会经验的主要场所。因此学校贯彻落实"以人为本"观念,在关注成绩的同时,更要关注中学生的个性发展,注重他们的全面发展,不仅要把学生培养成具有丰富知识和学习能力的人,还要把学生培养成具有良好的个性品质、有理想、有抱负、有责任心和坚强的意志、积极乐观、具有良好的人际交往能力和问题解决能力,富有创造力的社会人。

一、中学生个性发展的概念

(一)个性的内涵

个性一词来自拉丁文"persona",也可以称为人格。原指演员所戴的"面具",后来引申为人物、角色及其内心的特征和面貌。心理学上的"面具",有三层含义:一是指演员在舞台上表演时所戴的面具,或者人们在日常生活中遵从社会道德、伦理规范所表现出来的言行举止,这是人们向别人展示的自己,并不一定是真实的自己;二是指面具背后的演员的真实想法,指一个人真真切切扮演的角色,这是个性的内在特征,是人的真实自我;第三种是指一个人的内心品质。

个性是一个复杂的概念,自从个性一词出现以后,不同领域的学者们都通过自己的理解对其做出解释。心理学家在对人研究的过程中,也给出了自己的解释。奥尔波特(Gordon Willard Allport)最早用特质来解释个性,他认为个性可以分为共同特质(Common Traits)和个人特质(Personal Traits)。共同特质指在同一文化形态中人们所共同具有的特质,如在中国传统文化熏陶下的人们普遍具备善良、谦虚、谨慎等品质;个人特质指在某一个体身上表现出来的独特、稳定的倾向,如在表达爱国情怀时,有人含蓄深情,有人热烈奔放。中国现代心理学奠基人之一朱智贤教授认为,个性的含义是个体在心理、物理系统中的动力组织,它决定一个人对环境独特的适应方式;国内著名心理学家黄希庭教授将个性定义为"个体在行为上的内部倾向,它表现为个体适应环境时在能力、情绪、需要、动机、兴趣、态度、价值观、气质、性格和体质等方面的整合,是具有动力一致性和连续性的自我,是个体在社会化过程中形成的给人以特色的身心组织。"郑雪认为,个性是个体在先天生物遗传的基础上通过后天社会环境的相互作用形成的相对稳定而独特的心理行为模式。彭聃龄认为,人格是构成一个人的思想、情感及行为的独特模式,这个独特模式包含了一个人区别于他人的稳定而统一的典型心理品质。

(二)中学生个性发展相关理论

1. 弗洛伊德性心理发展阶段学说

性心理发展阶段学说是精神分析学派创始人弗洛伊德(Sigmund Freud)在19世纪

末、20 世纪初提出的一个理论。弗洛伊德认为,个体出生到成年要经历几个先后有序的发展阶段,每个阶段都有一个特殊区域成为力比多(Libido)兴奋和满足的中心,此区域被称为性感区。据此弗洛伊德认为,心理性欲发展划分为口唇期(Oral Stage)、肛门期(Anal Stage)、性器期(Phallic Stage)、潜伏期(Latent Stage)、生殖期(Genital Stage)5 个阶段。并且他还认为,个体在这些阶段中获得的各种经验决定了他们成年后的人格特征。

(1) 口唇期(0～1 岁)

这一阶段个体的活动大部分以口唇为主,诸如吸吮、咬、吞咽等,口唇区域成为快感的中心,嘴巴几乎是婴儿的整个世界。个体的口唇活动如果没有受到限制,成年后性格倾向于乐观、慷慨、开放和活跃等;个体的口唇活动如果受到限制,成年后性格倾向于依赖、悲观、被动、猜疑和退缩等。

(2) 肛门期(1～3 岁)

个体因排泄解除压力而产生快感,肛门一带成为快感中心,在这一时期,个体必须接受在厕所中排泄大小便的训练。大小便排泄对成年后的人格有很大的影响。肛门排泄活动如果不加限制,成年后性格倾向于不讲卫生、浪费、凶暴和无秩序;肛门排泄活动如果严加限制,成年后性格倾向于爱清洁、忍耐、吝啬和具有强迫性。

(3) 性器期(3～5 岁)

这一时期的力比多集中在生殖器上,性器官成为个体获得快感的中心。这一时期个体以异性父母为“性恋”的对象。男孩要占有他父亲的位置,有与自己父亲争夺母亲的表现;女孩要占有她母亲的位置,有与自己母亲争夺父亲的表现。男孩爱母亲,妒嫉父亲;女孩爱父亲,妒嫉母亲。弗洛伊德认为,这是一种本能的异性爱倾向,一般由母亲偏爱儿子或父亲偏爱女儿促成。这种幼年的性欲由于受到压抑,在男孩心理上就成了恋母情结,在女孩心理上就成了恋父情结。如果这两种情结能够获得正当的解决,个体认同父母的价值观念,导致超我的逐渐形成和发展,就会形成与年龄、性别相适应的人格特征。

以上 3 个心理性欲阶段可称为前生殖阶段,它们是人格发展最重要的阶段。弗洛伊德认为,一个人的人格实际上是在人生的前五年就已形成。

(4) 潜伏期(5～12 岁)

这一时期的力比多处于沉寂状态。个体将上一阶段以父或母为对象的性冲动转移到其他事物上去,如学习、体育、歌舞、艺术、游戏等。在这个阶段,个体表现为对异性漠不关心,游戏时大多寻找同性伙伴。这种现象一直持续到青春期才会有改变。

(5) 生殖期(12 岁以后)

这是人格发展的最后阶段,也就是通常所说的青春期。个体在身体上和性的发育方面趋于成熟,异性恋的行为凸显。这个时期个体最重要的任务是从父母那里摆脱出来,以减少同父母、家庭的联系,逐渐发展出成人的异性恋,人格向着成熟的方向发展。

弗洛伊德认为,在人格发展的各个阶段都有可能发生力比多的变异,这种变异主要有固着和倒退。在某个阶段,如果力比多过度满足或缺乏,都会使力比多停留在这个发展阶段的水平上,此称为固着。如果力比多在发展过程中遇到挫折,真就会从后一个阶段退回到前一个阶段,此称为倒退。固着和倒退都会对人格的发展产生不良影响,甚至会导致神经症和精神病。

2. 埃里克森人格发展理论

与弗洛伊德不同,埃里克森(Erik H Erikson)认为自我不是消极被动的,而是根据自己的特征和需要,在自我为本我服务的过程中,发展出了自身的各种功能。埃里克森认为,个体心理发展的动力来源于自身心理需求与社会规则的矛盾,矛盾的解决就是成长的过程。他认为人要经历八个阶段的心理发展演变,这些阶段包括四个童年阶段、一个青春期阶段和三个成年阶段。每个阶段都建立在前一阶段之上,且每个阶段都有应完成的任务,都存在一个发展危机。如果危机成功解决,就进入下一个阶段并形成良好的品质,反之如果危机不能很好地解决,就会出现个性发展的滞后,形成消极的个性品质。

（三）中学生个性发展的内涵

中学生的个性发展是指在现实的教育和教学中,教师了解和尊重学生的个体差异,因材施教,注重学生的非智力因素的发展,从而使中学生的个性得到充分的发展。中学生个性的发展,既有对正面人格素质的培养,也有对不良人格素质的纠正。对学有所长的学生来说,教师在为学生的全面发展创造有利条件的同时,也要注意为他们的特长发展创造有利的环境,以促进他们的个性发展;针对有学习困难的中学生,教师要找到他们的长处优点,找到促进他们个性发展的突破口,以实现每个学生的个性发展。一般而言,中学生的个性发展应与其自身特点相适应,并与其发展意愿相一致,在全面发展中促进其个性发展。

二、中学生个性发展的特点

（一）自我意识增强

自我意识也称自我,是指个体对自己的各种身心状态的认识、体验和愿望。它具有目的性和能动性等特点,它对人格的形成、发展起着调节、监控和矫正的作用。在中学阶段,个体开始关注自己的内心、行为以及理想信念等,能够较为客观地评价自己。这与小学阶段只关注自己的外部动作以及形象等是不一样的。

（1）由于生理上的急剧变化和成熟,中学生在心理上产生了成人感,越来越渴望独立,想极力摆脱成人的束缚,但在很多事情上仍然无法做到独立,出现了"心理断乳期"。

（2）中学生非常关注自己的外表,穿衣打扮的风格逐渐向同龄人靠近,并且在意别人对自己的评价。他们还会从别人对自己的评价中建立起对自己的主观评价,但这种主观评价都倾向于突出自己的优点,所以中学生在某些时候表现得非常自负,听不进别人的意见。

（3）中学生随着自我意识的增强,自我意识开始分化,自我逐渐分为"客体我"和"主体我"。他们能够将自己作为一个客体来认识、分析和评价。当中学生在心中建立了一个良好的"理想自我"时,中学生就会努力朝着这个理想自我去控制自己的行为。

（二）价值观确立

随着认知能力、思维能力、自我意识的发展，中学生已经初步形成了自己的价值观。价值观的形成对中学生的学习、智力以及个性品质发展具有重要的意义。

（1）在价值观的引导下，中学生对各种理论性质的问题有了浓厚的兴趣，并且尝试在实践中验证这些理论问题，促进了思维能力的发展。

（2）价值观的确立使中学生初步对自己的人生目标有明确的规划，在生活和学习中，中学生能够将短期目标和长期目标结合起来，在成长的过程中努力发展自己，使自己变成一个更加优秀的人。

（3）价值观具有"延迟满足"的功能。由于价值观的初步确立，使中学生将自己的努力看作实现自己理想目标的途径，能够在学习中更加努力。他们能够明白只有长久的付出才能有所收获，这种延迟满足能力的强弱将会影响中学生成就水平的高低。

（4）中学生的价值观才初步建立，随着社会经验的积累，其价值观也会发生变化。

（三）抽象逻辑和创造性思维得到发展

伴随着中学生生理、心理发生的显著变化，其智力发展也取得了巨大进步。这种智力进步体现在量和质两个方面。在量方面的变化，主要表现为由于中学生各种基本智力因素（如言语、感知觉、记忆、想象及思维能力）的进一步提高和完善，使他们能更轻松、更快捷、更有效地完成各种认知任务；在质的方面，主要表现在中学生认知结构及思维过程的具体变化上，新的认知结构的出现使中学生在解决问题时，能逐渐熟练地运用假设、抽象概念、逻辑法则以及逻辑推理等手段，提高了解决问题的精确性及成功率。

1. 抽象逻辑思维的发展

中学生智力的发展，最主要的表现是其新的思维特点的出现。按照皮亚杰（J. Piaget）关于个体智力发展年龄阶段的划分，中学阶段正是形式运算阶段。这个阶段的主要思维特点是，在头脑中可以把事物的形式和内容分开，可以离开具体事物，根据假设来进行逻辑推演，能运用形式运算来解决诸如组合、包含、比例、排除、概率及因素分析等逻辑课题。心理学家朱智贤教授也认为，中学生思维活动的基本特点是抽象逻辑思维占主导地位，但有时思维中的具体形象成分还起作用。中学生的抽象逻辑思维体现在能够运用假设、具备逻辑推理能力和能够运用逻辑法则。中学生在进行生活、学习时，他们常常用十分怀疑的态度去认真地检验每一个假设，即使那些看起来很奇怪的假设也不放过，不轻易承认任何一种可能性。中学生的抽象逻辑思维还体现在概念的掌握上。中学生进入青春期之后，他们会日益掌握更多的抽象概念和更复杂的概念系统，并且这种能力会逐渐发展。

2. 思维品质的矛盾

中学生的思维品质中存在着明显的矛盾性，一方面是思维的创造性和批判性增加，另一方面是思维的片面性依然突出。

思维的创造性指面对问题时，能够采取独特、新颖的方式去解决问题的思维品质。中学生有强烈的求知欲和探索欲，他们兴趣广泛、思维活跃并且敏感，他们喜欢奇妙的幻想,标新立异,在许多方面都表现出强烈的创造欲望。比如说在写作文时,模仿的成分减少,创造的成分增加;会积极探索解题的各种方法,试图做到举一反三。

在创造性思维发展的同时,批判性思维也在发展。思维的批判性指在思维活动中能够严格地检查思维过程的一种思维品质,具有分析性、策略性、全面性、独立性等特点。中学生的批判性思维表现在他们不愿意轻易接受别人的意见,对于家长或者老师提出的意见,他们总是要做一番审查,有时做出怀疑的态度。他们还会严肃地对待自己的思想和主张,能有意识地调节、支配自己的思想。

中学生思维的片面性指思想的偏激和极端,不能辩证地看待问题。如中学生的"明星崇拜",许多学生会搜集大量的明星照片,或者模仿他们偶像的发型、着装、言谈举止等,严重时与现实生活脱离。虽然他们在生活中表现出很强的创造性,但也由于片面性的原因,导致他们在处理问题时虽具有新意,但结果并不正确。

3. 思维中的自我中心再次出现

"自我中心"是皮亚杰用于描述一种独特思维方式的术语,指个体在思考问题或做出判断时受到自己的需要和情感强烈影响的倾向。个体在幼儿期会出现明显的自我中心倾向,这是因为幼儿由于思维和动作发展的限制,使他们很难离开主观感受去客观地认识外界,如著名的"三山实验",幼儿无法站在他人的角度去思考和认识事物。幼儿的自我中心倾向在进入小学之后逐渐消失。

中学阶段再次出现的自我中心与幼儿期的自我中心有本质区别。中学生已经能够正确地认识客观世界,能够区分自己与他人的想法,但他们不能明确区分他们关注的焦点和他人关注的焦点的不同,比如中学生会十分关注自己的外表,因此认为别人也同样关注着自己。这种自我中心表现为假想的观众和独特的自我。

假想的观众指中学生感觉自己每天就像生活在舞台上一样受到别人的欣赏或批评。他们非常重视别人对自己的评价,所以要花很多时间和心力来应付这些假想的观众。当他们感到自责的时候,便感到别人也在责备自己,所以,常会有加倍的"内疚感"。在公众场合中,他们会感到无数双眼睛在监督自己,因此常感到手足无措。他们常将自己的是非观、审美观与别人的混淆起来,以为自己认为美的,别人自然也会喜欢;自己认为正确的,别人也应该接受。所以,这就是为什么中学生总是无法理解父母的意见,会和父母顶嘴吵架。中学生还常将极度自我欣赏的心境投射到别人身上,例如,男生会站在镜子前面伸展自己的胳膊,欣赏自己逐渐发达的肌肉;女生会花很多时间试用不同的化妆品、头发式样及衣服等,他们都希望能给那些关注自己的人留下一个极好的印象。然而不幸的是,当他们在一起的时候,每个人都在欣赏着自己,而并不过多地去关心别人,事实上,他们每人都是自己的演员和观众。

与"想象的观众"相对应的是关于"独特的自己"。中学生将别人如此关注他们的原因解释为自身的"与众不同",即他们具有一个独特的自我。因此,他们总是将思想集中在自己的情感上,常常夸大自己的情绪感受,认为自己的情绪体验是独一无二的,只有自己才能感受到那种极度的痛苦与极度的狂喜。

中学生出现自我中心与发展特点紧密联系,在步入高中之后这种自我中心倾向会逐渐消失。

三、中学生个性发展的影响因素

(一)先天因素

先天因素主要指那些与生俱来的生理特点,如神经系统、感觉器官和运动器官的特性,个体的这些特性与他们的父母或者兄弟姐妹的个性特征存在一定的相关性。英国学者高尔顿(Francis Galton)使用家谱研究法调查了具有艺术才能的30个家庭,发现这些家庭的后代都性格豪放,能歌善舞,并且大多数子女在后天的学习中表现出了较高的艺术天赋。个性的形成与发展在人生早期就已经有所体现,有的新生儿在出生不久后表现得活跃,注意力比较分散;而有的新生儿表现得特别安静,能够持续注意某种事物,但是害怕新事物。

(二)后天因素

后天因素多种多样,主要通过家庭、学校、社会对个体产生影响。

1. 家庭因素

家庭教育是一切教育的基础。"十年树木,百年树人。"这说的是培育人才的艰巨性。孩子取得成功,茁壮成长,与家庭教育息息相关。家庭是孩子接受教育的第一所学校,父母的所作所为都在潜移默化地影响着后代。

美国学者戴安娜·鲍姆林德(Diana Baumrind)划分的四种家庭教养方式,可以用来解释家庭对中学生个性的影响。民主型家长在孩子心目中有权威,但权威是建立在对孩子的尊重和理解的基础上的。他们会给孩子提出合理的要求,设立适当的目标,并对孩子的行为进行适当的限制。与此同时,他们会表现出对孩子的爱,并认真听取孩子的想法。这种教养方式的特点虽然严格但是民主。在这种教养方式下长大的孩子,有很强的自信和较好的自我控制能力,并且会比较乐观、积极。专制型家长要求孩子无条件地服从自己。有时家长为孩子设立的目标和标准很高,甚至不近情理,但是孩子不可以反抗。这种教养方式的家长和孩子是不平等的。在这种教养方式下长大的孩子,会比较多地表现出焦虑、退缩等负面情绪和行为,但他们在学校中可能会有较好的表现,比较听话、守纪律等。溺爱型家长对孩子则表现出很多的爱与期待,但是很少对孩子提出要求和对其行为进行控制。在这种教养方式下长大的孩子,容易表现得很不成熟且自我控制能力差。一旦他们的要求不能得到满足,往往会表现出哭闹等行为。对于家长,他们表现出很强的依赖性,往往缺乏恒心和毅力。忽视型家长对孩子关心极少,他们不会对孩子提出要求和对其行为进行控制,同时也不会对孩子表现出爱和期待。对于孩子,他们一般只是提供食宿和衣物等物质支持,而不会在精神上提供支持。在这种教养方式下长大的孩子,很容易出现适应障碍,他们的适应能力和自我控制能力往往较差。

2. 自然环境因素

自然地理环境影响人们的生活习性,生活在不同地区的人们在个性和行为模式上都有很多差异。比如说生活在热带地区的人们为了躲避炎热,在室外活动的时间较多,所以性格不受约束,脾气也相对暴躁一些。而居住在寒冷地带的人们由于室外活动较少,长时间在封闭的空间里使他们养成了较强的情绪控制能力,如生活在北极圈的因纽特人,被称为"世界上永不发怒的人"。

3. 社会文化因素

文化具有塑造人个性的作用,对人的个性具有重要影响。生活在不同文化背景中的人们,个性特征也会相差甚远。如西方文化与中国儒家文化差异很大,所以西方人与中国人的个性差异就比较大。西方文化中,大多推崇个人主义、英雄主义等,而中国文化受儒家文化的熏陶,大多以和为贵,以"仁"为处理人际关系的准则,以集体利益为上。

4. 学校教育因素

学校作为教育的主要场所,在个体个性品质形成中具有举足轻重的作用。教育的作用不仅仅是传授知识,更为重要的是引导学生发现自己的优缺点并完善自己,教育必须关注所有学生,让他们得到全面发展。学校必须提供给每个学生合适的条件,以达到他们可能达到的最高学业水平。

第二节　中学生常见的个性发展问题及评估方法

一、中学生常见的个性发展问题

（一）自卑及其表现

自卑是指中学生对自己的评价太低,当自己和别人比的时候,他们会有一种被别人比下去的感觉。由于中学生急剧变化的身体特征,使他们更注重内在的自我,对他人的评价也越来越敏感,自卑感也越来越突出。适当的自卑能激起人们的斗志,在找到自身的缺点后,便把精力放在弥补缺陷上;但如果长期被过重的自卑心理所笼罩,就会影响自身潜能的发挥,常处于郁郁寡欢之中,在竞争中不战自退,最终造成更大的伤害。

> 丹丹,女,高一学生。身体健康,父母健在,有一个小自己6岁的弟弟。她6岁时随父母从外地迁入本地就读,刚开始由于语言不通,不敢和同学交往。后来慢慢学会了当地方言,却因为说话不利索受到了异性同学取笑,此后更加不敢开口。父母忙于工作也无暇给予她更多的照看,平时在家与父母的交流比较少;有两三个比较要好的初中同学,但升入高中后彼此分开,她在新环境里很难适应,常常一个人独来独往,自感孤独、可怜,父母不关心她,也没有好朋友谈心;再加上进入高中后学习压力增大,成绩不太理想,害怕被同学取笑,老师看不起,而不敢与周围人接触,不敢举手回答问题,不敢向老师提问。周围同学也逐渐认为她性格孤僻,不好相处,于是她慢慢被孤立,无法融入新班级。班主任为了给予丹丹锻炼的机会,让她担任班级干部,管理班级纪律,但是由于缺乏经验,她与同学沟通不佳,在班级管理过程中和小部分同学产生误会,被同学为难诋毁。此后便不敢再参与班级管理,害怕看到同学的眼光,听到同学的评价,以致留在教室学习都十分难受。她认为周围人都在嘲笑自己,觉得自己无地自容,无法学习。面对高中生活,丹丹看不到希望。

自卑的学生一般有以下几种心理和行为表现。

（1）自信不足。自我评估太低，不能看到自己的长处，对自己的缺点深信不疑，不能客观地评价自己。丹丹来到新环境后，由于说话不利索受到了其他同学的嘲笑，升入高中后越来越不敢与他人交流。

（2）精神不佳。自尊心较弱的人，他们总认为自己所做的每件事都不能让别人满意，所以他们经常处于沮丧和压抑的情绪中。丹丹担任班干部后，由于缺乏经验，被同学们误解和嘲笑，感到无地自容。

（3）行为迟钝。表现为疲惫、俯首、畏缩、缺少决断力。

（4）消极防卫。当看到一个比自己漂亮的同学或比自己更受欢迎的同学时，运用贬低别人的方式来平衡自己内心的失落感，如贬低别人长相或者衣着等。

（二）自负及其表现

由于自我意识的高涨，中学生自我认知不断提高，往往会导致他们对自己的评价不够全面、客观，当对自己的评价太高时，就会产生自负心理，表现为高估自己，缺乏自知之明。

> 小杰是一个思维活跃、聪明伶俐的男生。他有较强的学习能力，学习成绩在班级里一直名列前茅，尤其是理科的学习成绩非常好。同学们非常佩服他，有什么问题总是请教他。可是小杰总是爱理不理，常不屑地说："连这也不会，真是太笨了。"时间长了，同学们也不愿意多接近小杰。在新一届的班委改选中，小杰认为自己有担任班委的资格，于是参加了改选。但结果是小杰落选了，他觉得这是大家嫉妒他成绩好。由于自我感觉理科成绩很好，小杰在数学课上经常不听讲，有一次甚至拿出手机查英语单词。在老师没收了他的手机后，他丝毫没有感觉到自己错了，还振振有词地对老师说："对我来说数学课的内容太简单了，我还不如用数学课的时间来学习英语，这样还可以提高成绩。"

自负的学生一般有以下几种表现。

（1）过分狂妄。自负的学生认为自己很了不起，他们会轻视别人，却看不到自己的缺点，只会把自己的优点无限放大。他们只是不断地要求别人，并且认为这是别人应该做的。小杰认为别人什么都不会，在别的同学请教问题的时候常在言语上对其进行贬低。

（2）极度妒忌。自高自大的学生，绝不容许他人超过自己，而一旦他人在某一领域超过自己，便会贬低、排挤他人；在其他人失败的时候却幸灾乐祸。

（3）糟糕的人际关系。自大的学生轻视他人，爱把自己的思想强加于他人，因而容易被人拒绝，而且他们也极少关注他人，与他人的关系疏远。由于小杰总是轻视别的同学，久而久之，同学们都不愿意与小杰交流，导致了小杰的人际关系很糟糕。

（三）嫉妒及其表现

嫉妒心理是指中学生在与他人进行对比时，发现自己的长相、家境等方面都比别人差，而对别人产生的一种厌恶和憎恶，是因为对方拥有了他们没有的东西而产生的不良心理。中学生处于三观开始形成的阶段,嫉妒心理很容易产生。如某些同学因为姣好的面容、优异的成绩而受到他人的关注,这很容易激起其他同学的嫉妒。

> 小玉从小当班干部,各方面表现都很突出,于是她便形成了处处想争第一的求胜欲望。上高中时,在紧张的学习之余,女生也开始打扮自己了。然而小玉长得又矮又胖,脸上还长出了许多"青春痘",看到班上那些所谓的"窈窕淑女",小玉的嫉妒心理日渐强烈。特别是同宿舍的同学小张,学习成绩没有小玉优秀,人却长得漂亮,再加上为人平和,因此备受男生瞩目。于是,小玉千方百计在暗地里排斥小张,引起小张和其他室友的不满,从而导致小玉与舍友关系的僵化。为了身材能像小张那样苗条,小玉开始控制食量,吃减肥药,最终因营养不良,精神恍惚,学习成绩下降。为此,小玉非常烦恼。

嫉妒的学生一般有以下表现。

(1)心理上的不平衡。中学生会把别人拥有而自己没有的事物视为不公正,认为他人不应该是卓越的,不能正确地看待别人的努力和付出。又或者因为看到别人家庭条件等各方面优越时而产生的不平或愤怒情绪。特别是当别人之前与自己属于同一个起点,但对方却逐渐超越了自己时,这种不平衡的情绪就更加严重。

(2)破坏别人的优越地位。嫉妒心强的中学生会以迂回的方式破坏别人的优越状态,如在向别人打招呼时话中带刺,或在社交场合中带有冷笑和挖苦意味,或期望他人受到某些惩罚等。还有人制造流言来诋毁比自己优秀的人,希望看到别人的失败,并感到幸灾乐祸。

(3)嫉恨。指因嫉妒心过度膨胀,而以报复的方式攻击嫉妒的对象。中学生的嫉妒心理有两种类型:一种是他虐,另一种是自虐。所谓他虐,就是通过造谣、诽谤、诬陷等方式,以达到破坏的目的。比如,造谣一个人的成绩是作弊所得,煽动所有人反对他;在其他同学学习的时候,故意找碴捣乱;在班级里选拔、评优时,都不会选择他嫉妒的同学。自虐是指由于对自己的能力和不称职而自我摧残,通常是成绩较好、性格内向的人。如果有一次考试没有达到自己所设定的目标,就会惩罚自己。

(四)逆反及其表现

由于初中生的心理发育逐渐成熟,他们在思想、行为上都有独立的愿望,但是他们的社会经验还不够丰富,对家长或教师的干涉表示厌烦和抗拒,并且在行动上与家长和老师作对。

> 小涛是一名初中二年级的学生,父母早年离异,一直跟随母亲生活。他性格外向,善交朋友,但受环境影响,结识了一些不三不四的人,由此对学习不感兴趣,厌恶上课,经常以上厕所、身体不适为由逃课。课堂上不认真听讲,经常扰乱课堂纪律。作业想写就写,不想写就不写,自由散漫。尤其是不喜欢某个老师,也不想学该老师所教的科目。对家长欺骗、蒙混、报喜不报忧。对母亲的话有时听从,有时阳奉阴违;对父亲的教导从来不放在心上,有时还顶嘴。对老师当面一套、背后一套,很会逢场作戏,虽然表面接受批评,但拒不改正,说话不

讲信用，所做的保证坚持不了几天。更为严重的是，有时对老师的批评拒不接受，对自己犯下的错误拒不承认，狡猾、诡辩、当面顶撞老师，甚至吹胡子瞪眼睛，态度十分恶劣。

逆反的学生一般有以下表现。

（1）思想上的抵触。具有逆反心理的学生，在面对事情时，会表现出很强的主观主义，家长、老师的观点与他们的观点发生矛盾，他们会觉得自己和家长、老师之间的矛盾无法调和，认为家长、老师在与自己作对。

（2）行为上的反抗。具有逆反心理的学生倾向于更具侵略性，在家里与家长对抗，不接受家长的任何要求和建议，在学校里不遵守校规、课堂纪律，甚至与老师发生冲突。越是父母和老师不同意的事情，他们就越是喜欢去做。

二、中学生个性发展的评估方法

目前，国内用于筛查中学生个性特征发展状况的测量工具主要有艾森克人格问卷（Eysenck Personality Questionnaire，EPQ）（儿童）、儿童自我意识量表、自我描述问卷和自尊量表。由于篇幅设置，详情请见附录。

（一）艾森克人格问卷（儿童）（EPQ）（见附录十三）

艾森克人格问卷（儿童）包括 E、N、P 和 L 四个分量表，主要调查内向—外向（E）、神经质（N）、精神质（P）三种个性维度；L 量表是测量受试者的"掩饰"倾向，即不真实的回答，同样也有测量受试者纯朴性的作用。实际生活中，多数人属于极端和内外向之间，或者倾向内向（外向）。内向或外向的人，可有情绪稳定或不稳定。同理，具有不同程度 E 或 N 的人，还有不同程度的 P 特点。

（二）儿童自我意识量表（PHCSS）（见附录十四）

儿童自我意识量表（Children's Self-concept Scale，PHCSS）是美国心理学家皮尔斯（Piers）及哈里斯（Harris）于 1969 年编制、1974 年修订的儿童自评量表，主要用于评价儿童自我意识的状况，可用于临床问题儿童的自我评价及科研，也可作为筛查工具用于调查。该量表在国外应用较为广泛，信度与效度较好。

2001 年，中南大学精神卫生研究所苏林雁教授联合国内 20 多家单位，将该量表进行了标准化并制定了全国常模参照，现该量表已被用于儿童青少年行为、情绪的研究。儿童自我意识反映了儿童对自己在环境和社会中所处的地位的认识，也反映了评价自身的价值观念，是个体实现社会化目标、完善人格特征的重要保证。如果在发育过程中受内外因素的影响，儿童的自我意识出现不良倾向，则会对儿童的行为、学习和社会能力造成不良影响，使儿童的人格发生偏移。

儿童自我意识量表包含 80 项"是否"选择型测试题，适用于 8～16 岁儿童及青少年。共有 6 个分量表：行为、智力与学校情况、躯体外貌与属性、焦虑、合群、幸福与满足。采用统一指导语，由儿童自己在问卷上作答，可以个别进行，也可以团体进行。主试者根据计分键计分。儿童自我意识量表为正性计分，凡得分高者表明该分量表评价好，即无此类问题。如"行为"量表得分高,表明该儿童行为较适当;"焦虑"量表得分高,表明该儿童情绪好,没有焦虑情绪;总分得分高则表明该儿童自我意识水平较高。

(三) 自我描述问卷(SDQ)(见附录十五)

自我描述问卷(Self-Description Questionnaire,SDQ)从自我概念的角度来考查儿童对社会的反应,由 11 个分量表构成,包括 3 个学业自我概念,即言语、数学和一般学校情况;7 个非学业自我概念,即体能、外貌、与异性关系、与同性关系、与父母关系、诚实—可信赖和情绪稳定性;另一个是一般自我概念。该量表由马什(Marsh)等人以谢弗尔森(Shavelson)的理论为基础于 1984 年编制而成,在国外广为应用,现已被我国修订和使用。全量表的内在稳定性系数达到 0.94,各分量表的内在稳定性系数为 0.83~0.91,各分量表的重测信度为 0.72~0.88。分量表用平均分,得分越高情况越不好。

(四) 自尊量表(SES)(见附录十六)

自尊量表(Self-Esteem Scale,SES)由罗森伯格(Morris Rosenberg)于 1965 年编制。最初用于评定青少年关于自我价值和自我接纳的总体感受,目前是我国心理学界使用最多的自尊测量工具。

该量表由 5 个正向计分的条目和 5 个反向计分的条目组成。该设计充分考虑了测试的方便,受试者可直接报告这些描述是否符合他们的实际情况。

第三节　中学生个性发展与道德教育的促进措施

一、自卑心理的改善与道德教育的促进

(一) 排除不合理的自我认识

在中学阶段,中学生的自我评价主要是由别人对自己的评价和自己对自己的评价两者结合而形成的。有较强自卑感的中学生对他人的评价很重视,尤其是对负面的评价。特别是来自教师或家长的负面评价,会使他们产生自我怀疑。低自尊的中学生,常常会妄自菲薄,总爱拿自己的短处与别人比较,常常不能客观地看待自己,只看到自己的不足,却忽视自己的长处。因此,中学生要克服自卑,必须正确认识自己,对自己的弱项及遇到的挫折,保持一种理智的态度,不将其视为天大的灾难,而是学会积极应对,这样就会有效消除自卑心理。

(二) 学会自我激励

中学生要学会运用心理暗示来激励自己。心理暗示是个体通过想象、言语等方式来影响自己的行为。正面的自我暗示可以给个人带来正面的效果,让人精神抖擞、信心爆棚、斗志昂扬、有能力面对困难;而负面的自我暗示则会对个人造成负面的影响,让人变得意志消沉、情绪低落、畏惧困境。有自卑情绪的中学生经常说"我不行""我很差劲"之类的话,这种负面的自我暗示只能让他们失去自信,给他们带来心理上的压力,让他们在还没做完手中的任务时就丧失信心。因此,在做事前,要学会用"我能行""只要我努力,

我的成绩就会进步"之类正面的话来激励自己,也可以通过回忆经自己努力而成功的事情来给自己打气,正面的自我暗示可以增强中学生的自信心以克服自卑心理。

（三）积累成功经验

有自卑心理的人,可以学会多做一些力所能及、成功概率较大的事情,即使是很小的一件事,只要成功了,就可以让我们享受成功的喜悦,在喜悦中收获自信。自信心的获得与自卑心理的消除都需要我们成功经验的积累。不积跬步,无以至千里;不积小流,无以成江海。在学习上要持之以恒,成功经验的积累也同样如此,每收获一份喜悦,自卑的消极体验就会减少一分。

二、自负心理的改善与道德教育的促进

（一）综合评估自己

人贵自知,有自负心理的中学生很难做到全面认识自己。要改善自负心理,就要从整体上审视自己,要看到自己的长处和短处,不要因为自己在某一方面的优越感而把自己的位置摆得很高,觉得别人比自己差。教师可以在开展班级活动时,让每个同学介绍和评价自己及朋友,这些评价中应当包含优缺点,并且这些优缺点要被大家公认、接受。通过这样的方式把自我评价和他人评价相结合,能够让中学生了解自己和他人,明白每个人都有别人做不到的长处,也有自己不如别人的地方,要对自己有一个全面的了解,不要盲目自大。

（二）将心比心

高傲的中学生总是以自己为中心,从不考虑别人的感觉,不会顾及他人感受,也就不会尊重别人。要教会中学生克服自负,学会设身处地地想事做事,将心比心,从别人的角度去体会自己的行为给别人带来的后果,从而懂得为别人着想。

（三）接受他人意见

接受他人意见、接受来自他人的批评是改善自负心理的最佳办法。有自负心理的中学生的弱点在于不愿意改变自己的立场,不肯采纳别人的意见。这并不是让他们完全转变自己原有的角色定位,而是希望他们能够接受别人的观点,来改变自己固执己见、唯我独尊的形象。此外,要改善自负心理,还要教会中学生与人平等相处。想让别人怎样对待自己,就要怎样对待别人,这是人与人之间交往的黄金法则。

（四）适当的挫折训练

自负心理来源于骄傲自满。家长可以交给孩子具有一定难度的任务,当孩子没能完成这些任务时,可以帮助他们分析原因,让他们尝到失败的滋味,让他们意识到自己的不足。适当的挫折教育可以让孩子体验到失败的感觉,体验到需要教师和同学帮助的感觉,认识到人不能处处出风头,成功是需要努力和付出的,这样,学生的自负心理就会得到一定的改善。此外,应减少中学生表现自己的机会,如家里有客人时,不要过分夸耀自己的孩子,避免让其成为"中心人物"。

三、嫉妒心理的改善与道德教育的促进

（一）正视他人的成就

有嫉妒心理的中学生，常常会在失败之后嫉恨别人的成就。人各有优缺点，不能单纯地进行比较，要战胜嫉妒心理，必须先清楚地了解自己。当别人取得进步和成就时，要教会学生承认别人的付出，别人的进步和成就也是通过他们自己的努力而获得的。并且应该从他人的成功经历中吸取经验，得到鼓舞的力量，奋发向上，缩小自己与他人的差距，促使自己进步。

（二）树立正确的竞争意识

以公平、合理为基础的竞争是竞争双方向上的动力，教师可以引导中学生树立正确的竞争意识，在与自己的竞争对手"较量"中取长补短、共同进步，让学生在竞争中不断提高不断进步。让学生明白竞争不是最终目的，提高自己才是重中之重，以期改善嫉妒心理。此外，要教会中学生与他人沟通，了解别人的成功之处，并通过这种方式互相激励，消除嫉妒心理。

（三）充实自己

嫉妒的起因就是看不惯别人比自己强，这是一种自我意识的体现。中学生要集中精力，不断学习、探索，使自己的知识技能得到提高，不断充实自己的内心。努力提高自己的心理素质，以健康的心态看待生活。嫉妒心理是人类社会进化的产物，如果采取言语、行为等方式攻击别人，或用期待别人倒霉的心理来平衡自己内心的不满，那么嫉妒心理就会发展成为一种病态的仇恨，并渴望不惜一切手段以期对他人造成伤害。

（四）以和为贵

班级是中学生的主要活动场所，中学生的嫉妒对象大部分也是自己的同班同学，因此，一个融洽、团结、友爱、宽松、愉悦的班级氛围能使同学们和睦相处，在相互交流中逐渐消除嫉妒心理，也能够预防嫉妒心理的产生。

四、逆反心理的改善与道德教育的促进

（一）家庭方面

家长要加强对孩子的关注，多留意孩子心理和行为的变化，并学会客观、全面地对待孩子的问题。家长要营造民主和谐的家庭环境，要尊重孩子，给孩子一定的自主权。要与孩子进行真诚的沟通，了解孩子的心理状况，在与孩子的观点有矛盾的时候，家长要认真听取孩子的意见，采取和平、民主的方式处理问题。家庭成员之间要互相关怀，互相理解，互相扶持，这样才能降低孩子的逆反心理。

（二）学校方面

学校应开设心理卫生课，以了解中学生成长过程中存在的问题，帮助他们掌握情绪，提升心理素质，促进中学生全面发展。有逆反心理的学生经常受到教师的责备或经常被

教师误会,他们一般都比较心虚敏感,对教师存在一定程度的敌意和戒备,但同时又急切需要得到教师的谅解与信任。教师要关爱每个学生,公正地对待每个学生,解决课堂上的纷争,不偏袒任何一个学生,不用自己的标准来评判任何一个学生。教师要做到一身正气,言行一致,才能在学生心中树立起一个值得信赖的好榜样。这样,学生才能更好地服从教师的教学,从而降低学生对教师的排斥。

【教学案例回顾与干预】

1. 现存问题

王伟的问题属于逆反心理。表现出明显的与父母、老师对抗的行为,并且对于父母和老师的劝告熟视无睹,严重影响了自身的发展。

2. 主要成因

家庭因素:由于王伟父亲忙于生计,和孩子交流的机会很少,遇到问题不能很好地和王伟交流,只会用责骂的方式教育孩子;母亲虽然对王伟的生活状况和学习成绩上心,但忽视了对王伟的思想教育,认为王伟只是还小,长大了就好了。夫妻二人在如何教育孩子的问题上出现了分歧,久而久之,王伟的脾气变得越来越坏,越来越叛逆。

学校因素:学校只重视教学质量,只以成绩评价学生好坏,忽视了学生的心理问题。当学生出现心理问题时,教师不能正确处理,使学生与教师的矛盾日益恶化。

个人因素:王伟是一个初中二年级的学生,正处在自我意识高涨,独立意识增强的阶段,在面对成人时,认为与之对抗能够凸显自己的勇敢。

3. 干预对策

心理治疗:与该学生交流,让他明白逆反心理是青春期的孩子萌发独立意识的一种表现,家长、教师对孩子进行教育,出发点都是为了帮助他们更好地发展。虽然可能运用方式不当,但"良药苦口,忠言逆耳",需要孩子正确对待家长及老师的教育,有选择地接受。

改变教师思想:有逆反心理的学生经常受到教师的斥责、惩罚,一般都比较心虚、敏感,对教师怀有戒心敌意,但他们又需要教师的谅解和信任。为了使他们能更好地接受教育,必须首先使他们解除顾虑、摆脱消极的态度定式。最根本的方法是调整师生之间的关系。为此,教师应带头真心实意地帮助这些学生。

与家长合作:作为教师,应充分发挥家长的作用,争取家庭教育的配合。在教师的指导下,家长如果能够意识到从子女和自身双重角度上考虑教育问题,合理调整教育行为,这将对改善家庭教育质量、提高家庭教育效果、纠正子女的不良心理包括逆反心理,产生良好的作用。父母对子女的教育和期望应采取适中的原则,既不可过高也不可过低,要符合子女的实际情况。

4. 疗效评价

经过治疗,王伟的逆反行为减少,从家长和老师的观察以及王伟的自评结果来看,他现在能够控制自己的情绪,也能够与同班同学建立友谊。在学习方面,课堂上能够专心听讲,课后能够按时完成作业,成绩的排名在逐渐上升,对于家长和老师的教诲能够接受,与家长及老师的关系也显著改善。

思考题

小李,女,14 岁,某中学初二学生。她长着一对会说话的大眼睛,头发黄黄的,稍稍有些蜷曲,成绩上游,中等智商,非常腼腆,性格内向,在别人面前不常露出笑脸。上课从不主动举手发言,老师提问时总是低声回答,并且脸颊涨得绯红。下课除了上厕所之外总是静静地坐在自己的座位上发呆,老师叫她去和同学玩,她只会以不好意思的笑容回应老师,仍坐着不动。在家里也是足不出户,平时总是把自己关在房里,不和同学玩。遇到节假日,父母叫她一起出游,或者劝说她去同学家做客等,她都不去,甚至连外婆家也不去。

请问小李同学出现了个性发展中的什么问题?并思考,如果小李是你的学生,你应该如何改善她的情况?

知识链接

现实自我与理想自我

人本主义心理学家罗杰斯提出了现实自我与理想自我的概念。罗杰斯认为个性的核心特征是个体所拥有的自我概念,是针对"我是谁"这一问题的回答。

现实自我指的是目前现实生活中个体的真实情况,即目前的心理、生理、社会等方面的最真实的表现。理想自我就是个体期待自己是怎样的,即在个体的自我概念中,个体给自己的定位是个什么样的人,通俗的话讲,就是我希望、期待我是什么样的人。

如果个体的现实自我与理想自我的差距不大,那么个体的自我概念就是积极的,个体的行为以及对世界的看法都是积极的;如果现实自我与理想自我差距过大,那么自我概念就是消极的,个体就会感到不满意。

每个人都有理想自我和现实自我,这二者是有机结合在一起的。现实自我决定个体如何选择理想自我,而理想自我又给现实自我的发展提供指导和动力。由于个体的现实自我和理想自我往往不一致,就出现了现实自我和理想自我的冲突。中学生会在心中建立一个理想的自己并向着这个理想的自己前进,但发现这个目标与自己的现状遥不可及时,就会产生一系列问题。因此罗杰斯认为,家长、学校要努力帮助中学生了解和接纳自己,使他们做真实的自己。

资料来源:[美]戴维·迈尔斯.心理学[M].黄希庭,等译.北京:人民邮电出版社,2013.

【参考文献】

[1] 彭聃龄.普通心理学[M].北京:北京师范大学出版社,2001.

[2] 朱智贤.心理学大辞典[M].北京:北京师范大学出版社,1989.

[3] 黄希庭.人格心理学[M].杭州:浙江教育出版社,2002.

[4] 郑雪.人格心理学[M].广州:暨南大学出版社,2001.

[5] 林崇德.发展心理学[M].北京:人民教育出版社,2009.

第七章 中学生问题行为与道德教育

【本章概述】

懵懂少年，年轻容颜，张扬生命的光鲜，领略知识的无限。中学阶段的青少年，正值青春飞扬的年华，朝气蓬勃、意气风发。但是，随着学业压力的日益繁重，生理和心理的发育成熟，中学生在生活学习中的矛盾与变化也会接踵而至，如果这些矛盾与变化处理不好或任其发展，很可能会导致问题行为的产生。这些问题行为，小到会让他们对学习产生抵触、厌恶情绪，与父母、老师、朋友关系不和，危害自身健康；大到让他们出现自伤、自杀行为，甚至走上犯罪的歧途。处在青春期的少年正在经历身心发育的关键期，或多或少会出现一些问题行为。在面对这些问题行为时，我们并不需要把它们视为洪水猛兽，而是需要家庭、学校和整个社会对青少年问题行为予以重视，给予他们帮助、关爱与指点，运用适当的方式对已出现问题行为的孩子进行专业的引导与纠正，助其重新在阳光下茁壮成长。

本章共分为三节，第一节对问题行为进行了全面的介绍，包括概念、分类和影响因素。第二节介绍了问题行为的分类，以及问题行为的评估量表。第三节将问题行为干预和道德教育结合起来，探讨了针对不同问题行为的道德教育干预策略。

【关键词】

问题行为　心理健康　攻击性行为　成瘾行为　叛逆行为

退缩行为　自残行为　自杀行为

【案例导引】

小郑，男，17岁，高中二年级学生，家庭条件一般。高一入学时成绩较好，高二分班后因沉迷网络、逃课成瘾导致成绩骤降，几度跌至全班倒数，家长和老师都非常着急。

自从沉迷电子游戏后，小郑最近一年每天上网时间达到七八个甚至十几小时，感觉只有在网络虚拟世界才能忘记现实问题。最初，小郑还会在父母和老师的管教与批评下收敛一些，但是慢慢变得不服管教、不听批评劝告，经常因打游戏一事与父母吵架，频繁逃课。脱离电脑游戏后还会变得浑浑噩噩、无精打采。如今他在学校中害怕面对老师，生怕老师找自己"聊学习的事"；在家里不愿面对父母，一言不合便会与父母吵架，只能在游戏中寻找快乐。由于长期熬夜，小郑出现了精力不济、心慌、焦虑、头痛、失眠等症状。

第一节 中学生问题行为概述

中学阶段的青少年正处在青春期，同时也是生理和心理发育的关键期。在这段时期,孩子们在生理方面变化明显且迅速,逐渐与成人相接近;而在心理上的变化则包括自我意识高涨、情绪波动大、两极化明显、性心理开始成熟等。处于青春期的孩子社会经验较少,尚缺乏明辨是非的能力,再加上日益繁重的学习任务、来自家庭和学校的压力以及性机能的快速发育,很可能导致严重的心理冲突并引发诸多问题行为。近年来,随着我国经济文化的发展和教育事业的进步,特别是素质教育的推行,中学生心理健康问题日益引起社会各方面的重视与探讨,其原因包括以下两点:一方面,具有良好心理素质和广泛适应能力的人能更好地适应社会发展;另一方面,国内外中学生的问题行为发生趋势正在逐年增加,这给学生个人、家庭、学校以及社会都带来了较大危害。因此,家庭、学校和整个社会都应当重视青少年的问题行为,运用适当的方式对已出现问题行为的孩子给予专业的引导与纠正,帮助其走上人生的正轨。

一、中学生问题行为的概念

问题行为(Problem Behavior),也称行为问题,国内也将其翻译成行为困扰、不良行为。目前为止,由于研究对象、研究背景以及研究侧重点等方面的差异,国内外的研究人员对问题行为所给出的定义并不完全相同。

国外对于问题行为的研究起步较早,20 世纪 20 年代,威克曼(E. K. Wickman)就从社会文化的角度出发,对问题行为进行了界定。他认为:"行为是社会评价和社会规范的结果,而问题行为则表示在个体行为与社会对行为的规范和要求之间发生了冲突。"阿肯巴克(T. M. Achenbach)和埃德尔布洛克(C. Edelbrock)认为,只要是致使个体产生了适应不良问题的任何行为都可以划分为问题行为。

在国内,相关领域的专家和学者从不同层面出发对问题行为进行了界定。孙煜明在他关于儿童问题行为的研究中指出,问题行为是指对儿童身体、心理以及智力发展有碍的所有行为,或者是给儿童所处的环境带来负面影响的行为,它是相对于儿童的正常行为而言的。池丽萍和辛自强把问题行为定义为儿童和青少年违背正常的社会行为规范、情绪管理、道德准则,以及在社会适应不良等方面所表现出的一系列行为。邓世英对问题行为的定义为:青少年学生个体在日常学习生活中表现出来的违反教育秩序、规则,以及不能很好地适应学习从而产生对自己(自损)、对他人(他损)不良作用的行为。

通过对前人的研究进行整理与分析可以发现,国内外研究者对问题行为的研究与定义普遍具有以下两个共同特征:一是问题行为是一种与社会规范相违背、相冲突的行为;二是问题行为会阻碍儿童和青少年的身心发展和社会适应。因此,本书将青少年问题行为定义为"违背正常的社会行为规范和道德准则,并且会阻碍青少年身心发展和社会适应的行为"。

二、中学生问题行为的分类

青少年问题行为的发生范围广、具体表现多。因此,众多国内外研究者对于青少年问题行为有着不同的研究对象、研究角度以及衡量标准,对中学生问题行为的分类研究也不胜枚举。

(一)国内研究的分类方式

我国学者李伯黍等人将儿童问题行为分成两类:一类为品行方面的问题行为,这些行为具有外显性,如攻击性、犯罪行为等;另一类为人格方面的问题行为,这些行为则具有内隐性,是带有神经质的行为,如焦虑、退缩行为等。

孙煜明等研究者把中小学生的问题行为分为外向性问题行为和内向性问题行为两类,其中外向性问题行为主要表现为行为粗暴、上课不专心、不遵守课堂纪律等;内向性问题行为是退缩型的,如沉默寡言、胆怯退缩、孤僻离群等行为。

左其沛将青少年问题行为归纳为以下四类,分别为:①过失型。这类问题行为主要由好奇、好动、试探性引起,带有偶然性、情绪性、盲目性等特点。②品德不良型。这类行为主要由不良需要引起,是指有意识地采取有害的行为方式,产生违反道德规范、损害他人和集体利益的不良行为。带有经常性、倾向性、有意性、集团性等特点。③攻击型。由挫折造成的愤怒、不满等情绪引起,在与他人发生冲突情况下产生的对立、反抗、迁怒等攻击性行为。一般带有公开性、爆发性等特点。④压抑型。由受挫折引起,在挫折持续作用下所产生的逃避、消极、自暴自弃等行为。一般带有隐匿性、持续性等特点。

吕静将问题行为分为三种类型:①行为不足,如沉默寡言等。②行为过度,主要是某一类行为发生太多,如经常侵犯他人。③不适当行为,是指人们期望的行为在不适宜的情境下发生,如在课堂上放声大笑。

刘守旗学者将学生的问题行为分为七个方面,分别为:①神经性方面,如强迫性行为等。②情感方面,如社会交往障碍等。③性格方面,如偏执、急躁、抑郁等。④智能方面,如厌学、学习障碍等。⑤活动过度方面,如异常好动、容易冲动等。⑥社会品德方面,如说谎、偷窃等。⑦习惯方面,如厌食症等。

(二)国外研究的分类方式

威克曼把问题行为分为扰乱性问题行为和心理性问题行为两种,其中扰乱性问题行为包括破坏课堂秩序、不遵守纪律等;心理性问题行为包括焦虑、抑郁情绪等。

卡曼(D. Kaman)认为青少年学生的问题行为可以概括为外向型维度和内向型维度,其中外向型维度是指对他人的攻击与冲突,包括争吵、打闹、质问、歧视等行为;内向型维度是指由于自己或者家庭、学校等特殊因素而导致的害怕、退缩等行为,如自卑孤僻、没有信心、过度依赖等。

阿肯巴克根据生物遗传与分类,将问题行为分为外显性问题行为及内隐性问题行为,前者指一些违纪行为,后者则是神经症行为。

日本教育学家黑泽雄二郎根据问题行为的具体表现将其分为五类:①神经质问题行为,如间歇性抽搐、紧张盗汗、频繁咬指甲等;②人格问题行为,如言语粗暴无礼、惯性偷窃等;③智力活动问题行为,如学习成绩较差、无法理解课堂内容等;④精神问题行为,如紧张焦虑、行为冲动、易暴易怒等;⑤社会问题行为,如人际关系不良、违法犯罪等。

三、中学生问题行为的影响因素

多年来,国内外诸多研究者对于中学生问题行为的影响因素进行了广泛且深入的探讨,并取得了丰硕成果。根据以往研究,生物遗传、家庭环境、学校教育和个人气质类型等均可能是造成青少年问题行为的相关因素。但是客观来说,影响中学生问题行为的因素并不是单一的,而是个体自身内部因素与后天外部因素交互作用所决定的。

(一)生物遗传因素

众多国内外研究者运用跨学科的交叉研究法,将心理学、行为遗传学、精神病学、发展神经科学、生物学等多种学科结合起来,使用先进的医学、心理学研究设备,证实了生物遗传因素在青少年问题行为中的重要作用。常用的研究方法为双生子研究法、对比研究法、追踪调查法等。

1. 妊娠与分娩因素

母亲妊娠期的健康状况以及生产过程中的异常和突发情况,会对子女问题行为产生影响或预测作用。比如,母亲妊娠期吸烟、接触有害物质、过量的酒精、咖啡、毒品以及一些药物;妊娠期营养不良或常出现不良情绪的,有严重的妊娠反应的母亲要比无妊娠反应的母亲生出的孩子表现出更多的问题行为。儿童出生时窒息 10 分钟以上、脐带绕颈、使用产钳或胎头吸引器辅助分娩出生的孩子,其问题行为发生率明显高于顺产或剖宫产出生的孩子。有头外伤史、惊厥史和出生窒息史等与儿童问题行为的产生呈显著相关关系。

2. 代际传递因素

青少年的许多问题行为存在代际传递现象,父母的这些行为除了通过家庭环境对子女产生影响外,也通过生物传递的方式对子女产生影响。比如,父母年轻时如果出现了问题行为,那么其子女在青少年时期就会有更高的概率也出现问题行为。吸烟的父母可能会将一种非特异性遗传风险传递给后代,从而导致子女产生更多问题行为,包括药物使用、破坏性行为障碍、犯罪、不正常的同辈关系、攻击性态度和冒险偏好等。母亲抑郁症状与青少年内化和外化问题之间都有显著的相关关系,并且遗传因素可以解释母亲抑郁症状与子女内在问题之间的关系。一项关于双胞胎的追踪研究表明,青少年早期问题行为包括尼古丁依赖、酒精滥用和依赖、药物滥用和依赖的症状数量,以及反社会行为等都具有遗传性。

3. 个体因素

青少年问题行为的发生与个人基因、脑区活动、微量元素等存在一定关系。比如,多巴胺系统相关基因与问题行为的关系密切,并与环境共同作用于青少年的问题行为。由于受到青春期荷尔蒙变化的影响,问题行为的遗传风险在青春期增加,这可能增加药物使用和犯罪的风险。血液中锌元素、铅元素的含量也与儿童问题行为有关:相比正常儿童,出现问题行为的儿童其血液中有更低的锌含量、较高的铅含量,可能是因为铅元素会对儿童神经系统发育造成一定影响,从而导致注意力不易集中等问题行为的出现。

(二)家庭因素

对青少年问题行为影响因素的研究,家庭因素一直以来是各国学者所关注的热点。家庭是一种以血缘为基础、具有情感纽带的社会单元,是每一个个体生活、成长的重要场所。对于青少年问题行为发生的家庭因素,可以概括为以下四个方面,分别是:家庭环境、家庭功能、成员关系和父母教养方式。

1. 家庭环境

研究表明,父母的童年环境、经历和贫穷可能通过亲代投射影响青少年问题行为的发生。家庭社会经济地位与青少年问题行为呈显著负相关且能显著负向预测问题行为,这可能与"公正世界信念"(指个体关于整个世界或社会、特定社会现象等是否公平、公正等的稳定的看法、态度或信念)有关。家庭物质较为困难的个体更容易感受到不公正的待遇,从而更容易产生问题行为。父母婚姻质量能够预测青少年的问题行为,这是由于在中国文化背景中,父母的婚姻质量越低,越容易贬低对方的教养行为,对儿童养育方式越严厉,进而导致儿童出现更多的攻击、违纪等外显的问题行为。父母日常生活中的行为在潜移默化中影响着子女的行为,如青少年吸烟更容易发生在父母吸烟的家庭中。父母知识的不稳定性对青少年有独特的影响,父母对青少年活动的知识水平越高,青少年的危险行为水平就越低。在家庭中,父母常常通过关注、指导、约束子女参与的活动等监控方式规范青少年的行为,有效的父母监控能够减少子女的问题行为,而对青少年活动的知识水平低的父母监控则会增加子女违法违纪、物质滥用等问题行为。

2. 家庭功能

良好的家庭功能,如高水平的爱和支持、积极沟通等,可以有效减少青少年的问题行为,促进青少年的健康发展;而不良的家庭功能,如亲子冲突、父母的不良监管等则会导致多种问题行为的发生,如抑郁、网络成瘾等。研究表明,家庭功能与青少年的内向性问题行为和外向性问题行为呈显著负相关,并且可以显著负向预测青少年问题行为。这是因为家庭功能良好的青少年在遇到困难时,更倾向于采取积极的应对方式,其外向性问题行为和内向性问题行为发生的可能性也会大大降低。并且相比于女生,在男生群体中,家庭功能对外化问题行为的影响更大。

3. 成员关系

父母缺少情感温暖、理解是影响子女问题行为的首要因素。在父母情感温暖的家庭中,子女出现问题行为的概率更低。家庭亲密性指家庭成员彼此之间的情感联结。研究显示,家庭亲密性越高,青少年的内外化问题越少。父母冲突指父母之间的不一致,不仅包括激烈的肢体冲突或言语争吵,还包括程度较轻的其他形式,例如,意见分歧和冷漠等。父母冲突与子女的问题行为存在紧密的正向联系,包括攻击、违纪等外部问题以及抑郁、焦虑等内部问题。研究显示,父母冲突可以通过"跨代同盟"和"替罪羊"两种亲子三角关系间接影响青少年的问题行为。在父母管教严厉(心理攻击和体罚)的家庭中,青少年发生内化和外化问题行为的概率更高。父母偏爱是指父母教养某一个或某几个子女的方式更加积极的现象,即父母对待子女的关爱不均等的现象。研究表明,父亲偏爱和母亲偏爱均对青少年问题行为有显著影响。

4. 父母教养方式

这是家庭教育的重要方面,指父母在教养子女的过程中使用的手段和方法,包括父母态度、行为和非语言表达。父母教养方式与中学生的行为问题有关,尤其是对男生的影响较女生更大些。消极的教养方式能够有效预测青少年的违法行为,犯罪青少年的父母有着更多的拒绝和更少的关爱。除此之外,父母的溺爱与纵容会使子女出现更多的焦虑、退缩等行为,父母的过度干涉可能导致子女的社交障碍或逆反心理与行为,而忽视则会助长子女的任性及攻击性问题行为。

（三）社会因素

个体的成长过程也是不断社会化的过程。青少年有将近一半的时间都在校园中度过,学校环境是继家庭环境之后对学生发展影响最大、最近端的微环境系统,学校中的校园氛围、师生关系、同学关系等都有可能对青少年的问题行为产生影响。除此之外,大众传媒、社会风气、邻里环境等也会成为影响问题行为的因素之一。

1. 学校环境

校园氛围是影响青少年各方面发展最重要的学校情境变量之一。研究显示,校园氛围、师生关系、同学关系与青少年问题行为存在显著负相关,校园氛围越好,师生、同学间关系越和谐,则青少年出现问题行为的概率越小。一项研究表明,来自他人的偏见或不公平的对待会增加留守初中生的问题行为,但是良好的师生关系与和谐的同伴关系会降低留守儿童的孤独感与攻击行为。另外,中学生学业压力大、负担重,可能会导致烦躁、易怒、焦虑等问题行为的增加。

2. 同伴关系

对中学生来说,同伴群体的影响力举足轻重。青少年的交友不当等问题容易引发并成为导致后期的很多问题行为,他们对同伴有明显的友谊偏好。如果某个人表现出与自己相同水平的问题行为,那么青少年选择这个人作为朋友的概率要更高。友谊满意度与最佳好友的行为会对青少年的问题行为产生影响,研究表明,友谊中满意度高的一方具有较大的影响力、传染性和说服力,如果他们出现了逃学、酗酒等不良行为,那么友谊满意度低的一方可能会被其感染,从而产生相似的问题行为。不良同伴交往是诱发和助长青少年问题行为的重要因素,并且与女孩相比,男孩可能更容易受到不良同伴的影响。除了同伴感染,同伴侵害也与青少年问题行为有关,同伴侵害指一个人受到同龄同伴的任何形式的攻击,如身体伤害(被殴打)、言语伤害(被取笑)和关系伤害(被排斥)等,这可能会增加青少年对同伴关系的不满,从而引发受害群体逃避、焦虑、孤独、不良人际关系、注意力缺失等问题行为。

3. 大众传媒

由于新媒体的快速发展,一些不良风气随着网络迅速蔓延。比如,"追星"群体在我国并不少见,并且出现了低龄化的趋势。在青少年追星过程中逐渐衍生出了"饭圈"群体,并形成一种"饭圈文化"。这些群体质量良莠不齐,其中一些不良信息侵袭甚至腐蚀着青少年的身心健康。研究表明,"饭圈文化"会增加青少年的问题行为,如人际障碍、易躁易怒,甚至发生"霸凌"现象。媒介不良接触也与青少年问题行为正相关,特别是媒体中一些过分渲染暴力、恐怖、色情等不健康内容,对是非观念模糊、模仿强而自控力弱的青少年产生了极大影响,甚至成为青少年犯罪的诱因。

4. 社区环境

社区、邻里环境在塑造社区整体社会规范、强化社会控制、降低社会压力等方面发挥着重要作用。邻里环境与青少年问题行为也存在关联,邻里环境存在暴力或毒品活动与青少年的饮酒、吸烟和物质滥用的增加有关,目睹或听说暴力犯罪,尤其会增加青少年产生攻击和违法行为以及物质滥用等的可能性。邻里犯罪也能够直接预测青少年的问题行为,并且对男孩问题行为的直接预测效应大于对女孩。

（四）个人因素

每个个体都有着自己独特的个性特征、个人经历、气质类型,这些因素作为组成完整人格的一部分,对青少年的心理以及行为有着重要影响。

研究表明,个体的性情、气质和问题行为之间具有相关性,高愤怒与高冲动和青少年的问题行为如攻击性、犯罪行为有关。心理素质作为个体稳定的心理品质,与个体的社会适应行为和创造行为密切相关,并且可以显著负向预测青少年的问题行为。心理素质良好的人能够凭借其在能力和人格上的优势,积极适应和调控所处的社会环境,减少因负面情绪、适应不良等带来的问题行为;而心理素质较差的人则更容易出现焦虑、紧张等负性情绪,从而引发问题行为。自尊也与问题行为呈负相关,建立了自尊心与自信心后,由自卑感、挫折感所造成的问题行为也会相应地减少。

睡眠问题是青少年普遍存在的问题,并且会对青少年的心理健康和功能产生负面影响。睡眠不良与各种情绪、认知和行为问题有关,包括抑郁、焦虑、注意缺陷多动障碍、冒险行为、攻击、自杀和学习成绩差等。研究表明,当青少年的睡眠出现了每周至少一次难以入睡以及睡眠不足(少于 8 小时) 的情况时,青少年出现情绪和行为问题的可能性会大大提高。

第二节　中学生常见问题行为及评估方法

一、中学生常见问题行为

由于问题行为的具体表现形式多样,不同个体会根据自身特点与外部环境,出现各自独特的表现方式。虽然如此,每类问题行为都会有相同的特征可循。根据中学生问题行为表现的相似特征,可分成五个小类,分别是:攻击性行为、成瘾行为、叛逆行为、退缩行为和自残、自杀行为。

（一）攻击性行为

1. 攻击性行为的概念

在《心理学大辞典》中,攻击的定义为:"可能表现为一种心理情绪状态或人格特质,如愤怒、激动、敌意等;也可以表现为攻击行为。"攻击性行为（Aggressive Behavior）,又叫侵犯性行为,是青少年中较为常见的问题行为。攻击性行为在目前还没有统一的定义,但是可以从学者对其的定义中总结出攻击性行为概念的三个核心要素,分别是"对他人、自己造成伤害或对物品造成损害""这种伤害是有意的或蓄意的""所做出的行为不合乎社会规范"。基于此,本书将攻击性行为定义为:个体有意地对他人、自己或对物品造成损害,从而直接造成被攻击对象的损害或唤起被攻击对象的恐惧,而这种行为是不为社会规范所允许的。

2. 攻击性行为的分类

攻击性行为有着多种划分方式。可以按照攻击行为的形式、攻击行为的目的和攻击行为的原因等方式进行划分。

（1）按照攻击性行为的形式可以将攻击性行为分为三类：身体攻击（Physical Aggression）、言语攻击（Verbal Aggression）、关系攻击（Relational Aggression）。身体攻击指的是攻击者做出的身体动作对他人的伤害，例如打人、踢人、咬人、投掷、吐唾沫等；言语攻击指的是通过辱骂、讽刺、命令等言语形式对他人做出的攻击；关系攻击指的是使用散布谣言、孤立、拒绝等行为对他人进行的攻击。

（2）按照攻击行为发生的目的可以将攻击行为分为两类：敌意性攻击（Hostile Aggression）和工具性攻击（Instrumental Aggression）。敌意性攻击指的是以伤害他人为目的的攻击行为，一般被称为"热攻击"，敌意性攻击往往伴随着强烈的愤怒、表现为冲动而无计划；工具性攻击则是以攻击为手段，为了达成某种目的而实施的攻击行为，一般被称为"冷攻击"，实施工具性攻击的个体往往会事先制订计划来达成自己的目的。

（3）按照攻击的原因可以将攻击性行为分为两类：主动性攻击（Proactive Aggression）和反应性攻击（Reactive Aggression）。主动性攻击是指为了某种积极的回报而发生的攻击行为，目的包括希望从他人处获得某种利益、侵犯他人的安全等；反应性攻击是指在外部敌意环境的刺激下发生的攻击行为，是一种"防御性""报复性"的攻击行为，其原因是受到他人的挑衅，为了缓解内部产生的负面情绪而表现出对外的攻击性。

除了上述典型的分类外，学者尹成芳根据多年教学经验，将中学生的攻击行为划分为以下七种，分别是：①取乐性攻击行为，如拿他人的身体缺陷开玩笑。②习惯性攻击行为，如毛手毛脚等。③迁怒性攻击行为，如受到批评后摔、砸物品等。④报复性攻击行为，如"以牙还牙"。⑤模仿性攻击行为，如模仿小说、电影情节攻击他人。⑥义气性攻击行为，如为朋友复仇，"两肋插刀"。⑦挫折性攻击行为，如因做不出题而摔、撕书本、扯自己头发。

3. 攻击性行为的影响因素及特点

幼儿期由于语言技能未成熟，常使用身体攻击，随着语言技能不断发展，攻击性行为的方式会增加，8~18岁青少年的身体攻击行为会减少，言语性攻击会增多。也就是说，在青少年攻击性行为中，言语攻击频率高于身体攻击和损坏他人财物。并且在青少年攻击行为中，性别也是很重要的因素。研究表明，青春期女生较男生来说更善于言语攻击，更有可能通过讽刺、诽谤等攻击形式对他人进行攻击，男生则可能更多地采用直接躯体攻击（如打、踢等）。

在生物遗传方面，有攻击行为的青少年大脑皮层中的五羟色胺含量低、唾液中皮质醇低、睾酮高。额叶、颞叶、下丘脑及海马、杏仁核等神经回路也与攻击行为有关。

在家庭教养方式方面，溺爱型和暴力型家庭教养方式会使青少年攻击性行为概率增加。溺爱型教养方式在无形中强化了孩子不良的行为习惯，容易使子女养成易怒的问题行为。暴力型的家庭教养方式往往采用简单粗暴的方式管教而非积极引导，使孩子认为攻击、暴力是解决问题的最好方式。这种错误认知很可能让子女在生活中模仿家长错误的暴力、攻击的行为方式。并且个体的家庭教养方式很可能通过代际传递反映在自己组建的家庭中。

个体的早年创伤经历也与青少年攻击性行为显著相关,并且通过依恋类型影响攻击性行为。早年创伤性体验可能会导致个体发展为不安全的依恋类型,而不安全依恋类型中的回避型依恋与儿童和青少年的攻击性是相关的。性虐待和情感虐待可以显著预测青少年的攻击性行为,这两种创伤性体验对个体攻击性的影响尤为深刻。此外,青少年是否存在身体攻击、言语攻击、愤怒、敌意、指向自我攻击等行为,与他们早年是否遭受性虐待、躯体虐待、情感虐待、躯体忽视、情感忽视的经历密切相关。随着年龄的增长,攻击性行为的发生是较为稳定的。研究表明,在童年期被评定为有攻击倾向的儿童,在成年后倾向于更多的暴力行为,并且在性别间没有差异。

情绪因素也是影响青少年攻击性行为的重要成分。情绪失调为青少年攻击行为的风险因素,较强的情绪管理能力和安全的亲子依恋为攻击行为的保护因素,情绪管理能力较差的青少年出现攻击性行为的可能性更高。高社交焦虑的学生更具有攻击性。另外,一些与其他问题行为相关的因素如负性情感、负性生活或应激事件、社会支持、应对方式、暴力媒体等也都是影响攻击行为的重要因素。

除此之外,患有对立违抗性障碍也可能导致攻击性行为的发生。如果中学生出现较为显著的违抗、不顺从或挑衅等行为,应及时到正规医院精神科就诊,在医生的指导下进行科学合理的干预。

知识链接

对立违抗性障碍

从前乖巧懂事的孩子在青春期常出现顶撞家长与老师、不服管教、发脾气等行为,这是怎么了? 孩子有可能患上了对立违抗性障碍(Oppositional Defiant Disorder,ODD)。对立违抗性障碍是一种以持久的违抗、敌意、对立、挑衅和破坏行为为基本特征的行为障碍,是儿童青少年时期最常见的行为障碍之一,共患病多,如注意缺陷及多动障碍、品行障碍、焦虑性障碍,多持续存在,会给家庭和社会带来沉重的负担。对立违抗性障碍的成因包括社会性因素,如家庭矛盾冲突多、情感交流差、单亲家庭、破裂家庭等;父母物质滥用或违法;父母患精神疾病、存在某些人格缺陷,如神经质、低的适应性和责任心、焦虑抑郁等,以及教育程度低;心理因素,如ODD伴随产生品行障碍、抑郁障碍、焦虑障碍;生物学因素等。患上对立违抗性障碍的孩子可以采用心理治疗和药物治疗进行干预矫治。

资料来源:董景五.疾病和有关健康问题的国际统计分类:ICD-10 [M].北京:人民卫生出版社,2008.

(二)成瘾行为

世界卫生组织对成瘾的定义为:成瘾行为是指为了感受物质带来的精神效应或避免因断药产生不适感,而强迫、定期、连续地使用某种物质的行为。我国有学者将成瘾行为定义为：在没有得到医生处方或指导的情况下，个体强迫性地反复或过量使用某种物质，因而产生依赖或惯用的行为，即便造成了一定的个人或社会性功能的损害，仍无法自制。在中断使用该物质之后，会有明显的"戒断反应"特征出现。

网络成瘾、手机成瘾和吸烟成瘾是青少年常见的三种成瘾行为。

1. 网络成瘾

（1）网络成瘾的概念。

网络成瘾（Internet Addiction）概念最初由戈登伯格（Ivan Goldberg）提出，认为网络成瘾是一种行为成瘾障碍。我国台湾学者周荣和周倩认为，网络成瘾是个体由于互联网的反复使用或长期困扰，而产生的不可抗拒的结果，渴望增加网络的使用时间，从而对上网所产生的快感出现的一种生理和心理上的依赖。雷雳提出"病理性使用互联网"，定义为一种类似于赌博在无成瘾物质作用下的上网行为冲动失控行为。有研究者认为，中学生的网络成瘾必须具备三个条件：①上网时间过长；②网络服务活动使用过度；③成瘾者的生理、心理和社会功能受到一定损伤。

（2）网络成瘾的类型。

不同的成瘾者在网络上关注、沉迷的对象也有所不同。按照成瘾对象的不同，有研究者将网络成瘾者划分为五种类型，分别是：①网络游戏成瘾（Online Game Addiction），指中学生将大量时间、金钱等花费在网络游戏中，对网络游戏产生强烈的依赖；②网络关系成瘾（Internet Relationship Addiction），指中学生将精力投入到网络交友上，并产生关系依赖，容易产生网恋等行为；③网络色情成瘾（Internet Pornography Addiction），指中学生沉迷网络色情场所或网站，沉溺于色情图片、影视及色情文学等不能自拔；④网上信息收集成瘾（Online Information Gathering Addiction），指中学生花费大量时间精力在网上收集与生活无关的信息，导致信息崇拜现象发生；⑤计算机成瘾（Computer Addiction），指中学生对关于计算机的知识过度感兴趣，并沉迷于各种软件、技术等。在现实生活中，单一类型的网络成瘾者较为少见，更多的是以上几种类型的混合成瘾。

（3）网络成瘾的影响因素。

家庭因素方面：父母的过度期望和不当教养方式会增加青少年网络成瘾行为。过度的家长期望超出了子女的能力范围，高度的期待会形成压力，助长了青少年网络成瘾现象的发生。另外，家庭成员关系不和、家庭环境较差的青少年也可能产生网络成瘾行为，他们会将网络中的世界看成"一片净土"，在网络中逃避糟糕的家庭环境对自己的影响。

学校教育方面：许多学校为了提高升学率，只重视成绩，轻视甚至忽视德、体、美育。中学生淹没在繁重的课程、考试以及老师的压力教育下，没有喘息的余地。因此易被网络上轻松多样的游戏、聊天吸引，在网络中缓解压力、逃避学业，最终导致网络成瘾行为的发生。

心理因素方面：具有消极人格和心理问题者更易成为网络成瘾群体，比如具有忧虑性、焦虑性、孤独感等特质的青少年群体更易有网络成瘾倾向。研究表明，成瘾行为与越轨行为（如公共秩序越轨或身份越轨等）以及自杀行为都有较高的相关性。另外，具有睡眠障碍、心理虐待与忽视、负性应对方式、发生负性情绪事件等的青少年更易成为网络成瘾者。他们可能在现实生活中找不到宣泄途径,从而通过网络游戏或交友来发泄、倾诉自己的想法与情感,网络中"社区""群聊"等的出现更容易让有相似经历或相同类型的人群聚集在一起。

社会因素方面:一些不良媒体与别有用心的人为了获取金钱或信息,在网络中建立关于色情、赌博、猎奇、恐怖的网站、网页、图片、影视以及文学社区,引诱青少年的加入,从而达到他们的目的。正处于青春期的中学生尚未踏入社会,并且对新奇、刺激的事物充满兴趣与好奇,很容易掉入不法分子所设计好的圈套中,沉迷色情、赌博等领域,消耗时间、精力与金钱,损害自己的身体。

个人因素方面:青少年正处青春发育关键期,生理与心理都有跨越式的发展。他们渴望像成年人那样生活,但又缺乏社会经验,思想和行为仍具有很大的幼稚性。在网络中可以使用匿名或欺骗等方式,满足其"成为大人"的想法,并且可以畅所欲言、毫无顾忌地与网友进行交流、倾诉,从而释放自己的压力及负性情绪。

(4) 网络成瘾的危害。

网络成瘾可能导致不良生活习惯。大多数青少年在上网时不能保持良好的坐姿,这便成为颈椎病重要诱因,表现为颈部疼痛、僵硬,同时双肩背也有疼痛、上肢麻木,个别的还伴有头痛、头晕等症状;坐姿不当还会影响胸部的发育,形成脊柱的发育不良;长期双眼对着电脑、平板或手机等显示屏,则会造成眼部肌肉长期处于紧张状态,用眼过度,出现眼花、眼睛干涩、肿胀等症状,长此以往,会导致眼肌疼痛、眶上神经痛、眼睛疲劳、视力下降或出现内斜视等,甚至造成视力永久性下降;可能因长期不运动而出现肥胖症,同时,还会造成人体内分泌功能发生紊乱,或产生肺栓塞等潜在危险;因为频繁熬夜或通宵上网,还容易出现缺乏睡眠、酗酒、吸烟、持续情绪紧张或压力等问题。

网络成瘾可能影响学业。成瘾者将大量时间用在玩电子游戏和上网聊天、游戏上,毫无节制,严重影响学习。网瘾者时常熬夜或通宵上网,上网时精神高度集中,始终处于亢奋状态,而平日里却无精打采,无心读书或中途辍学,神情恍惚,人格扭曲,甚至违纪犯法。

网络成瘾可能影响人际交往。成瘾者往往沉迷网络游戏或网上社交,和现实生活中的家人、朋友、老师交流就会相应减少,从而引发社交障碍等问题,导致对现实生活的适应困难、造成更加逃避现实社交、更加沉迷网络的恶性循环。

2. 手机成瘾

(1) 手机成瘾的概念。

手机成瘾(Mobile Phone Addiction),也称手机依赖,国内外不同学者从其他角度界定了智能手机成瘾的概念。申春成(Choonsung Shin)和戴伊(A. K. Dey)提出,手机成瘾指个体由于高频率并且不恰当地使用智能手机,产生消极影响。如因使用手机忽视周围的人和事,使用期间失去控制时则会引发诸多心理问题。有学者认为手机成瘾是智能手机的强迫性使用,包括个体必须要求自己做到随身携带智能手机,无法控制多频次地查看手机的行为,尤其是社交场合,这种行为属于强迫性行为。也有学者认为手机成瘾属于一种强迫行为,手机成瘾是个体在使用手机时缺少自控能力而导致的一种痴迷状态,同时影响个体的身心健康，还会使个体社会功能受损。综合国内外研究者对手机成瘾（手机依赖）的定义，可以总结出以下几个特点：①个体高频率使用智能手机并且缺乏控制使用的能力。②对智能手机有强烈的依赖情绪，特别在意手机中的内容。③成瘾者会出现戒断反应，如果个体失去使用手机的自由，会导致负面情绪如焦躁、失落感的产生。

（2）手机成瘾的类型。

手机关系成瘾（Mobile Phone Relationship Addiction）。指青少年沉溺于手机人际关系活动中，如朋友圈、Facebook、QQ 等软件。成瘾者通过社交媒体进行自我表露，同时大脑中的伏隔核区域特别活跃，这块区域和人们的成瘾症状有关，可以增加愉悦感。

手机娱乐成瘾（Mobile Entertainment Addiction）。指青少年沉迷于手机游戏、影视、文学等娱乐性质的内容，通过以上内容满足自己的需求或缓解焦虑，同时花费大量时间、精力和金钱在这些项目上。一旦停止娱乐活动便感到空虚、不安、焦躁。

手机信息搜集成瘾（Mobile Phone Information Gathering Addiction）。指青少年沉溺于信息的搜索和收集的活动，成瘾者花大量精力上网浏览信息，没有网络时立即变得焦虑不安，总担心漏掉重要的信息和新闻，害怕给工作、生活带来负面影响。同时还会出现躯体症状，比如头痛、失眠、食欲下降、恶心呕吐等。

（3）手机成瘾的影响因素。

智能手机的特点。智能手机的外观设计符合大多数青少年的审美特点，精致而小巧，色彩或绚丽或素雅，相比于电脑而言款式更多样、携带更便捷。从功能来看，除了传统的通信功能，智能手机可以安装各式各样的功能性 APP，集聊天、游戏、音乐、拍照、学习、视频、购物、付款等功能于一体，最大程度地使我们的生活变得方便快捷。在生活、学习中，智能手机给青少年提供了各种应用程序，如社交、音乐、教育、娱乐等。青春期正是个体发展探索能力和创造力的关键时期，很多自控力不强的青少年沉迷智能手机不能自拔，渴望从手机中寻找优越感与满足感。

家庭因素。青少年的手机成瘾也会受家庭因素影响。父母对待手机的态度会影响子女对待手机的态度，如父母"低头族"现象越严重，中学生手机成瘾行为就越容易发生。家庭经济状况较差的青少年更容易出现手机成瘾现象，其原因可能是家庭经济状况较好的孩子有更加丰富的娱乐项目选择，而家庭经济状况较差的孩子更容易被手机中的内容吸引。家庭功能越健康，青少年越不容易产生病理性互联网使用。溺爱型家庭教养方式中成长的青少年更容易产生手机成瘾行为，这与家长管教不当有很大关系。

人际因素。青少年手机使用与同伴群体相关性很大，具体表现为：同伴关系越和谐的青少年，其手机成瘾的程度就越低，可能是因为与同伴在一起进行的娱乐活动会更加丰富，从而减少使用手机的时间。研究显示，社交焦虑、人际困扰可正向预测个体手机成瘾倾向，手机中众多的 APP 可缓解其焦虑与困扰，并且一些 APP 的功能可以把兴趣爱好相同的群体快速集中起来，这比现实交友更加迅速、便捷。

个人因素。国内外的研究表明，对手机成瘾产生重要影响的因素包含人格、情绪等，其中孤独感、自我和谐、冲动性人格、外倾向性人格、自尊、神经质个体等均可影响智能手机成瘾行为。冲动性较高的个体使用手机的概率可能更大；自尊水平越低越易导致网络成瘾行为；青少年的孤独感越高，手机成瘾行为可能就越严重；自控力较差的个体，其手机成瘾行为出现的可能性越高。尤其是在当今大数据时代，数据会根据个体感兴趣的内容进行自动筛选，进而推送更多相同种类的内容。这也就导致个体会持续地浏览自己感兴趣的内容，从而造成恶性循环。

3. 吸烟成瘾

（1）吸烟成瘾的概念。

虽然一部分有吸烟史的中学生尚未达到"吸烟成瘾"的严重程度，但是中学生的吸烟比率仍在逐年增加，并且使用电子烟及接受二手烟暴露的青少年也有增加的趋势。每个曾吸过烟的孩子都有可能因为自身因素，或家庭学校管理不力等原因在其人生发展道路上成为吸烟成瘾者，并危害自己及他人的健康。

吸烟成瘾（Smoking Addiction），学名是尼古丁上瘾症或者尼古丁依赖症，是指长期吸烟的人对烟草中所含的主要物质尼古丁产生上瘾的症状，判定标准可以根据国际疾病分类（ICD-10）中对药物成瘾的确诊标准，即过去一年内经历或展现出以下条目中的 3 项及以上者，即可判定为吸烟成瘾者：①强烈渴求吸烟。②难以控制吸烟行为。③停止吸烟或减少吸烟后出现戒断症状。④出现烟草耐受性增强表现，需要增加自身吸烟量才能达到过去较少吸烟量的同等感受。⑤为吸烟而放弃或减少其他活动喜好。⑥不顾吸烟的危害而坚持吸烟。

纵观当今国内中学生吸烟行为的现状，可以发现存在以下特点：①"男重女轻"的分布特点。中学生吸烟群体绝大多数为男生，且男生的吸烟频率也远超女生。②中学生吸烟行为与其学业成就普遍呈反比。即职高与普高学生的吸烟率比重点高中高得多，或就学校内部相比较，成绩较差的学生比成绩较好的学生吸烟率高。

由于青少年吸烟成瘾的巨大危害，青少年吸烟成瘾这一问题受到了全世界范围内越来越多研究者的关注，并探究运用教育学、心理学、临床医学、预防医学等多种学科方法对成瘾者进行干预和治疗。

（2）吸烟成瘾的危害。

对生理方面的危害。中学生正值身体机能生长发育的关键时期，青少年吸烟成瘾可能会危害其神经系统发育，导致注意力不集中和稳定性下降等，还可能降低对事物的反应速度，执行力在一定程度上受到损伤，严重的有可能会出现思维中断和记忆障碍等情况。长期吸烟对青少年的呼吸系统造成一定损害，从而诱发慢性支气管炎、肺气肿甚至肺癌。吸烟过多还会使冠心病、高血压等慢性疾病的发病年龄提前，进而引发一系列并发症。除此之外，心血管系统、内分泌系统、生殖系统等多个系统都会因长期吸烟而受到一定损害。

对品行方面的危害。在中学生群体中，吸烟常与赌博、逃学等不良行为联系起来，也就是说，吸烟容易成为其他不良行为的媒介。中学生没有独立的经济来源，而购买香烟、电子烟是一笔不小的开销，因此长期吸烟还会加重经济负担。一些青少年甚至为了买烟而产生欺骗家长、借钱不还、向同学索要"保护费"等行为，甚至走向敲诈勒索与抢劫的犯罪道路。

对学业方面的危害。研究表明,吸烟会损害脑细胞,导致记忆力减退、注意力不集中,从而影响学习成绩与学习效率。青少年吸烟成瘾者上课时容易走神、注意力涣散,离开烟草后还会出现焦躁不安、内心慌张、状态低沉等一系列戒断反应,从而影响学习效率,导致学业成绩的下降。

（3）吸烟成瘾的影响因素。

遗传因素。一项关于双生子的研究表明,与异卵双生子相比,同卵双生子明显具有相同的吸烟习惯和历史,说明吸烟成瘾存在遗传因素的影响。吸烟的父母可能会将一种非特异性遗传风险传递给后代,从而导致子女也出现吸烟行为。

家庭因素。父母的吸烟行为对子女吸烟行为的影响非常大。青少年吸烟现象更容易发生在父母吸烟的家庭中,原因一是青少年对父母吸烟行为的模仿;二是吸烟的家庭,子女获得烟草的机会增大;三是吸烟的父母自身对烟草的健康危害缺乏认识,放松对子女吸烟的警惕。

心理因素。有研究者认为,吸烟是缓解心理压力的一种尝试,与较高的心理社会应激有关。青少年的焦虑、抑郁等负性情绪与吸烟行为存在相关性,与没有情绪障碍的学生相比,有明显抑郁或焦虑症状的学生吸烟频率会更高。

社会因素。同伴的吸烟行为对青少年的吸烟行为也有很大影响。有调查表明,青少年初次吸烟最主要原因之一就是社交需要。由于同伴行为的感染与群体影响,当友谊中的一方出现吸烟行为后,另一方出现吸烟行为的概率也会增加。另外,吸烟现象普遍存在于社会环境中。众多包括教师在内的成年人烟不离手;在社交场合中递烟表示友好与交流;影视剧、文学小说中吸烟镜头比比皆是。这一系列场景都增加了青少年吸烟的可能性。

个人因素。中学生有着独特的生理与心理发展特征。他们内心渴望成为"大人",从而通过模仿成年人的一些举动来表示自己的成长,而对吸烟的模仿就是具体表现之一。并且中学生的学业压力越来越大,他们很可能通过吸烟的方式缓解压力,释放情绪。

（三）叛逆行为

1. 叛逆心理及其行为的概念

叛逆,即反叛的思想、忤逆的行为,就是习惯性地否定和怀疑别人肯定的事物,对任何事情都怀有质疑心理,不听劝告,追求个性而不喜循规蹈矩,不愿遵守规定,甚至违背要求去做事。心理学上将叛逆心理（Rebellion）定义为:青少年要求自主独立,对上一代产生反抗不满情绪和行为表现的一种心理现象。

有学者提出,叛逆是一种成长现象,它意味着对独立的渴望,还意味着一种成长的历练。个体的成长就是不断反叛旧我、创造新我的过程。也有学者提出,青少年可以通过叛逆心理与行为发掘潜力,认识自我,独立自主地应对自我发展中面临的问题。青少年正处在青春发育时期,追求独立自主的愿望日益强烈,迫切希望摆脱家长、老师的管束而独立生活。轻度的叛逆行为可以通过父母老师的管教以及自身的发展与成熟进行调节,但是过度的叛逆常常导致更加严重的问题行为,甚至影响人生的发展。

本书中将叛逆行为（Rebellious Behavior）定义为:中学生做出有悖正常规律、背离现实情况、违背他人本意的行为,而这种行为在一定程度上代表着中学生的成长与独立。

2. 青少年叛逆行为的表现

叛逆期是青少年成长的必经之路,他们迫切希望摆脱父母的监护,担心外界忽视了自己的独立存在,强烈需要自主权,常利用各种手段来确立"自我"与外界的平等地位。中学生常见的叛逆行为表现如下。

(1)倔强。叛逆期青少年对传统的观念及上一辈的言论行为表现出极端抵触行为,不喜欢听取他们的意见,极力反驳其意见和看法,坚持己见,性格固执,行为模式较为偏激。

(2)自以为是。处于叛逆期的青少年社会经验与生活经验欠缺,在思想和行为上往往盲目自大,容易以自我为中心,缺乏同理心,情绪波动较大,同时内心又脆弱敏感。

(3)反抗倾向。叛逆期青少年对父母、老师的管教容易产生厌烦、抵触情绪,遇事冲动、易怒,在家里易顶撞父母,在学校易与老师对立,目无尊长,挑战学校规章制度。

3. 叛逆行为的影响因素

家庭因素。家庭环境较差、家庭成员关系不和谐、父母教养方式不合理等都有可能成为影响青少年叛逆行为的不利因素。生长在父母离异、婚姻质量较低家庭中的孩子,其心理会产生一定的创伤感和失落感,从而助长其叛逆心理、叛逆行为的发生。在父母管教严厉的家庭中,父母对子女要求过严、期望过高,这种强硬的教育方式会导致子女压力过大,从而产生叛逆、逆反心理。另外,父母或忙于工作,或对子女过于威严,在生活中与子女缺乏交流、沟通,使双方互不明晰对方的想法、意图,加重双方的分歧和不解,最终导致子女叛逆行为的产生。

学校教育因素。中学生大部分时间都在学校中度过,教师的教育方式、教育风格以及师生关系等都会成为青少年叛逆心理及行为的影响因素。其中一部分原因是教师在教育工作中的不合理方式引起的,如一些教师对学生的要求过高;一些教师不尊重学生,对学生提出要求时常使用命令与强制方式;一些教师习惯于否定学生,对学生的轻度错误行为也大加斥责,采取过激的措施对学生进行惩罚;一些教师偏爱成绩好的学生,贬低、讽刺甚至辱骂基础较差、成绩较差的学生。教师的种种不合理行为都会加重学生的消极情绪,使学生降低或丧失学习信心,导致其对教师产生抵触情绪,出现讨厌教师、厌恶学习甚至逃学等现象。

同伴群体因素。由于同伴群体的感染与影响,当群体中有一方出现叛逆心理或行为后,其他心智不成熟的中学生可能会将其看作"潇洒"行为进行模仿,从而吸引整个群体出现叛逆心理或行为。

个人因素。中学生随着年龄的增长,其独立意识和自我意识日益增强,他们迫切希望摆脱"未成年"身份,以成年人自居,对成年人的态度、行为进行模仿,从而对他人、事物采取挑剔的态度,这种心理及行为在一定程度上肯定了自我存在的价值。另外,青少年由于知识与经验不足,尚未树立正确、牢固的三观,不懂得使用正确的方法论指导实践,看问题容易偏激,喜欢钻牛角尖,容易产生极端心理与行为。中学生容易把教师及家长的劝说与教导理解为损害自尊心的行为,从而加剧叛逆行为的发生。

（四）退缩行为

1. 退缩行为的概念

退缩行为（Retreating Behavior）又叫社会退缩或行为退缩，是与攻击行为相对立的问题行为类型。关于退缩行为的概念，国内外学者从两个角度分别进行了概括。一种是从外在表现的行为角度来阐释社会退缩，是指个体在社会交往过程中外显出来的脱离同伴、长期独处等一系列行为。如我国学者郭念峰等人认为，退缩行为通常指一种回避性的行为方式，当个体处在空虚或焦虑的情境中时，采取回避行为，达到减低焦虑、维护自己的安全与自尊的心理需求的目的。

另一种是从内在心理的角度来理解的社会退缩，指个体为了缓解自身紧张心理而做出反应的可能性，或者是个体遭遇某种挫折情境使自身从中逃离出来的策略或者潜意识需求等。郭洪芹认为，退缩是人们的一种潜意识需求，当个体在预期到不利情境时，为减少或消除不利情境带来的焦虑紧张情绪，回避或逃离特定集体或环境的需求。

本书综合上述两种观点，认为退缩行为是指中学生在社会交往过程中展现出来的脱离同伴、长期独处的行为，以及为了缓解自身紧张心理或在潜意识中逃离某种挫折情境而发生的一系列行为。

2. 退缩行为的表现

具有退缩行为的中学生会有以下表现：胆小懦弱、羞怯自卑、沉默寡言、性格孤僻、缺乏自信、适应困难、过度焦虑、敏感多疑等。

退缩行为在不同个体中的表现也是不尽相同的。根据中学生常见的退缩行为表现，研究者将其分为四种类型，分别为：无意社交型、抗拒社交型、主动孤立型和被动焦虑型。

无意社交型。这类学生对集体活动不抱有兴趣，喜欢独自活动。这类学生并不是患有社交障碍，而是他们的交往倾向、社交欲望水平较低，从而有意识地躲避同学与朋友。由于长时间的独自活动，使他们缺乏与他人交往的机会，进而出现了退缩行为。

抗拒社交型。这类学生总认为其他同学讨厌自己，在与同学一起玩耍时感到被排斥，因而抗拒、逃避群体活动。

主动孤立型。这类学生不排斥社交行为，但常常由于缺乏技巧而令同学感到厌恶。因此常有独自活动的表现。

被动焦虑型。这类学生个性羞怯，较为胆小，不敢主动接近同学，在群体活动中不敢参与其中，也时常会焦虑不安。因此，他们在社交活动中显得较为被动，进而出现了退缩行为。

3. 退缩行为的危害

退缩行为对青少年的危害会随着年龄的增长和人生的发展日益严重。中学时期，退缩行为明显与同伴排斥、孤独感、社交焦虑、低自我价值感等相关，尤其是与其内隐的问题行为存在相关性，严重的还会引发抑郁症、焦虑症、社交障碍等问题，影响青少年身心健康。另外，涉及退缩行为的中学生还可能伴随出现学业困难、厌学逃学等问题。

4.退缩行为的影响因素

个人因素。气质类型是每个个体生来就具有的特点,研究表明,早期气质为"困难型"的婴儿容易产生适应困难和退缩行为。长期挫折经验会导致中学生有挫败感,失去自信,并形成消极的自我认识,从而遇事胆怯、退缩。经历负性生活事件或情感虐待与忽视的中学生也容易产生退缩行为。

同伴因素。同伴关系对个体退缩行为的影响十分重要。积极的同伴关系会降低退缩行为发生的概率,使退缩者在人际交往中更加主动、自信;而消极的同伴关系如同伴欺侮,则会增加退缩行为发生的概率,同伴中被欺侮的一方很可能处在受虐待当中,引起他们不安全感、不信任感和恐惧感,从而引发退缩行为。

家庭因素。家庭结构、家庭成员关系、父母教养方式都是中学生退缩行为的影响因素。父母离异的单亲家庭容易使青少年产生退缩行为。父母之间关系紧张、经常爆发冲突的子女可能因此害怕社交、逃避冲突,在人际交往中表现出胆怯、退让行为。相比安全型青少年,非安全型依恋的青少年在交往中会产生更多的依赖与焦虑,也可能出现退缩行为。另外,在专制型教养方式中成长的青少年出现退缩行为的概率会更大,而民主型教养方式则较为理想、合理。

学校因素。应试教育背景下,教师常常使用粗暴、严厉、生硬的教学方式对待中学生,这种方式会使学生增加焦虑感与恐惧感,变得更加退缩,不自信。在教师教学风格方面,专制型的风格会使学生产生较为严重的挫败感、自卑感,产生学习动力低落与逃避厌学等退缩行为。另外,消极的师生关系,如长期批评、忽视也会使中学生出现退缩行为。

（五）自残和自杀行为

1.自残和自杀行为的概念

自残行为(Self-harm Behavior)又称为自毁或者自伤行为。从其发生的动机而言,包括自杀性自残和非自杀性自残或者谨慎自残。自残行为从程度上可以分为三种:①重大自残;②刻板自残;③表面或适度自残。青少年自残指的是"在青少年当中发生的、不以死亡为目的、故意伤害自己身体组织的行为"。

自杀行为(Suicidal Behavior)是指在意识清楚的情况下,个体自愿以伤害方式结束自己生命的行为,主要包括自杀意念、自杀计划、自杀未遂和自杀死亡等相互独立而又相互连续的阶段。自杀意念是指丧失存活愿望、想自我结束生命的想法;自杀计划是指对自我伤害行为做出了规划;自杀未遂是指已采取具体行动,但并未造成死亡结果;自杀死亡是指已经采取了自杀行动并最终导致个体死亡。

自残被认为是自杀的重要预测指标,调查结果显示,40%的自杀患者有最近自残史。患者自残一般出于各种原因,如逃避痛苦、自我惩罚和获取注意等。另外,青少年自残、自杀行为通常都伴随着严重的心理障碍和心理疾病,如情绪失调、人格障碍、性取向疑虑、性别角色认同困惑、焦虑症、抑郁症等。并且自杀行为和自残行为之间具有显著的相关性。

2.自残与自杀行为的影响因素

个人因素。对于自残行为的性别差异,西方国家的研究发现,女性青少年的自残行为发生率要显著高于男性青少年；中国的研究却发现，男性青少年的自残发生率要显著高于女性青少年，并且女性青少年更倾向于采用切割的方式；而男性青少年则更倾向于采用灼烧或者击打的方式。总体生活满意度和童年期受虐待经历也对自残行为有一定预测作用。童年期被反复重度躯体虐待、反复中度躯体虐待、反复情感虐待的经历是青少年自残行为的危险性因素。积极的应对方式会降低自残行为发生的概率。另外，冲动性人格特征的青少年更有可能在压力、批评或负性事件后做出极端行为。

生理因素。青春期特有的矛盾心理，激素不稳定等生理因素也会加重情绪波动，从而引发自残与自杀行为。患有精神障碍或疾病的青少年，出现自残行为的概率较正常青少年更高。并且，青少年抑郁患者心理问题越严重，越易出现自残行为，其中人际关系敏感、抑郁、焦虑、精神病性症状等问题越突出，青少年抑郁患者更易出现自残行为。此外，合并焦虑障碍的抑郁患者中痛苦体验更明显，治疗难度更大，消极观念及冲动行为更普遍。

家庭因素。在自残行为方面，家庭收入、家庭暴力行为、家庭不良环境因素等对青少年自残行为有比较显著的预测作用。家庭环境较差、父母管教严格的青少年在遇到负性情绪事件后可能无处倾诉，最终向内发泄，导致自伤行为。在自杀行为方面，父母对子女心理健康教育缺乏重视，一些父母只注重子女的学习情况，而忽略其心理健康，进而放任了疾病对孩子的损伤。缺少对子女死亡知识的教育，让子女误以为死亡即是"自由"。家庭支持倒塌，在关系不和谐的家庭中成长起来的子女，在他们遇到困难时容易缺乏支持，并走向极端。部分父母对孩子要求过高，即使孩子犯很轻的错误也喋喋不休、穷追不舍，逐渐将孩子逼上绝路，这也是国内近几年数起青少年自杀事件的产生原因。

学校因素。学习压力是预测青少年是否自残的重要因素。同时，师生关系和同学关系是否融洽、是否遭到校园霸凌与青少年自残行为也有一定相关性。许多学校重视智育、重视成绩而轻视心理健康教育，或心理健康教育课程设置不足，这在一定程度上对学生的极端行为起了消极作用。另外，校园霸凌现象也是自杀行为的诱因。被霸凌的青少年除了要忍受身体上的痛苦，还可能遭到辱骂、嘲笑、歧视，这些举动都助长了其自杀意念及行为。

社会原因。国外一些别有用心的人或组织一直未放弃对我国青少年的荼毒，如"蓝鲸游戏"等，就是通过心理控制，使落入陷阱的青少年从自残步步走向自杀，从而达到其阴险的目的。

二、中学生常见问题行为评估量表

中学生行为评定量表多为他评量表，主要有父母用、教师用、专业人员用，青少年则常用自评量表。有的量表用以全面评估儿童行为问题，也有的仅用于某些症状、某些疾病。国内常用的如下：

（一）青少年行为自评量表（YSR）（见附录十七）

阿肯巴克编制的《青少年行为自评量表》（Youth Self-Report，YSR）是目前综合评价青少年行为/情绪问题最常用的量表，共112道题目和8个因子，分别是退缩

(Withdrawn)、躯体主诉(Somatic Complaints)、焦虑/抑郁(Anxious/Depressed)、社交问题(Social Problem)、思维问题(Thought Problem)、注意问题(Attention Problem)、违纪行为(Delinquent Behavior)、攻击行为(Aggressive Behavior)。该问卷采用 3 点计分方式,由"从不"到"经常"分别计 0~2 分。均为正向评分。得分越高,表示该青少年有问题的可能性越大。王润程、王孟成等学者对阿肯巴克青少年行为自评量表的信度和效度进行了检验,经检验,该量表的一致性系数为 0.94,间隔两周总分的重测信度为 0.87,8 个一阶因子条目间平均相关系数为 0.15~0.25,各因子与总分间的相关系数在 0.66~0.82 之间,表明阿肯巴克青少年自评量表在我国青少年中具有良好的信度和效度。

(二)阿肯巴克父母评价量表(CBCL)(见附录十八)

阿肯巴克儿童行为的父母评价量表(Child Behavior Checklist,CBCL)系美国心理学家阿肯巴克和埃德尔布洛克于 1983 年编制、1987 年修订的父母用儿童行为量表,具有完整的信度、效度检验资料。

阿肯巴克儿童行为量表内容共分为三部分。

第一部分:一般项目,包括姓名、性别、年龄、出生日期、种族、填表日期、年级、父亲职业(工种)、母亲职业(工种)、填表人(父、母、其他)。

第二部分:社会能力,包括参加体育运动情况、课余爱好、参加集体(组织)情况、课余职业或劳动、交友情况、与家人及其他儿童相处情况、在校学习情况。

第三部分:行为问题,包括 113 个条目,8 个因子,分别为退缩、躯体主诉、焦虑/抑郁、社交问题、思维问题、注意问题、违纪行为和攻击行为。填表时按最近半年(6 个月)内的表现计分,采用 3 点计分方式,由"从不"到"经常"分别计 0~2 分,如第 30 条"怕上学",如果过去有,而最近半年内无此表现,即计 0 分。

我国学者忻仁娥等对 CBCL 进行了标准化,建立了我国城市儿童常模参照。1996年,苏林雁、李雪荣等人对阿肯巴克儿童行为量表进行标准化,并制定了湖南常模参照。经信度、效度检验,认为 12~16 岁男、女常模参照适用于我国儿童。

(三)阿肯巴克教师评价量表(TRF)(见附录十九)

阿肯巴克教师报告表(Teachers' Report Form,TRF)是阿肯巴克在父母用儿童行为量表(CBCL)的基础上制定的教师用量表。TRF 所评估的内容包括学校成就及适应能力、行为问题两大部分。学校成就系统评价儿童在校学习的主课成绩与班上同学相比的程度,按 1~5 级评分;适应能力分 4 项,包括用功程度(Working Hard)、举止行为是否得体(Behaving Appropriately)、学进去了多少(Learning)及快乐(Happy),按 1~7 级评分,将 4 个单项相加即为适应总分。行为问题共 120 项(包括 2 个由教师自行填写内容的项目),按 0、1、2 三级评分,分为 8 个因子,即退缩、躯体主诉、焦虑/抑郁、社交问题、思维问题、注意问题、违纪行为及攻击性行为。将所有单项相加,即为行为问题总分。

量表的信度与效度:在信度方面,通过检验项目与分量表的相关性,发现除少数项目(如眼睛毛病、皮肤毛病、幻听、幻视、神经质、白日梦等)外,均达到测量学要求。对各因子进行同质性检验,α 系数均达 0.6 以上。在效度方面,从量表内容来看,绝大多数项目均能反映异常问题。经检验发现,该量表在注意问题及外显性行为问题的区分能力较好,而在内隐性行为问题及思维问题方面,量表的区分能力稍差。

TRF 所评估的内容包括学校成就及适应能力、行为问题两大部分。由于学校成就部分的评价方式,是教师对青少年在校学习的主课成绩与班上同学相比的程度的评分,难以成表,所以在本章中仅展示量表中教师对青少年行为问题的评价部分。

第三节　中学生问题行为干预与道德教育的促进措施

一、学校、家庭与社会方面的应对策略

(一) 正确审视中学生问题行为

首先,青春期是青少年从幼稚到成熟的过渡时期,其生理与心理变化不稳定,情绪易波动,进而产生极端的想法与行为。其次,青春期的孩子在内心中渴望成为"大人",像成年人一样生活,但是又因为缺乏社会经验而造成片面地模仿成年人的行为举动,从而助长问题行为的产生。再次,中学生面临着巨大的学习和升学压力,再加上部分家庭、学校严厉的管理方式,易使学生身心俱疲,导致各种问题行为的发生。因此,学校、家庭及社会各界应对青春期有科学合理的认识,应结合青春期孩子的生理发育、认知发展以及心理社会性发展情况,理性看待青春期少年的问题行为,挖掘其问题行为产生的深层原因,并采用积极引导教育、科学矫正治疗等方式,缓解其心理压力、纠正其错误行为,而不是将问题行为当作洪水猛兽,一味压抑、训斥孩子,这样只会适得其反。

(二) 提升家长、教师的心理健康水平

中学生问题行为的发生与家庭、学校和社会都有一定的相关性,同时也与中学生个人的心理因素有关系。多种因素交织在一起,从而导致中学生产生一些问题行为,而这些问题行为的产生又与心理健康状况互为影响因素。但是,许多中学仍存在重视学业成绩,轻视心理健康的问题。近年来,我国教育部门开始逐渐重视学生的心理健康问题,并出台了相应的政策,以期改善上述状况。因此,家庭、学校以及社会各界应顺应青少年生理心理发展变化,提高中学生心理健康教育重视程度,完善学校心理健康教育制度,切实推进相关政策的落实。

与此同时,学生家长及教师的心理健康状况与中学生心理健康程度息息相关,也应受到广泛关注。相关单位应对家长及教育工作者的心理健康水平进行定期测查,组织其参加一些减压放松的活动,确保其心理状态稳定、健康,这样做不论是对其自身还是中学生都大有裨益。

(三) 对各类学生因材施教

每位学生都有其独特的先天遗传条件与后天成长环境,因此形成了各自不同的个性特点。就气质类型来说,抑郁质的学生有内向、胆小、多疑等特点,易形成退缩、逃避、社交障碍等问题行为,教师和家长对他们要切忌公开批评,要给予其加倍体贴、关心,给他

们安排力所能及的任务以使其经常获得成功的体验；胆汁质的学生有易冲动，易怒易躁、一意孤行等特点，容易产生攻击性问题行为，教师和家长应培养此类学生的自控能力，在其控制不住情绪时应循循善诱而不是使用愤怒、暴力的方式进行管教。总之，家长和教师在教育孩子的过程中，应该因材施教，注意发现孩子性格上的特点，重视孩子的优点与闪光点，再对弱点进行引导与矫正，避免使用打压式、忽视式等教育方法。

（四）激发中学生学习和社交动机

学习动机是直接推动学生进行学习、交往等活动的内在动力。一些中学生学习的需要不足、动力不足，导致在思想上不重视学习，心思不放在学习上；一些中学生社交的动力不足，导致抗拒社交、与同学关系冷漠等。反映在问题行为上就是退缩行为、逃避行为、学习障碍、适应障碍、社交障碍等。教师和家长要注意对青少年学生进行思想教育，完善奖励机制，鼓励和引导此类学生多参加学习和交往活动。同时还要注意保护学生学习、探究的原发兴趣、好奇心及好胜心，激发其成就动机，为其创造成功的条件和机会。逐步调动学生认知、自我实现及交往的内驱力，做到在学习、交往等活动中预防和矫正学生的此类问题行为。

（五）加强中学生法治道德教育

一些学校、家庭认为中学生还是未成年人，其思想尚未成熟，问题行为情节较轻，在他们犯错后大多进行一些常规性惩罚，如写检讨、赔礼道歉等；或直接掩盖青少年问题行为导致的危害。这些想法与举动看似保护了孩子，实则无视道德与法律，助长了青少年问题行为的产生，尤其是攻击性、杀人伤人、逆反行为等破坏性较强的行为，会对整个社会带来严重的负面影响。有研究者认为，应该完善未成年人刑事法律制度。要加强法制教育，应组织中学生系统学习《中华人民共和国未成年人保护法》《中华人民共和国预防未成年人犯罪法》等法律法规，使其认识到一些破坏性问题行为后果的严重性，促使他们敬畏法律，遵纪守法。也有研究者提出，法制教育重在平时，家长应以身作则、学校应积极举办思想教育与法制课程以及法制教育等主题活动，在实际生活中对中学生进行渗透式教育。

二、中学生问题行为的常见疗法

（一）观察学习法

观察学习的原理主要来自班杜拉的社会学习理论，主要通过利用人类效仿榜样的本能使其达到获得新的行为的目的。模仿学习共分为四个步骤，分别为注意过程、保持过程、复现过程和动机过程。这四个过程通俗来讲就是，首先，为需要进行行为矫正的中学生树立榜样；其次，使学习者注意到榜样的行为，从而进一步推进观察学习；再次，学习者对榜样行为进行保持，达到即使榜样不在身边或眼前，学习者也能将榜样行为记下来；最后，学习者能够复现榜样行为。观察学习法能够有效帮助问题学生学习其缺乏的某种行为，也能够帮助问题学生改善其存在的不良行为。比如，想要改善某中学生的退缩问题，可以采用观察学习法，让其观察榜样进行社交活动时的场景，激发其自信心，帮助其发展社交技巧,从而改善退缩行为。

(二)体育运动疗法

体育运动除了能够强健中学生体魄之外,还具有培养中学生积极健康的兴趣爱好、改善中学生精神面貌、拉近同伴之间的社交距离等诸多益处。多进行体育运动可以对青少年成瘾行为有积极效果,能够帮助其减少依赖,也有助于改善逃避、退缩等问题行为。有研究发现,进行篮球、羽毛球等合作类体育项目,可以使具有退缩问题的中学生产生归属感,获得交往的需要;体育运动对网络成瘾的预防和治疗也有一定效果,如对于轻度网瘾者,在运动中会产生运动快感,从而在一定程度上缓解网瘾,减轻网络依赖;但对于重度网络成瘾患者,治疗效果不够明显。另外,以家庭为单位的体育运动也可以通过增进亲子关系、减轻中学生主观学业负担等路径提升青少年的心理健康水平。

(三)厌恶疗法

厌恶疗法是一种较为常用的行为矫正技术。该疗法采用条件反射的原理,将所要戒除的目标行为或症状与某种不愉快的惩罚性厌恶刺激相结合,使个体在进行某一项问题行为时,就会伴随出现不良体验,从而达到因为感到厌恶而减少目标行为的目的。厌恶疗法可以有效改善成瘾行为,但也具有一些消极后果,如会给求助者带来不愉快体验;造成厌恶感受的泛化,即被治疗者可能会厌恶治疗师与治疗场所的现象。以下将介绍两种相对安全的、适合应用于成瘾程度不高的中学生群体的厌恶疗法形式。

1. 橡皮圈疗法

具体做法是让问题学生在腕部带上橡皮圈,当出现不良行为时立即用橡皮圈弹击皮肤,皮肤的疼痛感就成了惩罚性的厌恶刺激。橡皮圈疗法安全健康,对中学生伤害甚微、效果良好,在日常生活中可随时使用,并且可以由中学生自己掌握弹击力度的大小,但是要求使用者有较强的自控力。

2. 想象厌恶疗法

这是中学生较常用的疗法之一,指通过治疗师的口头引导,将某些厌恶情境与中学生想象中的刺激联系在一起,从而产生厌恶反应,达到治疗的目的。比如,当中学生出现上网或看手机的欲望时,要求其立即闭上眼睛并想象使其感到恐惧的人或事物,以此达到改善成瘾行为的目的。此疗法操作简便,适应性广,安全有效。

(四)团体疗法

团体疗法一般作为一种辅助疗法,有助于改善退缩逃避行为、叛逆行为、成瘾行为与自残自杀等问题行为。团体疗法以存在相同问题的群体为单位,从缓解精神压力,改善负面状态入手,增加问题学生的自我掌控能力,提升其对自我的关注度;通过鼓励、正向反馈、思想教育、身体活动、肌肉放松等活动革新其情绪状态、激发其自信心与存在感。有研究表明,经过 10 个星期的团体治疗后,相较于对照组,实验组被试的自我控制和自我效能感水平得到明显提升。

(五)替代递减疗法

替代递减疗法旨在培养问题行为青少年的其他有益兴趣爱好,通过增加对其他爱好的关注从而减少对问题行为的兴趣与时间,对改善成瘾行为效果显著。例如,可以通过培养阅读兴趣从而缓解网瘾青少年投入网络游戏的时间。在专业心理教师或心理治疗师的帮助下设计递减计划表,如前三日逐日递减上网时间20%,第四日起逐日递减10%,减少接触网络游戏内容的时间,降低其抑郁、焦虑水平,从而降低其网瘾水平。除阅读外,替代内容还可以是集体辅导、主题活动、体育锻炼等积极健康的兴趣爱好。

(六)药物治疗

矫治较为严重的问题行为如严重的成瘾行为、严重的攻击性行为、自残自杀行为等,仅使用外部矫正方法是远远不够的,还要通过进一步的药物控制来抑制其问题行为的发生。如周旭辉等人使用精神类药物舍曲林治疗青少年网络成瘾行为,在其研究中,实验组接受舍曲林治疗,对照组接受安慰剂治疗。8周过后,与对照组相比较,实验组在网络成瘾五个维度评分上显著下降,这表明服用舍曲林可有效改善抑郁、焦虑情绪,进而改善网瘾行为。对于此类严重的问题行为,需及时前往正规医院精神科进行就诊,并接受相应治疗。

【教学案例回顾与干预】

1. 现存问题

小郑的行为属于网络成瘾问题行为。表现为明显的沉迷网络游戏,并造成学业、家庭、人际、社会等身心功能的减弱,并出现了明显的戒断反应。

2. 主要成因

(1)环境因素。

从学校教育环境因素考虑,有可能是因为学校单一的教学评估方式及高考制度等因素,追求知识的刻板灌输,轻视对学生学习兴趣的培养,致使学生学习任务较重、难度较大;从家庭方面考虑,父母有可能存在溺爱或专制的不良家庭教养方式,也可能存在对孩子要求较高等情况,导致小郑压力较大、无处发泄。此时,对青少年有很大吸引力的网络游戏就以特殊的角色进入了小郑的生活中,使他可以在游戏中宣泄压力、获得满足。这样多种外界因素相结合,导致了小郑的网络成瘾行为。

(2)自身因素。

小郑作为青春期的少年,独立意识增强,出现成人感,在一些事情上不愿受父母、老师过多的干预与照顾,网络游戏恰好提供了其"成为成年人"的平台。虚拟网络游戏中的"任务""社交"等设定可以满足他对成人世界的向往,使他摆脱幼稚的模式,导致了成瘾行为。

3. 干预对策

(1)个体心理治疗。

由专家从心理层面讲述网瘾成因,剖析个性特征与教养环境在网瘾形成中的作用,让小郑学会自我剖析,并争取家长的配合。旨在消除小郑的心理困惑,帮助小郑摆脱网瘾,培养他自强、自尊、自信、积极、乐观等品质,重塑其社会适应能力、责任感,最终帮助他戒除网瘾。

（2）体育运动疗法。

体育运动对戒除青少年成瘾行为有着积极的效果，能够有效减少网络依赖。在对小郑进行治疗的过程中，首先，要发掘一个他较为擅长或热爱的运动项目，如打篮球或打羽毛球；其次，要培养小郑进行此项运动的习惯，如达到每天两小时的运动时长，在结束后给予他一定的奖励，定期观察他对运动的新态度、新感悟；最后，让小郑发现运动项目的乐趣，激发他的潜力，使他在减轻网瘾的同时改善精神面貌、收获积极健康的兴趣爱好。

（3）奖赏激励。

在干预治疗过程中加入奖赏机制，在小郑的言语、态度、行为服从规范时进行奖赏强化，反之则进行相应惩罚，并让他承担相应责任。其目的是让小郑明白什么是正确的行为，什么是错误的行为。

（4）替代递减疗法。

替代递减疗法对改善成瘾行为效果显著。对本案例而言，可以培养小郑进行其他有益的兴趣爱好，使他增加对其他爱好的关注从而减少对网络游戏的兴趣与时间，这个爱好可以是体育运动，也可以是阅读、下棋、绘画等。以阅读为例，可以让小郑在专业心理教师或心理治疗师的帮助下设计递减计划表，前三日逐日递减上网时间 20%，第四日起逐日递减 10%，逐渐减少接触网络游戏的时长，同时培植小郑对阅读的兴趣，从而降低其网瘾水平。

4. 疗效评价

经过咨询师与治疗师的双重干预，小郑在《网络成瘾测评量表》中的得分显著下降。根据咨询师的观察评估、小郑父母及其本人的反馈信息，小郑平时投入网络游戏的时间明显减少，在学习、社交等方面也有了明显好转，重心由网络游戏转移到了学习上。由于戒除了网瘾，回归了正常健康的作息时间，其戒断反应也明显消除，精力不济、心慌、焦虑、头痛、失眠等症状也明显减轻甚至消失。

思考题

小青，女，16 岁，某中学高一学生。最近有同学反映小青手腕和胳膊上有多条划痕，新旧交错，伤痕累累。除此之外，小青最近情绪比较低落、忧伤，对学习兴趣降低，整日低沉，学习成绩也在一直退步。

小青家境普通，为家里独生女。小学时在乡下居住，从 12 岁开始被父母接到市区上初中。从小学到初二，小青学习成绩一直较为优秀。初三时第一次出现自伤行为，被当时的班主任发现并进行批评教育。中考正常发挥，进入一所普通高中就读，入学成绩靠前。小青的父亲对她要求严苛，重视学业成绩，在得知小青有自残行为后带其去了当地医院的精神科就诊，但小青未住院也未接受药物治疗。因其高中为寄宿中学，与父母见面次数少，所以父母未发现其异常行为。在学校中，小青朋友较少，不爱交际，喜爱独来独往。不爱与老师交流，几乎从未问过老师问题。

请指出小青存在哪种问题行为。并思考，如果小青是你的学生，从心理健康与道德教育融合的角度出发，你会如何对她的情况进行干预？

【参考文献】

[1] 王淑兰.青年心理学概论[M].西安:陕西师范大学出版社,1986.

[2] 雷雳.发展心理学[M].北京:中国人民大学出版社,2013.

[3] 麦岛文夫.中学生与问题行为[M].北京:中国青年出版社,1988.

[4] 赵小红.学生品德问题与教育方案[M].北京:中国轻工业出版社,2009.

[5] 王玲.高中生常见心理问题及疏导[M].广州:暨南大学出版社,2006.

[6] 雷雳,冯金华,等.中小学生心理行为问题干预[M].北京:首都师范大学出版社,2010.

[7] 高妙根,李季平.行为问题学生心理健康辅导的理论和实践研究[M].上海:上海社会科学院出版社,2009.

第八章　中学生师生关系发展与道德教育

【本章概述】

随着教育教学改革和素质教育的深入开展,师生关系成了教学活动中重要的一环。在教学活动中,教师和学生形成了一种特殊的人际关系和社会关系。教师和学生有着各自的身份和地位,在实现教育目标的同时,通过教与学的直接交流活动形成了多层次的关系体系。这种关系会直接影响教师与学生在教学活动中的体验与感受。良好师生关系有助于教学活动的有序进行,同时良好师生关系是道德教育的重要基础,对学生身心健康发展有着重要作用。

本章第一节介绍了师生关系的概念及理论,介绍了师生关系的种类和特点,并介绍了良好师生关系的作用。第二节阐述了师生关系的常见问题,介绍了评估师生关系的常用方法。第三节提出了师生关系常见问题的干预措施,以及如何建立良好的师生关系。

【关键词】

师生关系　冲突　依恋　沟通　信任　偏见　心理代沟

【案例导引】

小红,某实验学校初二学生,在一次数学月考中,小红的数学成绩从130分下滑到了105分,下降比较明显。她上课时总是精神恍惚,心情忐忑,下课时总是躲着班主任,做任何事也都小心翼翼。近期小红的爸爸妈妈因感情不和在闹离婚,为了她的抚养问题每天争吵不休。家庭的变故让她很苦恼,根本无法静下心来学习,晚上睡不好,上课时又想睡觉,注意力无法集中。她本想跟班主任沟通,寻求班主任的帮助,可是班主任上来就谈学习的事情,这让她无从开口。她说上小学时她很喜欢与班主任交流,只要有心里话她一定第一个告诉班主任,她们是无话不谈的好朋友。可是现在一切都变了,她感觉班主任找她交流的目标一定是考试成绩,她害怕与班主任交流。

第一节　中学生师生关系概述

哈维·麦凯(Harvey Mckay)曾经说过:"建立人际关系就是一个挖井的过程,付出的是一点点的汗水,得到的却是源源不断的财富。"师生关系在教学活动中占有重要地位,和谐的师生关系与和谐社会、社会主义核心价值观相契合。和谐的师生关系会使学生产生愉悦、轻松等积极情绪,有助于师生的身心健康,成就学生的前途,进而提升教育教学改革质量,甚至有可能对社会有正性影响。

一、师生关系的概念及理论

（一）师生关系的概念

师生关系(Teacher-Student Relationship)是指在教学活动中学生和教师所构成的交互关系，是一种特殊的人际关系和社会关系。教师和学生有着各自的身份和地位，在实现教育目标的同时，通过教与学的直接交流活动形成多层次的关系体系。

从文化生态的观点来看，师生关系不只是一种单纯的私人关系，它具有公共领域中人际关系的特征。师生关系的核心是把教师和学生看成是真正意义上的"人"，即师生的价值是平等的，没有高低、强弱和优劣之分。

从心理学的视角来看，师生关系是以维持和发展教育关系为目的的心理关系。教师和学生为了维持和发展教育关系而构成内在心理联系，包括人际关系、情感关系、个性关系等。师生之间良好的心理关系，比如情感融洽、个性相投、人际关系和谐，是师生教育关系的基础，并且直接关系到师生教育关系的存在和发展。师生间的心理关系通常以内隐的方式反映师生间的社会关系和教育关系，具有情境性和弥散性。优秀的教师不仅是传道授业解惑的高手，还是能够吸引学生的朋友。

（二）师生关系的理论

1. 关怀理论(Care Theory)

关怀理论指的是美国当代著名教育哲学家内尔·诺丁斯(Nel Noddings)的关怀思想，关怀理论是一种以关系为中心的理论。诺丁斯提出，在教育过程中，师生之间需要建立一种关怀关系，为师生关系的发展提供了建设性意见。在美国20世纪70年代末80年代初，诺丁斯提出了她的关怀思想并将其运用到教育领域，形成了独具特色的教育领域内的关怀理论，建构了教育的一种新模式。这种新的教育模式是以学会关心为主要教育目标，强调关系的道德价值，并且将其扩展到师生关系当中，而不是像传统伦理那样强调权力。

关怀理论的基本观点为：关怀他人和被他人关怀都是人的基本需要，每个人在人生的各个阶段都需要得到人们的理解、接纳、尊重和认同；关怀是一种美德更是一种关系，关怀双方在关怀关系中是平等互惠的。

2. 依恋理论(Attachment Theory)

依恋理论是由鲍尔比(Bowlby)提出的。依恋理论包括六个重要的组成部分，分别是先天依恋行为系统、依恋相关的情绪调节策略、自我和他人的内在工作模式、依恋模式或风格、安全型依恋被视作一种心理资本、不安全型依恋导致的功能失调。在面对不同的依恋对象时，个体会形成不同的情绪调节策略。根据依恋理论，安全性依恋的个体更容易与他人建立良好、满意的社会联系，并成功处理关系冲突带来的压力；反过来，个体如果在幼儿时期受到父母的排斥、拒绝，形成不安全的依恋模式，其人际交往会遇到很多困难。师生关系的好坏与亲子依恋质量紧密相连，亲子依恋越安全，中学生与教师的关系越和谐。

3. 角色理论（Role Theory)

角色理论是指某个角色在社会或组织中的个人行为或观念的理论分析框架的总和。

"角色"最初是美国社会学家乔治·米德（George Mead）从戏剧中借用来分析社会情境中的个人行为方式。之后，"角色"一词进一步被用来分析社会情境下个人与组织、个人与社会间的关系，成为理解社会行为和社会机构的基础。国内外学者大多通过角色、地位、个人关系的视角来定义"角色"。拉尔夫·林顿（Ralph Linton）将角色定义为个人地位的动态方面，认为每个角色都占有一定地位，并进一步解释地位即个人在层级制中的位置，角色就是与地位相符的权利和义务的集合。例如，"教师"是个人在社会中的地位，当个人执行了教学、研究等赋予"教师"这一地位的权利和义务后，他就扮演了"教师"的角色。之后的多数学者也都遵循了林顿对"角色"的理解。与林顿不同的是，默顿认为，一个人的社会地位不仅与自身的角色相关，还与周围人的角色相关，从而组成一个"角色集"（Role Set），而一个人因多个地位拥有的多个角色则被定义为"地位集"（Status Set）。例如，对"教师"这一角色的定义，不仅与他自身相关，还与教师紧密关联的角色相关，如学生、家长、院系领导、学校行政人员、有产学联系的企业人员等，因而教师自身以及与教师地位相关的其他角色，共同组成定义教师的"角色集"。

4. 社会支持理论（Social Support Theory）

社会支持是一种以个体或群体为中心，由人际交往与社会互动关系构成的资源点，它可以表现为情感、物质、信息、行为等多种手段。社会支持既可以是个体或群体从各种互动过程中获得或感知的亲密关系，也可以是外部可利用的主客观资源。

中学生心理健康教育的社会支持是指在开展心理健康教育工作的过程中，为提高全体中学生的心理素质，促进健全人格的发展，在相关主体的协同作用下所形成的包含学术、行政、关爱等因素的多元复合支持网络。

社会支持理论主要应用于以下教育领域：社会支持与学习动机、社会支持与学习压力、社会支持与学校适应、社会支持与学业成就、社会支持与教育持续性、社会支持与教育决策。

二、师生关系的特点和种类

（一）师生关系的特点

1. 爱生尊师

爱生尊师是一种社会关系，是新型师生关系的集中体现。爱生的含义是：第一，教师热爱全体学生，尤其要爱那些特别需要帮助的"学困生"和"问题生"。第二，责任感是教师职业要求的自觉意识。这种爱，不同于一般意义上的爱，这种爱主要是源于教师对祖国未来的关心和期待，对教育事业的无限忠诚。教师对学生的爱，是一种高尚、纯洁、无私、博大的爱。尊师是对学生而言的，其含义是：第一，学生对教师要尊敬、讲礼貌。第二，学生尊重教师的劳动，对教师的育人工作有感激之情和感恩之心。第三，学生对教师的教导、要求和评价应严肃认真地对待。学生对教师不盲从，坚持独立思考。第四，学生尊重教师的人格与尊严，了解和认识教师工作的意义，主动支持和协助教师工作。

爱生是教师的天职，是教师职业道德的核心内容和重要内涵。人们常说，教师要"爱生如子"。教师热爱学生，学生才能尊重、信任教师，进而才能"亲其师则信其道"，从而使学生更愿意接受教师的教育和谆谆教导,产生一种积极向上的内在驱动力。爱生尊师,是社会主义国家新型师生关系的反映。同时,教师热爱学生是教育好学生的前提,教师对学生无私纯洁的爱是连接师生心灵的桥梁。

2. 民主平等

民主平等是指教师理解学生,承认他们的兴趣,支持他们的爱好,看到他们的进步。教师设身处地地处理学生中发生的问题;教师要站在和学生平等的角度来理解他们、帮助他们,而不是站在成人的角度,居高临下,审视他们,发挥非权力性的影响;教师要善于倾听不同意见,激励学生在教学活动中正确表达自己的思想和行为,与他人合作和共同学习。

3. 教学相长

"教学相长"是一则汉语成语,最早出自西汉戴圣的《礼记·学记》,其含义为教与学互相增长,指通过教授和学习,不但能使学生得到进步,而且教师的水准也可借此提高,教与学互相促进。在现代教学中,"教学相长"包括三层含义:一是教师的"教"可以促进学生的"学";二是教师可以向学生学习;三是学生可以超越教师。

4. 心理相容

心理相容指的是教师与学生之间在心理与行为上的彼此协调一致。它是师生人际关系的重要心理成分,是师生团结的社会心理特征。心理相容以师生间的教学活动为中介,中介水平不同,心理相容的层次、水平也不一样。低层次的心理相容不是以教学为中介,而是受个人情绪、好恶所制约;高层次的心理相容则是建立在共同活动的基础上。因此,心理相容是以师生间对教学活动的动机与价值观的一致为前提的。心理相容是教学活动顺利进行的重要社会心理条件,在教学实施过程中表现为师生关系密切、情感融洽、平等合作。

(二) 师生关系的种类

1. 专制型

专制型的师生关系,是指教师和学生的关系处于不平等状态,教师凌驾于学生之上,特别强调了教师的权威性。它不仅表现为教师掌控教学的整个环节,包括教学标准的制定、教学内容的选择、教学方法的采用,使学生完全处于被动状态;还表现为教师对于学生感受和需求的忽视。在严重的情况下,更可表现为教师在人格上不尊重学生,产生辱骂甚至体罚或变相体罚学生的现象。

2. 民主型

民主型师生关系,是指师生之间处于平等状态,没有任何一方凌驾于另一方之上。教师将促进学生健康发展为目标,在师生双方相互理解、尊重和信任的基础上,师生在教育教学过程中形成相互合作的关系。民主型师生关系具有民主平等、相互尊重、距离恰当、对话交流、协商共享、师生包容、教师引导等特征,主要包括师生平等合作的教学关系和心理关系。

当师生处于民主型关系时,他们在教学中的模式不是单向的,即并非教师全然地灌输而学生被动地接受,而是一种双向性的互动。在此过程中教师不仅是知识的传授者、管理者,学生学习的指导者、监督者,更是整个教学活动的参与者和合作者。学生也不再是以往传统教育中的被动接受方,而是作为主动的探索求知者参与其中,成为完成整个教学活动的合作者。

3. 自由放任型

自由放任型师生关系,是指学生和教师的关系处于不平等状态,学生地位高于教师,特别强调学生个人能力和主动性在教育过程中的作用。它表现为教学活动的开展以学生为中心,将学生经验、兴趣和需要作为教育活动的出发点,摒弃教师权威。教师的作用只在于引导学生的学习兴趣,满足他们的需要,而不能对学生多加干涉。尽管自由放任型师生关系对学生一方来说具有显著的地位上的优越性,但是仍有部分学生表示对这种师生关系态度的不确定。尤其是对教师来说,对这种师生关系的接受度非常低。

三、良好师生关系的作用

(一)适应现代化教学要求

在现代教育中,学生是否愿意积极配合教师的教育工作,教师能否及时发现学生成长中的问题,在一定程度上取决于两者之间的信任关系。现代教育改革方针指出,构建和谐的师生关系,是学生主动学习、探索知识、乐于接受教师教育的重要方式。从教育观念的转变上来看,构建平等、友爱的师生关系,符合现代教育的发展需求,同时也是引导学生努力学习的良好途径。良好师生关系的构建符合现代教育的可持续发展原则,对现代化教学来说具有重要的探究和应用价值。

(二)满足学生个性发展需求

从现代教育中师生关系存在的矛盾来看,学生需要与教师构建良好的信任关系来满足自身个性发展的需要。在良好的师生关系中,教师更多扮演的是引导者、解惑者、合作者等平等的角色,并不是管理者、知识传授者。在教育过程中,每个学生都希望教师能发现自己的闪光点,希望能在教育中感受到自我价值和自我发展的特性,并非仅以学习成绩进行判断。良好的师生关系能够让教师更加了解学生的发展需求以及学生自身的个性,从而实现因材施教,帮助学生实现全方面发展的目标。

(三)优化教育教学环境

良好的师生关系在一定程度上能够优化教育教学环境,营造更好的教学氛围。良好的师生关系能够打破学生的心理防线,加强对教师的信任感,在轻松、和谐、平等的氛围中开展学习,有助于培养学生的自主学习能力和创新精神。良好的师生关系具有以下教学优势。

1. 促进学生自我人格的形成

为了能够让学生实现个性化发展,教育不应磨灭学生的自我人格。学生在良好的师生关系引导下,会主动进行学习和探索。促进学生自我人格的形成,是良好师生关系下教学的最大优势。

2. 调动学生的兴趣和好奇心

兴趣是孩子最好的老师。学生在兴趣的引导下能够产生对新知识的渴求欲和探索欲。在良好师生关系的基础上,教师让学生自主开展合作,对知识点进行学习,既能够充分调动和利用学生的兴趣,也可以提升学生的综合素质能力。

3. 树立学生自信心

学生并非只有学习这一种能力,探究能力、创新能力等都是学生有实力的表现。在良好的师生关系背景下,教师对每个学生的个性化发展予以充分肯定,帮助学生树立自信心,引导学生朝着符合自身个性的方向发展,充分利用自身优点更好地学习。

4. 充分发挥教师的积极鼓励作用

教师的鼓励和肯定,对学生来说无疑是最大的支持。教师应充分了解这一点,对学生的优点予以肯定,并对缺点进行中肯的评价,充分调动学生的积极性,让他们在主动学习中感受到学习的乐趣。

第二节　中学生师生关系的常见问题及评估

一、师生关系常见问题

(一) 师生关系沟通问题

1. 沟通目标错位

教师将提高学生成绩和掌握班级动向作为与学生沟通的主要目标,然而学生更希望教师能够关注他们的情感,他们想将生活上、学习上、生理上及心理上的烦恼和收获与教师分享,而不仅仅是围绕学习来进行沟通交流,师生双方的沟通目标极易出现错位。

2. 沟通内容功利性强

教师与学生的沟通内容主要围绕学生的学习成绩和学生的纪律情况。学生对班主任的沟通内容并不满意,他们希望教师不要只是围绕学习成绩和纪律进行沟通,希望能够关注他们的兴趣爱好,了解他们的想法,走进他们的内心世界,引起他们的共鸣。

3. 信息交流低效

大多数学生的沟通意愿不强,教师的喜好、班主任的外表形象等因素都会对学生的沟通意愿产生影响。在沟通的过程中学生感觉到地位差异较大,未能体会到真正意义上的相互平等所带来的温暖和关心,使沟通过程有距离感;即使教师注意沟通技巧的使用,但是往往因为各种因素的存在,导致沟通力不从心,沟通技巧得不到有效施展。

4. 沟通方式相对单一

教师与学生的沟通方式主要以"办公室一对多"和"教室走廊当面交谈"为主,这在很大程度上提高了沟通效率。但体现出两个方面的局限性:一方面沟通交流的地点大多是办公室或者是教室的走廊;另一方面沟通基本以语言形式为主。这样的直接交流形式对某些性格内向腼腆的学生而言,不利于他们将内心的真实想法倾诉出来,更不利于双方情感的交流。学生大多认为被老师叫到办公室进行谈话,会让他们有一种犯错感,容易给学生造成不良的心理暗示。

（二）师生关系冲突问题

1. 冲突的必然性

社会学家普遍认为，冲突是普遍存在的一种社会现象，师生冲突作为社会互动方式之一，是社会冲突在教育领域的体现，因此，师生冲突的存在是必然的。师生之间由于价值观、目标、地位、资源多寡等方面存在差异，教育教学活动又使师生有大量的机会面对面接触，所以直接的、公开的冲突很容易发生。

2. 冲突的发展性

师生关系并非固定不变，而是始终处在一个变化的过程中。冲突的方式和强度都会随师生之间的互动方式而发生变化，这与冲突双方解决矛盾的方式密不可分。如果教师没有对矛盾进行良好的疏导，隐性冲突会演变成显性冲突，一般性行为冲突也会发展成对抗性行为冲突。反之，如果师生进行了有效的沟通和协商，负向功能冲突可以转化成正向功能冲突，破坏性冲突也能变成建设性冲突。

3. 冲突的二重性

师生冲突的二重性，即师生冲突对学校教育教学活动不仅仅有负面功能，同时也存在正面功能。一方面，良性冲突有利于促进教师反思，提升自身素质；有利于促进学校规章制度的完善；有利于促进学生社会化进程和学生学习处理人际关系。另一方面，恶性冲突会严重影响师生的身心健康；影响教师的职业态度和工作有效性；降低学生学习的积极性和学习效果。总之，师生冲突的发生是不可避免的，关键是将冲突控制在适当的水平上，降低其破坏性。

（三）师生间的信任问题

在目前的师生交往中，教师依然处于主导地位。首先，师生地位不对等，教师在师生信任方面有着更多的自主权，也就具有更多的选择；而对学生来说，教师是他们除了家长之外接触最多的人，有研究表明，信任程度和交往次数、深入程度密不可分，所以，学生对教师的信任程度比较高。其次，师生是不同的个体，在年龄、阅历、性格、价值取向、兴趣爱好、能力、气质等诸多方面都有一定的差异。教师是受过专门教育的成年人，学生是初知世事的青少年，学生很容易对教师产生强烈的情感依恋，而教师却不可能对学生有如此强烈的情感依恋。最后，教师的社会地位可能会影响学生，使中学生在师生信任、对教师的人品信任、对教师的能力信任和情感信任等方面都给予更高的评价。

学生对教师的信任高于教师对学生的信任；学生对教师的人品信任高于教师对学生的人品信任；学生对教师的能力信任高于教师对学生的能力信任；学生对教师的情感信任高于教师对学生的情感信任。

（四）师生间的偏见问题

在教学过程中，教师和学生之间存在教学偏见和语言偏见现象。教学偏见就是指与教学相关的偏见，是指教师根据自己的主观经验或特定价值需求的满足状况，而对学生采取的不同的对待方式,即倾向某些人、冷漠另一些人的思想或行为。教学中的语言偏见则更强调语言对判断的影响,分为教师语言偏见和学生语言偏见,前者是指教师通过学生的语言进行主观评价,产生主观偏见;后者是指学生通过教师的语言进行主观评价,产生主观偏见。

(五) 师生间的心理"代沟"问题

1. 思维方面

教师认为现在的学生不好管理,认为学生整天想的都是玩手机,学习上也不如以前的学生有上进心。学生与教师之间的沟通也不像以前那么单纯,教师的话还不如网络用语。而学生则认为教师在很多事情上与学生的想法不一样,虽然也知道教师的想法有一定的道理。

教师与学生在面对同一个问题时,存在不同的看法:教师认为学生不容易沟通,而学生则认为与教师相处不融洽。教师的教育方式不为学生所认同,教师对学生兴趣的否定,教师对学生的影响力不强。

2. 行为方面

教育工作者作为成年人,在行为上往往踏实稳重,为人处世谨慎、理性、恪守原则,贴近现实。血气方刚的青少年在行为上大胆,感情色彩浓厚。他们往往不愿受传统模式和外在因素的束缚,喜欢冒险,容易偏激,好走极端,敏锐果敢,做事容易轻率和脱离实际,喜欢随心所欲。在行为上的差异,容易导致师生之间存在认同的困难。

3. 语言方面

教师认为现在学生的语言难以听懂,受互联网的影响过于新潮,要请教他们才能清楚。学生则认为教师的教育总讲大道理,难以贴合实际。教师和学生之间存在"听不懂"的语言,且学生对教师在教育活动中的话语表现出不认同。

二、师生关系评估方法

(一) 测量法

1. 师生关系调查量表(STRS)(见附录二十)

1994 年,皮安塔(Pianta)首次编写了评估师生关系的《师生关系调查量表》,后由北京师范大学张磊在皮安塔编制的师生关系量表(Student-Teacher Relationship Scale,STRS)的基础上,参照我国的教育现状并且分别对教师和学生进行访谈研究后,编制成中学生师生关系量表。此量表一共有 22 个题目,包括回避性、冲突性、亲密性和依恋性四个维度。回避性包括 4 个题目;冲突性包括 9 个题目;亲密性包括 4 个题目;依恋性包括 5 个题目。学生进行问卷填写时使用 5 点计分法,从"完全不符合"到"完全符合"依次为 1~5 分,问卷各维度信度系数为 0.7~0.8。量表有较好的信效度,因素的总解释率为49.499%。在依恋性、亲密性维度上的得分越高,表明师生关系越趋向于正向;在冲突性和回避性维度上的得分越高,表明师生关系越趋向于负向。

2. 师生交互量表(QTI)

大量研究者在临床心理学家利里(Leary)的人格理论模型和测量工具的基础上,发展出一个教师交互量表（Questionnaire of Teacher Interaction，QTI）。QTI 来源于利里的人际间行为的"交流模型"，该模型有亲密性与影响力两个维度。亲密性维度，也叫合作性/敌对性维度，反映了师生交流中的合作程度；影响力维度，又叫支配性/服从性维度，反映了师生交流中的控制程度。分别以这两个维度为横轴和纵轴，可以将平面空间分为四部分，在此基础上，将每一部分平分为两部分，共得到八部分，分别代表八种行为类型，分别是：领导、友好帮助、理解、学生自主、犹豫、不满、惩戒、严格，对于每种行为都有若干种陈述项目，这样就组成了 QTI 问卷。多年以来，大量研究证明该问卷具有较好的信效度，是研究师生交往的有效工具。在应用中，QTI 不但有 100、65、48 等不同项目数的多个版本，而且还被译成多种语言在许多国家使用。2000 年，我国学者辛自强、林崇德和俞国良在此基础上修订了中文版。经过检验，QTI 的各个分量表的内部一致性信度多在 0.80 以上，量表之间的排列分布也与理论推论相吻合。

（二）访谈法

师生访谈，是以口头形式，根据教师和学生的答复搜集客观的、不带偏见的事实材料，以准确地说明样本所要代表的总体的一种方式。访谈法收集信息资料是通过研究者与教师或学生面对面直接交谈的方式实现的，具有较好的灵活性和适应性。访谈法可分为结构型访谈和非结构型访谈，前者的特点是按定向的标准程序进行，通常是采用问卷或调查表；后者是指没有定向标准化程序的自由交谈。

（三）观察法

观察法是指研究者根据一定的研究目的、研究提纲或观察表，用自己的感官和辅助工具，在教学过程中去直接观察师生教学活动，从而获得资料的一种方法。常见的观察方法有：核对清单法、级别量表法、记叙性描述。观察一般利用眼睛、耳朵等感觉器官去感知观察对象。由于人的感觉器官具有一定的局限性，观察者往往要借助各种现代化的仪器和手段，如照相机、录音机、显微录像机等来辅助观察。

第三节　中学生师生关系的促进措施

一、师生关系常见问题的干预措施

（一）教师主动沟通问题

1. 平等沟通

教师和学生不再是"教"与"学"的关系，而是平等和谐的关系。因此，教师在教学中要改变对自身的错误认知，克服心理障碍。第一，克服年龄障碍。由于教师和学生之间年龄差距较大，其思想和行为会存在一定的差异，教师要从学生身心发展和兴趣爱好入手，尝试站在学生的角度思考问题，做学生的良师益友，拉近师生关系。第二，克服由地位产生的心理障碍。教师要把学生当作独立的人，不把自己的主观意识强加在学生身上。在课堂中要尊重学生，充分体现学生的主体地位，让学生敢于表现自己。

2. 真心实意关爱学生

教师在与学生进行沟通交流时一定要把握好尺度,让学生感受到来自教师的关心和爱。在学生遇到问题时,教师除了要对学生进行开导,还要让学生看到自己的实际行动。例如,在学生考试失利时,教师除了要鼓励学生努力,还可以和学生共同分析错误原因,并适当地对学生做出一些物质激励,让学生在学习上产生动力。当学生在生活中遇到不如意的事情时,教师可以在了解情况后,及时和其家长进行沟通,并经常以打电话、发短信的方式关心学生,引导学生调整心态,让学生能够切身感知到自己在教师心中的位置。

3. 公平公正对待学生

在教学中,教师要做到关心、爱护全体学生,尊重学生人格,公平公正地对待每一位学生,设身处地为学生考虑。只有教师对学生发自内心地关爱,才有可能站在学生的角度考虑问题,想学生所想。在感受到教师对自己的关心时,学生会对教师产生极强的依赖感,把教师当作父母一样。在教学中,教师要善于观察学生,多和学生进行互动交流。例如,教师可以要求学生每天写日记,通过写日记的方式表达自己的所见所感和心情。教师在批改日记时可以体会到学生的心情变化,并利用文字的形式和学生进行沟通,促进学生积极向上。

知识链接

沟　　通

沟通是指简单的信息交换过程,即让管道畅通,让水流能够顺畅地通过,能够产生彼此之间的对流,产生共同的意识。沟通这一概念富含多种层次的意思,在管理学上,沟通就是在群体中为了影响他人行为而进行的言语交流。

沟通是进行信息交换,是人与人相互理解并且发生联系的主要形式。这种解释更倾向于沟通是人与人之间的交流,即沟通存在于两人或者更多人之间,信息发送和接收的双方都为人而并非机器;交流的意图在于一方达到影响或激励另一方的目的。

师生沟通的艺术:教师幽默、宽容、尊重和热爱、微笑、科学批评、谨慎对待学生隐私、认真聆听、积极主动参与学生的活动。

资料来源:黑贝尔,威沃尔.有效沟通[M].李业昆,译.北京:华夏出版社,2005.

(二)师生关系冲突问题

1. 教师方面

要想处理好师生冲突,主要在于预防它的发生。一旦师生冲突发生了,解决起来既困难又麻烦。在发生师生冲突的原因中,教师是极其重要的一个因素。尽管师生冲突大多是因为处理学生违纪引发的,学生行为态度是发生师生冲突的关键因素,但也应该看到,教师在冲突发展过程中的推动作用。教师转变教育观念,改变教育教学方法,对师生冲突的发生会起到很好的控制和预防作用。教师需要提出解决措施,第一,关爱、尊重和理解学生,构建良好的师生关系。第二,教师提高自身素质,建立威信,学会控制、调节不良情绪,提高教学水平,增强职业道德修养,增加与学生之间的沟通交流,消除学生不良情绪。

2. 学生方面

学生在平时学习生活中,要严格要求自己,要经常反省自己的行为,发扬优点、克服缺点,养成遵守纪律的良好行为习惯;要掌握一定的自律方法,提高自我监督的意识和能力;要增强自律能力,学会自我管理。教师要让学生正确认识惩罚,虽然惩罚与体罚只有一字之差,但它们之间却有着本质的区别。惩罚是一种在学生认可情况下常规的教育手段,是一种强制纠正学生问题行为的教育方式,它可以让学生懂规矩,明确是非观念,让犯了错误的学生觉醒知耻,激励学生奋发向上;惩罚也有教育和警戒的作用,能有效防止学生从违纪到违法;惩罚作为一种管理手段,也有助于维护集体的纪律,保证集体目标的实现。

（三）师生间的信任问题

1. 改善环境,营造信任文化

校园作为师生学习生活的重要场域,不仅要满足他们正常的学习生活需要,还要让他们受到文化熏陶、精神滋养。所以,学校的建设无论是硬件还是软件,都应该满足信任滋生的各种条件,让师生心情愉悦,渴望求知,向善向美。教师相信学生的能力,信任学生的品格,愉悦地接纳每一个学生。学校形成"信念、信心、信仰、信任"的校风,信任文化内涵建设不断加强,精神风貌积极向上。

学校育人环境对学生成长有着潜移默化的影响,打造信任文化的育人环境非常有必要。育人环境不仅是指物理环境,还包含了人文环境。前者包括校园的整体建筑风格、教学楼走廊、班级环境及教师办公室的布置等;而后者的范围更为宽泛,包括营造平等和谐的师生关系,创建丰富多彩的系列文化活动,尊重、认可和表扬每一位学生的"精彩"等。

2. 完善机制,促进信任发展

学校要建立师生信任的工作机制,保障师生信任的正常发展,提高师生信任程度。教师是师生信任的主体,学校需要将对教师这方面的培训列入整体工作之中。师生信任发展很重要的一点就是要增加师生交往的长度和宽度,长度是指时间,宽度是指方式。延长交往时间、丰富交往方式,可以通过师生主观努力去做到,但这不能保障信任建立的效果。师生间的相互信任是通过双方的互动建立的,互动的方式及其内容主要取决于教师,所以信任机制建设的主体是教师,教师应通过自己的一系列合格的行为活动,来取得学生的信任。第一,多交流,少猜疑;教师应定期与学生交流沟通,了解学生的基本情况。第二,多途径,少谈话;寻找和建立能与学生交流、获取学生信息的多种途径,寻找解决学生问题的多种方式方法。第三,多示范,少说教;信任机制的建设来源于双方平等的交流,单一的说教是否有效也因人而异,所以教师或班主任在思想动态和行为选择上应多引导、多示范,以影响学生的价值判断和价值选择,传承与社会发展相适应的价值观念和行为方式。学校采取干预措施并建立适当的工作机制,能有效保证目标落实。

3. 搭建平台,提升信任水平

教师要让学生信任自己,自身应该具备相应的素养,主要是指基础性素养和专业素养。基础性素养包括教师个人价值取向和发展的内在动力,较多表现在教师的责任心、事业心、仁爱之心,以及积极向上的自我发展动力;宽厚扎实的文化底蕴和与时俱进的创新思维也尤为重要。

聆听学生情感需求,搭建师生信任平台。学校和教师,要充分认识到学生身心发展的年龄特征,聆听他们的情感需求,解决他们在人际交往活动中出现的问题,满足他们想同成年人平等交流情感的愿望,采取合理的教育策略,积极引导,拓展能让他们独立自主的舞台和空间,不断提高他们的交往意识和交往能力。这有助于形成和谐的师生关系,促进师生信任水平的提升。

(四) 师生间的偏见问题

教师先要认识到自身的偏见,并极力改掉对学生的偏见,尽力做到公平公正。教育家赞科夫说:"当教师把每个学生都理解为他是一个具有个人特点的、具有自己的志向、自己的智慧和性格结构的人的时候,这样的理解才能有助于教师去热爱学生和尊重学生。"学生存在不同的学习基础,作为教师不要仅凭成绩去评价一个学生,更应该发现每个学生身上的闪光点。处于青春期的学生,思维、情绪和行为都会表现出明显的不稳定性,易出现敏感脆弱、易喜易怒的消极心理。与此同时,他们又十分渴求得到他人的关注。所以,作为教师要鼓励爱护每一名学生。

当代教师理论一个基本结论是:教育过程本质上是一个交往过程。这种交往不是单向或单维的,而是纵横交错的。倘若这种交往是不充分的,了解是不全面的,做出的判断也是片面性居多。要想促进师生多面交流,教师倾听学生心声的同时也让学生倾听教师的心声,沟通情感,了解彼此行为的目的,不胡乱猜忌怀疑。师生间可以通过不同的方式,例如,谈心、集体活动、师生聚餐等让教师与学生对彼此有更加深入的了解,让教师真正理解学生的需求,从而及时化解偏见行为和语言。

(五) 心理"代沟"问题

1. 互相"换位"思考

当师生之间由于年龄、生活阅历、社会环境、成长经历、所受教育等各方面的原因,相互之间产生思想、观念、价值观等方面的矛盾冲突时,教师要将自己的角色暂时定位在学生方面,学生也要将自己的角色转化成教师,这样相互之间就会多一分理解,可以很好地交流、沟通,达成相互理解、相互谅解的效果。

2. 教师不以"权威"自居

在传统的教师角色中,教师被视为知识、真理的化身。"师道尊严",教师就是权威。在当今信息化时代,青少年学生获得信息、知识的能力和速度可能已远远超过教师,这就要求教师放下"权威"的架子,虚心向年轻学生学习。教师在人格平等的基础上与学生共同成长、与时代共同成长,这样就会减少师生之间的代沟。

3. 积极应对问题

在交往过程中,师生间出现矛盾和问题是正常的现象。当师生遇到这种情况时,师生双方都应该正视问题,而不是回避问题。积极应对,分析问题产生的原因,找到问题的症结所在,相互理解、相互沟通,想方设法予以解决,特别是处于主导地位的教师更应如此。

二、良好师生关系的建立

建构和谐的师生关系是确保教育教学活动顺利开展的重要前提,需要教师、学生、家庭等多方面共同努力。

(一) 教师方面

建构和谐的师生关系,教师应更新观念,用理解、尊重和关爱拉近与学生的距离。教师在教育教学活动中应该更新自己的观念。面对越来越个性化成长的学生,教师应该努力从传统的"传道、授业、解惑"单向传授向师生之间相互交流、沟通、启发、补充和发展转变,引导、激励学生参与课堂教学,教师自己也在教学和学生的反馈中成长。在知识获取渠道多元化的今天,学生获取知识的途径甚至比教师还广泛。让学生获得被教师尊重的感觉,进而激发学生主动探究的学习欲望。

教师应与学生多沟通交流,多关心学生。教师不仅应关心学生的学习,还应关心学生情感方面的问题,这对于学生心理健康成长有着很大的帮助作用。对于成绩差的学生,教师应关注学生在为人处世等其他方面的闪光点,这样就可以让学生不再失落,并感受到教师的肯定和关爱。和谐的师生关系在人际交往的良性循环中得到加强。

教师应树立民主平等的师生观。每位学生都有自己的潜能,一旦被激发,都有可能突破甚至超越自己。教师应相信每位学生的发展潜力,尊重每位学生,这对促进和谐师生关系的发展至关重要。

要为学生营造民主、轻松的学习环境和积极向上的班级文化环境。学生只有在民主、轻松的学习环境中,思维才会表现得最活跃,与此相适应的是积极情绪增多。积极向上的班级文化环境会对学生形成潜移默化的影响,使学生对班级产生认同感与归属感。教师安排工作或活动时,学生就会乐于接受。

(二) 学生方面

建构和谐的师生关系,学生应该严格要求自己。师生关系不和谐的原因,有很多来自学生自己。学生在上课时应当主动配合教师开展课堂教学活动,如果教师出现错误或伤害到自己时,应多一点宽容,理智、耐心地与教师沟通、解决问题。学生应多一点发展自己的特长、爱好,力求避免产生自认为成绩差就一无是处的感觉。应当认识到,除了成绩,还有很多可以努力的方面,还有很多是同样可以获得同学和老师的认可的。树立正确的世界观、价值观,保持一颗积极向上的心,对于违规违纪行为引以为戒,对于社会上的不良风气积极抵制,这些都是学生严格要求自己的具体做法。

(三) 家庭方面

建构和谐的师生关系,家庭与学校应多沟通,营造温馨的家庭氛围。家庭是孩子人生中的第一个环境,父母是孩子的第一任教师。为了便于教师向家长获取孩子更多的信息,教师与家长之间必须开展密切的合作和交流,教师在教学中才能更有针对性地开展教育。家长可以从教师那里学到更多教育孩子的方法和技巧,在生活中更好地与子女沟通,了解孩子的需求,关注并引导孩子的发展。同时家长还应加强自身修养,做到言传身教,帮助孩子树立正确的世界观、价值观,为建构和谐的师生关系提供有利条件。家长应努力创建学习型家庭,包括学习的家庭和家庭的学习,前者是指有利于学习的硬件、软件"环境",后者是指家庭成员的具体学习活动,使子女在健康的学习氛围中接受终身教育理念,以适应知识经济下的学习型社会。

【教学案例回顾与干预】

1. 现存问题

小红的数学成绩下降比较明显,上课时精神总是恍惚,心情忐忑,下课总是躲着班主任,做任何事也都小心翼翼。她无法静下心来学习,晚上睡不好,上课时又想睡觉,注意力无法集中,与班主任的关系从无话不谈到害怕与班主任谈话。

2. 主要成因

小红出现上述问题首先是因为家庭发生巨大的变故,爸爸妈妈因感情不和在闹离婚,为了她的抚养问题每天争吵不休。小红由于家庭原因情绪变化很大,大量的负面情绪积压在心底。其次,师生间的沟通目标出现了错位,小红想和班主任倾诉自己面对的难题,但是每次班主任谈话只把沟通目标聚焦于学习成绩和班级动向,忽视了小红自身真正面临的问题,一定程度上加重了小红同学的心理负担。

3. 干预对策

班主任应该细心倾听学生的烦恼,给予理解,以学生自身问题为主要目标给予解决,而不仅仅是围绕学习进行沟通交流,并帮助小红将自身的负面情绪发泄出来。教师需要及时进行"家庭辅导",父母吵架闹离婚最受伤的就是无辜的孩子,在这段时间里父母无暇顾及孩子,很难照顾到孩子情绪,要排除他们的心理障碍,还需其家长的配合。针对小红的现状,班主任应及时家访,将她在校的表现和其中的原因告知其父母,提醒父母多花时间关心孩子,不要在孩子面前吵架。父母要告知孩子自己有多爱她,多注意孩子的健康成长,并积极配合老师的工作。

4. 疗效评价

这些干预措施使小红能够更加专注于学习,并且情绪逐渐稳定下来了。她开始与班主任重新建立起良好的关系,教师通过针对性的"家庭辅导"帮助小红排除内心障碍,提高自我调节能力,并且积极引导她参与集体活动,增强社交能力。小红在班级中与同学之间也建立了更加密切的联系,成绩也有所提高。总之,这些干预措施帮助小红缓解了她在家庭问题方面的压力和情绪不稳定的状况,重新焕发出对学习和生活的信心,并且取得了一定的进步。

思考题

1. 什么是师生关系?师生关系的类型与特点有哪些?

2. 师生关系常见问题有哪些?如何解决这些问题?

3. 如何建立有中国特色的民主教育?

4. 讨论:在新冠肺炎疫情时代背景下、网上授课状态中,师生关系如何连接?

【参考文献】

［1］刘晓明.和谐师生关系的心理构建［M］.世界图书出版公司,2008.

［2］茱迪斯,A. 迪尔奥.师生沟通技巧［M］.潘琳,译.北京:北京师范大学出版社.

［3］侯晶晶.关怀德育论［M］.北京:人民教育出版社,2005.

［4］［美］内尔·诺丁斯.培养有道德的人［M］.汪菊,译.北京:教育科学出版社,2017.

［5］孙铨.同在屋檐下:师生关系［M］.北京:中国社会出版社,2010.

第九章　中学生亲子关系发展与道德教育

【本章概述】

亲子关系是子女与父母的最初情感连接,也为子女今后步入社会奠定了基础。学者们从不同角度对亲子关系进行了理论分析,这些研究结果在学理上为亲子互动过程奠定了研究基础。受到家庭、个人、沟通等因素的影响,中学生亲子关系也处于动态发展当中。中学生亲子关系互动中的沟通、亲密度、依恋等问题可通过量表和测验等方法进行量化研究,并通过父母和中学生的共同努力来提升亲子关系。

本章第一节介绍了中学生亲子关系的概念及理论、中学生亲子关系的特点和中学生亲子关系的影响因素。第二节介绍了中学生常见的亲子关系问题和中学生亲子关系评估方法。第三节介绍了中学生亲子关系的促进措施,比如营造良好的家庭氛围、改善教育方式、表达积极情绪和改善沟通技巧。

【关键词】

亲子关系　　亲子关系评估　　亲子关系改善

【案例导引】

初二的小明因新冠疫情影响一直在家上网课,但是他学习时不自觉、不专心,上课质量低,作业也是敷衍了事。其父母不管不问还好,只要一跟小明谈学习就出现矛盾,小明不是发脾气把房门一关不出来,就是把父母说的话当耳旁风。父母在小明面前讲道理一点儿作用也没有,无论好言相劝还是严厉管教似乎都无济于事。他的父母感到很无助,前来求助咨询师。面对这样的情况,作为父母到底该怎么办呢?

第一节　中学生亲子关系发展概述

一、中学生亲子关系的概念及理论

(一)亲子关系的概念

对亲子关系的概念界定从不同的角度出发,有不同的侧重点。从生物学的角度来看,亲子关系是养育者与子女之间所具有的无法分割的关系;从社会学角度来说,亲子关系是以血缘与共同生活为基础,父母与子女在家庭中通过互动所形成的人际关系;从家庭的角度出发,亲子关系是以血缘和遗传为纽带,由家庭成员中父母和子女的互动所建立的一种人际关系,它作为人们最早接触的社会关系会影响个体的人格发展、社会认知、心理健康等诸多方面。亲子关系反映了父母与子女之间情感的连接程度,良好的亲子关系是社会适应的基础,是影响个体对待他人与世界的方式。

(二) 中学生亲子关系的理论

1. 家庭系统理论

家庭系统理论是美国心理治疗专家默里·波文(Murray Bowon)提出的关于人的情绪活动与交往行为的理论。他提出家庭是一个情绪单位,家庭成员有强烈的情绪联系,每个家庭成员的活动都是相互的。当家庭成员(焦虑者)认为另一家庭成员有问题(问题者),其越是关注和担忧就越会加重焦虑者的焦虑和问题者的问题,因此双方都成为情绪的俘虏。国内学者张志学用"自我分化""慢性焦虑"和"三角"对家庭系统理论进行解释。自我分化水平和慢性焦虑呈负相关,自我分化水平高、慢性焦虑水平低的个体才不会卷入家庭情绪中。三角系统需要消除焦虑才能和谐相处。

2. 家庭沟通理论

家庭沟通理论又称萨提亚沟通模式。该理论认为任何一种沟通都涉及自我、他人、情景三层面,沟通是这三个层面相互作用的过程。沟通是彼此传递和分享信息的过程,促进家庭成员角色的正常实施和家庭功能的正常运转。五种沟通模式分别为讨好型、指责型、超理智型、打岔型和一致型。前四种是问题型沟通模式。一致型是萨提亚提倡的有价值的沟通方式。具体而言,首先要对自己的情绪和感受保持开放的态度,对内部存在的身体信息等给予充分觉察、承认和接纳,而非苛责自己的内心体验。其次要认识到每个人有多重选择来处理自己的内心感受,重点在于选择与即时情景相匹配的处理方式,感受和表达感受的行为是不同的,需要通过学习来处理自己的内心感受。

3. 家庭沟通图式理论

家庭沟通图式理论是基于平衡理论发展而来的,它认为家庭成员有一个关于家庭关系和成员之间沟通的内在工作模型,即家庭沟通图式,图式不同,其内容也不同。亲子沟通模式有两个维度:关系定向和观念定向。关系定向的沟通强调家庭和谐以及成员间的依赖,高关系定向要求家庭在态度、价值观和信念上的沟通要保持同质;观念定向的沟通强调要为所有家庭成员创造一个不受拘束的交往环境,高观念定向的父母认为儿童应该看到事物的多面性,自由表达自己的观点,讨论广泛的话题而不受约束。根据每个家庭在这两个维度上得分的高低,可以把家庭划分为一致型、多元型、保护型和放任型等四种类型。

一致型家庭沟通的特征是家庭中的紧张程度介于强制同意和保持现有的权威之间,成员倾向于开放的沟通和探讨新问题。多元型家庭的沟通以所有家庭成员可进行开放的、无约束的讨论为特点。保护型家庭的沟通特征为强调遵循父母的权威,家庭中很少考虑开放的沟通。放任型家庭沟通的特征为家庭成员很少且通常不投入互动,所互动的话题也非常有限。

4. 奥尔松(Olson)的曲线理论模型

奥尔松的曲线理论模型,又称家庭和婚姻系统曲线理论模型,在家庭系统理论的基础上进行创新。它认为家庭功能是家庭成员之间情感联系、沟通以及应对外部事件有效性的反映。菲茨帕特里克(Fitzpatrick)将亲子沟通分为两个维度:(1)关系定向。强调父母的权威,突出父母与子女的地位差,即在亲子沟通的过程中,子女对父母提出的观点要高度服从;(2)观念定向。侧重于创建民主、开放的家庭环境,鼓励子女发表自己的看法和见解,在整个亲子沟通的过程中突出家庭成员平等的身份,崇尚自由的言论。家庭功能包含三个维度:亲密度、沟通、适应性。其中家庭成员之间的亲密度和家庭适应性都受到家庭沟通的影响。好的家庭沟通会促进亲密度,使家庭成员更有安全感和归属感,从而促进家庭成员更好地适应家庭。这充分强调了沟通的重要性,尤其是亲子沟通对于青少年成长的重要性。

5. 麦克马斯特(McMaster)的家庭功能理论模型

该模型以系统论为理论建构的基础。它对家庭功能有以下几个观点:它认为家庭功能是为家庭成员生理、心理、社会性等方面的发展提供一定的环境;须把家庭视为整体,反对把家庭简化为个别的成员;有必要超越对个体和亚群体的分析,去理解家庭功能;家庭结构、组织和相互影响模式会影响家庭中的成员。该理论强调家庭功能包括六个维度:问题解决、沟通、角色分工、情感反应、情感介入和行为控制。其中沟通是家庭功能中的重要维度,沟通涉及信息如何通过言语进行交换,以及直接和清晰的沟通。这种沟通排除了难以评定的非言语行为,对维护亲子关系和家庭功能都很重要。

6. 成人依恋理论

成人依恋指个体与目前同伴持续和长久的情感联结,是母婴依恋的发展和持续,在个体的成长过程中不断加工、重组,形成一种内部工作图式,成为对自我与他人的稳定认知模式。随着年龄的增长,个体对童年时期的依恋经历会有一定程度的遗忘,并且随着个体观念、社会认知的变化和阅历的增长,个体对童年时期的依恋经历的认知评价也会产生一定的改变。依恋的对象不再是童年养育者,而可能会以伴侣或亲密朋友为依恋对象,并且依恋体验的强度也会因个体成年后人格的独立和心智的成熟而减弱。

成人依恋最早分为四种类型,即安全型、冷漠型、迷恋型、恐惧型。其中冷漠型、迷恋型和恐惧型都被归为"非安全的"成人依恋类型。在这四种依恋类型中,安全型依恋的个体能够以舒适的状态和体验应对人际交往,不容易因人际关系的变化而产生极端化的认知。迷恋型依恋的个体常常处于自卑的状态,对自身的评价也比较消极,对他人的行为过于敏感,患得患失。冷漠型依恋的个体则十分独立,不喜欢依赖他人,更加相信自己的力量,认为独处的时候更具有安全感。恐惧型依恋的个体对自己和他人的认知评价均十分消极,倾向于拒绝、逃避与他人发展亲密关系。

二、中学生亲子关系的特点

中学生亲子关系既有一般性的普遍特点,又因为中学生处于特殊的生理和心理阶段,具有独特性。

(一)亲子关系的一般特点

1. 不可选择性

亲子关系是有血统相继承的社会关系。对任何人来说,妻子、丈夫是可以选择,但具有血缘关系的父母是不可以选择的。父母只要生有儿女,就不能回避与子女的亲子关系。从孕育孩子开始就存在了这种亲子关系,即使后来孩子过继或领养都无法改变这种亲子关系的存在。孩子无法选择自己的父母,父母也无法选择自己的孩子。父母孕育孩子却不能决定孩子的性格、品行、长相等。孩子依赖父母生存,也无法选择父母的身份、地位和经济实力。

2. 亲密性

亲子关系之间有着其他任何关系都无法代替的天然血缘关系,父母在培养教育孩子的过程中,极大地满足了为人父母的心情。与孩子之间的亲情是孩子学习和与人交往的最基本情感。不管是在精神中还是情感中都体现着亲子关系的亲密性。从胎儿期开始,母子间便存在共生共育的关系,孩子的呼吸、心跳与母亲血脉相连,母亲的情绪和健康也影响着孩子的健康发育。孩子出生后,母亲有着天然的关爱孩子的本能,父亲对待孩子也是格外地疼爱和珍惜。浓浓亲情蕴含在亲子之间,营造着爱与和平的家庭氛围,使亲子之间更加亲密和谐。

3. 永久性

亲子关系一旦产生就是永远,是任何外来力量都无法改变的事实。亲子关系不像夫妻关系那样可以通过离婚来解除,即使父母离婚,在离婚后父母双方都有义务抚养孩子。它的永久性还体现在即使到了生命的终结,亲子关系依旧存在。孩子出生后,与父母的天然联系就已存在,不随环境变迁而改变。生理上的遗传、心理上的继承和法律上的关系永久存在,难以更改。

4. 权利义务的特殊性

父母对孩子的教育与抚养和孩子对父母的赡养之间的权利和义务是双向的。亲子关系与社会关系不一样,不是可有可无的,也不是可以随意放弃的。权利和义务不仅需要人们道德的约束同时也需要相应法律的约束。父母对孩子有教育、抚养等义务,帮助孩子健康快乐成长,成为独立自由的个体。孩子有赡养、孝顺父母,报答父母抚育恩情的义务。所谓养儿防老,就是父母伴我长大,我伴父母老去。

(二) 中学生亲子关系特点

1. 易冲突性

亲子冲突一般出现在子女青春期。从黄希庭等对 580 名中学生亲子关系的研究中也发现,亲子冲突在中学生进入青春期后呈上升趋势,在初三时更加激烈并达到最高水平。亲子冲突的特点可以分为:冲突的内容、频率、强度、主动性。早年研究表明,中学生亲子冲突在各方面都有不同程度的存在,从年级上来看,初二年级处于顶峰;从性别上来看,中学生与母亲的冲突明显高过与父亲的冲突。因此,亲子冲突存在性别和年级的差异,大多数方面的亲子冲突均是男生多于女生,并随年级而增加。

2. 独立性和依赖性的矛盾

随着成人感的产生和抽象逻辑思维的发展,中学生开始不再轻信父母的告诫,也不再满足于书本上现成的结论,产生了按照自己思想行动的强烈的独立倾向。然而,由于中学生心理的不成熟性还存在着心理发展的另一特征——依赖性。中学生虽想独立,但对一些难以处理的问题还是需要父母和同伴的帮助,特别是在自己遇到人生苦恼时更需要父母的帮助和指导。

3. 听话的道德与平等的道德的矛盾

彼得罗夫斯基认为,在少年与成人的关系上,少年正处于从"听话的道德"转向"平等的道德"的过渡时期。在童年期,父母是孩子崇拜的主要对象,孩子对父母有一种崇敬、信赖的感情。一上初中,少年对父母的感情从过去一味依赖、顺从,开始转变为要求自立、平等,要求重新协调与父母的关系。尽管中学生希望像父母一样能独立地处理和决定事务,但又留恋着父母对自己特殊照顾的童年时代,因此在他们与父母双亲关系协调上常常会发生矛盾。

4. 孤独感与渴望理解的矛盾

随着中学生自我意识的变化,他们开始不大轻易流露自己的内心活动,喜欢把所谓的"秘密"埋藏在心里,这样就增加了中学生内心的孤独感。中学生渴望与同龄朋友交往正是摆脱孤独的手段之一。然而,当遇到苦恼时,中学生憧憬的最初对象不再只是同伴、朋友,而是在任何情况下都能说出真心话的年长者,而且特别向往得到有丰富经验的年长者的帮助和自己父母的指导。正因为中学生存在这种闭锁性与交往需要的矛盾,所以产生中学生与双亲关系若即若离的现象。

三、中学生亲子关系的影响因素

(一)家庭因素

1. 家庭氛围

家庭是个体发展最原始、最基本的单位,是由父母、子女构成的动力系统,动力关系形成简单或者复杂的家庭氛围,潜移默化地影响个人的发展。家庭氛围是家庭成员主观感受到的家庭和谐程度及总体情绪基调。

家庭氛围客观存在于每一个家庭当中,并且严重地影响着孩子的身心健康。良好的家庭氛围能使孩子活泼开朗,积极向上。家庭氛围越温馨,未成年人的抑郁水平越低。家庭氛围越温馨,亲子间的交流沟通越密切,从而帮助孩子形成健康的心理和积极的心态,使他们更善于保持情绪稳定和自我控制。温馨的家庭氛围能够让孩子获得更多的安全感、归属感和支持感,能让中学生感受到爱和尊重,遇到挫折时能从家庭中获得支持引导,从家庭成员的关怀中获得力量。如果父母及时解答孩子的困惑与疑问,孩子的内心需要就能得到及时满足,就会感到被关心,情感得以慰藉。亲子之间良好沟通并解除分歧能促进孩子快乐健康成长。

父母冲突是引起家庭氛围不佳的常见原因,易引起儿童的自恋受损、自我谴责或惩罚,从而引发抑郁情绪。长期暴露于父母冲突中的孩子会产生不安全感、低自尊,易引发抑郁和适应不良,尤其是在无法有效应对父母冲突时,会产生无力感,降低自我价值。因此,家长应尽量减少冲突,以正常的家庭氛围让孩子健康成长。同时,在不可避免发生冲突后,应向孩子给出合理的解释,减少对彼此的负面评价,减轻孩子内心冲突。家庭氛围越好,孩子的抑郁程度越低。

2. 家庭结构

家庭结构分为大家庭、核心家庭和破裂家庭。正常的家庭结构包括大家庭和核心家庭，异常的家庭结构包括丧偶、离婚、再婚或夫妻一方或双方犯罪坐牢等。异常家庭结构的孩子感受不到家庭温暖，缺乏安全感，容易自卑，不求上进，敏感，注重他人对自己的评论。在家庭中学习的是反面经验，不信任人与人之间的关系。异常家庭结构的父母易怒、紧张，对孩子缺乏耐心和关心，影响亲子关系和正常教育，易使孩子的自尊心受到损伤。使孩子学习活动受到影响，害怕与人交往。

异常家庭结构中，家庭教育残缺不全，亲子关系失常，子女在心理上产生"被遗弃感"，缺乏与家庭成员的亲密依恋。这种类型的孩子容易对生活失去信心，对自我价值产生怀疑，常常自怨自艾，对他人敌对情绪较大，容易产生不适宜的异常行为，社会适应性较差。

3. 父母教养方式

父母教养方式指的是父母在抚养、教育子女的过程中采取的手段和方式方法，是父母教育的态度、行为和非言语表达的集合。弗洛伊德对父母的角色做了简单的划分：父亲负责提供规则和纪律，母亲负责给予爱与温暖。帕森斯（Parsons）认为女性善于表达，情绪比较敏感，所以适于处理与孩子间的各种关系；而男性指导性强，负责制定规则更好。鲍姆林德（Baumrind）提出常见的四种教养方式：专制型、民主型、溺爱型、忽视型。四种教养方式影响中学生的方方面面，本章集中于对亲子关系和孩子未来成长的论述。民主型的父母能对儿童的需求做出反应，并且给予儿童适度的控制，能最大限度地促进儿童的适应性行为和能力的发展。专制型的父母则经常使用专断的权力、禁止和惩罚等高控制的策略，强调儿童对父母的绝对服从。而专制型的父母禁止和惩罚的教养策略可能与儿童的焦虑、恐惧和挫折感有关，所以，专制型父母的孩子可能是以自我为中心的，会出现不良行为与适应问题。溺爱型的父母对孩子充满了爱和期待，但很少对孩子提出要求。孩子容易表现得不成熟、自我控制能力差。忽视型父母对孩子的成长漠不关心，也不会给孩子提出要求和行为标准，可以将这视为家长对孩子情感和物质生活的剥夺。孩子出现适应障碍的可能性很高，他们对生活没兴趣，学习成绩和自控能力较差，并有较高的犯罪倾向。

父母的教养方式，对子女的性格形成和三观都有极其重要的影响。积极的教养方式有利于孩子个性的发展，父母的支持、鼓励和积极参与可以促进儿童自我概念的积极发展，而粗暴的不支持行为则会阻碍儿童自我概念的健康发展。父母对少年儿童采取"温暖与理解"的教养方式会促进儿童自尊的发展，提高儿童的自尊水平。相反，父母对少年儿童采取"惩罚与严厉""过分干涉"和"拒绝与否认""过度保护"等教养方式，都会不同程度地阻碍儿童自尊的发展，降低儿童的自尊水平。相关研究显示，子女人格维度神经质（N）、精神质（P）得分分别与父母不良的教育方式如严厉惩罚、拒绝否定、过度干涉有显著的正相关关系。理解、情感温暖能促使子女性格的平衡发展，可减少他们对自身健康的关注，情绪乐观而稳定，易与人打成一片，待人热诚、成熟，适应力良好，谨慎实际；但也易使他们对生活自满自足，无所追求，但在此基础上再进行过度干涉和保护，就将导致子女对生活境遇持消极态度,不信任他人且无自知力。偏爱易使子女在家庭中处于一个比较特殊的地位,子女受到过分的照顾和溺爱,容易产生任性、自我中心、依赖性强和缺乏韧性等不良的人格特点。过度保护可阻碍子女独立性和社交能力的发展,导致子女缺乏自信、过分自我约束和依赖他人。

4. 家庭社会地位

家庭社会地位表达了家庭能够给予学生的文化资本、社会资本和物质资本。当家庭拥有更多的资源,就更可能为中学生的教育投入更多的人力、物力、精力等,帮助中学生在各方面以最优质的条件进行发展。

父母面对中学生的困惑与矛盾,能够及时地解决问题,可以帮助中学生平安度过这一暴风骤雨的时期。在亲子交流中,家庭成员感受到彼此的关怀和爱意,形成巨大的动力,推动家庭成员以最昂扬的斗志不断向前发展。中学生也在家庭的人际互动中,锻炼自己的语言表达、逻辑思维、解决问题等能力,使自己不断成长。

家庭社会地位不仅能影响中学生认知发展,也能影响学生成长中的人际关系质量,通过人际互动间接影响学生认知发展。家庭是社会的微型结构,在家庭互动中学习的技能会影响到个体在社会广阔环境的表现。社会地位高的家庭会有更多的机会接触到优质的伙伴,与之高质量互动会帮助中学生锻炼个人能力,不断取长补短,有利于个人更好地发展。同时,在人际互动中的经验收获也会凝练成中学生的认知经验,帮助中学生提升认知能力。

(二) 自身因素

中学生正处在青春期,这是一个人从幼稚走向成熟的过渡时期。随着孩子在身体、心理、认知等方面发生变化,亲子关系也随之发生重大变化,表现出一种特有的亲子关系面貌:即从原来的以父母为主导,孩子完全听从父母的形式,逐渐向亲子双方之间地位平等、相互影响的方向转变。虽然在物质层面上,父母为子女提供各种物质条件,保障他们的生活,但是在精神上,子女的心智逐渐趋于成熟,思想倾向独立,人生观、世界观、价值观逐渐形成,对自己周围的人和事开始有了独立的看法和观点。因此,他们开始对心目中父母原有的高大形象发起挑战,对父母的反向影响也越来越大,有时很容易和父母发生分歧,甚至产生矛盾,表现出对父母的厌烦、顶撞和反抗。他们迫切地希望父母能以朋友的平等态度对待自己、理解自己。但对父母而言,他们却很难迅速调整自己的心态,以适应子女的巨大变化。不少父母仍习惯以监护者的身份,用命令式的态度与子女交往,更有甚者会出现以强制手段压制子女个人意愿的行为。因此,他们也经常会因为子女不听自己的话,背离了自己的意愿而感到苦恼和烦躁不安。在这一特殊时期,父母与子女的不同心态和矛盾行为,常会成为两代人之间矛盾冲突的导火线,所以应当相互沟通理解,及时采取合理的途径解决;如果处理不当,则必然会引起亲子之间关系的紧张,并最终导致产生不同程度的亲子关系问题。

(三) 亲子沟通

亲子沟通是指父母和孩子为了增进情感联系或解决问题而交换信息、观点、情感或态度的过程。就资源交换理论的观点而言,父母与孩子之间的资源交换可以包括思想、情感和观点等方面的交流。在家庭中,父母和孩子相互沟通时多在交换信息和互换观点,除此之外还能够交流情感和态度,这样做的目的是促进彼此信任和了解,促成他们合作。章燕玲提出亲子沟通是亲子互动的内在运行机制,是实现家庭教育的重要方式。布朗芬布伦纳在生态系统理论中提到,亲子沟通在家庭微观环境系统中具有重要位置,个体发展最容易受到环境层面的直接影响。

第二节　中学生常见的亲子关系问题

一、中学生常见的亲子关系问题

亲子关系质量影响儿童主观幸福感的体验,家庭社会经济地位和社会支持可以预测儿童的亲子关系和家庭社会经济地位,并通过社会支持这一中介变量间接影响亲子的关系。亲子关系直接影响中学生的主观幸福感,友谊质量在亲子关系对主观幸福感的影响中起中介作用,手机依赖在亲子关系对主观幸福感的影响中起到了部分中介作用。

父母文化水平与亲子关系质量呈正相关,父母的学历水平越高,在教育子女上越民主,亲子冲突较少,亲子关系质量也更高。研究发现,儿童期安全型依恋对个体认知、情绪和行为的健康发展具有积极的作用,能够预测中学时期的亲子关系品质。青春期的个体,由于强烈要求独立与自主,与父母的冲突会增多,研究也表明,随着青春期的到来,亲子冲突的频率和强度都有所上升。

(一)中学生亲子冲突问题

亲子冲突指父母与孩子之间由于在目标、观念、意见、需要、期望等方面的不一致而造成的双方之间外显的相互对立和意见分歧。亲子冲突有三种表现:第一种是身体冲突,即父母体罚子女,子女攻击父母;第二种是言语冲突,指父母用强烈的言辞责骂子女,子女用同样的方式对待父母;第三种为心理攻击,父母用冷落、讽刺以及心理折磨的方式对待孩子,孩子则对父母表现出明显的逆反行为,通过自己的行为激怒父母,甚至通过犯罪等方式报复父母。以往学者研究表明,中学生与父母的冲突涉及八个方面,分别是学业、做家务、朋友、花钱、日常生活安排、外表、家庭关系和隐私。与母亲的冲突顺序依次为:日常生活安排、学业、家务、外表、花钱、家庭关系、朋友和隐私;与父亲的冲突顺序依次为:日常生活安排、学业、家务、花钱、家庭关系、外表、朋友和隐私。可以看出,亲子冲突较多的为日常生活安排、学业、家务方面,较少是朋友和隐私方面。

父母支持较低造成中学生亲子冲突互动的情绪和生理反应增强,使中学生饮酒行为增加和受虐待风险提高。亲子冲突会对中学生恋爱关系产生负面影响。父母的行为方式会影响到亲子关系,进而影响到中学生的恋爱关系。父母与中学生冲突程度越高,中学生的饮食控制能力、自控能力越弱,压力就越大。亲子冲突还会对中学生的学习产生影响,纵向研究显示,亲子冲突可以预测两年后的学习成绩下降,较低的数学成绩可以预测两年后亲子冲突的增加。亲子冲突会导致中学生心理问题和危险行为增多。亲子冲突导致了中学生的学习成绩下降、家庭关系紧张、心理健康状况差、人际关系差等问题。

(二) 中学生亲子沟通问题

亲子沟通指父母与孩子通过信息、观点、情感或态度进行沟通,以实现情感联系或问题解决等的过程。父母和中学生对亲子之间沟通的认知存在差异。现有研究显示,中学生对亲子沟通的总体满意度比较低,通常认为与父母的沟通缺乏开放性和存在更多沟通问题,而父母则认为与自己的孩子有比较开放的沟通,认为在沟通中存在的问题相较于中学生的认知要更少。研究同时显示,中学生与父母之间沟通的频率较低,他们认为在不少话题上与父母的沟通不多,甚至和父母几乎没有沟通。中学生与父母的沟通问题从方式上来看主要存在以下方面:分歧、误解、行为约束、盘问、批评和缺乏沟通等。亲子之间所涉及的存在沟通问题的话题主要有课外活动、异性同学交往、教育与职业、花钱、行为方面等。

中国传统文化下的亲子沟通非常强调子女对父母的服从,通常在实际生活中,父母经常使用说教的方式与中学生子女沟通,子女较少有发言的机会,沟通中民主氛围不浓,一旦子女的观点与父母不一样时,父母几乎不耐心听取和理解子女的意见,总是坚持让孩子根据父母的意见和决定去做,缺少尊重和接纳的态度。这种情况必然会在父母和不断想要寻求独立的中学生子女之间激发矛盾,渐渐地会让子女与父母疏远或被迫减少与父母的沟通次数。

(三) 中学生亲子依恋问题

亲子依恋是个体与父母或主要抚养者之间建立起的稳定、持久的情感关系。拥有健康依恋情感关系的孩子,在学校学习期间,更容易受到其他同学的欢迎与信赖,这种孩子能够更好地适应周边环境,通过适当地对自身压力的调整,能够产生对生活更快、更积极的回应,在社会交往中表现得更为主动。而孩子如果失去父母某一方的情感依恋关系,将会在社会交际过程中表现出较多的心理问题。

已有研究表明,亲子依恋关系与中学生的人际适应以及主观幸福感存在显著正相关,个体的亲子依恋关系与人际关系和心理健康水平均显著相关,父子依恋、母子依恋和同伴依恋均与人际信任存在显著相关性,且男生的父子依恋能够显著预测其人际信任。具有健康亲子依恋关系的中学生,能够更积极地接受挑战,更具有冒险精神,会主动帮助自己争取更多的表现机会;安全型依恋的学生更能够在学校学习过程中得到高学业成就,这是因为他们更善于处理自身面临压力时的心理反应,抗压能力较强,而且具有更强的情绪控制能力。而非安全型依恋的学生则更容易存在注意力缺陷与多动障碍的问题,因此会影响到其学业成就。人际敏感性在亲子依恋对社交焦虑影响中有中介作用,亲子依恋不仅对社交焦虑症状的产生有直接影响,而且通过人际敏感性产生间接影响。

亲子依恋与积极情绪调节策略和社交能力显著正相关,与积极情绪调节策略关系更为密切;亲子依恋与负性情绪调节策略和反社会行为显著负相关,与负性情绪调节策略关系更为密切。中学生亲子依恋和抑郁症状呈显著负相关;同伴依恋与父亲依恋、母亲依恋均显著正相关。中学生在亲子依恋和自尊间相关关系显著,即亲子依恋关系越好,孩子的自尊越高。

（四）中学生家庭亲密度问题

家庭亲密度是指个体感受到的与家庭成员的情感联结程度,具体表现为家庭成员之间相互帮助、相互关心、相处融洽和谐的一种关系。家庭亲密度会影响中学生心理健康水平和适应状况,家庭亲密度较低会使中学生出现更多的焦虑、抑郁、孤独和适应不良等问题。家庭亲密度与中学生问题行为也有一定的关联,亲密的家庭关系能够缓解抑郁和焦虑。低家庭亲密度则更多的是让个体从中体验到一种不安全感,甚至会出现自卑感和无助感。家庭亲密度高的中学生能够在家庭中体验到更多的情感和温暖,安全感较强。较低的家庭亲密度会更让人感觉到孤独感。相关研究发现,家庭亲密度与中学生心理韧性正相关,与学业倦怠呈现负相关。家庭亲密度高的个体更倾向于灵活处理、快速适应变化的情景,并高效地解决问题。

二、中学生亲子关系的评估方法

（一）问卷测验

1. 亲子关系诊断测验（见附录二十一）

问卷分为 10 个维度。消极拒绝型指对子女所说的话不理、忽视放任、不关心、不信任、感情不好、不一致等态度的父母类型;积极拒绝型指对孩子有体罚、虐待、威吓、苛求、放弃养育的责任等态度的父母类型;严格型指父母对子女虽有爱,但常以严厉、顽固、强迫的态度,或禁止、命令的方式来监督子女;期待型指父母把自己的野心或希望投射在子女身上,而忽视子女的天赋能力与倾向,希望子女完全遵从父母的要求或标准去做,即一般所说的"望子成龙、望女成凤";干涉型指为了能使孩子变得更好,细心地去照顾孩子,尽量给予帮助和嘱咐;不安型指对孩子的日常生活、学业、健康交友、前途等,具有完全不必要的担心和不安,因而对孩子过分负责,给予过分的帮助和保护;盲从型指让孩子持有一切权利,父母不管付出多大牺牲也要接受孩子的要求;溺爱型指对子女的要求、主张、意见都是无条件地接受,对孩子过分喜爱,想尽一切办法来迎合子女的要求,即使子女做了坏事也替他(她)申辩;矛盾型指对于子女的同一行为,有时斥责、禁止,但有时却宽恕、勉励,缺乏一贯性的态度;不一致型指父亲与母亲的管教不一致。问卷共 94 个题项,采用三级计分方式,具有很好的信度和效度,通过百分位换算计算得分。

2. 亲子冲突问卷（见附录二十二）

方晓义等人编制的亲子冲突问卷,测量子女与父亲和与母亲在学业、做家务、交友、花钱、日常生活安排、外表、家庭成员关系和隐私这八个方面近半年发生冲突的强度和频率。采用 5 点量表来评定,频率量表 1 代表"从未发生",5 代表"每天几次",共 8 个题目,得分越高说明亲子冲突频率越高。在本研究中,亲子冲突频率量表的内部一致性系数 α 为 0.89。

3. 家庭亲密度问卷（FACESII-CV）（见附录二十三）

采用家庭亲密度和适应性量表中文版(Family Adaptability and Cohesion Scale),费立鹏等人改编。该表最初由奥尔松等于 1982 年编制,主要评价家庭功能的两个方面:亲密度(Cohesion)即家庭成员之间的情感联系;适应性(Adaptability)即家庭体系随家庭处境和家庭不同发展阶段出现的问题而相应改变的能力。本文中家庭亲密度与适应性量表分为两个分量表:亲密性和适应性。用李克特 5 点计分,参试者的回答代表该项目所描述的状况在其家庭出现的程度:1＝不是,2＝偶尔,3＝有时,4＝经常,5＝总是。亲密性得分为 36＋T1＋T5＋T7＋T11＋T13＋T15＋T17＋T21＋T23＋T25＋T27＋T30－T3－T9－T19－T29。适应性得分为 12＋T2＋T4＋T6＋T8＋T10＋T12＋T14＋T16＋T18＋T20＋T22＋T26－T24－T28。

4. 亲子依恋问卷(APPA)(见附录二十四)

阿姆斯登(Armsden)和格林伯格(Greenberg)依据鲍比(Bowlby)的依恋理论编制,认为青少年的依恋可以通过以下两种经验来测量:①正向的"情感—认知"经验,个体自信可以亲近依恋对象,而且相信依恋对象会有所回应。②负向的"情感—认知"经验,指个体生气或绝望,因为依恋对象的不回应或回应不一致。台湾学者孙育智(2004)进行了中文版的修订。该问卷由母亲依恋、父亲依恋和同伴依恋三个分问卷组成,各分问卷题数、维度结构相同,陈述类似,只是调查对象名称发生变化。用李克特 5 点计分(1 表示"不曾这样"到 5 表示"总是这样"),包括沟通(communication,含第 4、5、6、9、12、13、16、19、20 题)、信任(trust,含第 1、2、3、10、11、17、18 题)和疏离(alienation,含第 7、8、14、15 题)三个维度,疏离维度上的项目反向计分。母亲分问卷的项目与维度间的因素负荷在 0.49～0.84,三个维度可以解释变异量的 58%,它们的 α 系数分别为 0.90、0.89、0.61。父亲分问卷项目与维度间的因素负荷在 0.46～0.82,三个维度可以解释变异量的 58%,它们的 α 系数分别为 0.89、0.89、0.63。

(二) 绘画测验

1. 自画像测验(Self-portrait)

自画像测验是画人测验中最常见的形式,目前已用于智力、情绪与行为、自我概念等领域的研究。有研究探讨了小学生亲子关系质量与自我概念之间的关系,发现父母的温暖和理解与孩子的自我概念呈显著正相关,父母的拒绝否认与孩子的自我概念呈显著负相关。越来越多的临床工作者将自画像测验作为辅助工具应用起来。

画人测验的评分标准包括自我大小[绘画中 "我"的大小,即"我"的头顶到两脚间中点的距离(以厘米计)]、自我位置["我"在画面中的位置,即绘画中"我"的中心点到画面中心点的距离(以厘米计)]、结构完整度[绘画中"我"的人物结构是否完整,即"我"的头、颈、躯干、胳膊、手、腿、脚、衣物、五官、头发是否画出。全部画出记 0 分,未画出几个部分记几分(最高记 14 分)]、头身比例(绘画中"我"的头部大小与全身大小的比,如果该比例大于 1/3 或小于 1/6 记 1 分,否则记 0 分;如果头部宽度大于肩宽记 1 分,否则记 0 分)、面部表情(绘画中"我"的面部表情为积极情绪的表情记 0 分,中性情绪的表情记 1 分,消极情绪的表情或未画出表情记 2 分)、倾斜程度(绘画中"我"的人物形象以画纸中心垂线为基准,向左或向右倾斜 30°以上记 2 分,否则记 0 分)和特殊画法[绘画中是否出现特殊人物形象(火柴人、棒形人、机器人)或者特殊标记(涂黑、阴影、画侧、背面),出现几种记几分,未出现记 0 分]。以上 7 项指标分数相加之和,分数越高说明儿童自我概念状况越差。

2. 家庭动力绘画测验(Kinetic Family Drawing)

家庭动力绘画测验是一类直接对亲子关系进行评估的测验工具。伯恩斯(Burns)和考夫曼(Kaufman)分别独立提出并应用该测验,并指出该测验格外强调绘画中的"动作元素",为绘画展现家庭内部互动情况以及人际情感联系提供了可能性。部分学者已将家庭动力绘画测验应用于国内儿童的研究中,并取得了一定的研究成果。伯恩斯(Burns)提出的家庭动力绘画的评估方法以及前人研究中对该测验的评估维度,其中第3、4、5、6、7项中测量对象的选择(父亲或母亲)以亲子关系量表的填表人为准,若填表人为父亲,则将父亲作为绘画测量对象;若填表人为母亲,则将母亲作为绘画测量对象。

　　家庭动力绘画测验的评分标准包括:"我"的大小[绘画中"我"的大小,即"我"的头顶到两脚间中点的距离(以厘米计)]、面部表情(绘画中"我"的面部表情,若呈现出积极情绪的表情记0分,中性情绪的表情记1分,消极情绪的表情或未画出表情记2分)、亲子相对距离(父亲/母亲与"我"的相对距离,即绘画中"父亲、母亲"的中心点到"我"的中心点的距离与"家我大小"之比)、亲代相对大小(绘画中父亲、母亲相对于"我"的大小即"父亲、母亲"从头顶到两脚间中点的距离与"家我大小"之比)、亲子朝向(以绘画中的"我"为参考点,如果与父亲/母亲的朝向相对记0分,朝向相同记1分,朝向相背记2分)、亲子阻隔(绘画中的"我"与父亲、母亲之间有无物体或其他人的阻隔,有其他人阻隔记2分,有物体阻隔记1分,二者都有记3分,无阻隔记0分)、活动一致性(绘画中父亲、母亲是否与"我"一起在做一件事,做同一件事记0分,否则记2分)、相对位置(绘画中的"我"与父亲、母亲的相对位置,如果"我"处于中间记0分,处于边缘记2分,无法确定记1分)、结构完整性(绘画中的"我"和父亲、母亲的形象是否画完整,几人未画完整记几分,全部画完整记0分)、人物缺失(绘画中的人物形象是否包括"我"和父亲、母亲,缺少1人记2分,全部画出记0分)、画面布局(绘画面积与画纸总面积之比,如果该比例小于1/3记1分,小于1/6记2分,否则记0分)、特殊主题[绘画是否属于反映亲子关系质量的特殊主题,如果绘画主题为"冲突"(打架、争吵等)"全家一起睡觉""全家一起照相"或"全家一起看电视"记2分,否则记0分]和绘画风格[绘画中是否出现伯恩斯(Bums)的评估方法中提到的8种绘画风格(阻隔、包围、边缘化、折叠阻隔、底部线条、顶部线条、在特定的人物下画线、鸟瞰图)以及火柴人、棒形人、背面人,出现几种记几分,未出现则记0分]。以上13项指标分数相加之和,分数越高说明儿童亲子互动情况越差。

第三节　中学生亲子关系的促进措施

一、营造良好的家庭氛围

　　父母或监护人要为孩子营造良好的家庭环境。家庭环境包括物质环境、文化环境和人际心理环境等。家庭文化环境和人际心理环境对孩子个性发展的影响很大。所以无论家庭发生了什么变化,父母都要调整好自己的心态与孩子积极沟通,多向孩子表现积极和乐观的一面,并以适合孩子年龄的方式向孩子解释家庭所发生的变化。

　　好的夫妻关系有助于营造"爱与接纳"的家庭氛围。首先,父母要学会表达对孩子的关心、关爱,要学习培养、修复与孩子的情感关系,满足孩子的情感需求,与孩子建立亲密关系。其次,父母应该为孩子营造温馨有爱的家庭环境,将孩子看作一个有独立人格的个体,认真对待孩子的问题。最后,父母应当在周末难得和孩子见面的时候尽量陪伴孩子,与孩子进行必要的交流,了解孩子的需求,了解孩子在学校的各方面变化,并针对孩子不同时期的变化采用恰当的交流和教育方式。

二、改善教育方式

家长要学会换位思考,站在孩子的角度思考问题,给予孩子温暖和理解,不要使用简单粗暴的方式教育孩子。这一时期的孩子已经具备一定的自我意识,教育方式不当,会引发亲子间的矛盾。父母应该转变以往说教式谈话的方式,作为一个聆听者,听听孩子们的想法和意见,从倾听的过程中,挖掘孩子内心深处潜在的需要和动机,从而更好地建立亲子关系。父母应该参与到孩子的成长过程中,在日常生活中多与孩子进行身体接触和情感上的互动,让孩子在健全、健康的依恋关系中茁壮成长。

采用权威型的教养方式,儿童更多地表现出独立、勇敢、协作、善社交、机灵、有毅力等优秀品质。尤其是处于青春期的孩子,他们的自我意识到达了一个顶峰时期,会有强烈的独立意向,在这个阶段如果父母在各种问题上充分参考孩子的意见,给他们独立做主的机会,往往会产生很多积极的效果。家长在教育孩子的过程中,要注意充分尊重孩子的意见,给予他们最大的宽容限度,多给孩子发言的机会,让孩子在宽松民主的环境中成长。父母在孩子面前一定要注意自己的言谈举止,在孩子面前尽量表现得更加外向、乐观和善于交际,通过正确的价值导向引导孩子向积极方向发展。

三、表达积极情绪

如果不愿意看到自己的孩子易怒、悲观、没有安全感等,父母应该先学会调节负面情绪、多表达积极情绪。如果父母在孩子面前仅仅表达焦虑、愤怒等负面情绪,孩子也可能会缺乏表达积极情绪的能力,尤其在面临冲突时,从而影响人际交往与恋爱关系。多向孩子表现积极和乐观的一面,并以适合孩子年龄的方式向孩子解释家庭所发生的变化,并允许孩子表达恐惧、悲伤和愤怒的情绪。

家长要做孩子的情绪教练。一是要让孩子学会感知与识别情绪,当孩子情绪高涨时懂得运用情绪字眼做准确的表达;二是要让孩子管理与疏导情绪,在接纳情绪的基础上通过改变信念、扰动原有情绪模式,达到管理情绪的目的;三是为孩子建立强有力的家庭情绪支持系统,呵护、尊重孩子的情绪体验胜过关心孩子的学业成绩。情感支持其实是一个双向互动的过程,父母的觉察与教导会使亲子间情感、情绪表达更顺畅,亲子在陪伴中享受更高的情绪价值,从而增进亲子的亲和度。青少年与父母建立积极的情感联结不仅可以促进其身心健康发展,还有利于培育健康行为。健康的亲子关系作为支持性资源可以为青少年提供社会性支持,帮助他们抵抗挫折、解决难题。

四、改善沟通技巧

父母对孩子有效回应的重要性体现在它保证了儿童的情感需求和自我价值认可,有利于孩子建立自尊和安全感。因此,当孩子与父母交流或提出需求时,即使家长非常忙碌或者孩子的要求不合理,都有必要向孩子做出有效回应,无论是情感方面还是物质方面。此外,亲子关系的密切程度也会影响到父母对孩子教育的效果。如果孩子在心理上与父母亲近,当他们面对困难时会向父母寻求帮助,孩子主动的学习比被动的学习更有效。反之,如果父母对孩子只有责备与不满而缺乏关怀与称赞,孩子就会不愿意与父母分享生活,亲子关系疏远,父母难以深入了解孩子的成长状况,孩子对父母的教育回应较差。孩子对父母的回应也会反过来影响父母的教育行为,但孩子难以意识到他们行为的内涵和后果。

五、正确爱孩子

对家长进行道德教育,要正确爱孩子。父母要学会爱孩子,但既不能对孩子太过溺爱,也不能对孩子太过严厉,要掌握好爱孩子的程度,成人感的出现,促进了中学生独立思考能力的出现,中学生的成长需要一定的自主空间和被充分认可和尊重的感受,只有父母满足了孩子的心理需求,也提供了中学生生活和成长的物质保障,这种父母给孩子的爱既能让孩子成为独立的人,又不会让孩子缺乏安全感。中学生父母要学会多给孩子鼓励。在父母严格的要求下,孩子会丧失自信心,觉得自己什么都不好,随着年龄的增长,有些学生会因为父母太过严厉而厌烦父母。中学生父母要学会尊重孩子。有些父母总觉得孩子到了叛逆期之后就变得难以管教了,亲子关系变得越来越差,这很可能是因为父母没有真正尊重过孩子。有了独立和反抗意识的中学生最需要的是被父母理解和懂得,如果父母能够尊重和理解孩子,孩子会更愿意和父母一起聊天,喜欢跟父母谈谈心,获得良好的亲子关系,如果父母不懂得理解和尊重孩子,把孩子当成一个一切都无法自理的幼童,事无巨细地替孩子包办,想要控制孩子的学习和生活;孩子也会想要远离父母,这样就不可能建立起良好的亲子关系。

知识链接

萨提亚家庭治疗再定义技术

萨提亚家庭治疗是心理治疗的一种新方法,是从家庭、社会等系统方面着手,更全面地处理个人身上所背负的问题。萨提亚建立的心理治疗方法,最大特点是着重提高个人的自尊、改善沟通及帮助人活得更"人性化"而不只求消除"症状",治疗的最终目标是个人达致"身心整合,内外一致"。

再定义技术是指治疗者听取家庭成员叙述整个情况,然后以一种新的方式进行复述。目的在于改变人们感知世界的方式,从而产生新的行为。例如,把一位被父母认为"有病"且需要大量关爱的厌食女孩重塑为一个"不听话"并且与父母进行权利斗争的女孩。把一个犯罪的男孩看作是悲伤而缺乏安全感的,需要有稳定的家庭结构和指导才会感到安全的男孩。如同使用反其道行之的指令一样,对于特定的情景,问题的重新陈述也必须是独特的,同时不能把它运用于每一个案例。

资料来源:普劳顿.儿童青少年心理咨询与治疗[M]. 北京:中国轻工业出版社,2002.

【教学案例回顾与干预】

1. 现存问题

疫情防控期间，小明出现烦躁、紧张、焦虑等不良情绪，学习状态也大打折扣。亲子之间接触增多，冲突容易发生。

2. 主要成因

（1）自身原因。

青春期的孩子，生理和心理发生巨大变化，情绪波动大，更加敏感。他们渴望同龄人的关心和理解，希望建立同伴关系，相互促进、相互影响。居家网课期间，缺少了与同伴的联系，使他们孤独感倍增，内心感到空虚和无力。自控性较弱的孩子，不能有效地进行自我管理，容易产生拖延、浮躁、专注力不集中等问题，甚至"消极怠工"，缺乏学习兴趣。中学生没有调整好自己的状态和情绪，在这种情况下受到家长的管教与指责，为维护自我意识和自尊水平，而采取肆意发泄情绪的方式，没有与家长有效沟通，使冲突加剧。

（2）家庭因素。

疫情防控期间，亲子之间接触增多，边界不好把握。同时家长原有的焦虑在看到孩子不好好学习后更易释放出来。亲子间交流方式不当、教养方式太过专制、家庭氛围不融洽、大多表露消极情绪等都会影响亲子关系。

（3）环境因素。

由于上课的环境和形式发生了较大改变，互动性少，师生间的双向沟通变成了单向沟通，老师对学生的课堂表现很难做出直观判断，师生之间缺乏相互反馈。网课形式对学生的监管提出考验，学生学习状态难以保证。学生居家学习注意力集中时间有限，缺乏同伴竞争和老师监督，缺乏自律能力。监管孩子的重任放到家长身上，家长为生计担忧的同时还要面对不听话的孩子，孩子面对学习压力和家长指责，双方压力都会加剧，导致亲子冲突加强。

3. 干预对策

（1）尝试接纳。疫情防控期间，学生的生活习惯、学习方式发生巨大变化，内心焦虑会逐渐呈现出来。面对孩子的种种不适应，家长应注意观察孩子的情绪及心理变化，尝试接纳孩子的负面情绪，给予最大的理解和支持，为健康、稳定的亲子关系奠定基础。

（2）做出榜样。父母情绪稳定，是给孩子现阶段最好的礼物。如果孩子有负面情绪，家长要稳住阵脚，能够管理自己的情绪，让孩子看到父母如何在危机时期保持稳定的情绪，并给整个家庭创造正能量。家长情绪稳定能够有效地勉励孩子，让孩子在情绪上有所依靠。

（3）情感支持。在孩子情绪低落、抑郁焦虑时，家长要通过非语言的方式给予支持、鼓励、信任，如一个肯定的眼神、一个击掌、一个拥抱，让孩子知道无论发生什么，家长都和孩子坚定地站在一起。亲子之间要利用难得的相处时间，相互学习、相互帮助，看到彼此身上的优点和不足，及时发现问题、解决问题。若问题的解决超出能力范围，可寻求更专业的指导。

（4）共享时光。疫情防控期间,家长和孩子有更多时间相处,适度地将一部分时间抽离工作和学习,安排促进亲子关系的活动、话题,一起讨论、参与和分享;或共同完成一件事,如一起观看电影、一起做饭、一起整理家务,让共享时光变得有爱、有趣、有效。

（5）明确边界。疫情防控期间,让家长和孩子待在家中,在抬头不见低头见的日子里,很多家庭出现"相看两厌"的窘境。此时,要在有限的时空里,划出彼此独立的空间,父母懂得适时退出,孩子才会更快乐。

4. 疗效评价

随着小明和父母双方的改变,亲子关系变得越来越好,家庭氛围变得更加融洽。小明在线上学习过程中能够更加投入,遇到自己解决不了的问题也会及时求助父母。父母关系融洽并能共同关注小明的成长,能够给予学习和生活上的帮助,学会采用积极的方式应对家庭中出现的问题。

思考题

1. 亲子关系的类型有哪些?

2. 亲子关系的影响因素是什么?

3. 提升亲子关系的措施有哪些?

【参考文献】

[1] 杨杰.让孩子心悦诚服[M].北京:北京联合出版社,2012.

[2] 程瑞鹏.非暴力亲子关系心理学[M].北京:中国纺织出版社,2021.

[3] 刘翔平.亲子沟通[M].北京:北京师范大学出版社,2016.

[4] 克里斯多福·孟.亲密关系:亲子关系篇[M].长沙:湖南文艺出版社,2020.

[5] 沙法丽·萨巴瑞.父母的觉醒[M].上海:上海社会科学院出版社,2013.

第十章　中学生同伴关系发展与道德教育

【本章概述】

进入初中后的青少年,生活、学习重心相较于儿童已经从家庭转移到学校,开始了初步的社会交往活动,即社会化的初级阶段。同伴关系既是个体社会性发展的重要背景,也是个体社会性发展的主要内容,其在中学生的心理发展和社会适应中起着重要的作用。良好的同伴关系有利于中学生社会价值的获得、社会能力的培养、学业的顺利完成以及认知和人格的健康发展。不良的同伴关系有可能导致中学生学校适应不良,甚至会影响他们成年以后的社会适应。正是由于同伴关系具有如此重要的作用,而中学生又处于人生的一个关键年龄期,了解同伴关系的相关知识于其而言就更为必要了。

本章共三节内容,第一节为中学生同伴关系概述,首先介绍了同伴关系的概念及理论,其次从生理、环境与个性特征三个方面讲解了影响中学生同伴关系的因素,并分别介绍了初中生和高中生同伴关系的发展特点。第二节为中学生同伴关系的常见问题,首先阐述了中学生在宿舍关系、同性友谊、异性友谊、孤独感和校园欺凌五个方面的常见问题,其次说明了评估同伴关系的经典量表。第三节为中学生同伴关系与道德教育的促进措施,主要围绕中学生同伴交往的常见问题论述了相应的促进措施。

【关键词】

宿舍关系　同性友谊　异性友谊　孤独感　校园欺凌

【案例导引】

小彭,男,14岁,某中学初二学生。该生家庭经济条件较好,有一个弟弟。小彭不喜欢参加集体户外活动,独立能力差,且对时间和精力的分配不合理,经常注意力不集中,看起来无所事事很迷茫的样子。他学习成绩很差,上课没有用心学,学习态度不够端正,学习习惯差,已经出现了转学、留级等想法,出现了不自信和厌学等情绪,经常想各种办法使家长和老师同意让其回家。在学校里,他对老师比较尊敬,也很有礼貌,有时也很懂事。但是深入接触后,发现他并不是表面看起来的那般听话。他性格很敏感,较为孤僻,有时候很固执,在与同学和老师的交谈中言语不当,不考虑他人的感受,一味地任性,以自我为中心,希望别人顺着他的心意。因此在班级里,他的朋友也很少,不受班上同学的欢迎,所以课间的时候经常找邻班的小学同学玩。

第一节　中学生同伴关系发展概述

一、中学生同伴关系概念及理论

（一）中学生同伴关系的概念

同伴是指个体与之相处的具有相同认知能力的人。个体成长进入青春期后,为满足快速增长的人际发展需求,同伴关系逐渐成为个体社会化新阶段的发展重点。国内有关同伴关系的研究在 20 世纪 80 年代进入高峰期,并且取得了丰硕的研究成果。同伴关系（peer relationship）是指同龄人或心理发展水平相当的个体间在交往过程中建立和发展起来的一种人际关系。

根据埃里克森（Erik H Erikson）的心理发展观,12～18 岁是个体建立同一性的关键期,开始进入同一性对角色混乱这一心理冲突。青少年正处于极度不确定的时期,对自我、对社会都有一种不确定感。然而,具有同样发展任务的同伴在确定个人角色和自我价值方面能对青少年提供一定帮助,同伴群体对青少年的行为具有参照系的作用。因此,处于青春期的个体对同伴文化的遵从明显增加,而对同伴文化的遵从使青少年与父母之间产生了冲突。这就意味着,在青少年时期,同伴群体的功能发生了一些显著的变化。布里恩（O' Brien）等人的研究发现,10 岁儿童认为同伴群体是"分享共同的活动和行为的人",而 16 岁的青少年则认为"共同的态度"是同伴群体的主要标准。总之,在发展过程中,同伴之间变得越来越亲密和复杂是青少年同伴关系发展的一般趋势。

随着青春期身体上的迅速发育,青少年也迎来了自我意识发展的第二个飞跃期。青少年已经完全意识到自己是一个独立的个体,无须事事依赖父母。然而,尽管寻求独立,但是他们并不能快速应对青春期扑面而来的许多新问题,许多问题还不能独自解决,又不愿求助于父母,此时,面临同样成长困境的同伴便是最优选择。如果他们希望彼此友好相处或者实现共同目标,就必须学会理解彼此的观点,互相协商、妥协、合作。因此,与同伴平等的交往有助于青少年社会能力的发展。

（二）中学生同伴关系发展的理论

同伴关系在学生的发展和社会适应中起着重要作用。20 世纪 70 年代中期以来,儿童心理学家对同伴关系系统深入地进行了研究,认为同伴关系有利于儿童青少年社会价值的获得和社会能力的培养,以及认知和健康人格的发展。学者对同伴关系理论的研究主要集中于同伴关系在中学生发展中的作用方面。

1. 同伴关系是发展社会能力的重要支撑

皮亚杰（Jean Piaget）认为,正是产生于同伴关系中的合作与感情共鸣,使青少年获得了关于社会更广阔的认知视野。随着个体成长交往范围不断扩大,交往内容逐步深化,交往形式日趋多样。青少年的交往性质与交往水平,直接影响他们社会化的水平。皮亚杰特别强调了同伴间的讨论和争论是道德判断能力发展所必需的。沙利文（Harry Stack Sullivan）在阐述友谊的功能时,也认为友谊促进了人际敏感性的发展并为以后恋爱、婚姻和亲子关系的建立提供了原型。

2. 同伴关系可满足社交需要、获得社会支持和安全感

归属和爱以及尊重的需要是人类的基本需要。韦斯(Robert Weiss)提出的社会需求理论假设,个体在与他人不同的关系中寻求特殊的社会支持功能,不同类型的关系提供不同的社会支持功能,满足不同的社会需求。他列举了爱、亲密、增进自我价值等 6 种功能。在此基础上,弗曼(W. Furman)等人进一步指出,个体在亲密的友谊关系中和一般的同伴群体中所获得的社会需要的满足是不同的。爱、亲密和可靠的同盟更多是从亲密朋友关系中获得的;工具性或指导性帮助、抚慰、陪伴和增进自我价值,既可以从朋友关系中获得也可以从一般的同伴群体中获得;归属感或包容感主要从一般的同伴群体中获得。青年早期的友谊是社会支持的重要源泉,它能减少青少年对这一特殊时期出现的急剧变化的焦虑和恐惧。同样,在情绪不稳定的前青年期,友谊体验是安全感发展的催化剂。其实关于同伴关系的社会支持功能的论述至少可以追溯到沙利文,他曾提出友谊的功能是互相证实或互享兴趣、希冀和分担恐惧,肯定自我价值,提供爱和亲密袒露的机会。

3. 同伴交往经验有利于自我概念和人格的发展

詹姆斯(William James)在关于成人的自我的论著中,特别强调了社会关系的重要性。他相信个体具有被自己所关注、被自己的同类所赞赏的本能倾向。当没有受到自己或没有受到太多他人关注时,可能会对自己的价值产生疑问。库利(Charles Horton Cooley)曾指出,在所有发展水平上,人们都是按照自己在社会情境中的经验来定义自己的。家庭、邻居和同伴群体是最普遍和最基本的社会活动场所。在社会互动中,人们获得了自己怎样被他人所知觉的信息,这种信息是被用以形成自我的基础。沙利文的精神病学人际理论的主要思想之一,就是个体的人格是由个体的社会关系塑造的。他尤其重视同伴关系在青年初期的重要作用。他认为,同伴为个体逐渐理解合作与竞争的社会规则和服从与支配的社会角色构建了基本框架。这一时期充分良好的同伴关系也是形成健康的自我概念所必需的。他区别了两种经验:同伴接纳和友谊。他认为在少年期被群体孤立的体验将导致自卑感。他把朋友定义为同性别同伴的亲密的相互关系。作为一种平等关系,它不同于其他社会经验,这是个体第一次"通过他人的眼睛看自己",并体验到与另一个人真正的亲密。既然同伴关系在儿童青少年发展中意义重大,那么,那些被同伴普遍拒绝或从同伴交往中退缩的儿童青少年,由于与同伴积极交往的机会有限,他们的发展是否会受到影响呢? 一些研究者提出了这样的假设:早期的同伴关系不良将导致儿童青少年短期或长期的社会适应困难。来自灵长类动物的实验研究和人类的相关研究支持了这一假设。

二、中学生同伴关系发展的影响因素

(一)生理因素

有研究者对受欢迎和不受欢迎学生的特征进行总结后发现,那些外表具有吸引力的个体更容易获得同伴的好感,而生理有缺陷,例如体弱多病、口吃、肥胖的儿童青少年在

同伴中往往受到排斥。随着年龄的增长,身体无吸引力的个体会表现出更多不良甚至带有破坏性的社会行为,而身体有吸引力的儿童青少年不良行为较少。教师和父母也会根据儿童青少年身体相貌上的差异对他们表现出不同的态度和行为。同伴对相貌有吸引力和没有吸引力的儿童青少年的评价也不相同。同伴对相貌有吸引力的儿童青少年的评价往往是喜欢和肯定,而对相貌没有吸引力的儿童青少年的评价则往往相反。

（二）环境因素

1. 学校环境

校园环境、校风校纪、管理制度、师资力量等都会影响学生。有研究表明,师生关系是个体对学校态度较为重要的影响因素,学生与父母的关系直接作用于师生关系。青少年渴望融入成人的世界,从中获得认可。但教师和家长仍在生活和学习中管束过多,并没有采取正确措施应对孩子成长过程中产生的一系列问题,从而让青少年感受到教师和父母不理解自己,表现出反抗行为,继而与父母和教师的关系恶化。不良的师生关系使青少年出现孤独的情感,在产生消极态度的学校氛围中可能出现心理问题、攻击行为频发等情况,严重者甚至会辍学。相反,良好的师生关系有助于青少年对学校产生积极的认知及情感感受,积极加入班校的集体活动,形成积极的同伴关系网络,发展出良好的个性品质和出色的社会适应能力,进一步促进个体成年后的心理健康发展。

2. 家庭环境

家庭氛围、父母教养方式为中学生同伴关系提供强有力的情感基础。青少年在成长早期的家庭生活中形成的性格特点和人格特质,都会潜移默化地影响他们的人际交往,进而影响他们的同伴关系。当青少年没有与家人形成良好的亲子关系时,其同伴关系较差,行为控制等能力较低。研究表明,父母的教养方式与青少年的同伴关系存在相关关系,父亲的教养方式在子女的社会化过程中起着主导作用。亲子关系是家庭功能的重要组成部分,邹泓等人认为亲子依恋越高,与同伴的交往能力越高,同伴关系呈现积极的发展趋势。

（三）个性特征

学习成绩、情绪、性别、社交能力等个体特征会对同伴关系产生较大影响。伊如恩(Sanna Eronen)等人认为,社交能力强的个体,他们的社会策略更有效,那些使用沉着平静的方法去解决冲突的青少年更受社会偏爱。艾森伯格(Nancy Eisenberg)等学者也认为,在管理情绪上有困难的儿童更倾向将问题外化,出现攻击行为,进而导致同伴关系恶化。随着对同伴关系的深入考察,周宗奎和沃建中均发现青春期之前的同伴交往存在着性别疏离现象,即倾向于偏爱同性同伴,避开异性同伴。但进入青春期后,青少年个体生理成熟,开始关注异性并渴望与之交往,性别疏离现象减弱。随着全球化进程的加快与互联网时代的发展,现在的青少年会选择大胆表露自己的情感,通过在异性同伴面前表露出漠不关心的态度或不友好的攻击来引起对方的注意,但易导致与异性的同伴关系消极发展。随着年龄的增大,青少年心理逐渐成熟,以更积极的方式表达对异性的情感,此时的异性同伴关系大幅改善。

三、中学生同伴关系发展特点

（一）初中生同伴关系发展特点

1. 选择性

初中生同伴关系的选择性可以体现在派系和群体的出现中。派系是指小团体，通常包括3～9个经常自发出来玩的朋友。派系的朋友们几乎都是同一个性别。研究显示，11岁时，大多数孩子都认为自己是某个派系中的一员，并且这一个派系就是他们的社交圈。大多数派系都是封闭的小圈子——内部成员常常捉弄或排挤他们派系之外的人，尽管他们都知道有时排挤同龄人是不对的并且会伤害到他人。在逐渐成长至18岁期间，这些个体派系之间的关系变得松散，与此同时，青少年开始与其他几个变得松散的派系的人交往。群体是指由所获声誉相似、志同道合的个体组成的较大的群体。当青少年被问到他们学校有哪些不同群体的学生，他们通常会分出以下群体：学神、学霸、学渣、书呆子、混混等。

2. 亲密性

对青少年来说，发展亲密性是重要的发展任务。亲密性既指友谊关系又指恋爱关系。亲密性是指对他人的情感依恋，包括分享重要的个人信息、相信他人可以保守秘密、彼此间相互支持。初中生同伴关系中的亲密性体现在：第一，相对于小学生，初中生与同伴共度的时间明显增加，相对于父母和老师，初中生愿意花更多的时间与同伴在一起；第二，初中生同伴的选择依然遵循临近性原则，即家庭住得近、班级内座位近、年龄相近等，但随着年龄的增长，初中生开始更多地依据需求选择同伴；第三，初中生的同伴交往依然采用团体交往的模式，但是初中生开始建立起较稳定并且亲密的朋友关系，而且他们最好的朋友通常只有一个；第四，初中生的同伴一般为同性或两性同伴数量相当，随着年级的增高选择异性为同伴的数量开始增多。

3. 易变性

进入初中阶段，从以"相似性"和"邻近性"为标准选择同伴，转变为以"互补"为准则选择同伴的初中生人数逐渐增加。初中阶段个体与异性同伴的交往逐渐增多，但主要还是在同性同伴的交往范围内。初一时期，学生的同伴关系主要还体现在同性同伴之间。但到了初二和初三，学生对异性同伴的选择逐渐增多。随着年龄的增长，初中生对异性的接纳逐渐提高，这也反映了这一年龄阶段学生正常的心理需要，开始出现两性相吸。由于初中生内心渴望同异性进行交往，甚至与异性成为同伴，但表面上又表现出排斥，这就形成表面疏远而内心又很"爱慕"的矛盾心理与行为。在性别选择上，初中生表现出男女差异，由于女生心理发展和成熟的速度高于男生，女生表现出与异性交往的愿望可能会比男生强。

（二）高中生同伴关系发展特点

1. 平等性

随着高中生的生理和心理日趋成熟，自主意识增加，成人感增强，高中生独立和自尊的要求也越来越强烈，期望交往双方真诚、坦率、彼此尊重，表现出强烈的追求平等的意识。表现出真诚、平等待人的同学成为大家乐意交往的对象。

2. 迫切性

相比于初中生，高中生自我评价更充实、客观，有自我发展、自我实现的要求。往往表现出交友热情高，迫切需要情感力量和参加不同类型的群体活动。他们非常重视同伴，愿意与年龄相仿的同学、朋友交往，而且关系密切，越来越容易受到同伴的影响，在与同伴交往的过程中获得支持、安全感和归属感。同时，也更加重视自己在同伴中的地位和作用，同伴关系的影响越来越大。

3. 适度性

青春期的个体由于生理、心理的不断成熟，对异性产生了强烈的交往欲望。随着性激素的分泌增多，开始出现性欲和对性问题的关心是十分自然的。由于身心尚未成熟，大多数高中生在与异性交往中会把握适度原则，做到自然、大方地与异性在正常范围内进行交往。

4. 多层次

高中生同伴关系出现多层次的特点。高中生随着认知的不断发展，兴趣爱好也变得日益广泛，内心的需求也日益丰富，这就使其难以仅从某一个朋友身上获得自己各方面需求的满足。所以，与不同的朋友交往能满足高中生不同层次及不同性质的需要。

第二节　中学生同伴关系发展的常见问题与评估方法

一、中学生同伴关系发展的常见问题

(一) 宿舍关系的常见问题

良好的宿舍同学之间的关系十分重要。中学生由于一直在校内接受教育，缺乏社会和人际交往的经验，很容易出现人际交往问题。中学生宿舍人际关系的紧张会导致其长期处于不安和压抑状态，严重影响中学生的健康成长。

由于家庭条件、生活习惯、性格等的差异，每天生活在一起的学生难免会出现问题。如果宿舍内长期矛盾不断、死气沉沉，甚至互不来往，可能会导致学生学习和情绪上负能量的上升，直接影响学习成绩。住校期间，宿舍就是学生的家，人人都希望宿舍气氛和谐。当出现矛盾时，学生容易着急、激动，这时处理问题容易感性、冲动，会出现相互指责、相互埋怨，甚至大打出手的状况，矛盾一旦激化就不可调和，从而埋下怨气的种子，负面情绪开始在宿舍里传播。

(二) 同性友谊的常见问题

中学生正处在青春期，思想单纯，头脑简单。正确的人生观、价值观、世界观尚未形成，自控能力低下，缺乏明辨是非的能力。同性友谊方面存在性别差异。一般来说，女生的友谊感开始较早，同年龄的女生对友谊的标准提出的要求要比男生高。不过，初二、初三之后这种差别逐渐变小。而且，可能因为女生较男生更敏感、细微，所以女生之间友谊关系的稳定性和持久性不如男生之间的友谊关系。

2019 年江西政法发布了这样一则新闻:2002 年出生的小邹,某中学高一学生,平时爱打篮球,朋友多,讲义气。2019 年 1 月,小邹接到其"兄弟"胡某某的电话,要其帮忙带几个朋友去打群架,小邹因碍于情面,便答应了,并且叫上了同校读书的程某某和石某某,三人一起前往事发地。在某烤翅店门口,双方 20 多名未成年人持械聚众斗殴,造成一人轻微伤。事发后小邹被批捕。经市人民检察院审查发现,小邹系初犯、偶犯,未实际实施斗殴行为,认罪态度较好,且双方已达成和解,取得了被害人的谅解,被免予起诉。从小邹的案例中,可以发现处于青春期的男生感情容易冲动,遇事十分不冷静,更不会考虑后果,极有可能为了所谓的"兄弟义气"动手打人。小邹事件并不是个例,需要引起中学生的重视,引以为戒,树立正确的交友观与价值观。

(三)异性友谊的常见问题

正值青春期的中学生,同伴关系变得愈发关键。在青春期早期,大部分同伴群体都由同性组成,但到了青春期中期,青少年之间的很多关系却是发生在两性之间。中学生异性之间的交往日益增多,其交往方式也在发生变化,一般包括三个阶段:第一阶段为刚进入青春期时短暂地对异性的疏离与排斥阶段,第二阶段为关注与接近阶段,第三阶段为追求和爱恋阶段。

中学阶段是异性交往的敏感时期。心理学研究表明,异性交往在初一和初二阶段处于较低的水平,到初三阶段尤其是高中阶段才有较大发展。随着性生理发育和发展,青少年对异性逐渐产生了兴趣和爱慕,逐渐接近异性,对友谊与早恋界线认识模糊。一般而言,正常的异性友谊是建立在与大多数同学广泛接触的基础上的,交往的内容是积极向上、健康进步的;而恋爱是基于一对一的接触,交往内容多是情感性的。一些中学生正是混淆了这一区别,而把正常的异性交往视为恋爱。

(四)孤独感

孤独感指一种孤苦伶仃的情感,它是个体体会到自己和外面世界有所隔阂或者感受到被外界抛弃时产生的。主要表现为当下的人际关系无法让个体满意,且理想交往与现实交往之间存在一定差异,无助、抑郁等不良情绪反应时常出现,极有可能增加心理健康问题倾向。中学生孤独感的成因主要有以下三种。

1. 人格特质

不同个体的人格特质会影响中学生同伴交往。诸如,性格内向、孤僻的学生,容易自我封闭,从不主动与人交往,甚至害怕与人交往,人际交往圈狭隘;自我中心的学生在学习、生活中处处以自己为中心,毫不在意他人的感受,更无法做到设身处地替他人着想,认为都应该以自己为中心,这种学生在人际中容易受到伤害,被孤立、不受欢迎,从而产生人际关系的困扰;易嫉妒的学生,敏感多疑、气量狭小,很难与人敞开心扉交流,难以建立真正的友谊。

2. 认知偏差

认知偏差也是导致中学生同伴交往失调的重要因素。有的学生因受到首因效应、晕轮效应及刻板印象等认知偏差效应的影响,而使人际交往难以顺利开展。晕轮效应是在人际交往中一种"以偏概全""以点概面"的认知偏差。刻板印象表现在以固定的思维模式去看待他人。这些人际认知偏差的存在在很大程度上影响了个体的人际交往。此外，不正确的交往观，如过于重视学习，不重视与其他学生交往，认为耽误时间，浪费精力；认为友谊就是相互利用等不正确的交往观，也影响中学生同伴交往。

3. 人际交往技能缺乏

中学生处于心理发展尚未完全成熟的阶段，他们人际交往经验不足，阅历浅，遇事易冲动、不计后果，多次体验失败后，更易对自己不良同伴关系产生不恰当的归因，对自己的交往能力产生怀疑，出现过低的自我评价，甚至拒绝与人交往。

（五）校园欺凌

在学术界对于"校园暴力"与"校园欺凌"还没有明确区分的情况下，教育部在 2016 年 4 月的文件中明确使用"校园欺凌"而非"校园暴力"的概念，说明文件制定者对于二者的差异有清晰的认识。中国人民公安大学王大伟教授认为，校园欺凌多指中小学生之间的欺负、霸道和攻击行为，也包括教职员工与校外人员对学生的侵害。它包括显性的攻击和隐性的伤害，也包括肉体的侵害和精神心理的伤害。通常是一人或多人为加害方，向单独个体（被害方）实施攻击性行为。校园欺凌包含歧视、谩骂、侮辱、打骂等。其侵害程度远高于学生之间的一般矛盾和打闹，但低于校园暴力，具有一定的恃强凌弱的特征。

校园欺凌包括欺凌者、受欺凌者及旁观者三种角色。其中，受欺凌者是校园欺凌最直接的受害者。欺凌易导致受欺凌者形成消极人格特征，严重降低受欺凌者的自尊，降低其自我评价和自我价值感；欺凌易导致受欺凌者学业适应困难，遭受欺凌的中小学生会对曾经受到伤害的地点和场所产生恐惧、不安等情绪，缺乏基本的安全感；欺凌易导致受欺凌者出现社会化障碍，欺凌者往往散播谣言，利用人际关系煽动他人恶意对待、进行肢体或者言语攻击，将受欺凌者排除在某个团体之外。受欺凌者在学校里受到排挤，人际交往存在障碍，造成人际疏远。校园欺凌也会给欺凌者自身心理健康带来不良影响，影响其人格发展和正常社会化进程。首先，欺凌易导致欺凌者形成不良人格，校园欺凌易滋生欺凌者骄横跋扈、恃强凌弱、敏感多疑等不良人格特点；其次，欺凌易导致欺凌者出现社会化障碍，欺凌者的不良人格特点会妨碍其与其他同学的正常社会交往，在与同伴群体的交往中不受欢迎，容易被拒绝且难以融入同伴群体之中；最后，欺凌易助长欺凌者的攻击性倾向，欺凌会导致欺凌者以后行为失调或者产生暴力倾向。

二、中学生同伴关系的评估方法

（一）自评量表

1. 儿童青少年同伴关系评级量表（见附录二十五）

该量表由香港中文大学郭伯良编制，适用于反映儿童青少年在与别人交往时的主观体验和感觉。问卷有 22 个项目，分为四级评分：1＝不是这样，2＝有时这样，3＝经常这样，4＝总是这样，其中项目 11、12、15、17、19、20、21 为反向计分。最终统计得分，总分越高,说明被试儿童青少年的同伴关系状况越差。

2. 同伴关系测量表(见附录二十六)

北京师范大学沃建中编制的《同伴关系测量表》共 40 道题,分为接纳肯定和关心(1、7、14、21、23、24、31、33)、分享和帮助(2、3、5、6、26)、陪伴和娱乐(4、16、18、22、25、30)、亲密袒露和交流(8、15、17、19、28、32、35、36、38)、冲突竞争(11、12、14、29、39、40)、冲突和解决策略(9、10、13、20、27、34、37)六个维度。该问卷采用 5 点记分法,1 分表示完全不符合,2 分表示基本不符合,3 分表示不清楚,4 分表示基本符合,5 分表示完全符合,即分数越高,表示越同意该观点。

3. 同伴关系量表(见附录二十七)

北京师范大学邹泓设计的《同伴关系量表》共 30 道题。该量表包括两个维度:同伴接受分量表和同伴恐惧自卑分量表,重点反映个体对自身同伴关系的主观感觉。量表使用 4 点记分法,1=完全不符合,2=不太符合,3=比较符合,4=完全符合。1~20 题是同伴接受分量表,有 6 个正向计分(1、3、4、7、11、17 采用正向计分)、14 个反向计分。20 个题目的总分越高,证明被调查对象对被他人接受的感觉越强烈,同伴关系越融洽。21~30 题为同伴恐惧自卑分量表,全部为正向计分,10 个题目的总分越高,证明被调查对象在同伴关系中恐惧感和自卑感越强,同伴关系越差。

(二)他评量表

1. 同伴提名法

同伴提名法是指在一个社会群体(比如一个班)中,让每个学生根据所给定的同学名单或照片进行限定提名,让每个学生说出他们最喜欢的和最不喜欢的同伴,如"你最喜欢(或最不喜欢)和谁一起玩(或一起学习)"等。根据从每个学生那里获得的正负提名的数量多少,对学生进行分类。这种方法可以测出同伴地位的一些重要差异,但是方法本身又存在一些局限性:在测量过程中,有些学生忽然忘记了最喜欢谁,这样获得的结果也就不准确了;而且这种测量不能给出关于那些处于"最喜欢"和"最不喜欢"中间段的学生的信息。

2. 同伴关系评定量表

基于同伴提名法的不足,布考斯基(William M Bukowski)等人主张用同伴评定量表,即要求每个学生根据具体化的量表,对同伴群体内其他所有成员进行评定,如让学生回答有关同班内每个同学的问题:"你在多大程度上喜欢和这位同学一起学习(或一起玩)?"并且给出一个"喜欢—不喜欢"的评定量表。这种方法虽然涉及一些道德伦理问题(比如,会遇到评价本班同学时感到不舒服的问题),但此方法比较可靠和有效,利用此方法获得的结果与从实际同伴交往情况和同伴偏好观察获得的数据,具有较高的相关性。

3. 同伴排名量表

同伴排名量表是给学生一份全班同学的名单,请他(她)在 5 点量表上标明自己对班里每个同学的喜欢程度,从非常不喜欢到非常喜欢,分数是 1~5 分。

第三节　中学生同伴关系发展与道德教育的促进措施

一、宿舍关系常见问题的改善与道德教育促进

（一）拒绝拉帮结派，搞"小团体"

有些中学生喜欢同某个舍友走得近，平时总是同这个人说悄悄话，无论干什么事都和这个人在一起。结果两人关系越来越好，与其他人却疏远了，不利于建立和谐的宿舍关系。中学生要建立有深度的友谊，绝不是以牺牲友谊的宽度和广度为代价的。

（二）尊重舍友习惯与隐私

每个人的生活环境都不同，自然也养成了各异的生活习惯，同住一个屋檐下，必然要相互尊重，彼此理解。此外，住在同一个宿舍的舍友，或多或少都会知道对方的一些"小秘密"，对此，要学会"装聋作哑"，替别人守住秘密。每个人都有自己的秘密，同时，每个人都有强烈的好奇心。对于舍友的隐私，不要想方设法去打听。个人的隐私有其特殊的敏感性，尽量不要试图越过边界，闯入他人的领域。特别注意的是，未经舍友同意，不要擅自乱翻其物品。总有人喜欢拿着别人的东西出去炫耀，或是彰显自己与某人关系密切，或是炫耀自己。要教会中学生再熟悉的朋友也要注意分寸，遵守应有的礼节和规矩。

（三）积极参加集体活动

宿舍的活动不单纯是一件事情，更是舍友之间联络感情的机会，应该积极参与配合。参加集体活动是感情的投入，只有主动参与其中，才能体会到快乐，活动过程是不可缺少的人生经历。舍友之间应该相互尊重，发生分歧时要心平气和地谈论，不能意气用事。如果活动由于某种原因不能参加，应该说明理由，或者提意见或建议，尊重舍友，不要应付了事，当然更不要一口回绝而伤了舍友的兴致。集体活动的有无和多少，也从侧面反映了这个宿舍的团结程度。教育中学生明白假设一个人总是不参加集体活动，就会显得不合群，久而久之，因为他把别人拒在千里之外，别人也把他拒在朋友之外。

（四）赞美他人，微笑待人

中学生的缺点和优点并存，遇到问题不能有理不饶人，要看到对方的优点，以理服人。在公共生活中，我们会发现，每个人都有可爱的一面，以微笑待人，别人也会回以微笑。所以，要让中学生学会真诚地表扬舍友，赞美同学不仅会使自身人缘得到改善，还会使自己越来越快乐。

宿舍是学生的第二个家，与舍友的关系处理不好，不但影响学习，而且还影响心情，产生负能量。因此，处理好与宿舍同学之间的关系，是中学生生活的重要内容。

二、同性友谊常见问题的改善与道德教育促进

同性友谊需要保持一定的距离。人虽然具有社会属性,但仍需保持自身的独立性。不提倡中学生拉帮结派,打群架更是不良少年的行径。面对这种小团体拉帮结派、排斥他人的情况,教师和家长应及时给予帮助,引导他们做更多有意义的事情,比如团体成员可以一同学习,一同参加兴趣小组,一起合作参与社会实践活动。教师要注意到学生的这种团结一致的现象,并给予他们正当合作的机会,把私下里的哥们义气化作同伴情谊,做更加有意义的事情。家长和教师也要找机会让小团体和其他同学合作,完成一个共同的任务,改变以往形成的偏见,让全班同学形成凝聚力。这样才可以促进所有同学之间团结友爱和互帮互助。对中学生而言,遇到棘手的事情要学会寻求老师与家长的帮助,切不可盲目自信,冲动行事。

三、异性友谊常见问题的改善与道德教育促进

中学生正处于青春期,精力充沛,喜欢接触并理解新鲜事物,但对事物的观察和辨别并不全面,异性友谊虽没有任何越轨行为,但长此以往,势必会影响学习。正常的男女同学之间的异性交往,有助于双方学习进步和个性发展。青少年在异性交往过程中,一定要遵循两个原则。

首先,应遵循自然原则,即在与异性交往中,言语、表情、行为举止、情感流露等要做到自然、顺畅,既不过分夸张,也不闪烁其词;既不盲目冲动,也不矫揉造作。这一原则集中体现在:像对待同性同学那样对待异性同学;像建立同性关系那样建立异性关系;像进行同性交往那样进行异性交往。其次,要遵循适度原则,即与异性交往的程度和方式要恰到好处,应该为大多数人所接受。既不为异性交往过早地萌发情爱,又不因回避或拒绝异性而对交往双方造成心灵伤害;既不过多地参与异性之间的"单独活动",也不在异性面前如临大敌,拒不接纳异性的热情与帮助。

四、孤独感的改善与道德教育促进

(一)不能处处以自我为中心

有的中学生在生活上以自我为中心,沿袭着在家中当"小皇帝""小公主"的习惯,觉得周围的人让着自己是应该的;在学习上以自我为中心,觉得自己在学习上占有较大的优势,看不起一般的同学,不愿与他人共同探讨、相互学习;在社会活动、集体活动中以自我为中心,听不进别人的建议和想法,总希望别人依照自己的"吩咐"去做。这样的交往方式最易导致孤立、不受欢迎的局面,给自己、他人带来不必要的烦恼,给集体带来不必要的损失。

(二)友谊需要真诚维护

维护友谊,不等于迁就对方、附和对方。靠一团和气来调和矛盾,虽然表面上不伤感情,但实际上拉大了彼此的心理距离。交朋友必须坚持原则,有时不妨做诤友,给予他人真心的批评与建议,建立真正的、互帮互助的、和谐的人际关系。

（三）尊重别人的价值观

人是复杂的，不同的人的价值取向也会各不相同，所以很难、也没有必要价值观一致。尊重对方的价值观是交友中很重要的一个方面。学会理解他人，在人际交往中一定要提醒自己不要做让人反感的人。

（四）设身处地理解对方

要让中学生明白同学间观点不一致时，应想办法心平气和地向别人讲明自己的想法，增进相互理解，使彼此间的感情融洽。切记不可粗鲁、顶撞，那样会伤害朋友的自尊心。凡事多从他人角度着想，自己有错时应主动承认、道歉，对同学的缺点也要给予宽容。平时多参加集体活动，多和同学交往。

（五）及时调整交往方式

对中学生来说，对新的人际关系的适应要远比对学习和生活环境的适应困难。有的同学还像上小学时那样，只跟自己喜欢的人交往，对自己看不惯的人根本不理。也有的同学还是动不动就表示"我不爱搭理他"，在交往中显得十分幼稚。这些较为情绪化的交往方式很容易造成交往障碍，增加自己的心理压力。所以，中学生要调整自己的交往方式，多和不同的人接触，多看别人的优点，这样才能有更多的好朋友。

五、校园欺凌的改善与道德教育促进

（一）谨慎交友，警惕欺凌

首先，青少年要慎交朋友，特别要警惕类似于黑社会性质的欺凌集团，要远离这些集团。青少年还可以通过各种锻炼和学习，增强自己的体魄，充实自己的安全知识，这样一来，在必要的时候青少年方能有信心保护好自己。其次，青少年需要学习从品格和行为上鉴别"朋友"是否带给自己"正能量"，不要仅靠表面和固化的"标签"来判断朋友的质量，特别注意不要盲从"群体意识"和"群体决定"。再次，青少年还可以通过学校讲座、网络课堂等多种方式了解校园欺凌和校园暴力的危害性，增强自我保护意识和技能，提高对"可疑"团体的警惕。最后，青少年应当主动了解相关法律法规，自觉遵守校规和法规，做到不参与校园欺凌和校园暴力。当发现校园欺凌和校园暴力伤害事件时，能够在保护自己的基础上，理性地帮助与自己同龄的受害人。

（二）采取措施，正当反击

校园欺凌发生后，一味忍让是不对的，这样处理会纵容侵害实施者，使他们更加肆无忌惮，为所欲为。王大伟教授认为我们可以采取适当的"小反击"。首先，一般建议在遭遇欺凌时"不反击"，但这并不是忍气吞声，"不反击"指的是不应当采取与侵害者一样的暴力形式，而适当的反击形式是可以一试的，能够起到警告对方的作用。比如受到推搡时，可以躲避，或者顺势借力让侵害者摔一跤。其次，将情况告诉家长或老师，和他们共同去应对，而不是自己去单打独斗。最后，要正确认识"勇敢"的含义。狭隘的勇敢就是你打我一拳我就打回去，这个并不一定是"好"，有的时候还会引起更多的矛盾。"实用"

的勇敢是遭受了欺凌,是在看似"不反击"的基础上保护自己,然后与家长、老师、学校共同解决,用校规校纪和法律来处理事件,保护好自己。

【教学案例回顾与干预】

1. 现存问题

(1)小彭以自我为中心,性格敏感孤僻,一意孤行。

(2)朋友少,不受自己班级同学欢迎。

(3)出现自卑、厌学情绪。

2. 主要成因

(1)家庭原因:由于家庭经济条件较好,小彭从小比较受家里人的宠爱,生活得比较安逸,被亲人照顾得很好,没有吃过什么苦,所以平时在校他的生活自理能力较差,不愿意参加集体户外活动,动手能力和实践能力差。

(2)性格原因:小彭性格比较孤僻,自尊心强,情绪极不稳定,敏感固执,以自我为中心,自控能力差。有时比较任性,喜欢逃避责任,懒惰,性格比较极端,所以与同学相处不太好,因为成绩差也产生了自卑等心理。

(3)青春叛逆期:小彭正值青春期,使性格更加叛逆,感情丰富敏感,但极不稳定,自尊心很强,已经出现了与同龄人物质攀比和格外注重自己的外貌打扮等现象。在家时的叛逆现象比在校时更加严重,与父母出现矛盾时会激烈争吵,在校时则通过无声的反抗和脸色来表达自己的不满。

3. 干预对策

(1)正面疏导,加强沟通。跟学生进行正面引导,让小彭明白是非,什么该做什么不该做。针对转学和厌学的念头,跟小彭分析,转学以后不仅校园环境没有现在好,并且还是要承担相同的学业任务。现在才进入初二上学期,初中还有一半多的时间,现在努力还来得及。初一的内容比较简单,现在只需要每天进步一点,把初二的内容补起来就会有所进步。发现小彭好的一面,夸他懂事的一面,让他的心理有所慰藉,并在班上表现得更好些。

(2)关爱和激励。班主任和家长加强沟通,让小彭获得一定的关注和关爱,并且对他进行激励式教育。由于该生性格比较敏感,情绪不稳定,所以不宜采取比较激进的方式,否则会出现适得其反的效果,关心和引导的方法更加适合。

(3)家校联系。班主任通过微信和电话与小彭家长多次进行沟通和交流,了解该生在校和在家的表现,关注其情绪变化和心理变化,出现问题及时做思想工作,帮助使该生能够正常地学习和生活。

4. 疗效评价

在接受正面疏导、加强沟通、关爱和激励以及家校联系的综合干预下,小彭的学习态度、习惯和成绩都有了明显的改善,转学和留级的念头也消失了。他逐渐能够理性地分配时间和精力,在学习中表现出更好的注意力,有效地提高了学习效率。家长和班主任的关心和引导,让小彭感到自己受到了重视和关注,增强了他的信心和自尊心。同时,他对老师和同学的态度也有所改善,逐渐变得开朗、友好、体贴和有礼貌。

知识链接

同伴关系的五种类型

根据社会接纳水平,可将同伴关系分为五种类型。

一是受同伴欢迎的儿童(Popular Children),即受到同伴正向提名较多的儿童。这类儿童具有较高的、积极的社会技能,往往比较敏感、友好、合作,有自己的观点。

二是被拒斥的儿童(Rejected Children),即受到同伴负向提名较多的儿童。被拒斥的儿童与受同伴欢迎的儿童完全相反,他们表现出许多消极的社会行为。被拒斥的儿童又分为被拒斥攻击性儿童和被拒斥退缩儿童,这两个子类型的儿童也有不同的社会行为表现。大部分被拒斥的儿童属于被拒斥攻击性儿童。

三是矛盾的儿童(Controversial Children),又称有争议的儿童,他们的正向提名和负向提名都较多。有争议儿童的社会行为表现是积极与消极的混合物。他们可能有被拒斥的儿童的攻击行为,也可能有受同伴欢迎的儿童积极的亲社会行为。这类儿童的社会身份会随着时间和环境的变化而发生较大的变化。

四是被忽视的儿童(Neglected Children),这类儿童不管在正向提名还是负向提名中都很少被提及。被忽视的儿童由于和同伴的互动较少,常常被认为比较害羞。但是与被拒斥的儿童不同,这类儿童并没有太多的社会焦虑,也不会因自己没有朋友而感到不开心。相反,当他们需要朋友时,他们会较快地投入到同伴活动中,建立起良好的社会关系。

五是一般的儿童(Average Children)。在幼儿园和小学中,大约有三分之二的儿童可以被划分到上述四种典型的类型中,剩余的约有三分之一的儿童则属于一般的儿童。

资料来源:桑标.学校心理咨询基础理论[M].上海:华东师范大学出版社,2017.

思考题

小张,女,14岁,初二学生。自述父母离婚后跟随母亲生活。母亲性格暴躁,对她经常打骂。上初一时因和舍友关系紧张,出现一系列身心问题。初二时因和同学关系不好,之后不愿与同学交往,出现胸闷、焦虑、注意力不集中等现象。小张从小对自己要求严格,学习成绩名列前茅。但性格内向,几乎不参与学校活动。最近三周感觉不想待在宿舍,就连和同学交往都有些害怕。考试又遇到了难题,越想越心烦。小张说了一件让自己烦心的事:我最讨厌睡我下铺的女孩。上周一晚上熄灯后,我用台灯看书,她觉得影响了她,我就关灯了。第二天早上起得特别早,我想她肯定是在报复我,我就说让她小声点儿,她就很冒火地和我吵起来了。之后班上竞争班委,最后我得到了机会,她就说我"拍马屁",从那以后我们关系变得更糟了。

请你对小张同学的案例进行思考分析,并给出干预与处理方案。

【参考文献】

[1] 易法兵.中学生心理健康教育案例集[M].北京:化学工业出版社,2019.

[2] 林崇德.发展心理学(第三版)[M].北京:人民教育出版社,2018.

[3] 韩迎春,邱丽景,李北容.中学生心理与道德教育[M].北京:教育科学出版社,2016.

[4] 金海英.心理健康教育[M].上海:人民邮电出版社,2013.

[5] 林自勇.如何与异性交往[M].呼和浩特:内蒙古人民出版社,2008.

[6] 陈汉英.学校心理健康教育[M].杭州:浙江大学出版社,2019.

[7] 王大伟.校园欺凌:问题与对策[M].北京:中国国际广播出版社,2017.

[8] 徐光兴.学生心理辅导咨询案例集[M].长春:吉林出版集团,2012.

第十一章 中学生性心理发展与道德教育

【本章概述】

中学生在生理方面正处于青春发育期，是生长发育的第二个高峰，在心理方面处于儿童心理向成年心理的过渡阶段。生理上发生显著变化，一方面体现在身体发育方面，如身高和体重迅速增长，第二性征开始出现，身体明显地表现出男女的两性差异；另一方面是生理机能的增强，如性欲的觉醒。如果说初中生还是儿童向少年的过渡，那么高中生的个性品质已趋于成熟和稳定，而且随着认知水平的提高以及生活经验的积累，高中生在个性发展上出现了一些新的特点，其在自我观察、自我评价、自我体验、自我监督、自我控制等自我意识的诸多成分上都获得了高度的发展，并趋于成熟。

在对中学生性心理咨询过程的分析中发现，有很多求助者都希望了解有关性生理以及性心理方面的知识，希望在中学开设这方面的课程并提供此方面的心理辅导。因此让青少年懂得一些青春期生理、心理变化的基本知识，辅以伦理道德的教育，使他们在消除"性神秘感"，摆脱性无知的焦虑和苦恼的同时，明白友谊和爱情的内涵，了解幸福与耻辱的含义，学会用道德意志、理想情操的力量来约束自己的行为，合理释放并控制自己的性冲动，树立起自尊、自重、自爱和尊重他人的观念十分必要。本章第一节介绍了中学生性心理发展的内涵、一般特点和影响因素。第二节主要讨论了中学生常见的性心理发展问题、评估方法和相关量表。第三节从心理健康教育和思想道德教育融合的角度，探讨了干预中学生常见性心理发展问题的策略和方法。

【关键词】

中学生　性心理　性心理发展问题　缓解策略

【案例导引】

小杰是一名高中生，有天他来到心理咨询室，自述最近精神萎靡不振、非常焦虑，夜里睡不好觉，白天注意力不集中、头昏脑涨，怎么也提不起精神，对什么事情都不感兴趣。记忆力明显下降，学习成绩也下降了。和同学的关系相处得也不是很好，没有什么知心的朋友。去医院做过身体检查，但没有发现什么毛病，小杰却担心自己"伤了元气"。原来小杰在上高三的时候偶然间有了一次手淫的经历。之后，他越发控制不住自己，手淫次数越来越频繁。他为此感到非常担心、焦虑。每次手淫过后，他都陷入后悔和自责之中，发誓以后再也不干了，可当下次冲动来时，他还是控制不住自己。

第一节　中学生性心理发展概述

中学生正处于青春期阶段，其生理和心理都正在发生巨大变化。因此，青春期教育对人一生的成就有着极其重要的影响，其中青春期性教育是青春期教育的重要课题之一。学生进入青春期后,性器官逐渐成熟,导致青少年心理发生明显变化,对性知识的求知欲逐渐增强。性教育可以为学生提供正确的性知识,以减少错误观念。事实上,每位青少年到了青春期都会遇到性问题,青少年在青春期渴望知道有关性的知识,并且有一定的性需求,但他们还不了解人类的性行为所应遵守的道德规范。如果不进行青春期性教育,无论是对青少年个人成长发育和道德品质的培养还是对国家未来发展,都是不利的。我国著名青少年心理咨询专家张声远认为,性教育不仅是知识教育而且是人格教育,性教育的最终目的,并不是要传授给学生大量的性知识,而是教学生树立正确的性态度。性是人格的重要组成部分,一个青少年只有很好地解决性的问题,才算获得了良好的人格。

一、中学生性心理发展内涵

性涵盖诸多因素,是包含自我力量、社会知识、个体以及社会准则等与生理功能密切结合的高度复杂的体系,是一种自然特性与社会属性相伴而生的现象,并非狭隘的动物式的行为。美国性信息和教育协会对性的解释为:性作为个人的整体,它包括和男孩、女孩、男人、女人相关的人类所有的方面,是一个驱动人一生变化的实实在在的原因,性反映了我们的人性而不仅是性的自然本质。性心理是指围绕性特征、性欲望和性行为而展开的所有心理活动,是由性意识、性知识、性经验、性观念等构建而成的。个体的性心理是建立在脑、内分泌和性器官的成熟,以及性法律、性伦理道德、性文化等一系列因素构成的性社会环境基础之上的。个体性心理的发育、演变,要经历性角色、性取向、性价值观念等方面的形成和演变过程。世界卫生组织将性健康界定为"人类身体的、心理的、智力的和社会诸方面性反应的多层次综合且能丰富和提高人的个性、联系、交往与情爱"。性健康包括三个层面即生理的、心理的和社会的层面。世界卫生组织对性心理健康所下的定义是通过丰富和完善的人格、人际交往和爱情方式达到性行为在肉体、感情、理智和社会诸方面的圆满和协调。

黄希庭、张进辅等人从知、情、意、行的角度对性心理进行了阐述和说明,认为性心理是关于性问题的心理活动,是主体有关性生理、性对象及两性关系等的反映,涉及对性的认识、性的情绪体验、对性行为的控制等与性有关的一切心理活动。性心理结构可分为以下四种基本成分:第一是性感知,指对有关性的事物的感知,包括与性内容有关的视觉、听觉、触觉等;第二是性思维,指对有关性问题的思考和想象,通过性思维主体不断获得有关性问题的理解,并形成系统化、稳定化的观点,即性价值观;第三是性情绪,指对性活动和性对象的态度的体验,包括性快感、对异性的好感或爱恋、性嫉妒等;第四是性意志,指主体对性行为、性活动的控制和调节。陈铭德、朱琦将性心理的概念定义为:围绕性特征、性欲望和性行为而展开的所有心理活动,性心理是由性意识、性感情、性知识、性经验、性观念等构建而成的。个体性心理的发育和演变,要经历性角色、性取向、性价值观念等方面的形成和演变过程。

二、中学生性心理发展阶段与特点

(一)青春期性心理发展阶段

赫洛克(E. B. Hunlock)认为青少年性意识发展及与异性交往阶段性表现分为四

个阶段。

1. 疏远异性的性厌恶期（12～14岁）

在这一时期，青少年产生了朦胧的性意识，男女双方产生了一种愿意彼此接近的意识倾向。但是青少年对两性关系存在着神秘感与戒备感，他们通过自身身体的发育和变化知道了男性与女性之间的差异，但是对性只有模糊的认识，由此会对自身变化产生焦虑不安、羞怯甚至反感的负向心理，在异性面前显得局促不安和感到害羞，因而对异性采取故意疏远的态度。

2. 接近异性的牛犊恋期（14～16岁）

在这一时期，少男少女正处于钟情、思春的朦胧阶段，他们对青春期的发育逐渐适应，生理机能也慢慢达到性成熟，对异性的态度也发生反转，对异性的关注具有好奇性、实验性和盲目性，其交往指向是泛泛的，多数是因为相互的好感自然吸引。这个时期常常出现中意于年长的异性，产生崇拜及爱恋之意。

3. 向往异性的狂热期（17～19岁）

在这一时期，主要表现为对异性的向往和倾慕，青少年往往以各种主动的方式对异性表示好感，希望得到对方的积极反馈。这时的他们把钟情的对象由年长的异性转变为年纪相仿者，希望能与异性多多接触，创造机会吸引异性的关注。这个阶段的青少年学生有强烈的自我意识和理想主义倾向，虽然青少年的性机能日趋完善，但正确的道德观和恋爱观还没有形成，如果他们之间的正当交往受到压抑或受到不良影响，对异性的神秘感和好奇心可能导致他们的越轨行为和不正当关系的交往。

4. 青春后期的浪漫恋爱期（20岁以后）

这个阶段的学生对两性逐渐有了深刻的理解，对异性也有较为全面的认识，青年人身心的发展和丰富的社交活动促使他们把对异性的情思逐步导向恋爱的轨道。青年们在各种社会交往活动中培养着友谊，随着时间的推移，全方位的友谊逐渐集中到与自己的理想模式相符合的异性身上，这样恋爱便产生了。他们不会经常变换所爱慕的异性，而是形成一对一的关系。这种恋爱不再是游戏性的恋爱，而是与结婚、未来的事业和家庭相联系的。

（二）青春期性心理发展特点

1. 性朦胧期

指青春期开始（11～12岁）的半年至一年内的两性疏远阶段。此时学生的性功能尚未完全成熟，性别意识刚刚萌芽。随着第二性征的日渐发育，开始意识到两性差异和两性关系，注意自己的形体变化和仪态，过去小学低年级男女间那种"两小无猜"没有了。如果到小学高年级男女还同桌的话，他们之间便会出现"三八线"，这种情况有时会延续至初一。随着对性别差异越来越敏感，他们产生了明显的不安和烦恼。因此他们对两性间的交往持有意疏远和回避的态度，如因学习或工作需要，双方接触时会感到拘束和羞涩，生怕别人嘲笑。他们认为两性间的亲近交往就是恋爱，是会受到指责的。同时，由于男女性格差异，男同学会嫌女同学娇气、胆小、气量小；女同学会讨厌男同学粗野、淘气、不懂事。这时期他们显得特别重视与同性间的情谊。这是青春期正常性心理的一种表现。学校要重视学生们的这种心理变化,帮助青少年健康地成长。

2. 性好奇与接近期

短暂的疏远与相斥之后,是渐浓的矛盾与接近,大约在十三四岁逐渐明显。随着年龄的增长,性激素分泌增多,性机能迅速发展和第二性征显露,青少年性冲动和性意识日趋强烈。男女同学逐渐会产生一种彼此要求接受互相吸引的心理,如希望引起异性的注意和好感,有的男同学喜欢在女同学面前表现自己的能力和才华,在女同学面前逞能。而女同学则变得腼腆、矜持。有的女同学开始修饰和打扮自己,为了引起异性的注意,连说话走路的姿态也变了。因此,有一天他们发现进入青春期的同学好像一夜之间长大了。原来调皮捣蛋、不修边幅的男同学,不但穿着整齐,而且举止大方;原来叽叽喳喳的女同学,表现得温文尔雅。随着异性相互了解的加深,对方原来的缺点变成了优点,男同学认为女同学温柔可爱,女同学认为男同学坚强勇敢,因此互相吸引、倾慕甚至喜爱。对异性神秘的新奇感使他们在言谈举止方面都努力吸引异性的关注,渴望并想象着同异性接近,敏锐地注意着异性的身心变化,在心里比较和评价着异性,滋长着对一些异性的好感和对另一些异性的厌恶情绪。

3. 性觉醒期

中学生自我意识的各个层面都和他们的性意识联系在一起。他们开始真正以一个男性或女性的自我意识在社会中呈现出来,他们对社会中的他人也开始真正以一个男性或女性的角度来对待,且他们对异性的议论、评价也明显增多。他们非常希望与异性交往,但更多的应是寻找并创造机会与异性一起参加集体活动,在共同的活动中相互接近、建立好感而非是单独交往。例如,小王和小红从小就是邻居,同上一个幼儿园,之后上了同一所小学、中学,两人你来我往关系很密切,双方父母也都觉得很正常。但前段时间发现他俩开始有意无意地疏远了,可是最近又开始有了交往,父母们对此感到很奇怪。其实,这证明随着年龄的增长,孩子们的性意识开始觉醒,开始自觉地对自己所属性别和异性性别进行自我塑造,自觉地从"男子汉"或"好姑娘"的角度来塑造自己和期待对方,两性关系意识开始觉醒与发展,并由此产生对异性在认知和情感上的需要、兴趣和探究行为。

4. 异性的追求与爱恋期

随着对异性的接触和交往的频繁,初中高年级的学生已经能感受到异性吸引的情感撞击。在青春期,由于男女两性逐渐走向性成熟,加之交往也逐渐多起来,产生了较明显、较清晰的性意识,表现出对异性的爱慕和追求,如对异性产生了浓厚的兴趣、渴望了解异性、被异性青睐。正是这种正常的心理,可以为将来建立美满婚姻打下一定的基础。如果控制得当,大部分的初中生也就停留在这一阶段。随着年龄的增长,当这种心理较为专一地指向某一异性时,便有了纯洁而幼稚的初恋,并产生相应的追求行为,例如由眉目传情发展到传递纸条等。一方面由于青少年的发育加速,性生理变化引起对外界的性刺激特别敏感,兴奋性较强、易激动、喜欢寻求刺激;另一方面他们的伦理道德观念仍相对薄弱,辨别是非能力不足,所以就容易导致青少年的性心理特别易受外界影响而发生动荡,恋爱、失恋、三角恋等会困惑着青少年。因此,青春期的性心理健康教育就显得重要且必需。

5. 性冲动期

初中阶段的少男少女,正是情窦初开的年龄,对异性的倾慕、喜爱,往往在心里把它视为爱情。每当看到影视片中男欢女爱的场面或与异性同学较密切的接触中,在神经系统的调节下,容易引起性冲动。性冲动是人和动物皆有的一种欲望,属于原始性、生理性的动机。没有性冲动的个体是异常的,关键是要懂得自觉控制和释放。否则,就容易导致性侵害、婚前性行为的发生。

在传统文化的影响下,青少年的心理行为呈现矛盾、多样的复杂表现,而且大多带有文饰的特征。青少年表面上在异性面前羞涩、拘谨而淡漠,但内心又十分关心自己在别人心目中的印象,常用青少年所特有的行为来引人注目,如男孩在课间照镜子、爱出风头,甚至以吵闹或恶作剧来吸引人注意;女孩则爱打扮,有的女同学甚至一日三换其衣,以引起异性的注意,有的或故作矜持状。总之,青少年微妙的精神变化与其较浅的阅历和幼稚行为交织在一起,出现了充满矛盾的心理表现。此阶段的少男少女正处于钟情、怀春的朦胧状态,其对异性的关注具有明显的好奇性和盲目性,其交往指向多是泛泛的,大多是因相互的好感自然吸引。

（三）中学生性别心理差异分析

1. 异性交往的差异

男女间的异性吸引是青少年性心理发展的一个重要表现,虽然他们都希望获得异性的注意与好感,但是由于生理和文化背景的影响,其表现不尽相同。男孩大方热情、有气概、扮潇洒、往往故意在异性面前表现自己,并期望获得异性的好感,并采取积极主动的态度,有意接近对方,试探对方的反应。他们对女性普遍好奇,希望了解她们,包括生理和心理。对漂亮的女生更是喜欢,且学习成绩突出者也对他们具有吸引力。他们会在女性面前展示自己的才能,以吸引对方注意自己,特别是在自己喜欢的女性面前,做事特别卖劲儿,希望自己在异性心目中成为英雄或崇拜对象。男性在异性面前的情感是外露和热烈的,但有时对自己的表现期望值很高,自信心不足,常常在异性面前心理紧张。

在与异性朋友的交往中,女性的感情体验相当丰富,表现得极为细腻,开始注意修饰自己的外表,用"美"来塑造自己。女孩多表现为"悦己者容",爱打扮,注意自己的言行,对异性的爱慕多内敛、含蓄,表现为自尊、娇媚、羞涩而被动。这期间男女的交往并不一定就是真正的恋爱,她们与异性的交往多半是心理的需要。她们对异性的容貌不及男性那样重视,这是女性性心理较男性成熟早的表现。一旦找到钟情者,有的女孩会倾心于他,喜欢他的一切,并视其为自己的一部分,即付出全部感情。

2. 情感表达的差异

女孩比男孩更善于表达情感,善于非言语的表达。例如眉目传情。情绪反应更激烈,感觉更容易受到伤害,比男孩更爱哭。由于性激素与传统文化的影响,男孩表达情感的能力弱于女孩,但男孩更富于竞争精神、好斗,支配欲比女孩更强烈,而女孩则更倾向于服从。

3. 性别角色的差异

由于性生理和性心理的发展,青少年开始关注与性别角色相关的形体特征。一般来说,男生希望自己长得高大威武,有英雄气概;女生则希望自己苗条、漂亮。若他们不具备这些特征,就会产生自卑、苦恼和不安。

三、中学生性心理发展的影响因素

(一)社会环境的影响

青少年性成熟提前的原因:首先是社会物质环境的影响,在世界物质文明不断发展的前提下,人们的生活水平不断提高,营养从满足走向了过剩,少年儿童的身高、体重不断地创造新纪录。在中学,肥胖学生已不足为奇,他们青春期始动年龄也在相继提前。其次是社会精神环境的影响,随着国家的开放和互联网技术的普及,西方的性文化多渠道涌入中国,有人戏称连动画片都有拥抱、接吻的镜头,因此孩子很早就从各方面接触性文化。有的家长怕孩子受影响,总是采取限制的态度,越是这样越引起孩子的好奇。而互联网及各类媒体给中学生提供了很多机会了解性知识、性观念、性行为,在好奇与满足的不断循环中,下丘脑性发育被促动,导致性成熟年龄提前。可见,充足的营养、安定的生活是性成熟年龄提前的重要因素,同时过多的性文化接触又是青少年发育提前的原因。此外,执法力度不够也纵容了互联网及各类媒体不良性文化的散播。显然,社会不良因素非常不利于学生性心理健康。

(二)性教育严重缺失

澳大利亚皇家墨尔本大学性健康中心的高源博士说,一方面澳大利亚的青少年缺乏性知识,可另一方面他们的行为又走得很远,因此存在一个非常迫切的问题:如果缺乏有效的性教育,中学阶段就可能面临感染艾滋病等性疾病威胁。越早普及这样的知识,他们的社会责任感就越大,当真要面临一些具体问题时,他们就能够做好准备。

目前我国青少年性教育研究缺失的原因之一是性健康教育师资队伍专业性不够,缺少专门性文件的指导、参考教材。教师本身性观念、性健康教育能力也是制约学校性健康教育开展的原因。中学性健康教育怎么实行、教师由谁来当、怎么教、教到什么程度,这些都不得不考虑,学生对性健康教育老师的选择倾向也是值得思考的问题。

由以上分析可以发现,学校、家庭、社会都是影响学生性心理健康的因素,性健康教育是各方不可推卸的责任。鉴于性健康教育的系统性、科学性以及复杂性,针对长期在学校生活和学习的中学生群体,其重担主要落到了学校的肩上,学校应该位居中学生性健康教育的主体地位,家庭和社会对性健康教育起到补充与完善作用。学校、家庭、社会共同承担性健康教育责任并将性健康教育资源整合起来,积极协调,为中学生建设性健康教育网络。

第二节　中学生性心理发展问题与评估方法

一、中学生常见性心理发展问题

(一)自慰过度

处于青春期的少男少女们开始对"性"这一受封建思想禁锢的敏感话题有了朦胧的

感知,他们会不同程度地出现性幻想,甚至性妄想,产生一些性自慰的梦境。在梦境中他们品尝着长期被压抑的性欲望被满足的快感,于是遗精或手淫,但是由于自我意识和自我评价的严厉约束,罪恶感和羞耻感油然而生。想戒除或压抑却又无法抗拒快感的诱惑,自我矛盾、自我谴责,形成强大的心理压力,甚至导致神经症的发生。严格来讲,手淫既不是不正常的,也不是对身体有害的行为。但是如同暴饮暴食会造成消化不良、运动过度会使肌肉劳损一样,如果肆意手淫,沉迷色情,必然会荒废学业和损伤身体,因为手淫时能量消耗很大,相当于进行了激烈的百米赛跑。处在性成熟期的青少年身心不稳定时,特别要提高自我控制和自我约束的能力。手淫之所以成为问题,主要原因是某些错误宣传对青少年造成的巨大精神压力,简而言之,就是对手淫的自责、犯罪心理和恐惧心理。一方面是他们无法摆脱手淫后产生快感的诱惑,另一方面是背着沉重的精神包袱,使青少年带上了无法解脱的枷锁,形成了恶性循环。

(二)恋爱问题

进入青春期的少男少女由于性生理和性心理的发展,开始渴望和思念异性,容易与有好感的异性建立恋爱关系或是产生暗恋,这是一种正常的青春期心理现象。恋爱的同学总是把大部分时间和精力放在单一的异性个体上,忽略了与班级其他同学的交往,尤其是与同班异性的交往,影响正常的生理发育和身体健康。中学生思想尚未成熟、易冲动、情感不稳定,不成熟的"恋爱"会给中学生的情绪带来很大的冲击,影响心理健康发展。

(三)早性早孕

控制性冲动是青少年面临的严肃挑战。如果缺少自律意识与能力,放任性冲动势必导致个人悲剧,危害身心健康,严重时甚至会侵犯他人、破坏社会安定。青少年过早的性行为导致了性病、艾滋病在青少年中的传播。青春期在提前,而初婚年龄在推迟,青春期性教育成为困扰家庭和社会的难题。与过去那种偷偷摸摸地写情书、传礼物不同,如今一些少女与异性交往时,表现大胆、无所顾忌,甚至有时是主动"献身"。她们对"失身"看法不同,以为那是她们对人生价值、幸福观和性道德的一种态度。中国青少年生殖健康调查显示,在有性行为的女性青少年中,21.3%的人有过怀孕经历,4.9%的人有过多次怀孕经历,意外怀孕后,选择人工流产者超过86%。未婚先孕和人工流产正在威胁着女性青少年的生殖健康。青少年由于身体发育还不成熟,还没有达到最佳的生殖状态。未婚先孕得不到社会上性道德和性伦理的承认,一旦怀孕,女性很难保持良好的心态和护理,不利于胎儿的发育。研究表明,我国青少年和未婚青年的婚前性行为、人工流产和性病数量呈明显的上升趋势。由于缺乏性和生殖健康知识,越来越多的青少年和未婚成年人开始面临与性相关的健康风险。

(四)性冲动犯罪

青少年期是一个从幼稚走向成熟的时期。青少年的主观心理状态和客观现实之间、生理发展和心理发展之间以及内部心理结构之间的矛盾错综复杂,形成了这个年龄阶段的心理特点。国外心理学家把青少年期称为心理上的"断乳"期。婴孩时期第一次从母体上"断乳",会带来一时的不安,是一个关键时期;青春期第二次从心理上"断乳",离开父母的监护而成为独立人,也是一个关键时期。青少年性犯罪意向的形成,是青春期个人需要与客观现实之间矛盾斗争的结果,是个人的非法性欲动机与社会规范之间矛盾斗争的结果。青少年性犯罪意向的形成,性发育成熟只是提供了一个前提条件,主要是由于不能按照社会规范的要求,自觉地支配和控制自己的性行为。

青少年性犯罪的发生,虽然与外界诱因有直接关系,但导致性犯罪行为的内驱力是性欲冲动,而性欲冲动对任何一个正常发育的人来说都是会发生的,至于是否犯罪则在于主体的内在抗拒力。青少年对性刺激的抗拒能力低,主要是对待性欲冲动的问题缺乏道德观念与法治意识,以及同欲念斗争的意志薄弱。在流氓强奸犯中,虽也有预谋性犯罪的,但较多的是情景性犯罪,反映了缺乏对诱因的抗拒力和意志薄弱的问题。有的在夜间偏僻无人处见到独身妇女,引起性冲动,实施强奸犯罪。有的因情景的变化而使动机转移,当盗窃犯撬门入室后,见到妇女独睡,由盗窃动机转向强奸动机。至于一些流氓惯犯,对诱因的抗拒力为最低值,因而形成了惯犯行为。造成青少年性犯罪的主客观因素是相互影响而起作用的。青少年的性发育成熟是前提条件,性犯罪意向形成是犯罪的心理基础,性刺激信息是犯罪的外在因素,缺乏对诱因的抗拒力是内在因素。在青少年性成熟的前提下,主观犯罪意向与客观诱因相互作用力大于主体对诱因的抗拒力,就会导致性犯罪,反之,则可以避免性犯罪。

(五) 体象不满

身体意象是指个体对自己身体轻重、体态和美感等方面的整体态度。身体意象最早是由保罗·席尔德(Paul Schilder)于 1935 年提出来的。他认为,身体意象是个人脑海中对自己整个身体所形成的心理图画,包含了身体知觉与身体概念。身体意象是个人对自己身材外表的主观感知,包括对身体生理、心理功能的认知、态度(如情感、评价)及其对行为的影响。所谓身体意象障碍,就是说人们对自己的身体具有强烈的消极感知和态度,以至于发展为心理障碍而严重影响了身心健康。消极的身体意象表现为过多的体重关注、对身体不满意、低自尊和消极情绪等。随着中学生躯体性征的急剧变化,以及期望在异性交往中被欢迎或爱慕,他们开始强烈关注自己的体态。在敏感的关注之下,心理上有可能会产生身体意象障碍,会影响自我身体评价,由此会影响其自尊心、自信心、自我价值感,且可能伴随焦虑、羞耻、自责、抑郁等消极情感,对女生来说尤其如此。

身体意象障碍可能是饮食紊乱所致,这是 20 世纪 80 年代中期西方的研究者开始注意和探求女性饮食紊乱现象时提出的观点。具有身体意象障碍的女性怀有强烈的求瘦欲望,总是认为自己胖,要用节食来减肥,导致不良的饮食行为,还可能直接导致饮食障碍,严重的可能发展为神经性厌食症,造成极度营养不良,结果可能导致死亡。我国心理学者潘晓红等人对青春期少女的一项调查显示,有 58.6% 的女孩对自身的身体意象判断不准,11.36% 的女孩存在身体意象障碍。有身体意象障碍者和无身体意象障碍者在求瘦欲望、身体意象满意度、理想身体意象等方面差别明显。

当一位女中学生开始关注自己的体态美丑时,会受到同学特别是异性的影响:如果同学特别是异性对其夸赞,则会增强其自我满意度;否则自我悦纳和自尊心就会受到打击,变得自卑、焦虑和懊恼,于是便往往会通过节食、减肥来达到同伴们普遍认可的美丽标准。当代流行的以瘦为美的标准,使一些女中学生不顾自己身体发育的营养所需,用强行节食、加大运动、特效药物等方法减肥瘦身,极易导致厌食症、焦虑症、强迫症,以及低自尊等诸多心理问题。另外,有些女中学生听信性感之美、立体之美的观念,不惜伤害身体去丰胸、整容,以此来满足自己性心理的需要。显然,这也是伤害自己自然成长的有害之举。

二、中学生性心理发展状况评估方法

总体来看,关于中学生性心理健康的量表和问卷目前并不多,研究形式也处于初级阶段,还有待于进一步发展,可以将国外的相关问卷引入国内进行修订,或是将性心理健康问题与青少年其他方面的心理健康研究相结合,以获得更为全面和深入的研究成果。经过搜索和筛查,本书认为信效度较好的相关量表如下。

《青春期性心理健康问卷》作者骆一,详见作者论文《青春期性心理健康问卷的初步编制》。该量表的信度和效度获得了检验和认可,并在中学生群体中进行了有效运用。《性态度量表(中文版)》,作者陈于宁、侯婵娟、姚树桥、付丽,详见作者论文《性态度量表中文版在中国青少年中应用的信效度检验》。此外,当中学生遇到性心理健康困难以及是否寻求专业的心理帮助,对于这一问题也有研究,并形成了一定的量化问卷,详见《寻求专业性心理帮助的态度问卷》。

《高中生性心理健康问卷》(见附录二十八),共 23 题,三个维度,其中第 1、3、7、10 题为反向记分题,三个维度分别为:(1)性观念,指高中生对性的认知和行为,包括 1、2、3、4、5、6、7、10 题;(2)性知识,指高中生需要知道并了解的性相关知识,包括 16、17、18、19、20、21、22、23 题;(3)性应对,指高中生遇到性相关问题时采取的应对方式,包括 8、9、11、12、13、14、15 题。问卷采用李克特 5 点计分,分数越高说明受试者性心理健康水平越高。

第三节　中学生性心理问题应对及道德教育的促进措施

性教育是指青少年在不断走向性成熟的过程中,教育者利用科学有效的手段和环境因素,纠正他们性意识中的偏差,引导他们的性意识朝着健康方向发展。性教育是性科学知识的教育,即向青少年提供性的科学解释和有关这方面的知识,而且还应包括对友谊、爱情、婚姻和两性关系的正确理解,以及接受这方面道德行为标准的教育。性教育的内容是多方面的,主要包括性生理知识教育、性心理知识教育和性道德、性法律、性伦理教育,还包括性健康、性防范知识教育等多个方面。性问题不只是性生理问题,性健康更不只是生理上的健康,还包括心理、观念和情感方面的健康状态。性教育的意义是深刻的,性教育不仅使受教育者获得性生理、性心理、性道德、性法律、性伦理、性健康、性防范等多方面的知识,更能正确引导和纠正他们性意识中出现的偏差,培养正确的世界观、人生观、恋爱观和健全的人格,培养与异性平等相处和规避危险行为的能力。性教育不是一门独立的学科,它与生理学、卫生学、伦理学、社会学、教育学、心理学等有着密切的联

系。性教育是家庭教育、社会教育和学校教育的重要组成部分,对儿童、青少年进行正规的性教育需要全社会的共同努力。

青春期性教育的概念至今没有确切的说法。笔者认为,青春期性心理教育是指通过教育的手段,帮助青少年形成健康的性心理和良好的性伦理道德观,面对社会的各种不良性刺激和性诱惑,有较好的自制力,能够与异性建立起和谐自然的关系,从而使自身的性行为和节律符合健康要求。青少年的性教育,是素质教育的重要组成部分,也是我国精神文明建设的一个重要内容。青少年在成长过程中不可能自发地理解性现象,对性不可能"无师自通"。他们精力旺盛,对性特别好奇,性逆反心理强,但性心理自控力弱,性伦理和性法治观念差,加上性成熟提前以及传播媒介等带来的信息污染,加剧了青少年心理和生理之间的矛盾,对性心理健康产生不良影响。对青少年进行性教育,是帮助他们掌握科学的性知识,促进身心健康、防止性犯罪的有效手段,更是青少年未来生活和谐、婚姻美满、家庭和睦的重要保证,因此对青少年进行性教育的意义就越显重大了。

一、中学生自慰过度的改善与道德教育促进

自慰(手淫)在一定限度内会缓解个体的性冲动,对他人无害,所以属于正常的、健康的性行为。但如果过度,就可能给人带来伤害,如使正常两性性行为失常等问题。对青少年自慰过度的情况应提供及时的帮助和辅导。基于"双育"融合干预策略,家长和老师应以正确的态度理解孩子,不要以指责的态度一味禁止,给孩子造成强烈的羞耻感、负罪感和恐惧感。在与孩子交流时应该使之了解适度手淫是无害的,但过度手淫则会出现问题。参考相关文献,下列克服手淫的方法比较有效。

(1)自我暗示法。当性冲动出现时,可以自我调节,进行意志力和毅力的锻炼,通过自我控制尽量控制手淫的欲念,先从减少次数开始,直至戒除。例如,有学生自我鼓励地说:"通过学习我坚定了信心和决心,我花了很多时间进行锻炼,培养了自控能力,终于克服了手淫习惯。"

(2)转移注意法。每当出现手淫念头时,去做其他对自己有吸引力、让自己兴致浓厚的事情。多数学生使用此方法都有效地改变了手淫习惯,每当想手淫时他们会选择听音乐、看电影、做俯卧撑、看书等方式,这样可以有效转移大脑性冲动的兴奋点,制约性冲动。

(3)有效抑制法。利用大脑皮层的机能特性"优势法则",有意识地增强学习兴奋灶,抑制手淫冲动的杂念。当大脑皮层中形成学习优势兴奋灶时,其他部位则处于抑制状态。学习越专注,处于优势兴奋灶区域的大脑皮层越具有良好的应激机能,并能进一步提高学习效率,有利于克服手淫习惯。

(4)丰富课余生活。平时可以积极参加健康的文娱、体育活动,扩大自己的爱好范围,充实课外生活,使课外生活更加健康并丰富多彩,如此可以淡化和转移性欲而无暇想手淫之事。

(5)养成良好习惯。形成有益于身心健康的生活节奏,养成有规律的生活习惯。早睡早起,睡前避免过度兴奋,睡眠以右侧卧为佳,不要俯卧。注重培养学生树立道德法律

意识,不看色情图书、不浏览色情网站,更不传播此类信息,这对减少性的刺激与控制性欲有积极作用。

(6)好读书,读好书。引导学生选择科学的性知识读物,帮助青少年从医学和健康卫生的角度了解性生理、性心理现象,使之做出积极的、适应性反应,从而排除有碍于身心健康发展的消极因素。建议阅读一些针对中学生自慰问题的相关书籍,不要阅读黄色淫秽书刊,交朋友要采取谨慎态度。

手淫习惯多在家中发生,因此家庭与学校同步教育十分重要,家校之间要加强联系。家长应在家中创造一个宽松、民主、和谐、有利于孩子克服手淫习惯的理想教育环境。家长应避免以粗暴的态度和孩子谈心。家长和孩子一起看电视、做游戏、吃美食,可以有利于消除孩子的紧张情绪,丰富孩子的课余生活,使家庭充满和谐的气氛。还要叮嘱青少年在日常生活中应注意卫生问题,如经常清洗外阴,消除积垢对生殖器的刺激;不要憋尿,避免膀胱过分充盈引起刺激;内裤不要过于紧小,防止摩擦外生殖器而引起刺激;膳食上多吃新鲜蔬菜和豆类食品,少吃刺激性食物。上述各种方法并举,有利于改善学生手淫的不良习惯,培养积极向上的生活习惯。

二、中学生恋爱问题的改善与道德教育促进

面对中学生恋爱问题,应避免采用"围追堵截"的方法。这种方法往往会产生反效果,根据中学生的年龄阶段特点,往往越不被允许的事情,越易激起学生的逆反心理,从而既不利于解决学生恋爱问题,还可能加深师生矛盾。提倡采用正面疏导取代过去的"消极防堵",不能用简单的压制服从的方式去遏制他们。要采用以一种兴趣代替另一种兴趣,以这种追求置换那种追求的办法,提倡开展丰富多彩的课内外活动,疏散学生的"性张力",使其旺盛的精力得以释放。如开展文娱、体育、音乐、美术等活动,尤其是开展体育、舞蹈等活动,对性本能的发挥有良好的作用,它能促进学生个性发展,避免性刺激的诱惑,减弱性的敏感度。有益的文体活动,对男女学生的相互吸引,会起到很好的引导作用,使他们感情升华、兴趣转移,从而激发学生积极向上的进取心,使他们的身心得到健康协调的发展。

针对学生的恋爱问题时也要秉承个别化原则。以往的介入者对于学生恋爱行为的干预方法千篇一律,总是以一种态度和形式对待这一问题,几乎很少会考虑到每个学生出现恋爱行为的深层次原因,比如成长背景、父母教育现状、青春期叛逆等因素。教育工作者要将每个中学生都看作是一个独立的个体,针对每个学生的独特心理需要,因人而异,挖掘中学生恋爱的诱导因素和影响后果,找到最适合特定学生的介入方法,结合类似班会等普遍性教育,以达到最有效的预期成果。

三、中学生早性早孕的预防与道德教育促进

首先要让学生明白在这个年龄阶段发生早婚早孕的行为还为时过早,可以通过一些已经发生的同龄人的案例让学生看到这一现象可能带来的危害。比如,有时会报道出的未成年人过早性行为带来的身体影响,早孕导致的后续的学业问题、生活问题、原生家庭

的问题等,还有部分未成年少女堕胎后导致的终身不孕以及男生也可能受到的侵害等。以上问题不仅对中学生身心健康产生不利影响,而且还可能导致个体对未来爱情、婚姻态度观念发生偏移,对未来生活持续产生不良影响。希望这类警示能让学生警醒并进行自我约束,使其明白有些行为要杜绝发生。其次还要教给学生认识一些可能遇到危险的情境,以及一旦遭遇这些情境如何逃脱和如何进行自我保护的方法。

除此之外,也可以通过让学生亲身操作体验的实践活动,使学生正确认识性行为以及培养为自己行为负责任的态度。国外有这样一个性教育例子。教师在课上给每个学生一个生鸡蛋,要求一个星期后把鸡蛋原封不动地还回来。条件是,这一周不论吃饭、睡觉,还是玩耍、锻炼、参加聚会,都得把鸡蛋带在身上。一周后,只有极少数的几个学生带回了完好的鸡蛋。老师问这几个同学的感受,他们几乎同声抱怨:为了这个鸡蛋,一周里寝食难安,失去了很多自由和轻松,苦不堪言。老师严肃地说:"你们看,这还仅仅是个鸡蛋!如果谁想尝试过早地做父母,他的生活可想而知。"正是有了这种切身体验,提前感知了自己行为的后果,从而有效避免盲目冲动行事。

四、中学生性冲动犯罪的预防与道德教育促进

研究发现,许多中学生的性过失或性犯罪均源于性道德的偏差。学生性道德观念较弱,缺乏责任感,性法治意识淡薄,如果缺乏合理的性道德教育的引领,在性的认识上走入歧途,进而引发盲目冲动的情感及行为。对于这一现象,心理健康教师要对学生进行价值澄清,对学生价值观、道德感进行引导。学校要强化管理。要通过组织青少年参加书评、影评、书法、绘画、文娱、体育、征文、摄影等丰富多彩的课余活动,培养他们热爱集体、热爱生活、关爱他人、健康向上的思想境界,培养他们遵章守纪、知法守法的自觉性和辨别是非善恶的能力。营造家庭良好氛围。家长要洁身自好,不要涉足色情场所,不要在孩子面前谈及色情话题,更不要将带有色情内容的书刊音像制品带回家中,以自己良好形象影响和促进孩子健康成长。另外,家长要多给孩子全方位的关爱,有针对性地注意他们的思想情绪、业余爱好、社会交往情况,引导他们树立正确的人生观、价值观和恋爱观,逐步培养他们良好的心理素质、完美的个性和健全的人格。

中学生心理健康教育中的性道德教育就是让中学生真诚尊重性问题,学会约束自己的情感和行为。中学阶段的性道德教育不同于成人面对的性道德,虽然它不涉及恋爱、婚姻、生育、抚养后代、维护家庭以及忠诚配偶等复杂的问题,但个体依然要培养责任和尊重的意识。任何情感行为都要以尊重对方为前提,同时自尊自重,用理智驾驭自己的行为。只有明确这些内容,中学生的性道德教育才能做到教育有方向,培养有目标。

五、中学生体象不满的改善与道德教育促进

中学生特别是女生对自己的体态不满,一般是因为希望自己变得美丽、自信、受欢迎。教育者应该理解,所谓爱美之心人皆有之,这是青少年正常的心理需要。对于中学生的不合理认知,教育者可以通过交流和引导使她们理解美的多样性。青春是美,自然是美,个性也是美。教育者还应该理解,当性征凸显,少男少女们往往感到焦虑和措手不

及,他们自己都没有准备好接受自己的样子,况且还要顾及同伴和异性对自己的看法和认可,容易产生焦虑,急切地想通过改变自己来迎合外界的评价。因此,教育者可以帮助中学生意识到这一点,即他们一味追求自己的美貌和魅力,其实也是为了满足被他人认可的自尊心和归属感,而这种感觉可以通过积极良好的人际交往来实现,比如交流某本书中的思想观点,分享旅行见闻,或一起学打球、弹琴,在集体活动中通过互相帮助得到认可等。通过各种活动获得同伴及异性的认可和喜爱,才是更为有效、健康的方式。总之,理解中学生的心理需要,引导其形成合理的认知和正确的发展情绪情感体验,才能真正帮助他们成长。

知识链接

男生的遗精现象

　　男生青春期遗精是正常的生理现象,不少男性在青春期后会出现遗精,这其实是生殖器官发育成熟的一种标志。男性青少年生殖器官发育成熟,逐渐可以萌发性欲,但是又没有性生活,没有排精,有可能在晚上通过做梦、大脑思想活动,加上阴茎夜间勃起,而引起射精反应,称为遗精。因此遗精是一种生理现象,与疾病没有很大的关系。男性初次梦遗之后,平均每隔 10 天至半个月会发生一次遗精,具体的时间间隔因人而异。即使是同一个人,其时间间隔也会因状态不同而有所波动。通常来说,男孩每月遗精 1～2 次或稍多几次都是正常的。

女生的月经初潮

　　月经第一次来潮称月经初潮,初潮是女性进入青春期的重要标志。月经初潮通常始于 12～15 岁之间,11～16 岁初潮也均属于正常现象,若 16 岁月经尚未来潮则应引起重视,可就医咨询。遗传、饮食与身体健康等多方面因素可以使初潮提前或者延后到来。月经来潮提示卵巢产生的雌激素足以使子宫内膜增殖,雌激素达到一定水平且有明显波动时,引起子宫内膜脱落即出现月经,但由于此时中枢神经对雌激素的正反馈机制尚未成熟,即使卵泡发育成熟也不能排卵,故月经周期常不规律,经 5～7 年建立规律的周期性排卵后,月经才逐渐正常。

　　资料来源:王庭槐.生理学[M].北京:人民卫生出版社,2018.

【教学案例回顾与干预】

1. 现存问题

　　小杰班上同学都觉得他性格十分孤僻,他害怕与异性交往,甚至到了恐惧的地步,一般认为,这种异性接触障碍或创伤、间接的有关色情的恐怖体验等,在充分的手淫性快感获得的基础上,可以促成手淫癖的形成。过度手淫引起的身体不适,可以强化有关手淫伤身损寿的观念,使其产生羞耻感和自卑感,同时影响其社交活动能力,难以建立正常的异性关系。方法异常的手淫行为还可能损伤生殖器,引起生殖器炎症。手淫癖者均有长期频繁的手淫史,一般在青春期后出现一些行为和心理异常,主要表现为手淫癖者长期处于心理矛盾冲突之中,一方面对手淫行为深恶痛绝,一方面又无法克制自己的冲动。

2. 主要成因

对未婚青年或独身的男女来说,适度的手淫可以缓解性紧张度,起到镇静作用,而小杰是过度的手淫。在人类社会的主要文化传统中,手淫曾受到过谴责与鄙视,被视为一种伤身行为。由于受到这种文化的影响,许多青年背上了"沉重的包袱",他们一方面为自己没有毅力克服这种行为而备感苦恼、自责,一方面又为自己身体出现的一些不适而忧心忡忡。如果终日沉溺于手淫而不能自拔,形成癖好,并且带有某种人格障碍或伴有惧怕正常两性性关系的动机时,是一种性偏离行为,称为手淫癖。手淫癖是指惧怕正常的两性关系并伴有持久羞耻感和罪恶感的过度的手淫行为。手淫癖者通常不能正确、科学地对待自己的手淫行为,把手淫当成了唯一可获得性满足的手段,可伴有不同程度的行为和心理异常。

3. 干预对策

(1)采用"理性情绪疗法"消除小杰对"手淫"的错误认识,澄清、更新对手淫行为的认知,用科学的性知识替代原有的错误性知识。可运用"辩论技术"。

(2)和小杰共同商讨制订每日的生活作息,着重安排体育锻炼,尽量将日常生活安排得丰富充实,减少独处的时间。同时对其施行社交训练,解除异性交往的障碍,消除性恐怖的情绪。可以采用"想象放松"与"角色扮演"等技术。

(3)培养多方面的兴趣爱好,积极参加集体活动也是一种行之有效的办法。通过这些活动既可以陶冶自己的性情,充实生活,又可以抑制性生理冲动,分散自己对性的注意力。

4. 疗效评价

经过心理健康老师的干预,小杰消除了对"手淫"的错误认识,并制订了新的生活作息。根据老师的观察评估、小杰父母及其本人的反馈信息,小杰有了新的兴趣爱好,也开始重新参与集体活动,心情也比之前好多了。

思考题

某初中女生在上初一时,班上来了一位教音乐的男老师。她很喜欢上这位老师的课。有一次老师向她看过来,她突然心一动,脸红了。她觉得自己喜欢上了老师,但又想到这样做是不对的。从此,她上课时再也不敢看老师一眼,慢慢地,她连其他男生都不敢看了。为此,她陷入心理困扰中,学习和生活也受到了影响。

来自一位男生的自述:我是一名初中生,有一天在骑车回家的路上,迎面走来一个漂亮的女孩,不知为什么,她冲我一笑,我突然觉得她长得像某个电影明星,有一种冲上去拥抱她、吻她的欲望。我知道这样做是不对的,我极力控制住自己,才没有冲上去。过后好久我还在想这件事,甚至梦里还出现她的影子,连老师讲课都没心思听了,这样下去我该怎么办?我是不是品德败坏?我好害怕。

问:假如上述两个案例中的主人公找到你,向你倾诉,你应该如何帮助他们呢?

【参考文献】

［1］林崇德.发展心理学［M］.北京:人民教育出版社,2018.

［2］周宗奎.儿童青少年发展心理学［M］.武汉:华中师范大学出版社,2011.

［3］王伟.心理咨询与心理治疗案例分析［M］.北京:人民卫生出版社,2016.

［4］张钟明.51 例中学生性心理咨询分析［J］.海南医学,2002(09):61.

［5］董金平.青少年性心理发展过程及其常见问题与对策［J］.青年探索,2000(04):43－45＋1.

第十二章　中学生生命意识发展与道德教育

【本章概述】

中学时期是生命意识教育的关键阶段,处于这个阶段的中学生对生命教育的理解仍然较为幼稚。在本阶段普及生命意识教育,将有利于中学生塑造正确的生命观念,会直接影响到当前的学习生活以及未来成人后的决策,对他们在心理压力、焦虑、抑郁、自尊、人际关系等方面的心理健康产生至关重要的影响。

本章第一节介绍了中学生生命意识的概念;第二节主要讨论了中学生生命意识常见的问题类型和评估方法,引用了运用到实践中的相关量表;第三节从教师、家庭、自我的三个角度探讨了中学生生命意识的不足和改进措施。

【关键词】

生命意识　家校配合　社会　校园欺凌

【案例导引】

小明是班上一名比较成熟的学生,平日对班级事务也比较上心,乐于帮助同学。但由于他是家里的长子,父亲对他的要求比较高,小明因此压力也比较大。进入青春期之后,小明在与同学交往的过程中因被同学拒绝而感到挫败,与父母沟通也逐渐减少,与家人的摩擦越来越多。由于近期学习成绩的下滑,小明开始不愿多待在家里,无法面对挫折,内心的挫败感与烦躁无处发泄,也不知如何发泄。在这样的情况下,小明开始出现伤害自己的行为,通过肉体上的伤害来转移精神上的注意力,也通过携带酒类、手机到学校来转移自身的注意力。老师想与小明交流,但是小明的心思比较繁杂,不愿与老师进行沟通交流,让老师感觉他就像是一座冰川,将自己冰冻了起来,阴暗而寒冷。

第一节　中学生生命意识发展概述

一、中学生生命意识发展的概念及理论

(一)中学生生命意识发展的概念

1. 生命意识

生命意识是指生物体意识到自身存在和对周围环境的感知和认知能力。通常这种意识不需要知觉参与,如人对身体的感受、植物对光线和水分的反应。但是人具有更高级的自我意识能力,这是人类与植物、动物的本质区别,能够对自己和同类生命形成存在价值和意义的认识和思考。生命意识教育可以促进中学生对自身行为的反思和道德判

断,也可以促进他们对外界生命的尊重和保护。

生命意识主要包含三部分,存在感、生命价值和生存意识。存在感指的是个体的生命觉知,包括对恐惧、高峰体验、过去经历、幸福感等生活内容的意识;生命价值指的是个人认识、探求和赋予自己存在价值和意义,包括追求卓越、认识自我;生存意识指的是个体对其生存环境、生活境况的觉知、评价态度,包含主动寻求食物、自我保护等生存内容。

从广义来讲,生命意识是指所有生物的生命观,是一个人对芸芸众生的整体看法;从狭义来讲,生命意识特指关于个人生命的人生观、世界观和价值观。

2. 中学生生命意识教育的目标

明确目标是生命教育的指挥棒。明确目标能帮助教师在生命教育开展的过程中定位学生的认识水平,调整接下来的教育方针。合理的生命教育目标需要包含三个方面。

(1)让中学生正确认识保护自己和他人的自然生命,比如帮助中学生了解健康饮食、锻炼、卫生习惯等方面的知识,并采取健康的生活方式,以保持身体健康。了解自己的情绪和情感,并具备管理情绪和应对挑战的技能。

(2)让中学生认同生命存在的意义,鼓励他们积极寻找生命的意义,比如帮助中学生了解性别和文化,尊重和包容他人等。

(3)让中学生认识到生命存在局限性,引导他们正确认识死亡,树立健康理性的死亡观。比如,引导中学生思考关于生与死的意义,帮助中学生树立珍爱生命、敬畏生命的意识。

(二) 中学生生命意识发展的理论

中学生生命意识发展是指中学生在思想上、情感上和行为上对自身生命的认识和理解逐渐深化的过程。这个过程涉及中学生对自身身体和心理的认知、对生命的价值和意义的思考、对生命的保护和尊重等方面。

1. 埃里克森的自我同一性理论

埃里克森心理发展阶段理论认为,中学生正值青春期,诱发心理问题的主要原因是自我同一性和角色混乱之间的冲突。中学时期,一方面在性本能的驱使下,中学生内部心理冲突加剧;另一方面,比起小学阶段,中学生面临着更复杂的交往憧憬,会使内心需要和交往憧憬之间的冲突加剧,这使他们感到困扰和混乱。

中学生的主要心理发展任务是建立一个新的、平衡而完整的"自我同一感",未能确立"自我同一感"的中学生极易出现心理危机。

基于中学生自我同一性的心理危机发展阶段的核心需要就是确定"我是谁",这就要求中学生有充分的自我认知,能够将自身的认知、情感、行为与现实我、过去我、理想我等多方面进行统合,能够重新认识并确立自己的存在、价值和意义等方面的认知,整合为一个统一的、独特的自我。

2. 皮亚杰的认知发展阶段理论

皮亚杰认为,学生对于死亡概念的发展除了与年龄因素有关,个人的认知能力、心理因素、个人经验、家庭、同伴、宗教信仰、生活经验、大众传媒等都是重要的影响因素。经历过亲人或朋友死亡的痛苦经验或个人曾直接经历过死亡边缘事件的中学生,对生活的态度倾向于更乐观和善,更懂得如何去善待别人,注重情感的交流和体验亲情、友情的温暖,尊重每一种生命的存在形式。

在理论上,皮亚杰根据中学生认知发展规律将生命意识划分为 4 个阶段:活动性阶段、运动性阶段、自主运动阶段和成人概念阶段。中学生已经具备将自主运动的生物看作是有生命的意识,但是仍处于生命概念的发展成熟过程中,对疾病、生活等生命影响因素的理解呈现不连续的阶段性。

(三)中学生生命意识教育的国内研究现状

国内生命意识教育的研究和国外相比起步相对较晚。在 20 世纪末期,国内前瞻性的学者关注到教育系统中缺少了生命教育。国家一直将培养中学生的生命意识视为青少年教育工作的重要内容。近年来,教育部出台了一系列文件和政策,如《未成年保护法》,明确要求学校在课程设置、教学方法和学生管理等方面,积极开展生命意识教育。

自 21 世纪开始实施素质教育以及基础教育课程改革以来,人性化教育和尊重学生个性和人格尊严已成为主流。尤其是《基础教育课程改革纲要》的颁布,更是强调将学生视为一个有生命的个体。该纲要指出,教育应该适应学生的身心发展特征,培养学生的个性,塑造学生的信仰,丰富学生的精神世界,并完善学生的人生。

叶澜教授在其发表的《让课堂焕发生命活力》的文章中,提到了生命教育的内涵。叶澜教授主要将环境教育、安全教育等实践部分看作生命教育的重点,但未明确定义生命教育本身的目标和过程。

在素质教育和新课改以及严峻的现实状况的推动下,越来越多的省份和地区开始关注生命教育。例如,杭州市积极筹备和召开了关于生命教育的研讨会"两岸四地教师、课程与人格建构研讨会",会上来自内地及港台的多名学者都呼吁应加强校园生活教育。上海市发布了《上海市中小学生命教育指导纲要》,正式开展了"生命教育"。作为经济和教育领域的前沿城市,上海的生命教育课程针对不同年龄段学生的心理特点,注重构建一个结合人文和科学的生命教育体系,特别关注中学生的发展需求。该课程鼓励学生将生命教育与生活实践结合起来,结合学生的兴趣爱好和社会经验,以灵活的方式进行生命教育教学。与此同时,北京市也首次开展了较为系统的生命教育课程。该课程以"珍惜生命的智慧""爱与被爱的智慧"和"职业生涯的智慧"为主题,主要通过专题讲座的形式进行。该课程在学生中取得了良好的效果,并收到了积极的反响。

二、中学生生命意识发展特点

(一)中学生对自我死亡概念的回避

对于死亡的认知,中学生往往只能以中性和简练的概括来描述死亡的本质特征。在情感和态度方面,他们表现出更多的是非理性的负面的情感,这是因为中国传统文化对于死亡的忌讳。中学生即使没有过多经验,在亲朋好友的耳濡目染下也会让他们认为"死亡"这个词是不吉利的。事实上,对"生命""死亡"等深奥的人生命题的思考和认知是要经历一个感性认知到理性认知的过程的,这是一个认知逐步深化的认识发展过程。显然,中学生在死亡意义上的探索过程中仍然需要一定的时间。

(二)中学生对他人生命意识有较强责任感

对规劝回来的轻生中学生的调查研究发现,轻生前留有遗书的很多孩子往往会在遗书中表达了对他人的关怀,包括精神关怀和物质赠予。可见中学生的人生价值观是以"关怀"为主要特征,具有强烈的家庭责任意识。

中学生的生命认识和价值观中,"强调生命责任、渴望现实的幸福"是多数中学生生命认识的重要特点。中学生处于"亲密与孤独"的关键时期,会时常回想父母为自己所做的一切,也会思考自己成长的过程。在面对复杂的情境时,大多数中学生会选择以爱心和物质的方式来对抗死亡带来的焦虑,以维持所自我对人生意义的认知。

(三)中学生生命意识方面的性别差异

有研究表明,女生相较于男生会更多地描述死亡的本质特征,并表达了更多关于生命哲理的正面感悟。然而,在对生命的消极表达和对死亡的非理性表达方面,男生的提及率则高于女生。

在采访中,当被问及生命和死亡的含义时,男生的回答中出现了"责任、压力、悲观、黑暗、解脱"等词语,而女生则更多地提及"朋友、家人、开心、过程、无憾"等词语。这或许是出于女生的温和、关怀的特质,更能领悟和善于表达生命的温暖和死亡的淡然;而男生的激进、公正的特质则会让他们更多地关注生命的责任和死亡的超脱。

三、中学生生命意识发展的影响因素

(一)家庭因素

对于中学生来说,家庭的关爱对个人的人格发展具有重大影响。一个家庭成员之间充满爱与关怀的家庭可以充实个体的情感和意识,对中学生的天性发展具有支持作用,能够促进全面、和谐的人格的形成。在学业和生活压力事件下,如果家庭能够给予中学生关爱和情感支持,就能有效减少生命安全事件的发生。因此,从家庭的角度出发,生命教育中家庭支持系统的作用是不可或缺的。但是,当前我国家庭教育仍然存在着严重的短板和缺陷,特别是在以经济状况不太好的家庭中,家长也承受着较大的家庭经济和生活压力,他们更多地关注中学生的物质生活和学习成绩,容易忽视孩子的心理健康和道德健康,情感、责任感的培养相对缺乏。这种教育方式很难让中学生找到自己的生活定位和价值追求。一般认为,家庭影响孩子生命意识发展的主要原因有如下三个。

(1)家庭提供的情感支持不足,这是中学生生命情感淡漠、生命责任感缺失的主要原因。家庭是为孩子提供情感支持的重要场所,家庭开展情感教育比学校具有先天情感优势。然而,今天的教育中,重视结果而非过程的观念依旧存在,重视智育轻视德育的导向屡见不鲜,这导致部分中学生对人生的态度冷漠、对真善美的感受减少、对生活和生命本身缺少应有的尊重和敬畏,对自己缺乏责任心,对他们缺失同理心。因此,家庭德育教育的缺失是导致中学生生命情感淡漠和缺乏责任感的主要原因。

（2）中学生的情感天性受到压抑是根本原因。当中学生的情感天性受到压抑时,他们往往会以破坏性的方式表达。因此,尊重生命、强调人的尊严,也必须维护中学生的尊严,认可他们是独特的个体。一方面,我们应该把中学生当作"社会人"来看待;另一方面,我们应该让中学生的生活充满美好和对美好的憧憬,尽可能为中学生创造轻松、活泼的生活氛围和环境,避免中学生体验过多的负性情绪。

卢梭曾说:"孩子们都有自己的想法、感情,用我们的想法、感情来代替,那将是最愚蠢的行为。"我们应该赋予中学生自主权,让他们学会自由选择。然而,现在有很多家长习惯于用成人世界的标准来衡量孩子的世界,并试图替孩子选择他们未来的道路。这些家长害怕孩子会输在起跑线上,因此盲目地让孩子参加各种课外辅导班和兴趣班,而没有问过孩子的意愿。这种教育方式剥夺了孩子的自主发展和选择权利,很多孩子的负性情绪从儿童时期开始累积,最终在中学阶段爆发出来。随着"双减"政策的推出,近年来这样的情况有所改善。

（3）家长的过度溺爱和保护也是家庭影响孩子生命意识发展最常见的现象之一。父母对孩子的爱是天底下最无私的爱,是家庭教育的基石。然而,有些父母没有意识到,当爱超越了限度,也会对孩子造成伤害。家长希望自己的孩子能够出类拔萃,忽视了孩子的兴趣和特长,将过高的要求强加给他们,给孩子带来了巨大的压力。如果孩子不能够达到父母的预期,中学生很容易否定自己,有些孩子会觉得对不起父母。产生强烈的羞耻感甚至罪恶感,这不利于中学生自尊和自我评价的发展。研究显示,低自尊、自我评价差的中学生与自杀行为的发生具有负相关。

总之,中学阶段恰好是青春期,是个体人生观发展过程中很重要的一个时期,处于这个时期的孩子需要独立的成长空间,也需要家长的陪伴和理解,需要教师的欣赏和引导,需要同伴的情感支持和尊重。学校和家庭应该给中学生提供一个充满关怀和有温度的环境和教育,提供给中学生足够的安全感。只有在这样的环境中长大的孩子,才会对自己、对周围的环境和其他人充满信任,才会珍爱自己和他人的生命。生命意识教育从来不是一句空谈,也不是一件容易的事情。

（二）中学生自身因素

中学时期是个人生理、心理剧烈变化的阶段。埃里克森认为,处于这个阶段的中学生需要正确地选择适应社会的角色,并为自己确定生活策略。这一时期也是个体人生观、世界观、价值观的形成的重要时期。然而,现代社会的环境相对复杂,各种观念百花齐放,部分中学生由于年龄和认知、社会阅历等多方面因素的影响,在面对复杂的社会环境时缺乏足够的鉴别能力,容易受到不良信息的影响,并产生心理问题。

（1）处于青春期的中学生的身体急剧变化,第二性征出现,身高、体重迅速增加,进入了"儿童心智驾驭巨人身体"的特殊时期。这些变化使他们对性知识非常好奇,对两性间的交往充满兴趣。然而,中学生的心理发展还不够成熟,往往无法应对自己身体变化带来的冲动。因此,引导中学生正确了解性知识、形成健康的性心理,是中学教育的重要组成部分。

（2）中学生对自我的认识方法不成熟,自我评价容易受到他人、环境和心情的影响。

一些中学生对于成功与失败没有采取正确的归因策略,容易骄傲自满,以为自己是不可战胜的;而一旦遇到挫折,他们就会灰心丧气,觉得自己一无是处。不适当的归因方法会使中学生的情感波动加剧,从而造成认知上的不平衡。

（3）部分中学生人际交往能力较差。目前大部分的学生都是独生子女,他们有强烈的自我价值,一旦与人相处时出现一些不愉快的事情,很可能会导致不良情绪的发生。他们很容易出现无法容忍、谅解别人的观点和行为,在与他人的交往发生冲突和不快时,也很难积极地解决矛盾,甚至导致激化矛盾,这不但对人际关系的发展不利,而且还会对个人的心理和道德健康发展产生不良的影响。

（三）社会因素

现代社会丰富的物质生活,导致了中学生生命意识的滑坡。随着人们认识世界和改造世界的能力的不断提高,中学生生命意识的培养也在某种意义上陷入了困境。由此导致现代人出现越来越强烈的失落感、孤独感、空虚感以及烦恼和无奈。有人认为,教育也陷入了量化、功利化的泥潭,有些学校用单一的成绩来作为衡量教育水平的标准。在工业化的背景下,教育一度被视为与标准化工业一样,必须实现流水线作业,从而生产出整齐划一的"合格产品"。在这种"只见物不见人"的教育下,部分教育观念陈旧、教育方法单一、不懂教育的教师成了向学生灌输知识的机器,学生也就沦为接受知识的容器。以工业制成品的标准估量发展中的人的价值,以简单量化标准轻视人的生命本质,这种"看不到学生"的教育实践违背了"以学生为本"的教育理念,导致了部分学校教育的短视和盲目,造成了部分中学生教育体系的不完整。上述教育实践中是缺乏生命教育的,这也导致部分中学生难以向内思考,认识生命的本质和意义。

另外,过于强调集体文化有可能造成对个体生命的被忽视。中学生身为社会团体的一员,承担起对社会的责任,做出自己的贡献是理所当然的。然而,过度重视个人对社会的贡献,忽略作为个体的人追求快乐的权利,就会极大地抑制个人的创造力、能动性、自主精神的发展,宏观层面抑制了社会进步的动力和源泉,就中学生个体发展而言,容易导致个体价值感的丧失,导致中学生生命意识的缺失。

第二节　中学生生命意识发展问题评估

一、中学生生命意识教育存在的常见问题

教师在中学生生命意识教育的过程中,如果专业和自身素质欠缺易导致以下一些常见问题的出现,包括对生命理解不深入、缺乏互动与实践、亟待道德观念及情感认知有待提高等。这些问题需要引起学校领导和教师的重视。

（一）生命理解不深入,对生命意义有误读

"人最宝贵的是生命,生命对于每个人只有一次。"这句话是学校在进行生命教育时最常引用的保尔·柯察金的名言。确实,保尔·柯察金的这段话很好地诠释了生命的意

义,也适用于对中学生进行生命教育。但是,在现实生活中,往往会出现将生命义务与责任割裂的现象。一些教师断章取义,只告诉学生自己的生命是最宝贵的,却很少告诉学生需要承担珍爱生命的社会责任。

同时,一些学校过分强调"生命至上",无疑是给形而上学的生命观提供了合理存在的依据。如果每个人在他人出现困难的时候都采取漠不关心的态度,那么人的意义和价值也将不复存在,所谓的真善美也只是一个空洞的口号而已。因此,我们应该教育中学生,生命不仅是个体宝贵的财富,更是每个人应该承担的社会责任。当我们承认生命价值的同时,也应该承认我们对社会有责任和义务。

(二) 对死亡教育的忽视

当人明白自己终将面临死亡,才能在有限的生命中尽可能地实现自己人生的价值。事实证明,死亡教育在帮助学生更好地体验生命、理解生命的意义方面起着重要的作用。然而,在现实生活中,死亡教育往往是被学校和家长忽视甚至刻意回避的话题。

自古以来,在中国文化中讨论死亡现象被视为一种禁忌。学校也常常回避这个问题,往往只教给学生如何珍爱生命和追寻生命的意义,而很少向他们介绍如何看待死亡。实际上,死亡教育不是一种消极的教育,而是让不断成熟和发展中的中学生明白生命的短暂和宝贵,不负韶华,在有限的生命中去追寻无限的价值,从小树立远大的抱负和理想,不纠结于当下的一得一失。研究证明,有远大理想的青少年往往具有较高的自我效能感和心理健康水平,利他行为的发生率较高,具有较高的道德素质。也更具有共情能力,珍惜自己和他人的生命。能够较为理智和客观地看待亲人的丧失,情绪管理能力发展更好。

(三) 教育脱离学生实际

目前学校开展的生命教育大多数仍然停留在理论知识传授的层面。生命教育的理论很容易让学生感觉是在讲"大道理",学生只是被动接受,这是当前生命教育中存在的突出问题。尽管许多中学生已经熟知教师传授的生命教育内容,但在实际生活中却无法顺利应用。全人教育提倡在学习中体验乐趣,并运用所学知识解决生活中遇到的实际问题。如果在生命教育中没有达到全人教育的要求,这将导致生命教育的实施效果大打折扣。

教育是"塑造人""成就人"的活动,生命教育也不能忽视学生的主体作用。生命教育一旦"忽视人""看不见人",就会沦为教育者一厢情愿的自说自话、自我陶醉和自我安慰。实施高质量的生命教育,一定要"家校联动",家长和教师都要学会关心中学生的内心真实想法,关注他们的思想行为动态,帮助中学生客观看待生与死的意义,引导中学生自强不息,实现人生的价值。目前的教育成长缺乏启发中学生去认真思考自己生命的意义问题。当学生感受不到生命的乐趣、体验不到自己生命的独特意义和价值时,他们可能会轻易放弃自己的生命或残忍对待他人的生命。这类惨痛的案例的发生都与生命教育的缺失或不当有关。

二、中学生生命意识发展存在的常见问题

生命意识的缺失可能导致中学生的心理行为问题和道德问题,例如吸毒、自残、自杀、伤害他人、缺乏同情心、生命无意义感、生活缺乏目标、脱离社会、无法正常与他人沟通等。本节主要关注中学生生命意识缺失造成的后果,其主要表现在三个方面:漠视自我生命、忽视他人生命以及无视其他生物。

(一)漠视自我生命

中学生漠视自我生命的常见表现包括生活态度不乐观、生活习惯和方式不健康、自暴自弃、自残、自伤等。其中,最极端的表现就是自杀。自杀是对自我生命的否定,是一种躲避生命责任的不道德行为。中国宋庆龄基金会提供的资料显示,我国每年约有1.6万名中小学生非正常死亡,这相当于每天消失一个40多名学生的班。在中学生中,曾有13.3%的人认真考虑或计划过自杀,4.9%的人尝试过自杀,自杀未遂率高达1.2%~7.5%。近年来,我国中学生的自杀率还有升高的趋势,2008年12月初公布的中国首次自杀调查显示,中国已经成为世界上中学生自杀率最高的国家之一。

自杀的原因有很多,近年来比较常见的中学生自杀原因主要包括家庭因素、学校因素和网络环境因素。中学生群体是一个介于"成熟"与"幼稚"之间的特殊群体,理智感尚未完全发育成熟,情绪易感性强,行为易受暗示,对中学生的生命意识教育必须落到实处,教会中学生珍爱生命,引导他们领悟生命的意义。

(二)忽视他人生命

忽视他人生命的主要表现包括崇尚暴力、任意伤害他人以及剥夺他人生命等行为。近年来,中学生暴力伤人和杀人事件屡见不鲜。个人和他人的生命是相互联系的,只有通过与他人的相互交往和互相关爱,才有可能使生命得到提升和发展。

研究显示,由于长期处于过度的精神压力和紧张的在校封闭学习环境中,中学生严重缺乏"具有人情味、富有生命意蕴和价值情思"的个体间交往。这种生命情感的缺乏容易使中学生对自己以外的生命毫无怜惜之情,甚至将生命看作儿戏。这也是中学生暴力犯罪率逐年上升的重要原因。

(三)无视其他生物

"无视其他生物"主要指伤害动物、植物和微生物的行为,其中对动物的伤害表现为随意处置弱小动物,剥夺其生命的现象。这种行为可能源于人们的迷信、缺乏足够的科学常识的食补,或是出于录制猎奇视频博人眼球的目的。还有些人仅仅是为了一时的快感,比如将自己的压力和怨气发泄在小动物身上,利用所谓"好玩"或"快乐"来缓解自己的生活压力,以图宣泄负性情绪的目的。

近年来,媒体报道了大量中学生为了逃避家长、教师、成绩的评判而在离校返家途中虐待猫狗的事件。另外,社会环境方面,有些人为了自己的利益放火烧山,以达到开垦土地的目的,直接影响了大量动植物的栖息范围。这些社会事件本身就具有反向引导的可

能性,会让部分中学生错误认为人类可以随意处置其他所有生物,可以依据自己的意愿强行改变一切,这种错误认知容易导致中学生对其他生物的漠视甚至冷酷。

三、中学生生命意识问题的评估方法

(一)生命意义感量表(MLQ)(见附录二十九)

生命意义感量表(The Meaning in Life Questionnaire,MLQ)中文修订版由王鑫强编制。生命意义感是指人们对自己生活意义的领悟、理解或认识程度,并伴随着自己认识到生命的目的、使命和首要目标的程度,包括拥有意义感和寻求意义感两个方面。其中,"拥有意义感"是指个体从结果的角度对自己是否活得有意义的感受程度;"寻求意义感"则是从过程的角度指出个体对意义的积极寻找程度。

(二)青少年学生生活满意度量表(见附录三十)

青少年学生生活满意度量表是由张兴贵等人编制的,共包含 36 个问题。该问卷是调查受测者在过去几周对自身生活状况的看法。这份问卷通常用于评估中学生的心理状况,可以每年进行一次评估,应特别关注情绪波动的中学生。

(三)死亡态度描绘量表(修订版)(DAP-R)(见附录三十一)

死亡态度描绘量表(修订版)(Death Attitude Profile-Revised,DAP-R)是由 Gesser、Wong 和 Reher 编制的。其中文版是由我国台湾学者廖芳娟翻译修订的,共有 32 个问题。该量表包括五个维度:死亡恐惧、死亡逃避、自然接受、趋近接受和逃离接受。本表在中国国情下,也具有良好的信度和效度。

第三节　中学生生命意识发展和道德教育的促进措施

一、家庭层面的促进措施

家长应该引导中学生做一个关爱一切生命的有社会责任感的人。我们常说,家庭是孩子的第一所学校,父母是孩子的第一任老师。家庭教育在生命教育中扮演着不可或缺的角色,对生命教育的展开起着至关重要的作用。因此,父母应该将生命意识渗透到家庭教育中。为了帮助孩子树立正确的生命意识,父母自身必须先正确理解生命的本质,对生命的意义有比较清晰的认识。

(一)家长要给予孩子爱与尊重

在家庭教育中,爱与尊重是生命教育中最无私、最持久的影响力。家庭生命教育要建立在父母对孩子的爱、理解和尊重的基础上。如果家庭缺乏爱,那么也就谈不上对孩子的理解和尊重,更不可能有良好的生命教育。在家庭生命教育中,我们所说的爱并不是纵容和溺爱,而是理性的爱,它能帮助孩子形成正确的价值观,赋予孩子智慧的眼睛去看待自己和社会;培养孩子感恩的心,陪伴孩子面对挫折,勇敢地接受自己人生的挑战。为了实现理性、智慧的爱,父母需要不断提升自己的精神品格,父母独立、坚强、诚实、勤

劳的美德将时刻影响着孩子人格的形成。同时,父母还需要认清自己的责任,保护孩子免受伤害,尽力为孩子创造一个温馨、民主、平等的家庭环境,让孩子真切地感受到家庭的温暖,无忧无虑地发展天性。

1. 在家庭教育中,父母要学会满足孩子的自尊心

在家庭教育中,父母应该学会尊重孩子的自尊心。尤其是对中学生来说,他们的自尊心非常强烈,如果感到自己没有被尊重,就可能产生消极的情绪。父母需要认识到孩子不是实现自己愿望的工具,而是一个独立的个体,有自己的精神世界和他自己所追求的生活目标。因此,父母应该把孩子看作是一个平等的独立个体,承认孩子享有被尊重的权利是父母尊重孩子的前提。

2. 在家庭教育中,父母要学会尊重孩子的隐私

在家庭教育中,父母应该学会尊重孩子的隐私。每个人都有自己的小秘密,只要这些秘密不会危害到他人的生存权利或社会的安全,那么任何人都无权干涉他人的隐私。孩子也有自己的秘密,父母要学会正确看待孩子的这些小秘密,并给予他们充分的尊重和信任。另外,尊重孩子还包括尊重他们独特的精神世界和文化语言。父母不能对孩子所喜欢的书籍、电视节目等不假思索地一律否定,而应该深入了解孩子的思想,适时给予引导。

(二) 家长要提高亲子沟通的能力

在家庭教育中,加强亲子间的交流和互动是非常重要的。交流和对话可以帮助人们更好地相互了解和增进感情。对家庭生命教育而言,基于亲子之间的对话和沟通是其内在要求,也是实施生命教育的关键手段。

1. 在家庭教育中,需要平等的沟通

父母与子女之间的交谈只有在平等和民主的基础上建立,才能够促进相互理解和合作。亲子交流的质量不完全取决于沟通频率,主要是看父母是否真正理解孩子的思想。如果父母从未考虑过与孩子进行平等的交流,那么他们的交流大多就是对孩子的批评和说教。要实现在家庭生命教育基础上的对话,就需要在平等的基础上展开交流,使父母与子女之间产生心灵上的共鸣和契合。

2. 在家庭教育中,父母需要学会倾听

父母在对话中需要摒弃自己作为父母的权威,要以朋友的姿态,真诚地倾听孩子的心声。这种倾听应该是民主和轻松的,父母应该表达自己的真实情感,并与孩子建立情感共鸣,让孩子感受到来自父母的真诚理解和关爱。在亲子沟通中,父母不应对孩子的话随意打断、批评和指责,更不应对其进行说教。父母一味地说教会适得其反,孩子不仅不能接受父母的观点,还可能会关闭自己的心灵大门,不再与父母交流。因此,在倾听时,父母应让孩子毫无顾虑地畅所欲言,表达自己的感情,展示自己的观点。父母可以选择有意识地进行亲子对话,这是开展高质量的亲子对话的重要方式。

3. 在家庭教育中,父母需要学会换位思考

由于父母和孩子之间存在年龄和生活经验上的巨大差异,这种差异常常会导致代沟的产生,导致父母与子女之间的隔阂。这个年龄阶段的中学生有时可能并不容易理解父

母的苦衷与不易,作为成年人,父母要学会换位思考,以中学生所处的年龄阶段和社会认知水平,他们想要完全理解是不可能的,但家长可以尝试耐心地与孩子进行沟通。父母需要学会培养中学生自由的思想和灵魂,让他们自由地追求属于自己的世界,而不是培养一个没有独立的思想和个性,只听从自己意见的"乖孩子"。

(三)营造良好的家庭环境

家庭是孩子生活和学习的重要场所,也是开展生命教育的主要阵地,家庭环境的好坏会直接影响家庭生命教育的质量。在家庭教育中,我们需要灌输给孩子珍爱一切生命的理念。好的家庭生命教育环境不仅可以教会孩子理解生命的宝贵,也会间接激励孩子的成长和发展。为中学生提供一个充满爱的家庭心理环境,会对孩子的待人接物的态度和方式乃至情绪情感的良好发展都会产生深远的影响。

在家庭教育中,相较于物质环境,我们更应该注重精神环境的营造。很多家长都想给孩子提供更好的物质条件,但也应该重视细节,例如家里的一盆花、一条鱼或一本书,这些看似不起眼的细节都会对孩子产生潜移默化的影响。我们可以通过这些细节来提高孩子的品位和情趣,陶冶孩子的情操,提升孩子的生命趣味。我们应该注重孩子的情感需求,通过与孩子的沟通和交流,了解孩子的内心世界,为孩子提供爱和支持。只有充满责任和爱的家庭教育环境才可能帮助孩子形成良好的人格,提高孩子的生命素养,促进孩子的全面发展。

二、学校层面的促进措施

教师是学校教育的主导者,也是生命教育的积极实施者,教师生命教育素质的高低则直接影响到生命教育的质量。因此,提升教师的生命教育素养对于实现高质量的生命教育至关重要。本节从探讨教师素质、教师如何成为学生榜样以及怎样促进师生沟通三个方面,来展开学校层面的促进措施方法。

(一)教师要有正确的价值观

教师的价值观直接影响着学生的价值观。每个人都应该学会珍爱自己的生命,追寻生活的幸福,提升生命的质量。教师的工作也只是他们生活的一个组成部分,而不应该成为生活的全部。教师也需要积极反思自己的生存状态,改善自己的生命状态,使自我和超我协调一致。此外,教师也应该从传统观念中解放出来,爱护自己的生命,积极追寻自己生命的意义和价值。如果教师用身教结合言传的生命教育方法,就能够更好地培养学生的生命意识。

教师需要适当地与学生分享自己的生命体验和感悟。教师自身的生命经验和体悟本身就是很好的生命教育材料。教师应该用自己的正确价值观来感化学生的价值观。相较于中学生,教师的经历和阅历更为丰富,对生命的认识也更加深刻。教师的经验更具有直观性,更容易被学生所接受。因此,教师可以适当地与学生分享自己的经验和教训,以及对生命的体验和感悟。用自己的人生故事去影响学生,用自己的经历去影响学生的经历,引导学生正确认识生命的宝贵。

（二）提高教师素质

生命教育涉及教育学、心理学、生理学、社会学和伦理学等多学科,其体系十分庞杂、内容繁多,专科教师很难全面地掌握,因此,需要学校定期组织培训,向教师介绍生命教育的内涵、意义、实施途径等内容。培训可以以高等师范学校、教育主管部门为依托,采用包括讲座、专家指导、课外实践和经验交流等方式来进行。尤其应该增加心理学专业知识和生存技能知识的培训。

在实践层面,教师需要从固化的职业角色定位中将自己解放出来。固化的教师职业角色将教师定位成只知教学,只看重成绩,无私奉献且不懂得生活的。日常的工作和教学压力下部分教师自身似乎也认同了这种角色定位,把自己的时间、精力完全放在工作任务的达成上,没有时间整合自己和思考人生。殊不知,教师对学生的影响是全面的,除了教师传授有形的知识,还有人生的态度和无形的思维方式,一个对生命的意义停止探索和感悟的教师是不可能培养出有不断思考和探索人生意义的能力的学生的。况且,近年来教师群体的心理健康和道德健康问题较多,这也与很多教师精神世界的停滞不前甚至倒退有关。

（三）增进师生沟通

教师需要与学生建立和谐的师生关系。叶澜教授曾经说过:"和谐的师生关系体现出教师和学生的互相尊重,这是生命教育的情感基础。在师生关系的构建中,教师对师生关系的走向起着主导作用。"因此,构建和谐的师生关系是问题的关键。

1. 在教育沟通中,尊重学生是构建和谐师生关系的前提

教师作为生命知识的传授者和生命意识的引导者,应该尊重学生的生命。这包括尊重学生的人格尊严、个性以及自主选择的权利。尊重学生的人格尊严是尊重生命最基本的体现之一。教师应该把中学生视为平等的人,不对学生进行体罚,不使用攻击性语言,更不能把学生当成自己的出气筒来发泄不良情绪。

2. 在教育沟通中,需要构建畅通的师生交流对话机制

由于功利主义对学校教育的影响还未完全消除,部分教师的生命意识相对缺乏,并且教师用绝对权威压抑学生自主意识的现象依旧存在,以及学生的升学压力过大等原因,教师和学生之间的交流日益减少并单向化。师生之间缺乏平等的和面对面的交流,仅有的交流也缺乏情感成分,主要局限于教学内容。教育沟通的重要性在于师生之间能够建立起良好的互动关系,而这需要建立更加畅通的师生交流对话机制。

3. 在教育沟通中,需要把学生当作平等对话的主体

学生是学习活动的主体,也应该和教师一样是具有平等地位的对话者。在日常教学中,处于权威地位的教师往往忽视了学生的主体地位,仅把学生当作被动接受知识的客体,以人身依附的态度支配教学氛围,师生之间不能平等地展开对话。为了改变这种情况,首先,要打破教师的绝对权威,建立起平等的师生关系,只有这样,教师和学生才能在平等的基础上进行对话。其次,要创造民主、宽松的班级氛围。民主、和谐的班级氛围是师生之间进行对话的必要保障。教师应该允许学生对问题持有不同的意见,鼓励学生发

表自己独特的见解,并能够在平等的基础上和学生讨论问题。

三、中学生自我调适的促进措施

在中学生个人层面,中学生需要实现自我的统合和成长,积极向父母和教师学习,以形成正确的价值观。只有坚定的生命认知和意识,才能维持较好的心理健康水平。影响中学生生命健康意识的因素主要包括考试焦虑、交往焦虑和自责焦虑。这些问题可以通过适当的自我调适得到有效解决。具体方法包括自我疏导、合理释放、正确评价和愉快接纳他人。

(一)积极自我疏导

中学生掌握一些心理疏导方法是很重要的。对中学生来说,要先确定适合自己的学习目标,明确自己的努力方向。中学生可以根据自己的兴趣爱好以及学习现况,对自己未来的发展方向做出初步的职业规划,并对自己今后的发展方向做出预判。如果制定的学习目标过高,一旦达不到就会产生心理落差;而目标制定得过低,则不利于学习成绩的提高。因此,中学生可以根据自己的学习成绩分步制定适当的学习目标。当达到第一个学习目标后,再向下一个学习目标迈进。如果没有达到学习目标,应该重新评估自己的学习目标是否合理。

这样分步制定学习目标既有利于学生成绩的稳步提高,又可以避免出现心理落差,从而减少学习焦虑的发生。

(二)合理释放压力

在学习和生活中遇到挫折和困难时,人们可能会出现焦虑和烦躁的情绪,这很正常。关键在于适时地调整自己的心态去迎接挑战,并采用各种自我安慰的方法来缓解这些负面情绪,例如使用自我激励性话语、利用音乐或转移注意力来舒缓情绪,以及进行深呼吸来调节紧张状态。

中学生在面对学习和人际交往等方面的问题时,也难免会出现各种不良情绪。这时,他们可以采用自我暗示的方法告诉自己一定有办法解决问题并渡过难关。当出现负面情绪时,可以通过向他人倾诉或大哭一场等方式释放压力,以减轻负面情绪的影响,保持积极的生活态度。

(三)正确认识自己

正确评价自己是认识自己的关键。除了要看到自己的优点和长处,还要认识到自身的缺点和不足。了解自己的优点可以提高自信心水平,降低焦虑水平。而明白自己的缺点则可以有的放矢地取长补短,把劣势转化为优势。建立生活和学习的合理目标,保持积极的生活态度。

(四)愉快接纳他人

每个人都有自己的长处和不足,中学生应该学会接纳家长、教师和同学的优点和缺点,用宽容平和的心态愉快地与家长、教师和同学交往。这样才能在与他人的交往中保持良好的人际关系,也可以使自己的学习生活更加轻松、愉悦,保持积极向上的生活态度。

知识链接

新生命教育课程

冯建军等人在研究国内生命意识教育现状后发现,当前大多数学校的生命教育仍然存在含糊不清的地方。因此,在《论新生命教育课程的设计》中,提出了新生命教育课程的基本理念,其包括以下几点。

1. 新生命教育课程的核心价值在于追求幸福完整的教育生活。没有教育,幸福生活只是一种空想;没有幸福,教育与生命就失去了目的;如果忽视生命,那么幸福、教育也就失去了意义。因此,新生命教育倡导"教育即生活",强调遵循学生生活的逻辑,基于生活,最终使学生能够过上幸福完整的教育生活。

2. 发展性的全人教育是新生命教育课程的基本思想。传统的生命教育是为了解决社会发展中出现的危机和问题而提出的治疗性工具。而新生命教育则立足于自然生命、社会生命和精神生命的发展需要,致力于生命的统整与和谐发展,呵护自然生命,完善社会生命,滋养精神生命,实现生命全面和谐的发展。

3. 新生命教育课程的重要目标是引导学生珍爱生命、积极生活、成就人生。

4. 学生生活是新生命教育课程内容的基础。学生生命的成长源于他们对生活的认识、体验、感悟和行动。因此,新生命教育课程必须紧密贴合生活,不可脱离实际。

5. 实践活动是新生命教育课程实施的主要形式。新生命教育的目的是发展生命,而生命只能在活动中不断发展。新生命教育课程是以社会生活实践为主要形式的活动性课程。在具体的生活场景中,通过组织学生参与各种活动或身临其境的体验,学生能够掌握保护生命的技能。同时,通过影片欣赏、角色扮演等形式,学生也能获得生命的体验和心灵的震撼,引导他们去思考、判断和体验自身的经验。

6. 新生命教育课程是不断生成的课程。随着学生生活和活动过程的变化和需求,课程目标和内容也随之组织和调整。根据不同阶段所面临的生命问题,以及生命发展阶段的需要,组织相应的内容,使生命教育内容能够随着年龄阶段的发展呈螺旋上升的形态。

资料来源:冯建军,朱永新,袁卫星.论新生命教育课程的设计[J].课程・教材・教法,2017,37(10):12-18.

【教学案例回顾与干预】

1. 现存问题

(1)父亲和小明自身的期望都对小明的观点和心态产生了影响,导致小明承受较大的心理压力和挫败感,容易产生习得性无助和夸张化的自我否定思维。

(2)家庭成员之间的沟通存在障碍,没有人愿意主动联系对方,这种模式影响了小明处理人际关系的方法,并使他能倾诉的朋友变少。家庭对小明施加了过多的压力和限制,例如,父母过于关注他的成绩,严格限制他的交友。

（3）小明开始出现焦虑和抑郁情绪。

2. 主要成因

（1）家庭是小明人格变化的主要影响因素。他的父亲是一个典型的大男子主义者,对孩子的教育方式粗暴而单一,要求极高。在与父母的交流中,小明经常能感到父亲对他的失望和愤怒,这导致他产生了自卑情绪。小明的母亲比较软弱,对孩子过度溺爱,虽然不认同丈夫的教育方式,但也是无能为力。在这样的家庭环境中,小明感到孤独和缺乏关爱。

（2）自我认知存在偏差。小明在小学时因为误交了一些不良朋友而调皮捣蛋,做了一些错事,因此被身边人否定,从而认为自己是个后进学生。

（3）缺乏抗挫能力。小明没有正确地认识到挫折是人生的一部分,也没有有效的应对方法,因此在面临挫折时难以应对。

（4）人际关系较为脆弱。小明的思想相对于班级同学而言较为成熟,但朋友较少,不能获得有效的支持来排解内心的痛苦。

3. 干预对策

（1）关注与尊重。小明渴望温暖和爱,但往往在家里和周围人中寻找不到。班主任以小明具有热心帮助他人的动机为契机,可以要求他帮忙做些小事,并在与他聊天的过程中关心他最近的生活。班主任可以向小明推荐好书,分享对书中人物和事件的看法。

（2）多方发掘小明的闪光点。班主任可以与其他科任老师交流,关注小明的动态,积极给予小明肯定,发掘他的亮点和闪光点,帮助小明找到自信。

（3）逐步实施挫折教育。班主任可以通过政治课和心理健康教育课,有意识地向小明班级普及挫折教育的内容,引导他们正确面对挫折,逐渐鼓励小明正视成长中的挫折。

（4）营造友好的外部环境。班主任可以重新安排小明与阳光开朗的同学和需要他帮助的同学在同一班级,并暗中引导他们建立友好的人际关系。

4. 疗效评价

经过心理健康老师的干预与小明班主任的配合,小明逐渐发现了自己身上的优点和闪光点,开始尝试建立新的人际关系。根据小明母亲的观察评估,小明较之前更加自信,有了更多好朋友,开始尝试突破遇到的困境,情绪也比之前好了。

思考题

我第一次见到小勇和他父亲是在一个初春的下午。小勇的衣服穿得不少,但掩盖不了他消瘦的身体。和通常不愿意上学的孩子不同,小勇红扑扑的脸庞、清脆的声音、流利的谈吐,让整个房间的气氛马上变得活跃起来。

小勇的问题很简单,他已经有一个学期没有去上学了。和很多逐渐长大的孩子一样,小勇自从进入初中预备班以后,就对网络游戏产生了浓厚的兴趣,常常下课后和同学们去网吧上网,学业逐渐受到了影响。家人对此十分反感,家中经常为此发生争执。父母经常教育小勇"书读不好就没有出路",尤其是母亲对小勇的学业要求尤其严格,这导致亲子冲突不断。小勇的奶奶对小勇尤其宠爱,每当发生亲子冲突时,奶奶总会出面阻止。

　　为了避免冲突,小勇的母亲带着他在外面居住。然而,这一举动并没有改善小勇的情况,反而让情况变得更加恶劣。去年五一劳动节长假,小勇突然威胁母亲说:"如果不买电脑,到了 5 月 7 日我就自杀。"母亲没有当回事儿,但没想到,5 月 7 日一早小勇就拿出了一根绳子,套在自己脖子上,这吓坏了母亲。母亲不得不请来小勇的父亲和班主任,并且买了一台电脑来安抚小勇的情绪。然而,初二开学后,小勇再也不愿意去上学了,整天沉迷于电脑游戏,母亲多次与他争吵,小勇甚至打开五楼的窗户,威胁母亲要自杀。小勇的父亲对此非常着急,多次与妻子争吵,责怪妻子"为什么把孩子照顾成这样?"妻子只好委屈地回老家居住。然而,在母亲离开期间,小勇并没有任何改变,仍然沉迷于电脑游戏。父亲无奈只能到医院寻求帮助。

　　请你对小勇的案例进行分析,并提出干预和处理方案。

【参考文献】

　　[1] 孙卫华,许庆豫.生命教育研究进展述评[J].中国教育学刊,2017(03):72-78.

　　[2] 覃丽,王鑫强,张大均.中学生生命意义感发展特点及与学习动机、学习成绩的关系[J].西南大学学报(自然科学版),2013,35(10):165 - 170.

　　[3] 李丹,徐晓滢,李正云.大学生生命认知和生命价值取向的发展特点[J].心理科学,2011,34(06):1360-1366.

　　[4] 冯建军.生命与教育[M].北京:教育科学出版社,2004.

　　[5] 樊富珉.生命教育与自杀预防[M].北京:清华大学出版社,2013.

　　[6] 林崇德.发展心理学[M].北京:人民教育出版社,2009.

　　[7] 冯建军,朱永新,袁卫星.论新生命教育课程的设计[J].课程·教材·教法,2017,37(10):12 - 18.

第十三章　中学生生涯规划与道德教育

【本章概述】

中学阶段是个体身体和心理快速发展的阶段,生涯规划能力对个体的健康成长非常重要。中学生生涯规划呈现出以下特点:自我认知不清晰、对升学与就业缺乏科学的认知、对生涯规划知识了解得不全面。在中学阶段个体进行生涯规划知识的学习,可以帮助中学生更加健康地成长和发展。

本章第一节介绍了生涯规划的概念和相关理论、影响中学生生涯规划的因素、中学生生涯规划的特点。第二节介绍了中学生在进行生涯规划时的常见问题,以及对生涯规划问题的评估。第三节介绍了增强中学生生涯规划能力的相关措施。

【关键词】

中学生　生涯规划　自我认知　目标管理

【案例导引】

1. 小朱是一名初二的学生,家境一般。父母都是进城务工人员,因为劳务繁忙,对他的学业关心甚少。他对学习也总是提不起兴趣来,上课无精打采,下课欢蹦乱跳,甚至到了初三下学期,开始接触校外人员,学了一身不良的社会习气,家长和班主任都很为他着急和惋惜。

2. 小程在初中时学习成绩良好,常常受到老师的表扬和家长的称赞,但在进入高中后学习成绩大幅下跌,这让老师、家长感到十分紧张。小程在课下常常向周围同学表达出学习不如做生意诸如此类的想法。教师对其多次教育指导,经询问得知,小程认为学习无用,不如辍学做生意。父母感到无法理解,更不能接受。

第一节　中学生生涯规划概述

一、生涯规划概念及理论

（一）生涯规划概念

生涯规划(Career Planning)包括职业规划、学业规划和人生规划。

职业规划指学生通过一系列兴趣、能力、价值观的探索,提高对自身的了解,树立正确的职业观,提高职业规划意识,探索自身职业发展的规划。

学业规划是学生通过认识自身特点、优势等,确定未来的大学目标和专业选择,确定学习目标,激发学习动机,从而进一步确立详细的学习计划并实施,科学合理地安排中学三年的课程学习计划。

人生规划指贯穿人一生的规划,包含了学业规划、职业规划、退出职业生涯后的规划。探索"我希望成为一个什么样的人",关注价值观及人生理想,在探索职业规划的过程中提高核心素养,全面发展。根据舒伯(Donald E. Super)的发展论,人生规划包含了成长期、探索期、建立期、维持期和衰退期五个阶段。

知识链接

个人生涯规划书模板

一、自我分析

个人性格:我性格活泼开朗,但我并不缺乏稳重。平时态度积极、认真、有责任心,考虑问题比较周全。但是有时做事比较犹豫、情绪化。这是我要改正的。

职业性格:我在班级担任过一些职务,在组织和动手等能力上有过培养,在工作中认真负责、有创新思想,并有一定的工作方法和能力。我相信我能在从事幼教职业中保持我的优点、改正不足,发挥我应有的水平,并不断学习新的知识、探索新的事物,跟上时代的脚步。

二、个人发展目标

1. 近期目标:好好学习,多积累专业知识,努力提高我的英语口语水平;并着力发展自己的艺体能力,在舞蹈、钢琴方面有所进步;积极参加学校组织的各项活动,丰富自己的学习和生活。

2. 中期目标:积极参加各项社会实践活动,为毕业后走入社会打下扎实的基础;毕业后我将选择在昆山发展,为此在今后的学习中我要不断努力,扎实我的专业知识,通过各种考核。

3. 长期目标:尽自己最大的努力获取更高的学历,不断充实自己,敢于尝试新事物,拿到本科文凭;有机会的话再考研,不断地完善自己;在今后工作中,重视与他人的交往,建立良好的人际关系,拥有广泛的社交范围,能迅速适应周围环境,保持积极的人生态度。

三、自我总结

1. 我应以创新精神为出发点,努力提高自身的综合文化素养,尽快形成自己的特色,以适应时代的需求。

2. 为了自己更好的工作,并在学习工作中得到成长,特制订自我成长计划,并在计划实施中不断修正、完善计划。

四、结束语

人生的路需要自己走出精彩,每一次挫折都会成为宝贵的人生经历。要勇敢地面对人生,面对日后的点点滴滴,并要不断努力,与时俱进。

(二) 生涯规划相关理论

1. 霍兰德人格类型理论

霍兰德(John Henry Holland)认为,人格与职业兴趣相匹配,人们在进行工作选择的同时会表现出个人兴趣和价值观。霍兰德将人群按人格与兴趣划分为六种类型：R（现实型）、I（研究型）、A（艺术型）、S（社会型）、E（企业型）、C（传统型）。霍兰德认为，人的职业与人格、兴趣密切相关，例如，具有冒险精神的人不适合从事规律、按部就班的传统型工作；喜欢独处、具有研究精神的人适合从事研究型工作。只有当职业与人格、兴趣相匹配，才能激发出人巨大的工作动力，并且在工作中一直保持兴趣。

2. 帕森斯特质－因素理论

帕森斯（Frank Parsons）特质－因素理论以经验为导向，以特质描述个别差异，又被称为帕森斯的人职匹配理论。帕森斯认为，每个人都有自己独特的人格模式，而每种人格模式都能与特定的职业类型相匹配，"特质"即人格特征，"因素"即职业对人的要求。人职匹配按类型可分为：

(1) 因素匹配，根据工作需求（如需要某方面才能、肯吃苦耐劳等）对人进行匹配。

(2) 特质匹配，根据人的特质（如创新思想、细致谨慎等），将人与相应的工作进行匹配。然而，特质－因素理论有其不足之处，如没有关注人格动态发展、每个人的人格特质错综复杂等。

3. 舒伯－生涯发展论

发展论以舒伯（Donald E. Super）的生涯理论为代表，是针对特质－因素理论的局限性而提出的。发展论诞生于 1950 年前后，即第二次世界大战结束和人本主义思潮兴起阶段，人们对生活的稳定产生了一定的追求。发展论强调人是动态的、持续的、发展的，人的发展与所处环境密不可分，着重关注人生全程的事件。舒伯将人的职业生涯分成五个阶段：成长阶段、探索阶段、确立阶段、维持阶段和衰退阶段。五个阶段的主要内容分别为：

(1) 成长阶段（0～14 岁）：发展自我概念，表达自己的需求，逐渐产生兴趣和能力，了解工作的意义，有意识地培养职业能力；

(2) 探索阶段（15～24 岁）：自我觉察，发展自我概念，探索职业偏好；

(3) 建立阶段（25～44 岁）：职业生涯的核心阶段，在职业中获得稳定并谋求晋升和贡献；

(4) 维持阶段（45～64 岁）：维持自己的社会地位及已获得的成就，面对新进人员的挑战，同时处理工作与家庭之间的矛盾；

(5) 衰退阶段（65 岁以上）：逐渐退出职业生涯，发展新的角色和生活方式。

舒伯的理论认为，人在一生当中的每个阶段都有特定的发展任务，且前一阶段的发展任务与后一阶段的发展任务紧密相关，人在不同阶段完成特定发展任务以达到职业的发展成熟。

4. 施恩的职业锚理论

职业锚理论由著名职业指导专家埃德加·施恩（Edgar H. Schein）提出，指的是一个人选择职业时最重要的、不会舍弃的职业中的重要东西或价值观，以员工的习得经验为基础而不是根据测试得出。职业锚是员工在自我发展的过程中与环境互动的产物，因此职业锚很有可能在互动过程中产生变化。施恩提出职业锚由八种类型构成：职能型、管理型、独立型、稳定型、创业型、服务型、挑战型、生活型。

二、中学生生涯规划影响因素

（一）外部因素

1. 家庭因素

家庭是学生成长的第一环境。父母作为孩子人际关系里的首属群体，教育水平、家庭教养方式、家庭成员之间关系的亲密程度、家庭经济条件等，都会影响到中学生对世界的认知、心理健康及性格的形成。

家庭中如果有从事相关职业的成员或亲友，并主动与孩子沟通，在择校和选择专业的时候给出一定的建议，这类学生对职业的认识比较清晰，职业方向也比较明确。家庭关系比较好的学生会在择校和选择专业时通过与家长协商，取得家长的认可、支持后做出决定；而缺乏有效沟通的家庭，亲子关系疏远，则会影响中学生的职业生涯规划意识。学生中普遍存在与父母交流匮乏的情况，有的甚至对父母的职业都不了解。父母虽然在物质上最大限度地满足孩子，使其在生活条件上处于较好的状态，但在精神上给予孩子的关怀不能满足其需求。这种情况在离异、重组家庭中比较明显，孩子心理上缺乏安全感、不自信，对自我的认知和未来规划亦不明确不清晰。

2. 学校因素

（1）师资配置。中学生生涯规划教育的进步，需要精英引领。具备生涯规划师资质的人数所占比例不高，会影响中学生生涯规划教育的发展。通常认为班主任与心理健康辅导教师是当下中学生涯规划教育的骨干力量，这个指导团队是否具备生涯规划教育的专业理念、专业知识、专业能力与专业实践，无疑将直接影响中学生生涯规划教育的质量。

（2）课程开发。不同中学生生涯规划教育课程开发不平衡，统计发现，没有校本课程和教育课程正在修订中的学校所占比例仍然较大，这与师资专业水平有直接关联。也与课程开发不平衡、教育主管部门缺乏"U"形设计有关，因为部分教师受专业能力水平的限制，难以科学合理地编写课程。课程有许多是低水平复制与一个个教案的拼凑，缺乏科学性、系统性和逻辑性，从对基层学校的访谈、相关文件的查阅也印证了这一说法。

（3）专业技术。普通中学对学生选专业、选学科等提供建议或给予咨询指导，会影响学生的生涯规划水平；对学生选专业、选学科等提供建议或给予咨询指导的"不全面系统"，也会影响生涯规划教育的质量；指导教师无法将生涯理论转化为生涯实践，缺乏一定的"生涯技术"支撑。

（二）内部因素

1. 自我认知

自我认知是生涯认知结构的基础要素，是个体开启生涯意识发展征程的动力特征。初中学生需要在认识自己的前提下进行生涯的初步探索，启蒙和唤醒生涯意识。中学生正处于青年初期，自我意识飞速发展，是认识自我、整合自我，树立理想信念的黄金时期，需要在认识自己的基础上去探索外部世界,寻找适合自己的选科组合,从而去规划适合自己未来的专业和职业,据此来整合过去、现在与未来的关系,不断发展自我意识,确立自我同一性。个体在进行生涯规划时,必须清楚地了解自己的人格特质、能力、兴趣、资源、限制及其他特质,即做到"知己"。清楚地认识自己是做好生涯规划的前提和基础,是生涯规划得以顺利进行的首要条件。

2. 学业认知

学业认知是生涯认知结构的核心要素,是学生在学业认知活动中表现出来的一种自觉、积极、主动的特征,即能动性特征,它对促进学生确立和实现学业目标以及增强和发挥自我潜能具有重要意义。学业认知作为学生所应具备的最重要的学科核心素养之一,即"学会学习"的核心素养,它不仅关系到中学生能否正确认知与评价自身的学业发展水平,而且还影响着中学生对选科、选考与未来职业规划的科学决策和最佳选择。中学阶段的学生以学科学习和升学为主要任务,为实现大学梦想,他们投入大量的时间和精力,以坚强的毅力克服学习生涯上的一道又一道难关,以获得学业成功,从这一长期而艰难的学习拼搏中形成和发展与自己有关的学业认知。中学生的学业认知包括对当下学习阶段的学业水平、学科优势、学习风格、学习动机、学习能力与潜能、学习目标等方面的认知与评价,并形成有关学业规划和管理方面的认知能力。

3. 专业认知

专业认知是生涯认知结构的重要因素。随着学习阶段的不断提升和社会经验的积累,中学生逐渐对自己未来可能就读的专业及其从事的领域和业务等方面,形成一种专业上的基本认知。高中学生会开始关注并通过各种渠道加深对大学专业的性质、特点及其对学习者素质能力的要求、专业所从事的领域和业务等方面的了解,初步确立一种符合自己的未来专业和预期目标。专业认知的主要特征是主体性和预见性。新高考改革背景下的中学生拥有了更多的自主选择权,尤其体现在高中阶段的自主组合选考科目上,选考科目组合情况直接影响到日后志愿填报的专业方向,具体专业的选择合理与否又将影响未来就业方向及成功就业。由此可见,选择专业是生涯规划中重要的一步,对专业的认识是决定学生是否能够合理选科,进而成功选择理想专业的重要的生涯认知因素之一。

4. 职业认知

职业认知是生涯认知结构最活跃的因素,它所反映的是个体对职业社会意义和价值认识的心理倾向及其进行职业活动的动力系统。舒伯的生涯发展理论表明人的一生中,从25岁直至退休都在扮演着工作者的角色,这一角色会跟随个体大部分的生命进程不断发展。中学阶段的学生正处于生涯的成长和探索时期,他们试图通过各种渠道了解相关职业信息和工作内容,探析自己的职业兴趣和将来可能要从事的职业等,以此来发展自己的职业认知。作为中学生,他们会更加自觉地依据自我认知和学业认知,通过学校活动、社团活动、打工兼职等进行职业的尝试和体验,在职业认知与体验中发展职业认知能力。职业认知包括对经济发展和工作世界的认知、对求职的渠道与技能的认知以及工作的意义与价值的认知。除此之外,还需了解社会的发展走向,了解未来社会建设对人才的需求。

三、中学生生涯规划特点

（一）自我认知特点

良好的自我认知能够帮助个体明辨自身优势和劣势,据此理性选择适合的专业或职业,可避免生涯抉择的困惑性与盲目性。在个体特质与职业匹配的关系中,职业兴趣和能力是重要因素。相当一部分的中学生对自身的兴趣和能力不太了解,多数中学生个人兴趣实为电子游戏、上网社交、追剧等生活乐趣,并非职业兴趣;对个人能力的认知也存在偏差,仅以学业成绩为衡量标杆,而不兼顾其他素质。这种兴趣和能力的归因无法认知职业兴趣和职业能力,难以科学匹配未来的职业。中学生对自身兴趣和能力的认知程度存在年级差异,其认知程度与年级的高低呈正相关,这表明,中学生随着年级的升高和知识的积累,心理认知在发生变化,会越来越关注自身条件。

（二）升学与就业认知特点

中学生毕业时无论升学或就业,都需要对个人的职业发展方向做出判断,即选择哪个大学和专业、从事何种职业。依据职业生涯指导的原理,中学生必须在自我认知、职业认知的基础上,遵循"人职匹配"的原则,科学地认知升学或就业。

1. 对升学的认知

中学生升学认知受多种因素影响,其中"自己的兴趣"是主要因素,但"家人的期望""地域因素""热门专业"等也有相当的影响。相当一部分中学生升学认知在考虑自己兴趣的同时,又看重学校的知名度、热门专业、家人的期望等。分析认为,中学生升学认知无明确的目标导向,升学动机偏向于追逐潮流,盲从性、依从性比较明显。这种状况极易导致未来专业与自身特质不匹配,不利于其大学的专业学习。

2. 对就业的认知

相当数量的中学生对未来生涯发展没有做过认真规划,就业认知缺乏明确的目标导向,不关注或不了解现有的职业种类及国家的就业政策。在择业标准上看好的是工作声望、环境舒适、薪资待遇等,忽视了对职业发展至关重要的"从业资质和要求""就业政策"等因素。总之,中学生对社会和职业的认知既陌生又好奇,在面临未来专业选择、未来职业规划问题时经验比较欠缺,很多学生盲目跟风或无从下手,缺乏生涯规划意识。

（三）生涯规划知识了解特点

大多数中学课程结构设计不合理、教师和学校对生涯规划不够重视,致使中学生对职业生涯规划基本知识了解不够全面,很难进行自我规划。因为不能进行自我认知以及职业世界认知,难以判断自身适合哪种职业;不了解职业测评、人职匹配的原理和方法,无法运用科学的工具对职业生涯目标做出决断。加之职业心理咨询未受到应有的重视或没有得到很好的发展,中学生在遇到生涯发展困惑或心理障碍时会无所适从,对职业前景茫然。

第二节　中学生生涯规划常见问题及测评方法

一、中学生生涯规划的常见问题

（一）生涯规划意识较低

中学生普遍存在不同程度的生涯规划意识薄弱问题。大部分中学生有职业方向意识，但缺乏职业生涯规划意识，这导致在较长的学习过程中动力不足，缺乏自我管理，进而影响学业管理，导致学习成绩下降。因此，提升学生学业管理能力的关键在于帮助学生认识到职业生涯规划对他们未来发展的重要性，以及对当下学业生活的指导性和紧迫性。

（二）生涯决策能力较弱

生涯决策能力包括目标管理能力和职业定向能力两个方面。目标管理能力反映学生是否具有根据自己的情况和外部环境的变化有效确定合理目标的能力。如果一个学生能够有效确定符合自己实际的合理目标，较好地管理自己制定的目标，他所制定的职业生涯规划就具备较强的可操作性，实现的可能性就会增大。职业定向能力反映的是学生是否具有综合各种主客观条件，选择符合自身需求的职业发展方向的能力。家庭、学校和社会三方面共同作用直接或间接地影响了学生的职业决策，致使中学生在做职业决策的过程中自主参与的程度有限，生涯决策能力弱。

（三）自我监控能力不足

自我监控能力指学生为达成总体目标而积极主动地调整原有计划，使整体趋向更好发展方向的能力。中学生接受的职业生涯规划教育较少，生涯规划意识较低，对未来的方向较为迷茫，容易出现学习缺乏长期目标、学习动力不足、自我监控能力较弱等问题。同时中学生学习目标执行过程中自我监控能力不足，影响其短期目标的达成，进而影响其生涯规划的自信心，最终影响到中学生自我控制能力的发展。

二、中学生生涯规划测评方法

（一）问卷调查

《普通中学生职业生涯规划状况调查问卷》（见附录三十二）由许海元教授 2012 年编制的学生生涯规划能力问卷微改而来，依据舒伯的生涯发展理论：处于生涯探索期的中学生在进行职业生涯规划时需要考虑需要、兴趣、能力、价值与机会，并在工作中加以尝试，最后形成一种特定且具体的职业偏好。纵观学生从初步的职业探索到形成具体的职业偏好，需要经过"认知—探索—匹配—矫正—执行"五个阶段。问卷采用李克特 4 点计分（1＝不符合，2＝比较不符合，3＝比较符合，4＝符合），其中反向计分的题目有 3、5、13、18、25、27。

（二）现场访谈

现场访谈分为学生访谈和教师访谈。首先，在问卷调查分析的基础上找出差异群体,确定访谈对象。其次,依据生涯发展理论和职业生涯规划能力维度,设计《职业生涯规划访谈提纲(教师版)》和《职业生涯规划访谈提纲(学生版)》,分别对学校任职教师(包括兼职教师)和学生进行半结构式访谈。其中,教师访谈的内容偏重于教师对职业生涯规划教育的认识,在课堂教学中是否关注学生职业生涯规划上的指导,学校生涯规划教育的形式以及教师对学生学习能力的评价;学生访谈的内容主要涉及学生职业生涯规划具体情况,对学校职业生涯规划教育的满意度,是否有自己的职业观及目标管理情况等。最后,对访谈资料进行分析,探寻影响中学生职业生涯规划能力的因素。

1. 职业生涯规划访谈提纲(学生版)

(1) 毕业后你是想直接就业还是升学?

(2) 将来想从事哪方面的工作? 有给自己制订一个具体的职业规划吗?

(3) 你对未来的工作有什么要求或者希望从工作中获得什么?

(4) 你觉得在你所选择的行业里想要取得成功需要具备哪些能力?

(5) 为了获得这些能力你付出过什么样的努力? 有制定一些小目标吗?

(6) 在未来激烈的市场竞争中,你的职业可能经常变动,要不断学习新知识、新技术来适应新工作,甚至会短期失业,对此你怎么看?

(7) 你认为同学们是否有必要在中学阶段给自己的职业生涯做一个规划?

(8) 你对学校的职业生涯规划课或提供的生涯指导服务满意吗?

(9) 其他课程中是否有关于职业生涯规划方面的内容?

(10) 如果学校给同学们提供职业生涯规划上的支持(帮助),你希望以什么样的方式开展?

(11) 在进行职业生涯规划的时候,你希望学校给予你哪些方面的支持(帮助)?

2. 职业生涯规划访谈提纲(教师版)

(1) 请说一说您对职业生涯规划教育的认识。

(2) 您所带班级学生的学习能力如何?(发现问题、独立思考、主动判断、行动力、解决问题的能力)

(3) 您在教学中有涉及过职业生涯规划方面的内容吗? 例如,学生职业观的塑造。

(4) 在教学中您会使用什么方式加深学生对职业的认识和体验?

(5) 有没有学生来找您咨询过职业生涯规划方面的问题? 您是如何回答的?

(6) 您的学校对学生进行职业生涯规划教育的形式有哪些? 相比之下哪些形式对学生产生的影响较大?

(7) 您认为学校在职业生涯规划教育方面还需要哪些改进?

第三节　中学生提高生涯规划能力的促进措施

一、家庭方面

(一) 加强中学生自我认知引导

自我认知和职业心理认知是中学生做好生涯规划设计必备的、首要的心理条件,对中学生当下的选科、选考和未来大学专业的选择都有着十分重大的影响。有学者从生理认知、心理认知和社会认知三个层面揭示了中学生自我认知水平整体偏低，且存在发展不均衡、自我认识不够深入、缺乏深层的自我分析，难以和未来的生涯规划有效衔接的问题。可以说，目前中学生的自我认知能力发展还不够充分和均衡，这在很大程度上给他们生涯探索与规划造成困惑。究其原因，可能与学生个体因过于注重应试学习而忽视探索自我有关，也可能与家庭的引导和训练不足有关。

家长要引导孩子从构成自我认知的主要因素入手，全面系统地分析和认识自己的需求、爱好、兴趣、特长、气质、能力、性格、职业观等，清楚自己的优势与特长、劣势与不足，以形成正确的自我评估，这是做好生涯规划设计的第一步。

（二）重视家庭环境认知的培养

中学生在其成长经历和所受教育过程中形成自我心理世界认知的同时，也形成了有关家庭心理环境、家庭经济条件、家庭期望和意见、家族文化、区域环境等方面的软硬件环境认知，这种家庭环境认知也是影响中学生生涯认知的重要因素。实践也表明，绝大多数中学生进行生涯规划设计时，更多的是考虑家庭经济状况、家人期望和意见、父母的文化水平和职业状况等因素。可见，建立良好的家庭环境认知成为中学生进行生涯规划设计的重要一环。家长应重视家庭环境认知在生涯自我认知发展中的重要地位和作用，有意识地与孩子一起探析家庭环境因素及其可能对孩子生涯认知的影响，明确生涯自我认知与家庭环境之间的关联性，帮助中学生在正确、全面评估家庭环境认知的基础上，独立开展生涯规划设计。

二、学校方面

（一）加强自我认知教育，促进学生自我认知水平提升

中学生自我认知教育是实现人才培养目标、为各类高校输送合适的高素质人才的重要一环，也是落实学科核心素养的重要内容。学校应有目的、有计划地实施学生自我认知教育，可利用校园文化建设、学科教学、心理辅导课程、社团活动以及生涯实践探索与体验等渠道渗透学生自我认知教育，充分发挥学校育人环境对自我认知发展的效用，促进学生形成职业心理特征认知、职业心理倾向认知和职业人格认知。学校专业引领是促进中学生自我认知能力发展的重要路径，学校在与家庭相互配合、相互促进中，帮助学生实现自我认知能力的全面提升。

（二）促进学科教学与生涯教育融合

在新高考改革背景下中学学科教学亟须生涯教育的回归。应在学科教学与生涯融合视野下开展生涯教育，在学科教学中渗透生涯教育，在生涯教育中学会学习、学会学业与专业发展规划，二者相互促进，共同增强学生的学业规划能力。其主要路径有四个：一是结合学科教学有意识地培养学生的学习兴趣与特长，明确自己的学习风格、学习能力和学业水平，有针对性地选择适合自己的学习科目；二是结合新高考的评价体系，对学生现有学习水平与能力进行综合评估，帮助学生尽早寻找到可行的有效方法，以最大程度

发挥他们在各学科学习上的优势和潜能,促进综合素质全面发展,为生涯规划奠定基础;三是结合中学生学业认知特点,积极探索和创新生涯规划方法,为学生提供自行设计的原则和操作方法;四是结合生涯辅导与咨询,有针对性地开展学习辅导,帮助学生掌握和运用高效的学习方法,提高学生学科学习能力,学会依据自身能力特点能动、自觉地做好学业规划和选科选考。

(三)成立专业信息咨询服务平台

学校应为中学生搭建大学专业信息咨询服务平台,确保师生所获取的专业信息具有权威性和时效性。除此之外,学校也应根据自己的办学特色和优势,创造条件,为中学生的专业认知能力提供专业化的指导和培训。具体做法有:

学校要为中学生获取专业信息提供便捷的专业化指导,可定期或不定期聘请知名或专业的生涯规划师,以授课或讲座的方式向中学生普及大学专业信息、提供生涯规划路径;同时邀请高校内不同专业的专家到校为学生介绍、讲解、答疑,增强中学生有关大学及专业的认知,拓宽获取专业信息的渠道。除此之外,中学可培育和组建一支专业化的生涯指导师,以课题的形式,针对各高校学科门类、专业设置、培养目标、就业方向、社会需求热度等方面开展研究,建立可供中学生查询的大学专业信息库,并将相关研究成果应用于生涯教育中,为学生提供咨询和决策参考。

建议各高校在自己校园网上设立专业信息咨询服务平台,面向中学生开放,为中学生提供实时查询与咨询服务。同时,也鼓励和支持中学组织学生进高校参观考察、参与学习体验,通过组织召开座谈会和专题报告会等形式,让中学生对大学各个专业有更多、更深入的了解。也可以依据学生的专业兴趣分组,组织他们分别与专业对应的在校大学生进行交谈、分享,以增强中学生对大学相关专业的认知,帮助中学生做出合理的专业选择和生涯规划,也为后续高校储备专业人才、减少转专业现象、提升大学生专业满意度和就业率、增强职业成就感和幸福感创造条件。

三、社会方面

从生涯发展全程化的视角来看,中学阶段正处在探索期的试探期,其主要任务是在进一步明晰自己的需要、兴趣、能力与机会的基础上,逐渐形成具体化的职业认知和职业偏好。可见中学阶段是提升学生职业认知水平的黄金时期,对处于新高考的学生来说,提升职业认知尤为重要。为有效提升中学生职业认知,促进学生素质全面发展,更好地适应新高考对科学选才的要求,社会层面也应该积极开展职业生涯规划辅导。

促进推动校企合作,搭建职业生涯实践平台,为学生提供职业的实践和体验机会。通过让学生参观当地企业,深入了解社会职业生活;邀请各行业优秀校友回归母校开展活动和讲座;让职业教育进校园,通过组织校园文化节、职业体验分享会等学生活动,使中学生有机会体验和交流职业生活;与可靠的生涯辅导机构合作,提供职业的信息和资源,以及专业的职业生涯规划指导。

【教学案例回顾与干预】

案例一

1. 现存问题

小朱学习兴趣不足;想减轻家庭负担,自身思想压力较大;对未来感到迷茫,升学与就业不知如何抉择。

2. 主要成因

(1) 家庭原因

家庭经济困难,花费大,父母无法为小朱提供好的学习、生活保障,致使其思想负担重,迫切地想参加工作,减轻家庭经济负担,无法规划自己的学习和未来。同时在生活上父母没有给小朱更多的关心与帮助,致使其结交校外不良青年。

(2) 学校原因

教师对小朱的现状没有及时了解和帮助,同时学校没有开展相应的生涯规划课程,不能帮助学生更好地认识自己和学业,从而无法对未来进行更好的规划。

3. 干预对策

(1) 加强沟通与关怀,向小朱表明,首先,现在不是工作的时候,因为他还是初中在校生,义务教育阶段的孩子是不能直接参加工作的;其次,上中学不是唯一一出路,在将来可以学习一门养家糊口的技艺,帮助其减轻升学与就业上的思想压力。

(2) 分析制定规划,帮助小朱发现自己的兴趣爱好,选好专业方向,中考之后帮助小朱根据自己的分数,选择自己喜爱的铁路技术,学习地铁服务的相关专业。

4. 疗效评价

经过心理健康老师的干预,小朱重新制定了自己的职业生涯规划,小朱父母也开始重视小朱的学习。根据老师的观察评估、小朱父母及其本人的反馈信息,小朱减少了与校外人员的接触,逐步消除了对未来的迷茫,对学习的热情明显增加,学习态度有了明显的好转。

案例二

1. 现存问题

小程学习成绩下滑严重,认为学习无用,不如辍学做生意。

2. 主要成因

(1) 外界原因

父母和学校没有帮助小程树立正确的学习思想,没有让他认识到学习不能掺杂太多的功利性。社会的不良影响及媒体的不当宣传,如学习无用论,影响了小程的思想认识,使他把学习看成了一种负担。

(2) 自身原因

小程自身对学习的重要性认识不足,对社会的不良影响及媒体的不当宣传缺乏分辨能力,没有意识到青少年的学习是一种重要的积累,思想不切实际,盲目幻想外界的美好。

3. 干预对策

(1) 谈话教育,先向小程解释生涯规划的含义。生涯规划就是找到适合自己发展的核心目标,然后制订行动方案,完善不足。同时对小程提出有关问题,比如想做生意,那你准备做什么生意呢? 引发小程的思考,帮助其认识到做生意没有想象得那么简单。

（2）分析目标,提高学习动力。帮助小程认识到职业无好坏,而在于自己是否喜爱并擅长。无论自己想做什么职业,作为一名中学生,都需要为自己做生涯规划。与小程一起分析不同职业所需的专业要求、高校的相关专业、不同职业所需要的个人能力等。帮助小程制订自己的学习目标,以增强学习的动力。

4. 疗效评价

经过心理健康老师的干预,小程重新制订了自己的职业生涯规划。根据老师的观察评估、小程父母及其本人的反馈信息,小程对学习的热情明显增加,学习态度有了明显的好转。

思考题

1. 你认为自己擅长的领域有哪些?

2. 你喜欢什么样的生涯规划教育课?

【参考文献】

[1] 郭兆年.中学生涯发展指导[M].华东师范大学出版社,2010.

[2] 金树人.生涯咨询与辅导[M].北京:高等教育出版社,2012:71-79.

[3] 朱凌云.中小学生涯教育理论与方法[M].北京:北京师范大学出版社,2015:28.

[4] 朱凌云.中小学生涯教育理论与方法[M].北京:北京师范大学出版社,2015:20-21.

[5] 沈之菲.开启未来之路[M].上海:华东师范大学出版社,2019:18-19.

附 录

附录一 道德推脱量表(MDS)

指导语:请仔细阅读每个题目,根据自己的实际情况与题目描述情况的符合程度,从五个选项中选择一个恰当的选项,1——非常不同意,2——不同意,3——不确定,4——同意,5——非常同意。这些题目仅用于个人测试,没有对错之分,请根据实际情况进行选择。

1. 为了保护朋友而打架也是可以的。
2. 推搡同学仅仅是开玩笑而已。
3. 与打人相比,损坏些东西并不是什么严重的事。
4. 一个孩子不应该因其所在集体犯的错而受到责罚。
5. 对于生活在恶劣环境下的孩子,我们不能责备他(她)的行为粗鲁。
6. 撒个小谎也没问题,因为这不会真正地伤害到任何人。
7. 如果学生在学校捣乱,那么都是他(她)们老师的错。
8. 可以打那些辱骂你家人的家伙。
9. 打那些令大家讨厌的同学,算是给他们的一个教训。
10. 与那些大盗贼相比,偷一点儿小钱算不上什么严重的事情。
11. 一个仅仅教唆他人违反纪律的孩子,不该因为他人听从了教唆而受到指责。
12. 如果孩子们没有经过纪律训练,那么他们的违纪行为就不应该受到责罚。
13. 同学们不会介意被取笑,因为这说明别人对他(她)们感兴趣。
14. 可以不好好对待那些行为龌龊的人。
15. 如果一个人乱放东西,那么东西被偷只能怪他(她)自己。
16. 当集体荣誉受到威胁时,动用武力也是可以的。
17. 未经朋友允许而使用他(她)的自行车算是借用。
18. 与打同学相比,辱骂同学就不是什么大事了。
19. 如果一个团队都决定去做坏事,那么指责他们中的任何一个孩子都是不公平的。
20. 当大家都说脏话时,孩子们说脏话就不应受到责罚。
21. 取笑某人并不会真正地伤害到他(她)。
22. 那些惹人讨厌的人不值得大家把他(她)当人对待。

附录二 中学生考试心理和行为问题症状自评量表(EMP)

指导语:亲爱的同学,你好! 本问卷由一些描述考试中容易产生的观念和行为表现的题目组成,为了帮助你准确地把握自己在考试心理方面存在的问题,请仔细阅读每一道题目,并根据上周包括今天在内的一段时间内的实际情况做出回答。其中 1 表示没有,2 表示很少很轻,3 表示中等,4 表示较多偏重,5 表示很多严重,谢谢你的合作!

1. 和别人在一起时,经常感到孤独寂寞。

2. 心跳得很厉害。

3. 曾经在考试过程中,因为紧张而回忆不起来原先的知识。

4. 在打排球、篮球、踢足球等体育比赛中输了时,心里一直以为是自己不好。

5. 过去曾经因考试失败而受到家长的无情责骂。

6. 头晕或昏倒。

7. 不求上进,只求及格。

8. 头脑中有不必要的想法或字句盘旋。

9. 感到前途一片凄惨。

10. 和同学相比,觉得自己必须比他们付出更大努力才得到与他们相同的分数。

11. 感到人们对你不友好、不喜欢你。

12. 考场中的噪声(如日光灯的噪声、其他考生发出的声音等)使你烦恼。

13. 一阵恐惧或惊恐。

14. 一遇到考试,就担心会失败。

15. 受到批评后,总是认为是自己不好。

16. 每次重大考试期间,父母显得比你自己还紧张。

17. 恶心或胃部不舒服。

18. 因考试成绩不理想而灰心,不谋求改善。

19. 忘记性大。

20. 死对我来说是最好的解脱。

21. 和同学相比,觉得自己在考试过程中把能力水平发挥出来方面存在更多困难。

22. 听到旁人听不到的声音。

23. 感情容易受到伤害。

24. 感到坐立不安、心神不宁。

25. 觉得自己比别人更担心考试。

26. 当受到别人嘲笑时,总会认为是自己做错了什么事。

27. 父母经常拿你的考试分数和别人比。

28. 呼吸有困难。

29. 尽量避免读不喜欢或困难的学科。

30. 难以做出决定。

31. 认为自己无可救药了。

32. 在某一次考试中取得的好分数,不能增加你在其他考试中的自信心。

33. 旁人能知道你私下的想法。

34. 人们之间不存在什么可靠的联系。

35. 面对重大考试,大脑像凝固了一样。

36. 大家受到责备时,总是认为主要是自己的过错。

37. 如有不懂的,根本不设法弄懂。

38. 不能集中注意力。

39. 时常感到孤独和苦闷。

量表的使用方法如下。

中学生考试心理和行为问题症状自评量表(EMP)包括人际敏感、焦虑、怯场、自责、家庭压力感、身体症状、动力问题、强迫、抑郁、自卑、精神病性 11 个维度,以及认知问题和神经症 2 个理论构想维度,它们共同解释了中学生的考试心理问题。

本量表共 39 个题项,采用 Likert 式五点记分,单选迫选形式,即"很多严重"记 5 分,"较多偏重"记 4 分,"中等"记 3 分,"很少很轻"记 2 分,"没有"记 1 分。

附录三 所罗门学习风格量表(ILS)

指导语:不同的人有不同的学习风格,对别人来说,有效的学习方式,对你不一定适合。下面是一个了解自己学习风格的问卷,一共有 44 个问题,每个问题有 a 和 b 两个答案可供选择。请选出最符合你学习情况的答案。

1. 为了较好地理解某些事物,我先

(a) 试试看

(b) 深思熟虑

2. 我办事喜欢

(a) 讲究实际

(b) 标新立异

3. 当我回想以前做过的事,我的脑海中大多会出现

(a) 一幅画面

(b) 一些话语

4. 我往往会

(a) 明了事物的细节但不明其总体结构

(b) 明了事物的总体结构但不明其细节

5. 在学习某些东西时,我不禁会

(a) 谈论它

(b) 思考它

6. 如果我是一名教师,我比较喜欢教

(a) 关于事实和实际情况的课程

(b) 关于思想和理论方面的课程

7. 我比较偏爱的获取新信息的媒体是

(a) 图画、图解、图形及图像

(b) 书面指导和言语信息

8. 一旦我了解了

(a) 事物的所有部分,我就能把握其整体

(b) 事物的整体,我就知道其构成部分

9. 在学习小组中遇到难题时,我通常会

(a) 挺身而出,畅所欲言

(b) 往后退让,倾听意见

10. 我发现比较容易学习的是

(a) 事实性内容

(b) 概念性内容

11. 在阅读一本带有许多插图的书时,我一般会

(a) 仔细观察插图

(b) 集中注意文字

12. 当我解决数学题时,我常常

(a) 思考如何一步一步求解

(b) 先看解答,然后设法得出解题步骤

13. 在我修课的班级中

(a) 我通常结识许多同学

(b) 我认识的同学寥寥无几

14. 在阅读非小说类作品时,我偏爱

(a) 那些能告诉我新事实和教我怎么做的东西

(b) 那些能启发我思考的东西

15. 我喜欢的教师是

(a) 在黑板上画许多图解的人

(b) 花许多时间讲解的人

16. 当我在分析故事或小说时

(a) 我想到各种情节并试图把它们结合起来去构想主题

(b) 我只知道主题是什么,然后得去找它们的相关情节

17. 当我做家庭作业时,我比较喜欢

(a) 一开始就立即做解答

(b) 先设法理解题意

18. 我比较喜欢

(a) 确定性的想法

(b) 推论性的想法

19. 我记得最牢的是

(a) 看到的东西

(b) 听到的东西

20. 我特别喜欢教师

（a）向我条理分明地呈示材料

（b）先给我一个概貌，再将材料与其他论题相联系

21. 我喜欢

（a）在小组中学习

（b）独自学习

22. 我更喜欢被认为是

（a）对工作细节很仔细

（b）对工作很有创造力

23. 当要我到一个新的地方去时，我喜欢

（a）要一幅地图

（b）要书面指南

24. 当我学习时

（a）总是按部就班，我相信只要努力，终有所得

（b）我有时完全糊涂，然后恍然大悟

25. 我办事时喜欢

（a）试试看

（b）想好再做

26. 当我阅读时，我喜欢作者

（a）以开门见山的方式叙述

（b）以新颖有趣的方式叙述

27. 当我在上课时看到一幅图，我通常会清晰地记着

（a）那幅图

（b）教师对那幅图的解说

28. 当我思考一大段信息资料时，我通常

（a）注意细节而忽视概貌

（b）先了解概貌而后深入细节

29. 我最容易记住

（a）我做过的事

（b）我想过的许多事

30. 当我执行一项任务时，我喜欢

（a）掌握一种方法

（b）想出多种方法

31. 当有人向我展示资料时，我喜欢

（a）图表

（b）概括其结果的文字

32. 当我写文章时我通常

（a）先思考和着手写文章的开头，然后循序渐进

（b）先思考和着手写文章的不同部分，然后加以整理

33. 当我必须参加小组合作的课题时，我要

（a）大家先"集思广益"，人人贡献主意

（b）各人分头思考，然后集中起来比较各种想法

34. 当我要赞扬他人时，我说他是

（a）很敏感的

（b）想象力丰富的

35. 当我在聚会时与人见过面，我通常会记得

（a）他们的模样

（b）他们的自我介绍

36. 当我学习新的科目时，我喜欢

（a）全力以赴，尽量学得多、学得好

（b）试图建立该科目与其他有关科目的联系

37. 我通常被他人认为是

（a）外向的

（b）保守的

38. 我喜欢的课程内容主要是

（a）具体材料（事实、数据）

（b）抽象材料（概念、理论）

39. 在娱乐方面，我喜欢

（a）看电视

（b）看书

40. 有些教师讲课时先给出一个提纲，这种提纲对我

（a）有所帮助

（b）很有帮助

41. 我认为只给合作的群体打一个分数的想法

（a）吸引我

（b）不吸引我

42. 当我长时间地从事计算工作时

（a）我喜欢重复我的步骤并仔细检查我的工作

（b）我认为检查工作非常无聊，我是在逼迫自己这么干

43. 我能画下我去过的地方

（a）很容易且相当精确

（b）很困难且没有许多细节

44. 当在小组中解决问题时,我更可能是

(a) 思考解决问题的步骤

(b) 思考可能的结果及其在更广泛的领域思考

量表的使用方法如下。

1. 计分

(1) 在下表适当的地方填上"1"(例:如果你第一题的答案为 a,在第一题的 a 栏填上"1";如果你第 15 题的答案为 b,在第 15 题的 b 栏填上"1")。

活跃型/沉思型			感悟型/直觉型			视觉型/言语型			序列型/综合型		
问题	a	b	问题	a	b	问题	a	b	问题	a	b
1			2			3			4		
5			6			7			8		
9			10			11			12		
13			14			15			16		
17			18			19			20		
21			22			23			24		
25			26			27			28		
29			30			31			32		
33			34			35			36		
37			38			39			40		
41			42			43			44		
总计			总计			总计			总计		
(较大数-较小数)+较大数的字母											

2. 得分解释

每一种量表的取值可能为 11a、9a、7a、5a、3a;11b、9b、7b、5b、3b 中的一种。其中不同字母代表学习风格的类型不同,数字代表程度的差异。若得到字母 a,表示属于前者学习风格,且 a 前的系数越大,表明程度越强烈;若得到字母 b,表示属于后者学习风格,且 b 前的系数越大,同样表明程度越强烈。例如:在活跃型/沉思型量表中得到 9a,表明测试者属于活跃型的学习风格,且程度很强烈;如果得到 5b,则表明测试者属于沉思型的学习风格,且程度一般。在视觉型/言语型量表中得到 a,表明测试者属于视觉型的学习风格,且程度非常弱;如果得到 3b,则表明测试者属于言语型的学习风格,且程度较弱。

(1) 活跃型与沉思型。活跃型学习者倾向于通过积极地做一些事,如讨论应用或解释给别人听来掌握信息。沉思型学习者更喜欢先安静地思考问题。"我们试试看结果会怎样"是活跃型学习者的口头禅,而"我们先好好想想吧"是沉思型学习者的通常反应。

(2) 感悟型与直觉型。感悟型学习者喜欢学习事实,而直觉型学习者倾向于发现某种可能性和事物之间的关系。感悟型学习者不喜欢复杂情况和突发情况;直觉型学习者喜欢革新,不喜欢重复。

（3）视觉型与言语型。视觉型学习者很擅长记住他们所看到的东西,如图片、图表、流程图、音像、影片和演示中的内容;言语型学习者更擅长从文字的和口头的解释中获取信息。当通过视觉和听觉同时呈现信息时,每个人都能获得更多的信息。

（4）序列型学习者习惯按线性步骤理解问题,每一步都合乎逻辑地紧跟前一步,习惯按部就班地寻找答案;综合型学习者习惯大步学习,吸收没有任何联系的材料,思维跳跃,没有固定的逻辑顺序。综合型学习者或许能更快地解决复杂问题,一旦他们抓住了问题的主要部分就可以更快地解决问题,但他们却很难解释清楚自己是如何思考的。

附录四　学习障碍筛查量表(PRS)

　　指导语:把你认为最适合的等级的编号填入对应括号,不能漏掉某个项目,也不能多选。为了尽可能准确地评定,要细致地观察每一个孩子,根据每一个孩子的具体情况,按照 5 个领域 24 个项目的具体表现逐一进行评分。把你认为最适合的等级在 PRS 量表相应的等级上打"√",不能漏掉对某个项目的评定,也不能在一个项目上重复打"√"。

一、听觉的理解和记忆

（一）对词汇意思的理解能力

1. 和同年级的儿童相比,对词汇意思的理解能力非常差。（　　　）

2. 和同年级的儿童相比,对词汇的意思容易理解错。（　　　）

3. 能够很好地理解同年级儿童使用的词汇的意思。（　　　）

4. 不仅能够很好地理解同年级儿童使用的词汇的意思,而且还能够理解比自己年龄稍大一些儿童使用的词汇的意思。（　　　）

5. 能够理解很多抽象语,对词汇意思的理解能力优秀。（　　　）

（二）对指示的服从能力

1. 不能服从指示,对指示不知所措。（　　　）

2. 往往需要在周围人的帮助下,才能服从一般简单的指示。（　　　）

3. 能够服从听惯了的指示和不复杂的指示。（　　　）

4. 能够理解包含几层意思的指示,并能服从这个指示。（　　　）

5. 能够理解指示的内容,并能够非常好地服从这个指示。（　　　）

（三）在班级理解对话的能力

1. 不能理解对方的话。（　　　）

2. 能够听进对方的话,但不能很好地理解。（　　　）

3. 能够参与同年级同学之间的交流。（　　　）

4. 能够很好地理解班级同学之间的对话。（　　　）

5. 积极参与班级同学之间的对话,能够充分理解对话的内容。（　　　）

（四）对信息的记忆能力

1. 对曾经接受过的信息,在大多数时候想不出来,记忆力贫弱。（　　）

2. 经过多次反复回想后,能够记住简单的事情及其发生的经过。（　　）

3. 对信息的记忆能力和同年级儿童相当,无特殊问题。（　　）

4. 能够记住各种各样的信息,即使过了一段时间,也能够很快地想起来。（　　）

5. 能够准确地记忆事情的细节及其内容。（　　）

二、会话用语

（一）词汇

1. 与同年级的儿童相比,常常使用幼稚的语言,词汇量少。（　　）

2. 只能使用单纯的名词,不大会使用形容词。（　　）

3. 具有比同年级儿童更多的词汇量,能使用正确的语言,而且叙述生动。（　　）

4. 具有比同年级儿童更高水平的表达能力,不仅能使用正确的语言叙述事情,且能够描述抽象的内容。（　　）

（二）语法

1. 不能明确表达概念,不会使用介词短语。（　　）

2. 常常使用一些语法错误很多且不完整的语言。（　　）

3. 一般能使用正确的语法,有时发生语法错误,能力与同年级儿童相当。（　　）

4. 能使用比同年级儿童更多的语言,且很少出现语法错误。（　　）

5. 总是能够使用正确的语法说话。（　　）

（三）回忆语言的能力

1. 不能想起过去所处情境中用过的正确语言。（　　）

2. 说正在思考着的事情时,往往说不出来。（　　）

3. 能选择正确的语言说话,能力与同年级儿童相当。（　　）

4. 叙述过去发生过的事情很少有堵塞、说不出来的时候,回忆语言的能力超过同年级儿童。（　　）

5. 总是能够很好地回忆语言,能力非常强,绝不会说不出来或说错。（　　）

（四）经验描述的能力

1. 当别人问起经历过的事情时,不能理解所问的问题。（　　）

2. 不能有条理地叙述经历过的事情。（　　）

3. 能够叙述经历过的事情,能力和同年级儿童相当,无特殊问题。（　　）

4. 能够有条理地叙述经历过的事情,具有超过同年级儿童的能力。（　　）

5. 能够叙述经历过的事情,条理很清晰,能力十分优秀。（　　）

（五）表达能力

1. 不能够说明一个个相关事实之间的联系。（　　）

2. 很难说清楚一个个相关事实之间的联系。（　　　）

3. 能够说明一个个相关事实之间的联系,能力和同年级儿童相当。（　　　）

4. 能够叙述清楚事实之间以及事实和自己想法之间的联系,具有超过同年级儿童的能力。（　　　）

5. 总是能够说清楚事实之间以及事实与自己想法之间的联系,表达能力非常优秀。（　　　）

三、时间空间知觉

（一）时间的判断

1. 缺乏时间概念,上学总是迟到。（　　　）

2. 有时间的概念,但总是慢腾腾或常常迟到。（　　　）

3. 时间的判断能力和同年级儿童相当,无特殊问题。（　　　）

4. 与同年级儿童相比,能够机敏地判断时间,即使迟到,也常常有正当的理由。（　　　）

5. 在规定的时间内能够很好地完成计划。（　　　）

（二）位置感觉

1. 方向感差,在校园里以及住所附近经常迷路。（　　　）

2. 即使是在比较熟悉的场所,也常常迷路。（　　　）

3. 在熟悉的场所不会迷路,能力和同年级儿童相当。（　　　）

4. 具有超过同年级儿童的能力,很少迷路、彷徨。（　　　）

5. 能很好地适应新场所,不会迷路。（　　　）

（三）关系的判断

1. 总是不确切地判断。（　　　）

2. 能够初步判断。（　　　）

3. 能力与同年级儿童相当,无特殊问题。（　　　）

4. 遇到新的情况则不能判断（　　　）。

5. 经常能够正确地判断,并能够在新的情况下进行正确的判断。（　　　）

（四）地面方位

1. 不知道左右、东西、南北,总是彷徨、迷路。（　　　）

2. 不知道左右、东西、南北,常常彷徨、迷路。（　　　）

3. 对左右、东西、南北的理解没有问题,能力和同年级儿童相当。（　　　）

4. 方向感好。（　　　）

5. 方向感非常好。（　　　）

四、运动能力

（一）一般的运动（走、跑、跳、攀登）

1. 动作很笨拙。（　　　）

2. 动作笨拙,不灵巧,与同年级儿童相比,在平均水平以下。（　　　）

3. 动作不生硬,和同年级儿童相当。（　　）

4. 能够很好地做动作,能力在同年级儿童以上。（　　）

5. 动作非常好。（　　）

（二）平衡感觉

1. 平衡感非常差,显得非常不灵巧。（　　）

2. 常常跌倒,平衡能力与同年级儿童相比,在平均水平以下。（　　）

3. 能力和同年级儿童相当,无特殊问题。（　　）

4. 在需要进行平衡的运动方面,能力超过同年级儿童。（　　）

5. 能非常好地实现平衡。（　　）

（三）手指的灵巧程度（使用剪刀、扣纽扣、书写、握球等）

1. 手指很笨拙。（　　）

2. 手指笨拙、不灵活,与同年级儿童相比,在平均水平以下。（　　）

3. 能力和同年级儿童相当,无特殊问题。（　　）

4. 手指比同年级儿童灵巧。（　　）

5. 手指非常灵巧,即使是新动作,也能够很好地掌握要领。（　　）

五、社会行为

（一）控制力

1. 不能够抑制自己的行为和反应,总是扰乱班级纪律。（　　）

2. 常常有多嘴、想说的表现,引起周围人的注意。（　　）

3. 能力与同年级儿童相当,无特殊问题。（　　）

4. 能够很好地协调,能力超过同年级儿童。（　　）

5. 即使没有大人的指导,也能够很好地协调,协调能力强。（　　）

（二）注意力

1. 完全不能集中注意力。（　　）

2. 注意力常常转移,几乎不听别人说。（　　）

3. 能力与同年级儿童相当,无特殊问题。（　　）

4. 能够集中注意力,能力超过同年级儿童。（　　）

5. 能够长久持续地集中注意力。（　　）

（三）工作程序的能力

1. 不能理解工作程序,极其散漫,安排差。（　　）

2. 工作程序常常不正确。（　　）

3. 能够安排工作程序,能力和同年级儿童相当。（　　）

4. 能够安排工作程序并按程序完成,能力在平均水平以上。（　　）

5. 能够按时完成任务,工作程序的安排方法优秀,如安排生日聚会、娱乐晚会、郊游等。（　　）

（四）适应新情况的能力

1. 在新情况下易兴奋,不能适应,完全不能自我控制。（　　）

2. 在新情况下往往有过度反应,显得不知所措。（　　）

3. 能力与同年级儿童相当,无特殊问题。（　　）

4. 自信,能了解、适应新情况。（　　）

5. 有独立性,能够率先行动,适应能力非常优秀。（　　）

（五）社会的接受

1. 不能得到朋友的接受。（　　）

2. 需要得到朋友的宽容和忍耐,才能交往。（　　）

3. 能被朋友接受,和同年级儿童相当,无特殊问题。（　　）

4. 经常受到朋友的喜欢。（　　）

5. 不仅被朋友接受,而且取得朋友的信赖。（　　）

（六）责任

1. 完全不想负责任。（　　）

2. 接受分配任务时,总想回避责任。（　　）

3. 负责任,责任感和同年级儿童相当。（　　）

4. 责任感超过同年级儿童。（　　）

5. 率先努力,主动承担责任。（　　）

（七）理解任务并进行处理的能力

1. 给予指导也不能完成任务。（　　）

2. 给予指导,有的任务不能完成。（　　）

3. 能完成任务,能力与同年级儿童相当,无特殊问题。（　　）

4. 即使没有人指导,也能完成任务,而且比同年级儿童完成得好。（　　）

5. 总是能独立自主地完成任务。（　　）

（八）关心

1. 不能理解别人的心情,总是采取野蛮的行为。（　　）

2. 往往采取无视朋友心情的行为。（　　）

3. 能力与同年级儿童相当,无特殊问题。（　　）

4. 几乎从不采取对社会不恰当的行为,比同年级儿童更会关心、体贴别人。（　　）

5. 完全没有对社会不恰当的行为,总是无微不至地关心别人。（　　）

量表的使用方法如下。

1. 适用范围:5～15岁的个体。

2. 计分

(1)项目计分:5点量表。

(2)总体计分:1～2领域得分相加之和即为言语得分,3～5领域得分相加之和即为非言语得分。所有题目所选择的数字相加之和即为总分。

（3）1～2 领域相加之和≤20 分为疑似言语性学习障碍的儿童；3～5 领域相加之和≤40 分为疑似非言语性学习障碍儿童；1～5 领域的合计分为综合评定分，总分≤65 分为疑似学习障碍儿童。

3. 评定者

至少与学生接触了几个月的班主任或心理卫生工作者（为更加客观地评价，不能由家长担任评定者）。

4. 注意事项

（1）有的孩子对某些测试项目十分擅长，而对其他的项目却能力低下，不能以偏概全。

（2）要根据各个问题进行评定，要逐个项目分开来进行考虑，不能推测。

（3）一次评定不要超过 30 人，因为同时评定很多孩子时，可信度会下降。

附录五　抑郁自评量表(SDS)

指导语：请仔细阅读每一条目，然后根据最近一星期以内你的实际感受，选择一个与自身情况最相符的答案。a 表示没有该项症状，b 表示小部分时间有，c 表示相当多的时间有，d 表示绝大部分时间或全部时间有。不要有所顾忌，应该根据自己的真实体验和实际情况来回答，不要花费太多的时间去思考，应顺其自然，根据第一印象做出判断。注意：测验中的每一个问题都要回答，不要遗漏，避免影响测验结果的准确性。

1. 我觉得闷闷不乐，情绪低沉。

2. 我觉得一天之中早晨最好。

3. 我一阵阵哭出来或觉得想哭。

4. 我晚上睡眠不好。

5. 我吃得跟平常一样多。

6. 我与异性密切接触时和以往一样感到愉快。

7. 我发觉我的体重在下降。

8. 我有便秘的苦恼。

9. 我心跳比平时快。

10. 我无缘无故地感到疲乏。

11. 我的头脑跟平常一样清楚。

12. 我觉得做经常做的事情并没有困难。

13. 我觉得不安而平静不下来。

14. 我对将来抱有希望。

15. 我比平常容易生气激动。

16. 我觉得做出决定是容易的。

17. 我觉得自己是个有用的人,有人需要我。

18. 我的生活过得很有意思。

19. 我认为如果我死了别人会生活得好些。

20. 平常感兴趣的事我仍然感兴趣。

量表使用说明如下。

本量表包含 10 道反向计分题。正向计分题 a、b、c、d 按 1、2、3、4 计分;反向计分题按 4、3、2、1 计分。反向计分题号:2、5、6、11、12、14、16、17、18、20。指标为总分。

将 20 个项目的各个得分相加,即得总分。标准分等于总分乘以 1.25 后的整数部分。总得分的正常上限为 41 分,标准总分为 53 分。

抑郁严重度＝各条目累计得分。结果:0.5 以下者为无抑郁;0.5～0.59 者为轻微至轻度抑郁;0.6～0.69 者为中至重度;0.7 以上者为重度抑郁。

注意事项:SDS 主要适用于具有抑郁症状的成年人,它对心理咨询门诊及精神科门诊或住院精神病人均可使用。对具有严重阻滞症状的抑郁病人,评定有困难。关于抑郁症状的分级,除参考量表分值外,主要还要根据临床症状,特别是主要症状的程度来划分,量表分值仅能作为一项参考指标而非绝对标准。

附录六　焦虑自评量表(SAS)

指导语:下面有 20 条文字,请仔细阅读每一条,把意思弄明白,然后根据你最近一星期的实际情况,写上相应的数字。1:没有或偶尔;2:有时;3:经常;4:总是如此。

1. 我觉得比平时更容易紧张和着急。

2. 我无缘无故地感到害怕。

3. 我容易觉得心里烦乱或觉得惊恐。

4. 我觉得我可能将要发疯。

5. 我觉得一切都很好,也不会发生什么不幸。

6. 我手脚发抖、打颤。

7. 我因为头痛、颈痛和背痛而苦恼。

8. 我感觉容易衰弱和疲乏。

9. 我觉得心平气和,且容易安静坐着。

10. 我觉得心跳得很快。

11. 我因为一阵头晕而苦恼。

12. 我有过晕倒发作,或觉得要晕倒似的。

13. 我呼气、吸气都感到很容易。

14. 我手脚麻木和刺痛。

15. 我因胃痛和消化不良而苦恼。

16. 我常常要小便。

17. 我的手常常是干燥温暖的。

18. 我脸红发热。

19. 我容易入睡并且睡得很好。

20. 我做噩梦。

量表使用说明如下。

本量表包含 5 道反向计分题。正向计分题 A、B、C、D 按 1、2、3、4 计分;反向计分题按 4、3、2、1 计分。反向计分题号:5、9、13、17、19。指标为总分。

将 20 个项目的各个得分相加,即得总分。标准分等于总分乘以 1.25 以后取得整数部分。总得分的正常上限 40 分。标准分越高,症状越严重。

焦虑总分低于 50 分者为正常;50~60 分者为轻度,61~70 分者是中度,70 分以上者是重度焦虑。阴性项目数表示被试者在多少个项目上没有反应,阳性项目数表示被试者在多少个项目上有反应。

注意事项:SAS 适用于具有焦虑症状的成年人。由于焦虑是神经症的共同症状,故 SAS 在各类神经症鉴别中作用不大。关于焦虑症状的临床分级,除参考量表分值外,主要还应根据临床症状,特别是要害症状的程度来划分,量表分值仅能作为一项辨别指标而非绝对标准。

附录七　惧怕否定恐惧量表(FNE)

指导语:请仔细阅读下面每一个问题,根据你近一周的感觉来进行评分。其标准如下。1:与我完全不符合;2:与我有些不相符;3:不确定;4:与我非常相符;5:与我极其相符。

1. 我很少担心在别人面前出洋相。

2. 即使我知道别人的看法无关紧要,我还是担心别人怎么看我。

3. 如果我知道有人正在评价我,我会紧张不安。

4. 即使我知道别人对我印象不好,我也不在意。

5. 当我在社交场合犯错时,我会感到不安。

6. 我很少在乎大人物对我的看法。

7. 我经常害怕自己看起来可笑。

8. 别人不同意我的观点我也无所谓。

9. 我经常害怕别人指出我的缺点。

10. 别人的反对对我的影响很小。

11. 如果有人在评价我,我习惯于往最坏处想。

12. 我很少烦恼自己会给别人留下什么印象。

13. 我害怕得不到别人的认可。

14. 我害怕别人会挑我的毛病。

15. 别人对我的看法并不影响我。

16. 如果别人不满意我,我也不一定会感到不安。

17. 当我跟别人讲话时,我会担心他们怎么看我。

18. 我认为人难免在社交场合犯错,所以不要为此烦恼。

19. 我时常担心我给别人留下什么坏印象。

20. 我很担心我的上司对我有什么看法。

21. 如果我知道别人正在评价我,我也不担心。

22. 我担心别人认为我没什么用。

23. 我很少担心别人对我有什么看法。

24. 有时我觉得自己过于关心别人怎样看我。

25. 我通常担心我会说错话或做错事。

26. 我通常不在意别人对我的看法。

27. 我通常自信别人会对我有一个好印象。

28. 我经常担心那些我看得很重的人会看不起我。

29. 我总是焦虑朋友对我的看法。

30. 如果我知道我的上司正在评价我,我会变得紧张不安。

量表使用说明如下。

较短的 FNE 量表有 12 个测试题目:2、4、9、12、13、14、15、17、19、21、24、25。

本量表包含 13 道反向计分题。正向计分题按 1、2、3、4 计分;反向计分题按 4、3、2、1 计分。反向计分题号:1、4、6、8、10、12、15、16、18、21、23、26、27。指标为总分。

惧怕否定恐惧量表总分为各项目得分总和。原始分数范围为 0~30 分。与低得分者相比,FNE 高得分者受到评价时更为不安,更可能赞同被人喜欢很重要这种不合理的信念,以及更加关心给人留下好的印象。同样,FNE 高得分者在受到评价时,会有更高的焦虑并更多为可能的否定评价而烦恼。

附录八　孤独量表(UCLA)

指导语:请仔细阅读下面每一个问题,根据你近一周的感觉来进行评分。评分标准如下。1:从不;2:很少;3:有时;4:一直。

1. 你常感到与周围人关系和谐吗?

2. 你常感到缺少伙伴吗?

3. 你常感到没人可以信赖吗?

4. 你常感到寂寞吗?

5. 你常感到属于朋友们中的一员吗?

6. 你常感到与周围人有很多共同点吗?

7. 你常感到与任何人都不亲密了吗?

8. 你常感到你的兴趣和想法与周围的人不一样吗?

9. 你常感到想要与人来往、结交朋友吗?

10. 你常感到与人亲近吗?

11. 你常感到被人冷落吗？

12. 你常感到你与别人来往毫无意义吗？

13. 你常感到没有人很了解你吗？

14. 你常感到与别人隔开了吗？

15. 你常感到当你愿意时就能找到伙伴吗？

16. 你常感到有人真正了解你吗？

17. 你常感到羞耻吗？

18. 你常感到有人围着你但并不关心你吗？

19. 你常感到有人愿意和你交谈吗？

20. 你常感到有人值得你信赖吗？

量表使用说明如下。

本量表包含 9 道反向计分题。正向计分题按 1、2、3、4 计分；反向计分题按 4、3、2、1 计分。反向计分题号：1、5、6、9、10、15、16、19、20。指标为总分。分数越高，孤独程度越高。

28 分以下：低度孤独；28～33 分：一般偏下孤独；33～39 分：中间水平；39～44 分：一般偏上孤独；44 分以上：高度孤独。

附录九　汉密尔顿抑郁量表(HAMD)

指导语：采用交谈与观察相结合的方式，评定当时或入住前一周的情况。

1. 是否存在抑郁情绪？

（a）未出现

（b）只在问到时才诉述

（c）在访谈中自发地描述

（d）不用言语也可以从表情、姿势、声音中流露出这种情绪

（e）病人的自发言语和非语言表达（表情、动作）几乎完全表现为这种情绪

2. 是否存在有罪感？

（a）未出现

（b）责备自己，感到自己已连累他人

（c）认为自己犯了罪，或反复思考以往的过失和错误

（d）认为疾病是对自己错误的惩罚，或有罪恶妄想

（e）罪恶妄想伴有被指责或被威胁性幻想

3. 是否有自杀意念？

（a）未出现

（b）觉得活着没有意义

（c）希望自己已经死去，或常想与死亡有关的事

（d）消极观念（自杀念头）

（e）有严重自杀行为

4. 是否入睡困难？

（a）入睡无困难

（b）入睡困难，上床半小时后仍不能入睡（要注意平时病人入睡的时间）

（c）每晚均有入睡困难

5. 是否睡眠不深？

（a）未出现

（b）睡眠浅并且多噩梦

（c）半夜（晚 12 点以前）曾醒来（不包括上厕所）

6. 是否早醒？

（a）未出现

（b）有早醒，比平时早醒 1 小时，但能重新入睡

（c）早醒后无法重新入睡

7. 工作中是否有不高兴的事？

（a）未出现

（b）提问时才诉说

（c）自发地直接或间接表达对活动、工作或学习失去兴趣，如感到没精打采，犹豫不决，不能坚持或需强迫自己去工作或劳动

（d）病室劳动或娱乐不满 3 小时

（e）因疾病而停止工作，住院患者不参加任何活动，或者没有他人帮助便不能完成病室日常事务

8. 是否迟缓？

（a）思维和语言正常

（b）精神检查中发现轻度迟缓

（c）精神检查中发现明显迟缓

（d）精神检查进行困难

（e）完全不能回答问题（木僵）

9. 是否行为激越？

（a）未出现异常

（b）检查时有些心神不宁

（c）明显心神不宁或小动作多

（d）不能静坐，检查中曾起立

（e）搓手、咬手指、咬头发、咬嘴唇

10. 是否精神焦虑？

（a）无异常

（b）提问时才诉说

（c）自发地表达

（d）表情和言谈流露出明显忧虑

(e) 明显惊恐

11. 是否存在躯体性焦虑？指焦虑的生理症状,包括口干、腹胀、腹泻、打嗝、腹绞痛、心悸、头痛、过度换气和叹息,以及尿频和出汗等。

(a) 未出现

(b) 轻度

(c) 中度,有肯定的上述症状

(d) 重度,上述症状严重,影响生活或需要处理

(e) 严重影响生活和活动

12. 是否存在胃肠道症状？

(a) 未出现

(b) 食欲减退,但不需他人鼓励便自行进食

(c) 进食需他人催促或请求,需要应用泻药或助消化药

13. 是否存在全身症状？

(a) 未出现

(b) 四肢、背部或颈部有沉重感,背痛、头痛、肌肉疼痛、全身乏力或疲倦

(c) 症状明显

14. 是否存在性症状？指性欲减退、月经紊乱等。

(a) 无异常

(b) 轻度

(c) 重度

(d) 不能肯定,或该项对被评者不适合(不计入总分)

15. 是否存在疑病？

(a) 未出现

(b) 对身体过分关注

(c) 反复考虑健康问题

(d) 有疑病妄想,并常因疑病而去就诊

(e) 伴有幻觉的疑病妄想

16. 是否存在体重减轻的情况？按照(A)或(B)评定。

(A) 按病史评定:

(a) 不减轻

(b) 患者自述可能有体重减轻

(c) 肯定体重减轻

(B) 按体重记录评定:

(a) 一周内体重减轻 0.5 千克以内

(b) 一周内体重减轻超过 0.5 千克

(c) 一周内体重减轻超过 1 千克

17. 自知力情况。

（a）知道自己有病,表现为忧郁

（b）知道自己有病,但归咎于伙食太差、环境问题、工作过忙、病毒感染或需要休息

（c）完全否认有病

量表使用说明如下。

适用于具有抑郁症状的成年病人。应由经过培训的两名评定者对患者进行汉密尔顿抑郁量表联合检查。一般采用交谈与观察的方式,检查结束后,两名评定者分别独立评分。汉密尔顿抑郁量表中,第8、9及11项,依据对患者的观察进行评定;其余各项则根据患者自己的口头叙述评分;其中第1项需两者兼顾。另外,第7和第22项,尚需向患者家属或病房工作人员收集资料;而第16项是根据体重记录,也可依据病人主诉及其家属或病房工作人员所提供的资料评定。有的版本仅21项,即比24项量表少第22~24项,其中第7项有的按0~2分3级记分法,现采用0~4分5级记分法。还有的版本仅17项,即无第18~24项。

总分是能较好地反映病情严重程度的指标,即病情越轻,总分越低;病情越重,总分越高。

附录十　汉密尔顿焦虑量表(HAMA)

指导语:采用交谈与观察相结合的方式,评定当时或入住前一周的情况。

1. 焦虑心境:担心、担忧、感到有最坏的事情将要发生、容易被激怒。

2. 紧张:紧张感、易疲劳、不能放松、情绪反应、易哭、颤抖、感到不安。

3. 害怕:害怕黑暗、陌生人、一人独处、动物、乘车或旅行及人多的场合。

4. 失眠:难以入睡、易醒、睡得不深、多梦、梦魇、夜惊、睡醒后感到疲倦。

5. 认知功能:或称记忆力、注意力障碍。注意力不能集中,记忆力差。

6. 抑郁心境:丧失兴趣、对以往爱好的事物缺乏快感、忧郁、早醒、昼重夜轻。

7. 躯体性焦虑:肌肉酸痛、活动不灵活、肌肉经常抽动、肢体抽动、牙齿打战、声音发抖。

8. 感觉系统症状:视物模糊、发冷发热、软弱无力感、浑身刺痛。

9. 心血管系统症状:心跳过速、心悸、胸痛、血管跳动感、昏倒感、心搏脱漏。

10. 呼吸系统症状:时常感到胸闷、窒息感、叹息、呼吸困难。

11. 胃肠消化道症状:吞咽困难、嗳气、食欲不佳、消化不良(进食后腹痛、胃部烧灼痛、腹胀、恶心、胃部饱胀感)、肠鸣、腹泻、体重减轻、便秘。

12. 生殖、泌尿系统症状:尿意频繁、尿急、停经、性冷淡、过早射精、阳痿。

13. 植物神经系统症状:口干、潮红、苍白、易出汗、易起"鸡皮疙瘩"、紧张性头痛、毛发竖起。

14. 与人谈话时的行为表现:

(1) 一般表现:紧张、不能松弛、忐忑不安、咬手指、紧握拳、摸弄手帕、面肌抽动、不停顿足、手发抖、皱眉、表情僵硬、肌张力高、叹息样呼吸、面色苍白。

（2）生理表现：吞咽、频繁打嗝、安静时心率快、呼吸加快（20 次/分钟以上）、腱反射亢进、震颤、瞳孔放大、眼睑跳动、易出汗、眼球突出。

量表使用说明如下。

经过训练的 2 名评定者进行联合检查，一般采用交谈和观察的方法，待检查结束后，2 名评定者独立评分。在评估心理或药物干预前后焦虑症状的改善情况时，先在入组时评定当时或入组前一周的情况，然后干预 2～6 周后再次评定，进而来比较焦虑症状的严重程度和症状的变化。汉密尔顿焦虑量表所有项目采用 0～4 分的 5 级评分法，各级的标准如下。0 分：无症状；1 分：轻；2 分：中等；3 分：重；4 分：极重。

附录十一　意志品质自测量表

指导语：意志力是人们为达到一定目的而自觉行动、克服困难的品质。此量表可以很好地帮助学生、家长和教师了解学生的意志力状况，从而有意识地加以培养。下面有 30 道题，请你根据自己的实际情况，在 5 个选项中只能选择 1 项。A 很符合自己的情况；B 比较符合自己的情况；C 符合与不符合之间；D 不太符合自己的情况；E 很不符合自己的情况。

受测者可根据自己的实际情况，选出相应的字母填在每题的后面。

1. 当我决定做一件事时，就立即动手。
2. 我给自己定的计划常常不能如期完成。
3. 我能长时间做一件枯燥但重要的事情。
4. 在练长跑时我常常不能坚持跑到终点。
5. 我没有睡懒觉的习惯，即使冬天也按时起床。
6. 如果我对某事不感兴趣，就不会努力去做。
7. 我喜欢可以考验毅力的运动。
8. 在遇到困难时，只要有可能，我就立即请求别人帮助我。
9. 学习期间，没做完功课我就不会去玩。
10. 面对复杂情况，我常常举棋不定。
11. 只要工作或学习需要，没有人强迫我，我也可以坚持一个月以上不看电视。
12. 我有时下决心从第二天开始做某事，但到了第二天我的劲头就没了。
13. 我答应别人的事，就不会食言。
14. 如果借到一本引人入胜的小说，我会忍不住在上课时就拿出来看。
15. 即使在冬天我也能用冷水洗脸。
16. 我遇到问题犹豫不决时，就希望别人帮我做决定。
17. 我感觉制订计划应有一定余地，免得完不成时太被动了。
18. 在与别人争吵时，尽管明知自己不对，我也会忍不住说一些使对方听了难受的话。
19. 我绝不拖延应交的作业，常为此做到很晚。
20. 我似乎比一般人更怕疼。

21. 做比较重要的事情之前,我都要设想一下做这件事的步骤与方法。

22. 我经常忍不住轻率地做出决定,结果无法将事情办妥。

23. 想偷懒时,我常常能尽力说服自己不要偷懒。

24. 当别人的习题答案与我不一致时,我便对自己产生了怀疑。

25. 每做一件事,我都能比较清楚地意识到为什么要去做它。

26. 对影视中一些不好的言行,我有时会不自觉地加以模仿。

27. 开车遇见红灯时,即使周围没有交通执勤人员,我也会自觉停下。

28. 我曾有不少业余爱好,但都未能坚持下来。

29. 做好事时即使有人讽刺也不退缩。

30. 经常下决心,却很少把事情做到底。

计分方法:

奇数项的五个选项依次计 5、4、3、2、1 分,偶数项的五个选项依次计 1、2、3、4、5 分,将所有分数相加得出总分。

结果与建议:

(1) 127 分及以上,意志很坚定。你是一个坚定的人,只要下定决心,就不轻言放弃,往往能取得很大成功。你只需完善你的计划,使你的努力更具效率。

(2) 103～126 分,意志较强。你已能为自己的发展制定一个明确的目标,也能为目标的实现倾尽全力,有时即使稍有动摇,也能很快再将注意力转回正道。要尽可能完善你的计划,使实施过程更少受到挫折,让你的意志力可以更好地发展。制订计划时,要多考虑可能遇到的困难、波折,清醒地认识到它的可克服性,也要考虑到你自身具有的有利条件,认可你的能力与努力。

(3) 77～102 分,意志品质一般。对于难度一般的事情,你能坚持得很好,容易半途而废的一般是那些难度大、持续时间长的任务。可考虑将这样的任务分成几个阶段性的小任务,降低难度,减少时间,使完成任务不至于变成折磨。另外,当完成某一个分任务时,给自己一些奖赏,如“我真行、我干得不错”,给自己一些鼓励,告诉自己下一个任务我也能干好。制订计划时,要考虑到困难,但也不必认为那就是不可克服的,把它细分成几个小困难,逐个击破。你完全可以依靠你自己的努力完成任务。

(4) 53～76 分,意志较薄弱。你做事常常容易放弃,稍有困难就退缩。你需要增强做事的信心和动力,从简单的任务做起,完成任务时给自己一些奖励。

(5) 30～52 分,意志很薄弱。当你感到自己缺少内在的动力,勉强为之时,请考虑:我究竟想要什么? 为什么这个目标是现在值得追求的? 深入思考这两个问题,或许能重新获得动力。确定了要做什么后就开始计划行动,将活动时间安排在每天你精神较好的时候,难度不要太大,是慢是快要看你平时的作风。另外,要安排好每件事的顺序,先做什么后做什么。每完成一件事或告一段落时,给自己一些奖励。

附录十二　耐挫折性测验量表

指导语:挫折承受力是个体在遭遇挫折打击后,能够对挫折产生合理的认识和信念,进而能够承受挫折带来的消极情绪及负面心理状态的能力。每个人在学习、生活和工作中,都会遇到不同程度的挫折。面对同样的挫折,有的人弹性十足,有的人一蹶不振,而大多数人则介于两者之间。那么你呢?请用"同意"或"不同意"回答下列问题,"同意"记"a","不同意"记"b"。本量表主要测查个体的耐挫折能力。

1. 胜利就是一切。

2. 我基本是个幸运儿。

3. 白天工作不顺利,会影响我整晚的心境。

4. 一个连续两年都名列最后的球队应退出比赛。

5. 我喜欢雨天,因为雨后常是阳光普照。

6. 如果某人擅自动用我的东西,我会气上一段时间。

7. 汽车经过时溅了我一身泥水,我生一会儿气便算了。

8. 只要我继续努力,我便会得到应有的报酬。

9. 如果有感冒流行,我常是第一个被感染的人。

10. 如果不是因几次霉运,我一定比现在更有成就。

11. 失败并不可耻。

12. 我是有自信心的人。

13. 落在最后,常叫人提不起竞争心。

14. 我喜欢冒险。

15. 假期过后,我需要放松一天才能恢复常态。

16. 遭遇到的每一次否定都使我更进一步接近肯定。

17. 我想我一定受不了被解雇的羞辱。

18. 如果向我所爱的人求婚被拒绝,我一定会精神崩溃。

19. 我总不忘过去的错误。

20. 我的生活中常有些令人沮丧、气馁的日子。

21. 负债累累的光景叫我寒心。

22. 我觉得要建立新的人际关系相当容易。

23. 如果周末不愉快,星期一便很难集中精力工作。

24. 在我生命中,我已有过失败的教训。

25. 我对侮辱很在意。

26. 如果聘任职务注定失败,我也会愿意尝试。

27. 遗失东西会让我很长时间感到不安。

28. 我已达到能够不介意大多数事情的地步。

29. 想到可能无法完成某项重要事情,会使我不寒而栗。

30. 我很少为昨天发生的事情烦心。

31. 我不易心灰意冷。

32. 必须有 50% 以上的把握,我才会冒险把时间投资在某件事上。

33. 命运对我不公平。

34. 对他人的恨意维持很久。

35. 聪明的人知道什么时候该放弃。

36. 偶尔做个失败者,我也能坦然接受。

37. 新闻报道中的大灾难使我无法专心工作。

38. 任何一件事遭到否决,我都会寻找报复的机会。

计分标准:

对于问卷中的各个问题,列入"不同意"为 1、3、4、6、9、10、15、17、18、19、20、21、23、24、25、27、28、29、32、33、34、35、36、37,其余题为"同意"。依上述答案,相符者计 1 分,相反计 0 分。

结果及建议:

如果你的得分为 10 分或者更少,那么你就是那种易被逆境、失望或挫折所左右的人,你易于把逆境看得太严重,一旦跌倒,要很久才能站起。你不相信"胜利在望",只承认"见风转舵"。

总分在 11~25 分者,遇到某些灾祸或逆境的时候,往往需要相当长的时间才能振作起来。不过这类人却能找到很多的技巧和策略来获取个人的利益。

如果你的总分高于 25 分,则显示你应付逆境的弹性极佳。不理想的境遇对你虽然会造成伤害,但不会持久。这类人在感情上通常相当成熟,对生活也充满热爱。他们不承认有失败,纵或一时失败,仍坚信有东山再起的一天。

附录十三　艾森克人格问卷(儿童)(EPQ)

指导语:本问卷共有 88 个问题,每个答案无所谓对错,请不要在每道题上花费太多时间。在每道题后面用"√"或者"×"来填写。√:符合你的实际情况;×:不符合你的实际情况。

1. 你喜欢周围有许多使你高兴的事情吗?

2. 你爱生气吗?

3. 你喜欢伤害你喜欢的人吗?

4. 你贪图过别人的便宜吗?

5. 与别人交谈时,你几乎总是很快地回答别人的问题吗?

6. 你很容易感到厌烦吗?

7. 有时你喜欢开一些的确使人伤心的玩笑吗?

8. 你总是立即按别人的吩咐去做吗?

9. 你宁愿单独一人而不愿和其他小朋友在一起玩吗?

10. 有很多念头占据你的头脑使你不能入睡吗?

11. 你在学校曾违反过规章制度吗?

12. 你喜欢其他小朋友怕你吗?

13. 你很活泼吗?

14. 有许多事情使你烦恼吗?

15. 在上生物课时你能面对生物的死亡吗?

16. 你曾拿过别人的东西(甚至一个大头针、一粒纽扣)吗?

17. 你有许多朋友吗?

18. 你有无缘无故地觉得"真是难受"吗?

19. 有时你喜欢逗弄动物吗?

20. 别人叫你时,你有过装作没听见吗?

21. 你喜欢在古老的、闹鬼的岩洞中探险吗?

22. 你常感觉生活非常无味吗?

23. 你比大多数小孩更爱吵嘴打架吗?

24. 你总是在完成家庭作业后才去玩耍吗?

25. 你喜欢做一些快节奏的事情吗?

26. 你担心会发生一些可怕的事情吗?

27. 当听到别的孩子骂脏话,你会制止他们吗?

28. 你能使一个晚会顺利开下去吗?

29. 当人们发现你的错误或你工作中的缺点时,你容易伤心吗?

30. 看见一只刚被碾死的小狗你会难过吗?

31. 当你粗鲁失礼时,总会向别人道歉吗?

32. 是不是有人认为你做了对不起他们的事,他们一直想报复你?

33. 你认为滑雪好玩吗?

34. 你常无缘无故觉得疲乏吗?

35. 你很喜欢取笑其他的小朋友吗?

36. 成年人谈话时,你总是保持安静吗?

37. 交新朋友时,通常是你主动吗?

38. 你为某些事情发脾气吗?

39. 你常打架吗?

40. 你说过别人的坏话或下流话吗?

41. 你喜欢给你的朋友讲笑话或滑稽故事吗?

42. 你有一阵阵头晕的感觉吗?

43. 在学校里,你比大多数儿童更易受罚吗?

44. 通常你会拾起别人扔在教室地板上的废纸和垃圾吗?

45. 你有许多课余爱好和娱乐吗?

46. 你的感情很脆弱吗?

47. 你喜欢捉弄人吗?

48. 你总要在饭前洗手吗?

49. 在文娱活动中,你宁愿坐着看也不愿亲自参加吗?

50. 你常常感到厌倦吗?

51. 看到一伙人取笑或欺侮一个小孩你感到很好玩吗？

52. 课堂上你常保持安静，甚至老师不在教室也如此吗？

53. 你喜欢干点儿吓唬人的事吗？

54. 你有时不安，以致不能在椅子上静静地坐一会儿吗？

55. 你愿意单独去月球吗？

56. 开会时别人唱歌，你也总是一起唱吗？

57. 你喜欢与别的小孩合群吗？

58. 你做过许多噩梦吗？

59. 你的父母对你非常严厉吗？

60. 你喜欢不告诉任何人独自离家到外面去漫游吗？

61. 你喜欢跳降落伞吗？

62. 你如果觉得自己干了一件蠢事，会后悔很久吗？

63. 吃饭时摆上桌的食物你常常样样都吃吗？

64. 在热闹的晚会上，你能主动参加并尽情玩耍吗？

65. 有时你觉得不值得活下去吗？

66. 你会为落入猎人陷阱的动物难过吗？

67. 你有不尊重父母的行为吗？

68. 你常常突然下决心要干很多事情吗？

69. 做作业时，你思想开小差吗？

70. 当别的孩子对你吼叫时，你也用吼叫来回复他们吗？

71. 你喜欢潜水或跳水吗？

72. 夜间你因为一些事情苦恼而有过失眠吗？

73. 你在学校或图书馆的书上乱写乱画吗？

74. 你在家中是否老是感到苦恼？

75. 别人认为你很活泼吗？

76. 你常觉得孤单吗？

77. 你对别人的东西总是特别小心爱护吗？

78. 你总是将自己的全部糖果与别人分着吃吗？

79. 你很喜欢外出玩耍吗？

80. 你在游戏中有过弄虚作假吗？

81. 有时你无缘无故感到特别高兴，而有时又无缘无故感到特别悲伤吗？

82. 找不到废纸筐时你会把废纸扔在地上吗？

83. 你经常感到幸福和愉快吗？

84. 你做事情往往不先想一想吗？

85. 你认为自己是一个无忧无虑的人吗？

86. 你常需要热心的朋友与你在一起使你高兴吗？

87. 你曾经损坏或遗失过别人的东西吗？

88. 你喜欢乘坐开得很快的摩托车吗?

附录十四　儿童自我意识量表(PHCSS)

指导语: 下面有80个问题,用于了解你是怎样看待你自己的。如果你认为某一个问题符合或基本符合你的实际情况,就在题后写上"是",如果不符合或基本不符合你的实际情况,就在题后写上"否"。每一个问题你只能做一种回答,并且每个问题都应该回答。请注意,这里要回答的是你实际上认为你怎样,而不是回答你认为你应该怎样。填写时请不要在表上涂改。

1. 我的同学嘲弄我。
2. 我是一个幸福的人。
3. 我很难交到朋友。
4. 我经常悲伤。
5. 我聪明。
6. 我害羞。
7. 当老师找我时,我感到紧张。
8. 我的容貌使我烦恼。
9. 我长大后将成为一个重要的人物。
10. 当学校要考试时,我就烦恼。
11. 我和别人合不来。
12. 在学校里我表现好。
13. 当某件事做错了常常是我的过错。
14. 我给家里带来麻烦。
15. 我是强壮的。
16. 我常常有好主意。
17. 我在家里是重要的一员。
18. 我常常想按自己的主意办事。
19. 我善于做手工劳动。
20. 我易于泄气。
21. 我的学校作业做得好。
22. 我干过许多坏事。
23. 我很会画画。
24. 在音乐方面我不错。
25. 我在家表现不好。
26. 我完成学校作业很慢。
27. 在班上我是一个重要的人。
28. 我容易紧张。

29. 我有一双漂亮的眼睛。

30. 在全班同学面前讲话我可以讲得很好。

31. 在学校我是一个幻想家。

32. 我常常捉弄我的兄弟姐妹。

33. 我的朋友喜欢我的主意。

34. 我常常遇到麻烦。

35. 在家里我很听话。

36. 我运气好。

37. 我常常很担忧。

38. 我的父母对我期望过高。

39. 我喜欢按自己的方式做事。

40. 我觉得自己做事丢三落四。

41. 我的头发很好。

42. 在学校我自愿做一些事。

43. 我希望我与众不同。

44. 我晚上睡得好。

45. 我讨厌学校。

46. 在游戏活动中我是最后被选入的成员之一。

47. 我常常生病。

48. 我常常对别人小气。

49. 在学校里同学们认为我有好主意。

50. 我不高兴。

51. 我有许多朋友。

52. 我快乐。

53. 对大多数事我不发表意见。

54. 我长得漂亮。

55. 我精力充沛。

56. 我常常打架。

57. 我与男孩子合得来。

58. 别人常常捉弄我。

59. 我家人对我失望。

60. 我有一张令人愉快的脸。

61. 当我要做什么事时总觉得不顺心。

62. 在家里我常常被捉弄。

63. 在游戏和体育活动中我是一个带头人。

64. 我笨拙。

65. 在游戏和体育活动中我只看不参加。

66. 我常常忘记我所学的东西。

67. 我容易与别人相处。

68. 我容易发脾气。

69. 我与女孩子合得来。

70. 我喜欢阅读。

71. 我宁愿独自干事,也不愿与许多人一起做事情。

72. 我喜欢我的兄弟姐妹。

73. 我的身材好。

74. 我常常害怕。

75. 我总是掉东西或打坏东西。

76. 我能得到别人的信任。

77. 我与众不同。

78. 我常常有一些坏的想法。

79. 我容易哭叫。

80. 我是一个好人。

计分方法:

标准答案为"是"的题目有:2、5、9、12、15、16、17、19、21、23、24、27、29、30、33、35、36、39、41、42、44、49、51、52、54、55、57、60、63、67、69、70、72、73、76、80。

标准答案为"否"的题目有:1、3、4、6、7、8、10、11、13、14、18、20、22、25、26、28、31、32、34、37、38、40、43、45、46、47、48、50、53、56、58、59、61、62、64、65、66、68、71、74、75、77、78、79。

总分越高,表明自我意识水平越高。某分量表得分越高,表明在某方面的自我意识越强。某分量表得分低,表明儿童在这方面存在问题。

附录十五   自我描述问卷(SDQ)

指导语:以下是日常生活和学习情况的一些描述,每一题都关于你平时对自己的看法。对于每一种描述都提供六个选项(①②③④⑤⑥)。①代表"完全符合";②代表"符合";③代表"基本符合";④代表"基本不符合";⑤代表"不符合";⑥代表"完全不符合"。请你仔细阅读每一项,然后根据自己的实际情况,尽可能准确地在每道题后写上相应的数字,题目没有对错之分。

1. 数学是我学得最好的学科之一。

2. 没有人认为我长得好看。

3. 总的来说,我有不少值得自豪的地方。

4. 我有时拿别人的东西。

5. 我喜欢体育和舞蹈之类的活动。

6. 我的语文是学不好了。

7. 我常常是比较放松的。

8. 我的所作所为常使我父母不高兴或失望。

9. 在大多数课程的学习中,同学们都会来找我帮忙。

10. 我与同性别的人交朋友是困难的。

11. 我喜欢的那些异性却不喜欢我。

12. 在学习数学时我经常需要帮助。

13. 我的脸长得很好看。

14. 总的来说,我觉得自己很差劲。

15. 我是诚实的。

16. 我懒得参加费力的体育锻炼。

17. 我很想上语文课。

18. 我过于忧虑。

19. 我与父母相处得很好。

20. 我很笨,所以进不了大学。

21. 我很容易和男孩子交朋友。

22. 我很容易和女孩子交朋友。

23. 我很想上数学课。

24. 我的绝大多数朋友长得比我好看。

25. 我做的大多数事情都做得很好。

26. 为避免麻烦我有时说谎。

27. 我很擅长体育和舞蹈等活动。

28. 在需要阅读能力的测验中我总是考得不好。

29. 我不容易懊丧。

30. 我与父母谈话很困难。

31. 要是我真的努力学习,我就会成为同年级中最好的学生。

32. 同性别的人中喜欢我的并不多。

33. 喜欢和我交往的异性并不多。

34. 与数学有关的任何问题我都难以理解。

35. 我长得好看。

36. 我做的事好像没有一件是正确的。

37. 我总是讲真话。

38. 在体育和舞蹈等活动中我很笨拙。

39. 对我来说学语文很容易。

40. 我经常抑郁消沉,忧心忡忡。

41. 我的父母待我很公正。

42. 我大多数课程成绩很差。

43. 男孩子们都喜欢我。

44. 女孩子们都喜欢我。

45. 我喜欢数学。

46. 我长得难看。

47. 总的来说,我做的事情绝大多数都是对的。

48. 只要不被抓住,在考试中作弊是可以的。

49. 在体育和舞蹈等活动中,我比我的大多数朋友都强。

50. 我在阅读方面不太好。

51. 在一些事情上别人比我更容易懊丧。

52. 我常与父母有争论。

53. 绝大多数课程我都学得很快。

54. 我不能很好地与男孩子相处。

55. 我不能很好地与女孩子相处。

56. 我的数学测验成绩总是不好。

57. 别人认为我长得好看。

58. 我没有多少值得骄傲的地方。

59. 诚实对我来说很重要。

60. 只要我能够,我都尽量逃避体育运动和体育课。

61. 语文是我学得最好的课程。

62. 我很容易紧张。

63. 我的父母理解我。

64. 在绝大多数课程的学习中我都显得很笨。

65. 我有一些同性别的朋友。

66. 我有许多异性朋友。

67. 我的数学成绩很好。

68. 我很丑。

69. 我有时骗人。

70. 我可以连续不停地跑很远。

71. 我讨厌阅读。

72. 我常常感到思路混乱。

73. 我不是很喜欢我的父母。

74. 我绝大多数课程的成绩都挺好。

75. 绝大多数男孩子都躲避我。

76. 绝大多数女孩子都躲避我。

77. 我永远不想再上数学课。

78. 我的体形很好看。

79. 我感觉我的人生没有价值。

80. 答应的事我总是尽力去做。

81. 我讨厌体育和舞蹈之类的活动。

82. 我的语文成绩很好。

83. 我容易懊丧。

84. 我的父母确实很爱我。

85. 我学习大多数课程都有困难。

86. 我容易和同性别的人交朋友。

87. 我很受异性的注意。

88. 我的数学成绩总是很好。

89. 只要我真的努力,我想做的事几乎都能做成。

90. 我经常说谎。

91. 在写作中我总是表达不好。

92. 我是一个冷静的人。

93. 我绝大多数课程都学得很好。

94. 我没有几个同性别的朋友。

95. 我讨厌数学。

96. 总的来说,我是一个失败者。

97. 人们确实可以相信我能把事情做好。

98. 我在语文课上学得很快。

99. 我对许多事情感到担忧。

100. 大多数课程对我来说太难。

101. 我很乐意与同性别的朋友在一起。

计分方法:

采用 6 点计分法,为"完全符合"计 6 分;"符合"计 5 分;"基本符合"计 4 分;"基本不符合"计 3 分;"不符合"计 2 分;"完全不符合"计 1 分。总分在 102～612 分,得分越高表示被试者对自我的概念越积极。

附录十六　自尊量表(SES)

指导语:以下 10 个句子是关于你平时对自己的一般看法。每个题提供 4 个选项(①②③④),①代表"非常同意";②代表"同意";③代表"不同意";④代表"非常不同意"。请尽量根据自己的实际情况或者感受,在相应的题后写上相应的数字。请不要在每道题上花费太多时间,每个答案没有对错之分。

1. 我认为自己是个有价值的人,至少与别人不相上下。

2. 我觉得我有许多优点。

3. 总的来说,我倾向于认为自己是一个失败者。

4. 我做事可以做得和大多数人一样好。

5. 我觉得自己没有什么值得自豪的地方。

6. 我对自己持有一种肯定的态度。

7. 整体而言,我对自己觉得很满意。

8. 我要是能更看得起自己就好了。

9. 有时我的确感到自己很没用。

10. 有时我觉得自己一无是处。

计分方法:

量表分四等级评分,"非常同意"计 4 分,"同意"计 3 分,"不同意"计 2 分,"非常不同意"计 1 分。1、2、4、6、7 题正向计分,3、5、8、9、10 题反向计分。总分范围是 10~40 分,分值越高,表明自尊程度越高。

附录十七 青少年行为自评量表(YSR)

指导语:以下是对你的描述,请根据自己现在或最近半年内的情况填写。如果你经常有此项表现,请选 2;如果有轻度或有时有此项表现,请选 1;如果无此项表现,请选 0。

1. 我的行为幼稚,与年龄不符。

2. 我有过敏的症状。

具体描述:

3. 我经常争论。

4. 我有哮喘病。

5. 我的行为举止像异性。

6. 我喜欢动物。

7. 我喜欢吹牛或自夸。

8. 我精神不能集中,注意力不能持久。

9. 我总是想某些事情,不能摆脱。

具体描述:

10. 我坐立不安或活动过多。

11. 我过分依赖大人。

12. 我感到寂寞。

13. 我感到迷惑或糊里糊涂。

14. 我常常哭叫。

15. 我相当诚实。

16. 我对别人苛刻。

17. 我常做白日梦或呆想。

18. 我故意伤害自己或企图自杀。

19. 我需要别人经常注意自己。

20. 我毁坏自己的东西。

21. 我毁坏别人的东西。

22. 我不听父母的话。

23. 我在学校里不听话。

24. 我不肯好好吃饭。

25. 我与其他青年合不来。

26. 有不良行为后我不感到内疚。

27. 我嫉妒别人。

28. 当别人需要帮助时,我愿意帮助他们。

29. 我害怕某种动物、处境或地方(不包括学校)。

具体描述:

30. 我害怕上学。

31. 我怕自己有坏念头或做坏事。

32. 我觉得自己必须十全十美。

33. 我觉得没有人喜欢自己。

34. 我觉得别人存心捉弄自己。

35. 我觉得自己无价值或有自卑感。

36. 我经常会身体受伤,容易出事故。

37. 我经常打架。

38. 我经常被人戏弄。

39. 我爱和经常陷入麻烦的孩子一起玩。

40. 听到某些实际并不存在的声音。

具体描述:

41. 我行事冲动不经三思。

42. 我喜欢孤独。

43. 我撒谎或欺骗。

44. 我喜欢咬指甲。

45. 我神经过敏,容易激动或紧张。

46. 我动作紧张或身体某部分抽搐。

具体描述:

47. 我做噩梦。

48. 我不被其他孩子喜欢。

49. 某件事我比其他孩子做得好。

50. 我过分恐惧或担心。

51. 我感到头昏。

52. 我过分内疚。

53. 我吃得过多。

54. 我感觉过分疲劳。

55. 我身体过胖。

56. 找不出原因的躯体症状。

a. 疼痛(除头痛外)

b. 头痛

c. 恶心想吐

d. 眼睛有问题

具体描述:

e. 发疹或其他皮肤病

f. 腹部疼痛或胃痛

g. 呕吐

h. 其他

具体描述:

57. 我对别人的身体进行攻击。

58. 我挖鼻孔,抓挠皮肤或身体其他部位。

具体描述:

59. 我能做到很友善。

60. 我喜欢尝试新事物。

61. 我功课差。

62. 我动作不协调或笨拙。

63. 我喜欢和年纪较大的孩子在一起。

64. 我喜欢和年纪较小的孩子在一起。

65. 我拒绝与人交谈。

66. 我不断重复某些动作。

具体描述:

67. 我离家出走。

68. 我经常尖叫。

69. 我守口如瓶,有事不说出来。

70. 看到某些实际不存在的东西。

具体描述:

71. 我容易发窘或感到不自然。

72. 我玩火。

73. 我善于动手做事情。

74. 我经常夸耀自己或胡闹。

75. 我很害羞。

76. 我比大多数孩子睡得少(白天和/或晚上)。

77. 我比大多数孩子睡得多(白天和/或晚上)。

具体描述:

78. 我想象力丰富。

79. 我有语言问题(如口齿不清等)。

具体描述：

80．我坚持自己的权利。

81．我在家偷东西。

82．我在外偷东西。

83．我收藏自己不需要的东西(不包括集邮等爱好)。

具体描述：

84．我做的某些事在别人看来很怪异。

具体描述：

85．我有怪异的想法。

具体描述：

86．我很固执。

87．我的情绪会突然变化。

88．我喜欢与他人在一起。

89．我多疑。

90．我咒骂别人或讲粗话。

91．我想到过自杀。

92．我喜欢逗别人发笑。

93．我话太多。

94．我常戏弄他人。

95．我脾气暴躁。

96．我对性的问题想得太多。

97．我恐吓并伤害他人。

98．我喜欢帮助别人。

99．我吸烟。

100．我睡眠不好。

具体描述：

101．我逃学或旷课。

102．我精力不足。

103．我闷闷不乐、悲伤或抑郁。

104．我比其他孩子更吵闹。

105．我喝酒或使用成瘾药。

具体描述：

106．我尽量公平地待人。

107．我喜欢听笑话。

108．我喜欢随遇而安。

109．我在能力允许的范围内尽力帮助别人。

110．我希望自己成为异性。

111. 我尽量避免与人深交。

112. 我忧虑重重。

请写出关于你的感受、行为及兴趣的上述未提到的问题：

维度划分如下：

焦虑/抑郁因子：14、29、30、31、32、33、35、45、50、52、71、91、112

退缩因子：5、42、65、69、75、102、103、111

躯体主诉因子：47、51、54、56a、56b、56c、56d、56e、56f、56g

社交问题因子：11、12、25、27、34、36、38、48、62、64、79

思维问题因子：9、18、40、46、58、66、70、76、83、84、85、100

注意问题因子：1、4、8、10、13、17、41、61、78

违纪行为因子：2、26、28、39、43、63、67、72、81、82、90、96、99、101、105

攻击行为因子：3、16、19、20、21、22、23、37、57、68、86、87、89、94、95、97、104

附录十八　阿肯巴克父母评价量表(CBCL)

（家长用，适用于4～16岁儿童及青少年）

指导语：该量表包含一般项目、社会能力和行为问题三大部分。请根据问题内容，在各项目后打钩或用文字填写。

第一部分　一般项目

儿童姓名：

性别：　　男　　　　女

年龄：　　　　　　　　　出生日期：　　　　年　　　月　　　日

年级：　　　　　　　　　　　　种族：

父母职业(请填具体，如车工、鞋店售货员、主妇等)

父亲职业：　　　　　　　　　母亲职业：

填表者：父　　　　母　　　　其他人

填表日期：　　　　　年　　　月　　　日

第二部分　社会能力

1.(1) 请列出您孩子最喜爱的体育运动项目(如游泳、棒球等)。

无爱好

爱好：a.

　　　b.

　　　c.

(2) 与同龄儿童相比，他(她)在这些项目上花去多少时间？

不知道　较少　一般　较多

（3）与同龄儿童相比,他（她）的运动水平如何?

不知道　较低　一般　较高

2.（1）请列出您的孩子在体育运动以外的爱好(如集邮、看书、弹琴等,不包括看电视)。

无爱好

爱好：a.

　　　b.

　　　c.

（2）与同龄儿童相比,他（她）花在这些爱好上的时间是多少?

不知道　较少　一般　较多

（3）与同龄儿童相比,他（她）的爱好水平如何?

不知道　较低　一般　较高

3.（1）请列出您的孩子参加的组织、俱乐部、团队或小组的名称。

未参加

参加：a.

　　　b.

　　　c.

（2）与同龄的参加者相比,他（她）在这些组织中的活跃程度如何?

不知道　较差　一般　较高

4.（1）请列出您的孩子干活或打零工的情况(如送报、帮人照顾小孩、帮人打扫卫生等)。

没有

有：a.

　　b.

　　c.

（2）与同龄儿童相比,他（她）的工作质量如何?

不知道　较差　一般　较好

5.（1）您的孩子有几个要好的朋友?

无　　1个　　2～3个　　4个及以上

（2）您的孩子与这些朋友每星期大概在一起几次?

不到1次　　1～2次　　3次及以上

6.与同龄儿童相比,您的孩子在下列方面表现如何(分为较差、差不多、较好三个等级)?

a. 与兄弟姐妹相处

b. 与其他儿童相处

c. 对父母的行为

d. 自己的工作和游戏

7.（1）当前学习成绩(对6岁以上儿童而言,分为不及格、中等以下、中等、中等以上

四个等级)

未上学

a. 阅读课

b. 写作课

c. 算术课

d. 拼音课

其他课(如历史、地理、常识、外语等)

e.

f.

g.

(2) 您的孩子是否在特殊班级?

不是

是　　　什么性质?

(3) 您的孩子是否留过级?

没有

留过　　　几年级留级?

留级理由:

(4) 您的孩子在学校里有无学习或其他问题(不包括上面三个问题)?

没有

有问题　　问题内容:

问题何时开始:

问题是否已解决?　　　　　　未解决　　　　　　已解决

问题何时解决:

第三部分　行为问题

指导语:以下是描述关于孩子的项目。只根据最近半年内的情况描述。每一个项目后面都有三个数字(0、1、2),如果您的孩子明显有或经常有此表现,圈 2;如果偶尔有此表现,圈 1;如果无此表现,圈 0。

1. 行为幼稚,与其年龄不符。

2. 过敏性症状(具体表现)。

3. 喜欢争论。

4. 有哮喘病。

5. 行为举止像异性。

6. 随地大便。

7. 喜欢吹牛或自夸。

8. 精神不能集中,注意力不能持久。

9. 老是想某些事情,不能摆脱强迫观念(说明内容)。

10. 坐立不安,活动过多。

11. 喜欢缠着大人或过分依赖大人。

12. 常说感到寂寞。

13. 糊里糊涂,如在云里雾中。

14. 常常哭叫。

15. 虐待动物。

16. 虐待、欺侮别人或吝啬。

17. 好做白日梦或呆想。

18. 故意伤害自己或企图自杀。

19. 需要别人经常注意自己。

20. 毁坏自己的东西。

21. 毁坏家里或其他儿童的东西。

22. 在家不听话。

23. 在学校不听话。

24. 不肯好好吃饭。

25. 不与其他儿童相处。

26. 有不良行为后不感到内疚。

27. 易嫉妒。

28. 吃不能作为食物的东西(说明内容)。

29. 除怕上学外,还害怕某些动物、处境或地方(说明内容)。

30. 怕上学。

31. 怕自己有坏念头或做坏事。

32. 觉得自己必须十全十美。

33. 觉得或抱怨没有人喜欢自己。

34. 觉得别人存心捉弄自己。

35. 觉得自己无用或有自卑感。

36. 身体经常受伤,容易出事故。

37. 经常打架。

38. 常被人戏弄。

39. 爱和经常陷入麻烦的儿童一起玩。

40. 听到某些实际上没有的声音(说明内容)。

41. 冲动或行为粗鲁。

42. 喜欢孤独。

43. 撒谎或欺骗。

44. 咬指甲。

45. 神经过敏,容易激动或紧张。

46. 动作紧张或带有抽动性(说明内容)。

47. 做噩梦。

48. 不被其他儿童喜欢。

49. 便秘。

50. 过度恐惧或担心。

51. 感到头昏。

52. 过分内疚。

53. 吃得过多。

54. 过分疲劳。

55. 身体过重。

56. 找不出原因的躯体症状。

a. 疼痛（除头痛外）

b. 头痛

c. 恶心想吐

d. 眼睛有问题（说明内容。注：不包括近视及器质性眼病）

e. 发疹或其他皮肤病

f. 腹部疼痛或绞痛呕吐

g. 其他（说明内容）

57. 对别人身体进行攻击。

58. 挖鼻孔、抓挠皮肤或身体其他部分（说明内容）。

59. 公开玩弄自己的生殖器。

60. 过多玩弄自己的生殖器。

61. 功课差。

62. 动作不灵活。

63. 喜欢和年龄较大的儿童在一起。

64. 喜欢和年龄较小的儿童在一起。

65. 不肯说话。

66. 不断重复某些动作，有强迫行为（说明内容）。

67. 离家出走。

68. 经常尖叫。

69. 守口如瓶，有事不说出来。

70. 看到某些实际上没有的东西（说明内容）。

71. 感到不自然或容易发窘。

72. 玩火（包括玩火柴或打火机）。

73. 性方面的问题（说明内容）。

74. 夸耀自己或胡闹。

75. 害羞或胆小。

76. 比大多数孩子睡得少。

77. 比大多数孩子睡得多(说明内容。译注:不包括赖床)。

78. 玩弄粪便。

79. 言语问题(说明内容。译注:如口齿不清)。

80. 茫然凝视。

81. 在家偷东西。

82. 在外偷东西。

83. 收藏自己不需要的东西(说明内容。译注:不包括集邮等爱好)。

84. 怪异行为(说明内容。译注:不包括其他条已提及内容)。

85. 怪异想法(说明内容。译注:不包括其他条已提及内容)。

86. 固执、绷着脸或容易被激怒。

87. 情绪突然变化。

88. 常常生气。

89. 多疑。

90. 咒骂或讲粗话。

91. 声言要自杀。

92. 说梦话或有梦游(说明内容)。

93. 话太多。

94. 常戏弄他人。

95. 乱发脾气或脾气暴躁。

96. 对性的问题想得太多。

97. 威胁他人。

98. 吮吸大拇指。

99. 过分要求整齐清洁。

100. 睡眠不好(说明内容)。

101. 逃学。

102. 不够活跃,动作迟钝或精力不足。

103. 闷闷不乐、悲伤或抑郁。

104. 说话声音特别大。

105. 喝酒或使用成瘾药(说明内容)。

106. 损坏公物。

107. 白天遗尿。

108. 夜间遗尿。

109. 爱哭诉。

110. 希望成为异性。

111. 孤独、不合群。

112. 忧虑重重。

113. 请写出您的孩子存在的但上面未提及的其他问题:

请检查一下是否每条都已填好。

请在您最关心的条目下画线。

阿肯巴克父母评价量表计分方式：

第一部分的项目不计分，父亲、母亲的职业最能代表儿童家庭的社会经济情况，因此"一般项目"中只注重此条。

第二部分的项目除个别条目外，均需计分，其计分方法如下：

1(1)："无爱好"或"一种爱好"计 0 分，"两种爱好"计 1 分，"三种及以上"计 2 分。

1(2)及 1(3)："不知道"不计分，低于"一般"计 0 分，"一般"计 1 分，高于"一般"计 2 分。(2)及(3)的分数加起来求出平均数，作为这一项的分数。

2(1)：计分法同 1(1)。

2(2)及 2(3)：计分法同 1(2)及 1(3)。

3(1)：计分法同 1(1)。

3(2)：计分法同 1(2)及 1(3)。

4(1)：计分法同 1(1)。

4(2)：计分法同 1(1)及 1(3)。

5(1)："无"或"1 个"，计 0 分；"2～3 个"，计 1 分；"4 个及以上"，计 2 分。

5(2)："不到 1 次"计 0 分，"1～2 次"计 1 分，"3 次及以上"计 2 分。

6："较差"计 0 分，"差不多"计 1 分，"较好"计 2 分，把 a、b、c 的三个分数加起来求出平均数，作为一个分数，d 的计分法同上，另做一个分数(6 项有两个分数)。

7(1)："不及格"计 0 分，"中等以下"计 1 分，"中等"计 2 分，"中等以上"计 3 分。把各项分数加起来求出平均数，作为 7(1)的分数。

7(2)："不是"计 1 分，"是"计 0 分。

7(3)："没有"计 1 分，"留过"计 0 分。

7(4)："没有"计 1 分，"有问题"计 0 分。

"问题何时开始"及解决情况不计分。

第二部分的内容又被归纳为三个因子，即活动情况(包括第 1、2、4 条)、社交情况(第 3、5、6 条)及学校情况(第 7 条)。

第三部分是这一量表的重点部分。

(1) 条目排列：113 条行为问题是任意排列的，即按某行为的英文第一个字母的次序排列(第 1 条行为首字母是 A，第 112 条行为首字母是 W)，不是按内容性质归类排列。

(2) 统计归纳：每一条行为问题都有一个分数(0、1 或 2 分)，称为粗分，把 113 条的粗分加起来，称为总得分，分数越高，行为问题越大。

维度划分如下：

焦虑/抑郁因子：14、29、30、31、32、33、35、45、50、52、71、91、112

退缩因子：5、42、65、69、75、102、103、111

躯体主诉因子：47、49、51、54、56a、56b、56c、56d、56e、56f、56g

社交问题因子：11、12、25、27、34、36、38、48、62、64、79

思维问题因子：9、18、40、46、58、59、60、66、70、76、83、84、85、92、100

注意问题因子：1、4、8、10、13、17、41、61、78、80

违纪行为因子：2、26、28、39、43、63、67、72、73、81、82、90、96、99、101、105、106

攻击行为因子：3、16、19、20、21、22、23、37、57、68、86、87、88、89、94、95、97、104

附录十九　阿肯巴克教师评价量表(TRF)

（教师用，适用于4～16岁的儿童及青少年）

指导语：尊敬的老师您好，本问卷是调查学生的行为状况，您可能不完全掌握学生的详细资料，请您尽可能回答所有问题。请您在每题后面打分，如果您的学生明显有或经常有此表现，打2分；如果偶尔有此表现，打1分；如果无此表现，打0分。

此问卷仅限于科学研究，我们将对您的答案严格保密，请您花费十多分钟完成此问卷，感谢您的支持！

1. 行为幼稚，与年龄不符。
2. 在课堂上哼声或发出怪声。
3. 经常争辩。
4. 不能从头到尾做完一件事。
5. 没有什么事情令他/她有乐趣。
6. 与老师抗衡顶嘴。
7. 吹牛，爱夸口/自吹自擂。
8. 精神不能集中，注意力不能持久。
9. 脑海中老是想着某些事情，不能摆脱。
10. 坐立不安，活动过多。
11. 喜欢缠着或过分依赖大人。
12. 常感到孤单寂寞。
13. 感到糊里糊涂/困惑，或茫然、不知所措。
14. 经常哭泣。
15. 身体不停扭动。
16. 对别人残忍，欺负他人，或对人刻薄，斤斤计较。
17. 好做白日梦（或思想开小差），或沉迷于自己的思想中。
18. 故意伤害自己或企图自杀。
19. 要求别人经常注意他/她。
20. 毁坏自己的东西。
21. 毁坏别人的东西。
22. 难于按照指示做事。
23. 在学校不听话。

24. 骚扰其他学生。

25. 与其他儿童/青少年合不来。

26. 对自己的恶劣行为似乎不感到内疚。

27. 容易妒忌。

28. 在家、学校或其他地方犯规。

29. 害怕某些动物、场合或地方（不包括学校）。

30. 害怕上学。

31. 害怕自己会产生坏念头或做坏事。

32. 觉得自己必须十全十美。

33. 觉得或抱怨没有人喜欢他/她。

34. 觉得别人存心为难他/她。

35. 觉得自己无用或自卑。

36. 身体经常受伤，易出意外。

37. 经常与人打架。

38. 经常被人戏弄/嘲笑。

39. 喜欢和惹是生非的儿童/青少年来往。

40. 听到实际不存在的声音。

41. 行事冲动，不经三思。

42. 喜欢独处多过与人一起。

43. 说谎或欺骗。

44. 咬指甲。

45. 神经过敏或紧张。

46. 动作紧张或肌肉抽搐/痉挛。

47. 过分拘泥规矩。

48. 不受其他儿童/青少年喜欢。

49. 有学习困难（指学习能力）。

50. 过度恐惧或焦虑。

51. 感到头晕。

52. 过于感到内疚。

53. 插嘴。

54. 无故感觉过分疲劳。

55. 身体过胖/体重过重。

56. 找不出原因的躯体症状。

a. 疼痛（除头痛外）

b. 头痛

c. 恶心想吐

d. 眼睛有问题（不包括近视或躯体症状）

e. 发疹或其他皮肤病

f. 腹部疼痛或绞痛呕吐

57. 攻击他人身体。

58. 挖鼻孔,抓挠皮肤或身体其他部分。

59. 上课睡觉。

60. 缺乏朝气,做事提不起劲。

61. 作业质量差。

62. 动作不协调或笨拙。

63. 喜欢和年龄较大的儿童/青少年一起。

64. 喜欢和年龄较小的儿童/青少年一起。

65. 拒绝与人交谈。

66. 不断重复某些动作。

67. 破坏课堂纪律。

68. 经常尖叫。

69. 有事不会说出来。

70. 看到实际上不存在的东西。

71. 很自觉/敏感或容易感到尴尬。

72. 作业杂乱无章。

73. 行为不负责任。

74. 炫耀自己或扮小丑。

75. 过分害羞或胆怯。

76. 莫名其妙发火。

77. 要求必须立刻得到满足,容易气馁。

78. 注意力分散或容易分心。

79. 有言语问题。

80. 目光呆滞。

81. 被批评时感到伤心。

82. 有偷窃行为。

83. 收藏/囤积过多自己不需要/没有用的东西。

84. 行为古怪。

85. 思想古怪。

86. 固执、烦躁或易怒。

87. 情绪/心情或感受会突然变化。

88. 常生闷气。

89. 多疑。

90. 诅咒别人或讲粗口/说脏话。

91. 谈及自杀。

92. 没有充分发挥潜能,成绩不理想。

93. 说话过多。

94. 常戏弄他人。

95. 大发脾气,或脾气暴躁。

96. 对性的问题想得太多。

97. 恐吓他人。

98. 上课迟到,没精打采。

99. 吸烟。

100. 不做作业。

101. 旷课/逃课或逃学。

102. 不够活跃,动作迟钝或精力不足。

103. 闷闷不乐或沮丧。

104. 过分吵闹。

105. 滥用药物(不包括酒精或烟草)。

106. 急于讨人喜欢。

107. 不喜欢上学。

108. 害怕犯错。

109. 经常抱怨/发牢骚。

110. 外表不整洁。

111. 退缩,不合群。

112. 有忧虑,常担心。

维度划分如下:

焦虑/抑郁因子:14、29、30、31、32、33、35、45、50、52、71、81、91、106、108、112

退缩因子:5、42、65、69、75、102、103、111

躯体主诉因子:51、54、56a、56b、56c、56d、56e、56f、56g

社交问题因子:11、12、25、27、34、36、38、48、62、64、79

思维问题因子:9、18、40、46、58、66、70、83、84、85

注意问题因子:1、2、4、7、8、10、13、15、17、22、24、41、49、53、60、61、67、72、73、74、78、80、92、93、100、109

违纪行为因子:26、28、39、43、63、82、90、96、98、99、101、105

攻击行为因子:3、6、16、19、20、21、23、37、57、68、76、77、86、87、88、89、94、95、97、104

附录二十　师生关系调查量表(STRS)

指导语:请仔细阅读题目,衡量自己的实际情况与题目描述情况的符合程度。然后从题目下面的备选项目中选择一个适当的分数为自己评分,1表示完全符合;2表示比较符合;3表示符合;4表示不太符合;5表示很不符合。这些题目是用于测试个人情况,没有对错之分,请根据实际情况进行评分。

1. 我与老师之间的关系是亲密而温暖的。

2. 老师和我似乎总是在相互斗争。

3. 只要我有了进步,老师就会表扬我。

4. 我和老师的关系很糟糕。

5. 在我有困难的时候,我会想到找老师帮助我。

6. 我觉得老师对我不公平。

7. 我和老师经常看法不一致,有时还会争吵。

8. 目前我和老师的关系正是我所希望的。

9. 我对老师的处罚感到愤怒,有时也会反抗。

10. 我总想和老师待在一块儿,不想分开。

11. 在我有困难的时候,老师会及时帮助我。

12. 即使在我难过或委屈的时候,老师也很少关心我。

13. 我会自然地把自己的事情告诉老师。

14. 我觉得老师总是惩罚和批评我。

15. 与老师相处使我感到很费劲。

16. 我愿意把自己的心里话告诉老师。

17. 我为自己和老师的关系不好而发愁。

18. 老师上课非常吸引我。

19. 我找不到一个能倾诉内心秘密的老师。

20. 老师从来不会给我增加学习负担。

21. 我在学习上创造性的见解常常得到老师的肯定。

22. 我常屈服于老师的命令与权威。

附录二十一　　亲子关系诊断测验

指导语:本测验每一题都有三个可供选择的答案:A.不是;B.有时是;C.常常是。

第一种:如果你觉得某一题中所说的,不符合你父亲或母亲的情况,就请在题后写上"A";

第二种:如果你觉得某一题中所说的,有时符合你父亲或母亲的情况,就请在题后写上"B";

第三种:如果你觉得某一题中所说的,常常符合你父亲或母亲的情况,就请在题后写上"C"。

注意事项:1. 请按照你平时所想和父母平时的实际情况如实作答。2. 回答时间没有限制,但请不要过分考虑,请写出你最初想到的答案。

［A］

1. 你同父母说话时,他们是不是说"很忙呀",而不理你?

2. 父母是不是在别人面前说你的缺点或发牢骚？

3. 你的父母是不是更疼爱别的孩子？

4. 你是不是认为父母和你合不来？

5. 父母是不是把你看成是讨厌鬼？

6. 父母在谈论你时是不是感到难为情？

7. 你和别人随便玩什么，父母会不会来干涉？

8. 父母对你所托的事或约好的事，会不会忘掉或不关心？

9. 父母是不是只看到你的缺点而看不到你的优点？

10. 父母是不是认为你是不可信任的？

[B]

1. 你在家里受到责备时，会不会挨打或被捆绑起来？

2. 父母对你是不是唠唠叨叨发牢骚？

3. 你的学习成绩或作品，是不是被父母看不起或被嘲笑？

4. 同别人的孩子（如兄弟姐妹或别人家的孩子）相比，是不是只有你才经常受父母责备？

5. 父母对你做的事是不是经常说"那不行""这不可以"？

6. 父母外出时，是不是经常叫你看家或把你寄放到别人家里？

7. 你是不是经常受到父母吓唬"不给你吃饭""把你关在门外""把你丢掉""去告诉警察"等？

8. 父母是不是常常说你"个子矮""傻瓜""迟钝""长得不好看"？

9. 你是不是和父母一起外出，一起玩耍，一起谈话？

10. 父母情绪不好时，你是不是比平常多挨骂？

[C]

1. 父母是不是和你商量同你有关的各种事情？

2. 父母认为是好的事情，会不会硬要你去做？

3. 你去做某件事时，父母会不会阻止你说"那不行""这不行"？

4. 父母是不是经常监视你做事？

5. 你做的事或你的学习成绩，是不是经常受到父母指责？

6. 对你的辩解或不同意见，父母是不是假装没听见？

7. 父母给你零用钱吗？

8. 你没有按父母说的做，会不会遭受他们严厉地责备？

9. 父母是不是对你"施威风"？

10. 父母是不是要求你有礼貌、守规矩、用功学习？

[D]

1. 父母是不是经常对你说"读书要用功"？

2. 父母是不是更关心你的学习？

3. 父母是不是总把你和别人家的孩子做比较？

4. 父母看了你的考试成绩后，是不是总说你不行或差劲？

5. 父母是不是经常对你说"只要你用功，就给你什么"？

6. 父母是不是只要求你读书，不给你玩的时间？

7. 父母是不是为你准备好的书、好的学习条件，收听、收看好的广播电视节目，交好的朋友而动脑筋？

8. 为了"望子成龙""望女成凤"，你父母是不是什么事情都肯做？

9. 父母是不是常说你"如果用功些，成绩会好些呀"？

10. 你正玩得高兴或正在做手工时，父母会不会硬要你中途停下去学习？

[E]

1. 你是不是感觉父母对你的日常生活管得太多？

2. 你吃饭时，父母是不是对你说"要多吃，不能挑食"？

3. 父母对你交朋友也严格要求吗？

4. 父母是不是关心你的作业或手工品？

5. 父母是不是提醒你，要节约花零用钱？

6. 父母明知你能做的事，是不是还要帮助你？

7. 你和别人吵架时，父母是不是经常介入？

8. 父母对你看小人书及其他与学校学习无关的书籍，看电影、电视、录像或参加其他娱乐体育活动，是不是有严格要求？

9. 父母是不是总对你唠叨说"快去睡觉吧""上学要迟到了""你要抓紧时间"等？

10. 父母是不是很想打听你在学校里的事情？

[F]

1. 你稍有病痛，父母是不是急于带你去治疗？

2. 你弄脏了手脚或衣服，父母是不是会说你不讲卫生？

3. 父母是不是经常提醒你，不要参加危险的体育活动或做危险的游戏？

4. 父母是不是不许你一个人到远处去？

5. 父母是不是担心你的学习成绩会退步？

6. 如果你有过不幸的事情，父母是不是经常地提醒你不要再发生类似的事情？

7. 父母是不是经常提醒你，不要和坏朋友玩或做坏事？

8. 你的缺点或缺陷，父母是不是有意或无意为你袒护？

9. 为了不让你伤风感冒，父母是不是经常叫你多穿衣服不要受凉？

10. 父母是不是总在为你的事情操心？

[G]

1. 父母是不是叫你不要和同学玩，只要你在家里玩？

2. 你从小是不是在父母过于疼爱中长大的？

3. 父母是否把照料你、和你在一起，看得比什么都重要？

4. 你受到同学欺负或受到老师批评时，父母会不会生气或袒护你？

5. 为了你，父母是否愿意做出任何牺牲？

6. 父母是不是不责备你而只赞扬你?

7. 你不在家,父母就会感到寂寞吗?

8. 如果你生病,痊愈后,父母仍会耐心地照料你吗?

9. 你无论做什么事,父母都希望和你在一起,成为你的伙伴吗?

10. 不论你年龄多大,父母是不是像对待幼儿那样来精心照料你?

[H]

1. 你纠缠不休,父母是不是会依从你?

2. 父母是不是讨好你,奉承你?

3. 你做了错事,父母是不是不批评你?

4. 只要你恳求,父母总会帮你吗?

5. 你不做家务,父母是不是也不说什么?

6. 已经决定要你做的事情,如果你说"不高兴",父母是不是就不再要求你做了?

7. 如果你非要不可,就是价钱昂贵的东西,父母也会买给你吗?

8. 只要你感兴趣,即使你做了错事,父母也不责怪你吗?

9. 为了叫你学习和做家务,父母会不会给你许愿(如称赞你或给你东西)?

10. 父母不论考虑什么事,是不是先想到你?

[I]

1. 父母对你的态度是不是和他们的心情有关?

2. 你做同样的一件事,是不是有时会受到父母责备,有时就不会受到他们责备?

3. 父母严厉责备你之后,会不会向你道歉或向你讨好?

4. 父母很爱你,但有时是不是也严厉地责备你?

5. 父母平时不大理睬你,但有时是不是也会过分照顾你?

6. 父母虽然过分地照料你,但是不是有时你做不成事也会生气?

7. 父母在外人面前对你的态度和在家里对你的态度是不是不一样?

8. 父母是不是在表面上袒护你学习、能力等时,内心却又感到难为情?

9. 父母虽然会说"你反正是不行的",但当你的成绩不好时,是不是又会生气?

10. 父母平时对你严加干涉,当你和他们商量事情时,他们是不是又只得满足你的要求?

[J]

1. 父母当中,是不是一个严格,另一个温和?

2. 你的父母是不是一个不大理睬你,另一个又过分地照料你?

3. 父母对你的看法是不是经常发生矛盾?

4. 你是不是喜欢父母中的一个,讨厌另一个?

5. 你有事或需要东西时,是不是只向父母当中的一方讲或要?

6. 你会不会在父母中的一个面前说另一个的坏话或缺点?

7. 父母对你的教育方式或看法是不是有分歧?

8. 父母当中是不是一个"逞威风",另一个服从?

9. 你的父母当中是不是只有一个照料你、关心你?

10. 你的父母是不是吵架?

附录二十二　亲子冲突问卷

指导语: 在最近的 6 个月内,在下面这些关于你的问题上发生冲突的频率如何(可以表现在情绪、语言和身体上)? 冲突的激烈程度如何? 从未发生记 1 分,总共一两次记 2 分,每月几次记 3 分,每周几次记 4 分,每天几次记 5 分。

1. 我会在学业方面,比如家庭作业没完成、成绩下降等与爸爸妈妈发生冲突。

我与爸爸

我与妈妈

2. 我会在做家务方面,比如没有打扫自己的房间、没有帮助家人干活与爸爸妈妈发生冲突。

我与爸爸

我与妈妈

3. 我会在交朋友方面,比如交什么样的朋友、与朋友一起做什么、何时与朋友在一起与爸爸妈妈发生冲突。

我与爸爸

我与妈妈

4. 我会在花钱方面,比如怎样花钱、花钱买什么与爸爸妈妈发生冲突。

我与爸爸

我与妈妈

5. 我会在日常生活安排方面,比如睡觉时间、饮食习惯、看电视等与爸爸妈妈发生冲突。

我与爸爸

我与妈妈

6. 我会在外表方面,比如穿什么衣服、头发样式与爸爸妈妈发生冲突。

我与爸爸

我与妈妈

7. 我会在家庭成员关系方面,比如没有尊重长辈、礼貌待人,没有与兄弟姐妹友好相处等与爸爸妈妈发生冲突。

我与爸爸

我与妈妈

8. 我会在我的隐私方面,比如爸妈私拆我的信件、偷听我的电话等与爸爸妈妈发生冲突。

我与爸爸

我与妈妈

我与爸爸妈妈：（冲突的强度、激烈程度）

1. 在学业方面（如家庭作业、成绩等）。

我与爸爸

我与妈妈

2. 在做家务方面（如打扫自己的房间、帮助家人干活）。

我与爸爸

我与妈妈

3. 在朋友方面（交什么样的朋友、与朋友一起做什么、何时与朋友在一起）。

我与爸爸

我与妈妈

4. 在花钱方面（如怎样花钱、花钱买什么）。

我与爸爸

我与妈妈

5. 在日常生活安排方面（如睡觉时间、饮食习惯、看电视等）。

我与爸爸

我与妈妈

6. 在外表方面（如衣着、头发样式等）。

我与爸爸

我与妈妈

7. 在家庭成员关系方面（如尊重、礼貌、兄弟姐妹的关系等）。

我与爸爸

我与妈妈

8. 在你的隐私方面（如私拆信件、偷听电话等）。

我与爸爸

我与妈妈

附录二十三　家庭亲密度问卷（FACESII-CV）

指导语：接下来有 30 个关于家庭关系和活动的问题。该问卷所指的家庭是指与你共同食宿的家庭。回答时请依据你的实际情况选择如下五个不同的答案（"不是"记 1 分，"很少"记 2 分，"有时"记 3 分，"经常"记 4 分，"总是"记 5 分）。例如，对于例题"我爸妈经常帮我做决定"，如果你觉得这种情况经常出现，那么请你选择"经常"这一项。请不要有什么顾虑，认真按自己的情况回答每一个问题。请注意，要回答的是你的真实感受，而不是理想状况。答案没有好坏对错之分，按照真实情况来选择即可。回答将被严格保密，无须为此顾虑，谢谢合作。

1. 在有难处的时候，家庭成员都会尽力相互支持。

2. 在我们的家庭中，每个成员都可以随便发表自己的意见。

3. 我们家的成员比较愿意与朋友们商讨个人问题,而不太愿意与家人商讨。

4. 每个家庭成员都参与做出重大的家庭决定。

5. 所有家庭成员聚集在一起进行活动。

6. 晚辈对长辈的教导可以发表自己的意见。

7. 在家里,有事大家一起做。

8. 家庭成员一起讨论问题,并对问题的解决感到满意。

9. 家庭成员与朋友的关系比家庭成员之间的关系更密切。

10. 在家庭中,我们轮流分担不同的家务。

11. 家庭成员之间都熟悉每个成员的亲密朋友。

12. 家庭遇到事情时,家庭平常的生活习惯和规矩很容易根据需要改变。

13. 家庭成员自己要做决定时,喜欢与家人一起商量。

14. 家庭中出现矛盾时,成员间相互谦让取得妥协。

15. 在我们家,娱乐活动都是全家一起进行的。

16. 在解决问题时,孩子们的建议能够被采纳。

17. 家庭成员之间的关系是非常密切的。

18. 我们家的管教是合理的。

19. 在家中,每个成员习惯单独活动。

20. 我们家喜欢尝试不同的办法去解决遇到的问题。

21. 家庭成员都能按家庭所做的决定去行动。

22. 在我们家,每个成员都分担家务。

23. 家庭成员喜欢在一起度过业余时间。

24. 家里人想改变家庭生活习惯或规矩,但最终还是难以改变。

25. 家庭成员都很主动地向家里其他人谈自己的心里话。

26. 在家里,家庭成员可以随便提出自己的要求。

27. 在家庭中,每个家庭成员的朋友都会受到极为热情的接待。

28. 家庭产生矛盾时,家庭成员会把自己的想法藏在心里。

29. 在家里,我们更愿意分开做事,而不太愿意和全家人一起做。

30. 家庭成员乐于谈论彼此的爱好和兴趣。

附录二十四　　亲子依恋问卷(APPA)

指导语:下面的叙述是关于你和父母之间的情感关系的,请在最符合你实际情况的数字上打"√"。每个数字的具体含义为:"从不这样"记 1 分;"不常这样"记 2 分;"偶尔这样"记 3 分;"经常这样"记 4 分;"总是这样"记 5 分。

1. 父母尊重我的感受。

2. 我觉得自己的父母是称职的父母。

3. 父母能接受我目前的一切。

4. 对于我所关心的事情,我会想听父母的意见。

5. 我觉得让父母知道我的感受是没用的。

6. 当我心烦的时候,父母会知道。

7. 跟父母讨论我所遇到的问题,会让我觉得自己很丢脸或很笨。

8. 和父母在一起时,我很容易觉得心烦。

9. 对于我所心烦的事情,其实父母知道得很少。

10. 当我和父母讨论事情的时候,父母会在乎我的想法。

11. 父母信任我所做出的判断。

12. 父母帮助我更加了解自己。

13. 我会告诉父母关于我所遇到的问题和烦恼。

14. 我会生父母的气。

15. 父母很少注意到我。

16. 父母会鼓励我说出我所遇到的烦恼。

17. 父母了解我。

18. 我信任父母。

19. 父母并不清楚我最近经历了哪些事情。

20. 当我必须把心事抛开的时候,父母可以帮助我。

附录二十五　儿童青少年同伴关系评级量表

指导语:请仔细阅读每个题目,根据自己的实际情况与题目描述情况的符合程度,从四个选项中选择一个恰当的选项,1——不是这样,2——有时这样,3——经常这样,4——总是这样。这些题目仅用于个人测试,没有对错之分,请根据实际情况进行选择。

1. 我注重其他同学怎么看我。

2. 我觉得其他同学在开我玩笑。

3. 我跟新的同学讲话时感到紧张。

4. 我害怕其他同学说我什么。

5. 我只和非常熟悉的同学讲话。

6. 我怕其他同学不喜欢我。

7. 我很在意被别人捉弄。

8. 在不熟悉的同学面前我觉得害羞。

9. 我跟其他同学在一起时感到没话说。

10. 在其他同学面前做没做过的事,我会感到担心。

11. 我盼望去上学。

12. 我的同学对我很好。

13. 我不喜欢在学校。

14. 我希望有另一个班级,可以让我有不一样的同学。

15. 上学是有趣的。

16. 我希望我能不用上学。

17. 我的同学很好。

18. 有很多关于学校的事情我都不喜欢。

19. 同学中我有足够的朋友。

20. 我与同学在一起时很开心。

21. 如果我有需要时,同学会愿意帮我。

22. 我在学校里感到不愉快。

附录二十六 同伴关系测量表

指导语:请仔细阅读每个题目,根据自己的实际情况与题目描述情况的符合程度,从四个选项中选择一个恰当的选项,1——完全不符合;2——基本不符合;3——不清楚;4——基本符合;5——完全符合。这些题目仅用于个人测试,没有对错之分,请根据实际情况进行选择。

1. 我认为我的同伴完全靠得住,特别是在关键时刻。

2. 我有一些同性同伴。

3. 我和我的同性同伴互相告诉对方自己的内心秘密。

4. 我愿意把我的内心秘密告诉我的异性同伴。

5. 我和我的同性同伴总在讨论我们遇到的问题。

6. 当我有了好消息时,总是第一个告诉我的同性同伴。

7. 我的同伴是个非常诚实的人,他(她)不会对我撒谎。

8. 在任何情况下,我都不愿意帮助异性同学。

9. 当我和同伴彼此不能说服对方时,能尊重对方的选择。

10. 我不想做的事情也不会强迫我的同伴去做。

11. 有时我真想骂人。

12. 有时我也会说别人的闲话。

13. 在一个集体里,我与同性同伴合作得很好。

14. 基于过去的经验,我不能完全信任我的同伴对我的承诺。

15. 我的同伴总让我帮他(她)写作业。

16. 我有一些关系不错的异性同伴。

17. 与异性同伴交谈时,我总是感到紧张。

18. 小组讨论和课外活动时,我喜欢与异性同伴合作。

19. 见到同伴得奖,我就不高兴。

20. 我和同伴很少互相生气。

21. 我觉得我的同伴不会当着别人的面说我的坏话。

22. 我愿意和我的异性同伴分享快乐和痛苦。

23. 无论发生什么,我觉得我的同伴都会全力帮助我。

24. 我相信我的同伴不会把我的秘密告诉别人。

25. 我可以很好地与异性同伴合作完成某项任务。

26. 当我有了麻烦时,我总是向我的同性同伴袒露。

27. 如果犯有错误,不管大小,我都会主动承认。

28. 我不喜欢和我的同性同伴在一起。

29. 在我认识的人里,每个人我都喜欢。

30. 我能与异性同伴成为朋友。

31. 我觉得我的同伴说话算话。

32. 我认为我的同伴常把我告诉他(她)的秘密告诉别人。

33. 如果有人在背后说我的坏话,我的同伴会为我说话。

34. 在共同做一件事时,我和同伴能够互相商量。

35. 我无法找到一个同性同伴谈我的日常问题。

36. 我想有些同性同伴在我遇到任何困难时都不会帮助我。

37. 当与同伴观点不一致时,我们能坦诚说出自己的意见。

38. 即使别人误解了我,我的同伴仍然信任我。

39. 上学或赴约时,我从来不迟到。

40. 我和同伴很少发生争执。

附录二十七　同伴关系量表

指导语: 请仔细阅读每个题目,根据自己的实际情况与题目描述情况的符合程度,从四个选项中选择一个恰当的选项,1——完全不符合,2——不太符合,3——比较符合,4——完全符合。这些题目仅用于个人测试,没有对错之分,请根据实际情况进行选择。

1. 在学校我容易交上朋友。

2. 在班上没有人和我说话。

3. 在班上我喜欢和同学一起做事。

4. 在班上我有很多朋友。

5. 在班上很少有同学喜欢我。

6. 在班上没有同学和我一起玩。

7. 我总爱和同学们在一起。

8. 在班上我经常感到被同学拒绝。

9. 当需要帮助时,班上没有人愿意帮助我。

10. 当我心烦和苦恼时,找不到一个可以诉说的同学。

11. 在班上我和同学相处得很好。

12. 在班上我总是独来独往。

13. 在班上没有人真正了解我。

14. 在班上我没有一个真正的朋友。

15. 我常常感到寂寞。

16. 周围虽然有许多同学,但他们并不关心我。

17. 在班上同学们都喜欢我。

18. 我常常感到没有人值得信任。

19. 我常常感到被冷落。

20. 在班上我常常有孤独感。

21. 我害怕在别的同学面前做没有做过的事情。

22. 我担心被人取笑。

23. 周围都是我不认识的同学时,我觉得害羞。

24. 我和同学在一起时很少说话。

25. 我担心其他同学会怎样看我。

26. 我觉得有同学经常取笑我。

27. 我和陌生同学说话时感到紧张。

28. 我担心其他同学会怎样说我。

29. 我只与同我很熟悉的朋友说话。

30. 我担心别的同学会不喜欢我。

附录二十八　高中生性心理健康问卷

指导语:请仔细阅读每个题目,衡量自己的实际情况与题目描述情况的符合程度。然后从题目下面的备选项目中选择一个适当的选项,A 表示非常不符合的情况;B 表示不符合的情况;C 表示介于符合与不符合之间;D 表示符合自己的情况;E 表示非常符合自己的情况。这些题目是用于测试个人情况,没有对错之分,请根据实际情况进行选择。

问卷填写说明:

(1) 请结合最近的情况与相应描述对照,如果过去符合描述的情况,而现在自身的情况已经有变化,要按现在的情况选择。

(2) 如果题目描述的情况没有经历过,请参照在类似事件中表现的情况给予选择,或者根据最可能的表现进行选择。

(3) 请尽量避免"介于符合与不符合之间"这个中性的答案。

1. 与异性相处不应该太亲密。

2. 在谈恋爱的过程中有牵手、拥抱等亲密行为是正常的。

3. 高中生不可以发生性行为。

4. 性是恶心、污秽和羞耻的。

5. 高中生浏览黄色网站是正常的。

6. 高中生手淫是正常的。

7. 经常讲"黄段子"是心理不健康的表现。

8. 我会和同性讨论自己的身体发育。

9. 我经常幻想和异性有亲密的接触。

10. 性梦是污秽可耻的。

11. 我控制不住自己,经常去看黄色书刊和影视。

12. 看到身边的同学谈恋爱,我自己也想试一试。

13. 当有性冲动的时候我能将精力转移到其他事物上。

14. 当我有性方面的困惑时,会上网查询。

15. 当我有性方面问题时会和家长、老师沟通。

16. 我充分了解男女生殖器的构造和功能。

17. 我了解受精过程和受精卵发育的相关知识。

18. 我知道什么是月经和遗精,并能正确看待和接受。

19. 我了解避孕的相关知识。

20. 我知道自己生殖器的卫生知识。

21. 我了解性病、艾滋病的传播途径和知识。

22. 我知道怎样保护自己不受到性骚扰和性侵害。

23. 我知道不进行保护措施的性行为会导致什么后果。

附录二十九 生命意义感量表(MLQ)

生命意义感量表(The Meaning in Life Questionnaire,MLQ)中文修订版由王鑫强编制。生命意义感是指人们领会、理解或看到他们生活意义的程度,并伴随他们觉察到自己生命的目的、使命、首要目标的程度,包括拥有意义感(Presence of Meaning)和寻求意义感(Search for Meaning)两个方面。其中,拥有意义感(Presence of Meaning,MLQ-P)是指个体对自己活得是否有意义的感受程度(强调结果);寻求意义感(Search for Meaning,MLQ-S)是指个体对意义的积极寻找程度(强调过程)。

量表使用说明如下。

1. 适用范围

青少年至成年人。

2. 计分

(1) 第 2 题为反向计分,即 1 需转换为 7,2 需转换为 6,3 需转换为 5,4 需转换为 4,5 需转换为 3,6 需转换为 2,7 需转换为 1。

(2) 拥有意义感分量表包括第 2、4、7、8、9 题,共 5 个题项,可以累加计分,也可以累加计分后除以题项数 5 得均分。寻求意义感分量表包括第 1、3、5、6、10 题,共 5 个题项,可以累加计分,也可以累加计分后除以题项数 5 得均分。

3. 常模与解释

该常模数据仅作为被测者得分评估参考,不能用作严格的诊断依据。

4. 量表设置与条目

量表共 10 个条目,拥有意义感分量表包含 5 个条目,如"我明白自己生活的意义";寻求意义感分量表包含 5 个条目,如"我总在尝试找寻自己生活的目的",每个条目采用 7 点式评分。

量表内容如下。

请仔细阅读每个题目,选择下面描述的内容与自己实际情况相符合的程度。如果完全不符合,请选 1;很不符合,请选 2;稍不符合,请选 3;不确定,请选 4;稍符合,请选 5;很符合,请选 6;完全符合,请选 7。

1. 我正在寻觅我人生的一个目标或使命。

2. 我的生活没有明确的目的。

3. 我正在寻找自己生活的意义。

4. 我明白自己生活的意义。

5. 我正在寻觅让我感觉自己生活有意义的东西。

6. 我总在尝试寻找自己生活的目的。

7. 我的生活有一个清晰的方向。

8. 我知道什么东西能使自己的生活有意义。

9. 我已经发现一个让自己满意的生活的目的。

10. 我一直在寻找某样能使我的生活感觉起来是重要的东西。

附录三十　青少年学生生活满意度量表

青少年学生生活满意度量表由张兴贵等人编制,共 36 个题目,报告受测者在过去几周以来对自己生活状况的看法。

量表使用说明如下。

1. 适用范围

青少年至成年人。

2. 计分

共 36 题,分为 6 个分量表计分。

友谊满意度分量表:包括 1、7、13、19、25、31、35,共 7 个条目,反映被测者对朋友和同学关系的满意度。

家庭满意度分量表:包括 2、8、14、20、26、32、36,共 7 个条目,反映被测者对家庭关系和家庭生活氛围的满意度。

学业满意度分量表:包括 6、12、18、24、30、34,共 6 个条目,反映被测者对学业成就的满意度。

自由满意度分量表:包括 5、11、17、23、29,共 5 个条目,反映被测者对个人行为自由的满意度。

学校满意度分量表:包括 3、9、15、21、27、33,共 6 个条目,反映被测者对学校活动和氛围的满意度。

环境满意度分量表：包括 4、10、16、22、28，共 5 个条目，反映被测者对自然和生活的社会环境的满意度。

其中，第 3、4、9、10 条目为反向计分题，所有 36 个条目得分之和即为该量表的得分。

3. 常模与解释

分数越高，说明满意度越高，但是由于尚没有青少年群体常模，因此，得分仅作为评估参考，不能用作严格的诊断依据。

4. 量表设置与条目

采用 7 点式计分，完全不符合、基本不符合、有点儿不符合、说不定、有点儿符合、基本符合、完全符合，分别计 1～7 分。

完全不符合计 1 分，基本不符合计 2 分，有点儿不符合计 3 分，说不定计 4 分，有点儿符合计 5 分，基本符合计 6 分，完全符合计 7 分。

量表内容如下。

请按照您的真实想法和感受作答，而不是按照您觉得您应该采取的方式作答。这一点非常重要。

请记住这不是考试，答案也无所谓对错，您不必去参考别人的看法。您的回答不会影响您的成绩，您的回答我们会绝对保密，您不必有任何顾虑。

1. 我的朋友都很尊重我。

2. 我喜欢和我的父母在一起。

3. 我在学校里感到不舒服。

4. 我希望自己住在别的地方，而不是现在的地方。

5. 基本上没有人强迫我做自己不喜欢做的事。

6. 我在学业上取得了理想的成就。

7. 我有很多朋友。

8. 我的家庭是一个幸福的家庭。

9. 学校的很多事情我都不喜欢。

10. 我生活的环境周围有许多不如意的事情。

11. 我基本上能按照自己的愿望行事。

12. 我对我的学业状况很满意。

13. 如果我需要，我的朋友们都会帮助我。

14. 大多数时候我喜欢家长的教育方式。

15. 我喜欢去学校。

16. 我生活的地方社会治安好。

17. 基本上我有自主选择的自由。

18. 与多数同学相比，我在学校的发展较全面。

19. 我的朋友们对我很好。

20. 我的家人在一起和睦相处。

21. 我喜欢我的同学。

22. 我生活的地方社会风气好。

23. 我在课余时间能做自己喜欢做的事。

24. 与我的同学相比,我在学校中得到的荣誉较多。

25. 我在自己的同伴中很有威信。

26. 我的父母能平等地对待我。

27. 我喜欢学校的生活。

28. 我生存的世界是和平安宁的。

29. 基本上没有人干涉我的生活。

30. 我觉得自己在同伴中很有面子。

31. 我希望结交与现在不同的朋友。

32. 我的家庭成员之间相互讲话很友善。

33. 我在学校的生活很有趣。

34. 我在学业上很有成就感。

35. 我与我的朋友在一起有很多趣事。

36. 我和我的父母在一起能愉快交谈。

附录三十一　死亡态度描绘量表(修订版)(DAP-R)

　　死亡态度描绘量表(修订版)(Death Attitude Profile-Revised,DAP-R)由 Gesser、Wong 和 Reher 编制,其中文版是由我国台湾学者廖芳娟翻译修订的,共有 32 题。量表中包括了五个维度:①死亡恐惧(Fear of Death),指面对死亡时的害怕、恐惧等负向想法及情感。②死亡逃避(Death Avoidance),指逃避思考及讨论与死亡有关的事物。③自然接受(Neutral Acceptance),视死亡为生命中自然的一部分,既不恐惧它也不欢迎它。④趋近接受(Approach Acceptance),将死亡视为通往快乐来生的通道,相信有幸福的死后生命存在。⑤逃离接受(Escape Acceptance),视死亡为今生痛苦的解脱之道,对死亡的接受是为了逃离生活的痛苦。DAP-R 量表在华人背景下具有良好的信度和效度。量表内容如下。

　　量表使用说明如下。

　　1. 适用范围

　　青少年全成年人。

　　2. 计分

　　该量表采用李克特 5 点计分(1＝完全赞同,2＝比较赞同,3＝中立,4＝比较不赞同,5＝完全不赞同),量表中全部题目均为正向计分,被试者在哪个维度上的得分越高则代表其在该维度上呈现高倾向的态度。

　　死亡恐惧:共 7 项,即问卷的第 1、2、7、18、20、21、32 项。

　　死亡逃避:共 5 项,即问卷的第 3、10、12、19、26 项。

自然接受:共 5 项,即问卷的第 6、14、17、24、30 项。

趋近接受:共 10 项,即问卷的第 4、8、13、15、16、22、25、27、28、31 项。

逃离接受:共 5 项,即问卷的第 5、9、11、23、29 项。

3. 常模与解释

该量表目前尚无青少年常模,测量结果仅供评估参考,不做诊断依据。

量表内容如下。

1. 死亡会是一种可怕的经历。

2. 想到自己会死亡,就会使我焦虑不安。

3. 我尽可能避免想到死亡。

4. 我相信我死后会进入天堂或极乐世界。

5. 死亡会结束我所有的烦恼。

6. 死亡应被视为是自然的,且是不可避免的。

7. 人终有一死的定局让我感到困扰。

8. 我觉得死亡是通往极乐世界的入口。

9. 死亡可以让我从这个可怕的世界逃脱。

10. 每当死亡的想法进入我的脑海,我都试着将它赶走。

11. 死亡是悲痛与苦难的解脱。

12. 我总是试着不要去想到死亡。

13. 我相信死后会到一个比现在这个世界更好的地方。

14. 死亡是生命过程中自然的一部分。

15. 死亡是与上帝(神、佛)及永恒至乐的结合。

16. 死亡会带来一个崭新辉煌的生命。

17. 对于死亡我既不害怕也不欢迎。

18. 我对死亡有着强烈的恐惧感。

19. 我完全避免去想到死亡。

20. 死后是不是有生命? 这个问题让我感到非常困扰。

21. 死亡意味着一切的结束,这个事实令我害怕。

22. 我认为死后能和我所爱的人团聚。

23. 我把死亡看成今生痛苦的解脱。

24. 死亡只是生命过程的一部分。

25. 我把死亡看成一个通往永恒幸福之地的通道。

26. 我会尽量避开与死亡相关的事物。

27. 死亡为灵魂提供了美好的解脱。

28. 我相信死后仍有生命。

29. 我将死亡视为今生重担的解除。

30. 不论死亡是好是坏,我都可以坦然接受。

31. 我对死后的生命怀有期待。

32. 不知死后会发生什么事的不确定性让我担忧。

附录三十二 普通中学生职业生涯规划状况调查问卷

指导语:请按照您的真实想法和感受作答,而不是按照您觉得您应该采取的方式作答。这一点非常重要。请记住这不是考试,答案也无所谓对错,您不必去参考别人的看法。您的回答不会影响您的成绩,您的回答我们会绝对保密,您不必有任何顾虑。

1. 我明白我与周围每位同学所处关系的远近。

2. 我对自己将来可能从事的职业进行过一段时间的实习,并对该职业有了更深层次的了解。

3. 我从来没有考虑过职业生涯规划的事。

4. 为了更好地完成目标任务,我每次都把计划制订得详细而又具体。

5. 我觉得确定未来职业目标是一件难的事。

6. 当计划执行受到阻力时,我会想办法克服而不是放弃。

7. 我会定期检查预定目标的完成情况。

8. 我经常参加一些社会活动,以加强与他人的沟通与交流。

9. 我对自己的认识与他人对我的评价很接近。

10. 我了解自己将来要从事的具体职业。

11. 我经常考虑如何规划我的未来人生。

12. 我会详细列出可能达到目标的途径,然后评估不同途径的可行性,最后选出最合适的途径。

13. 学长、学姐们所选择的生涯路径(人生职业路径)对我有很大影响。

14. 当目标近期内很难完成时,我会进一步将其分解为一个个小目标,然后分阶段去完成。

15. 我能按照自己预定的时间表来要求和调整自己的行动。

16. 我会争取各种实践机会,提升自己的实践能力。

17. 我能够通过他人的评价来了解自己。

18. 我不清楚自己究竟适合何种职业。

19. 我已经意识到:必须认真思考自身能力、特长与未来发展、职业的关系。

20. 每次确立的目标,能够很好地与自己的总目标相联系。

21. 我的目标与行动计划一般都能实现。

22. 在计划执行过程中,我能正确对待失败与挫折带来的压力。

23. 我经常阅读历史人物或名人传记,从他们的成长历程或从业历程中总结经验、获得启示。

24. 我非常清楚地了解自己的个性、兴趣和能力。

25. 我一般都凭直觉来选择自己未来要走的路。

26. 综合考虑各种因素,我已经确定了今后的具体目标(职业方向、实现途径、实践步骤）。

27. 我不知道如何将自我认知与职业认知结合起来。

28. 在实施职业生涯行动方案的过程中,我能设法利用有利因素。

29. 我能根据形势变化适时调整职业目标。

30. 我很清楚自己未来想要什么样的生活,并明确了行动的步骤与方案。

31. 我心里十分清楚自己的家庭状况。

32. 当目标无法完成时,我一般都能找到具体原因。

33. 我知道自己已制定目标或计划的合理性。

教师服务

感谢您选用清华大学出版社的教材！为了更好地服务教学，我们为授课教师提供本书的教学辅助资源，以及本学科重点教材信息。请您扫码获取。

≫ 教辅获取

本书教辅资源，授课教师扫码获取

≫ 样书赠送

公共基础课类重点教材，教师扫码获取样书

清华大学出版社

E - mail: tupfuwu@163.com

网址：https://www.tup.com.cn/

电话：010- 83470332 / 83470142

传真：8610 - 83470107

地址：北京市海淀区双清路学研大厦 B 座 509

邮编：100084